우리가 살에 관해 말하지 않는 것들

우리가 살에 관해 말하지 않는 것들

초판 1쇄 펴낸날 2023년 6월 14일

지은이 오브리 고든
옮긴이 장한라
펴낸이 이건복
펴낸곳 도서출판 동녘

책임편집 김다정
편집 구형민 이지원 김혜윤 홍주은
디자인 김태호
마케팅 임세현
관리 서숙희 이주원

등록 제311-1980-01호 1980년 3월 25일
주소 (10881) 경기도 파주시 회동길 77-26
전화 영업 031-955-3000 편집 031-955-3005 **전송** 031-955-3009
홈페이지 www.dongnyok.com **전자우편** editor@dongnyok.com
페이스북·인스타그램 @dongnyokpub
인쇄 영신사 **라미네이팅** 북웨어 **종이** 한서지엄사

ISBN 978-89-7297-090-3 (03330)

• 잘못 만들어진 책은 구입처에서 바꿔 드립니다.
• 책값은 뒤표지에 쓰여 있습니다.

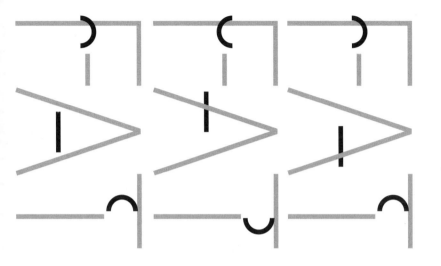

우리가 살에 관해
말하지 않는 것들

WHAT WE DON'T TALK ABOUT WHEN WE TALK ABOUT FAT

오브리 고든 지음
장한라 옮김

동녘

고든 할아버지께

일러두기

• 본문에 사용한 기호의 쓰임새는 다음과 같다.
  《》: 책, 신문, 잡지
  〈〉: 논문, 단편, 기사, 방송 프로그램, 영화
• 본문의 각주는 옮긴이가 단 것이다.

차례

들어가며
신체 사이즈에 관계없이 우리가 함께한다면

나는 늘 뚱뚱했다.

통통하다거나 **포동포동**하다거나 건장하다거나 **풍만**한 게 아니라 뚱뚱했다. 이 글을 쓰는 지금, 나는 몸무게가 약 155킬로그램이고 여성복 26사이즈[*]를 입는다. 내 체질량지수 body mass index: BMI는 내 몸이 '상당한 병적 비만' 또는 '고도비만'이라고 얘기한다. 내 몸이 세상에서 가장 뚱뚱한 것은 아니지만, 체질량지수가 측정하는 범위 안에서는 가장 뚱뚱하다. 3년 전 내 몸무게는 181킬로그램이 넘었고, 나는 디자인에 따라 30이나 32사이즈의 옷을 입었다. 고등학교 졸업

---

[*] 이 책에서 언급하는 의복 사이즈는 미국 여성복 사이즈를 기준으로 한다. 대개 16~28사이즈는 플러스 사이즈, 30사이즈 이상은 확장된 플러스 사이즈로 분류된다.

식 때는 당시에 구할 수 있는 가장 큰 사이즈의 빨간색 랩* 스타일 윗도리를 입었는데 24사이즈였다.

나에게 내 몸의 사이즈란 단순한 사실이다. 자존감이나 부정적인 몸 이미지 때문에 마음고생하지는 않는다. 더 날씬한 몸이 되고 싶거나 몸무게가 45킬로그램쯤 덜 나가는 삶을 살아보고 싶어서 뜬눈으로 밤을 지새우지도 않는다. 내게 나의 몸이란 좋거나 나쁜 게 아니라, 그저 있는 그대로의 것이다. 그렇지만 세상의 다른 사람들에게 내 몸이란 막중한 문제를 드러내는 존재 같다.

친구, 가족, 모르는 사람, 업무상 동료 모두 하나같이 내가 부탁하지도 않은 다이어트 조언을 해주고 비만 수술을 권한다. 마트에서 장을 보는 사람들은 그들이 생각하기에 내가 먹으면 안 되는 것들을 내 카트에서 멋대로 빼낸다. 의사들은 나를 치료하지 않겠다며 거부하고, 어떤 병원에서는 진료받을 수 있는 환자에 대한 체중 기준을 설정해두기도 하는데 내 몸은 이런 기준을 너끈히 넘어선다. 나는 MRI나 CT 촬영을 하지 않아도 되기를 기도한다. 검사에서 복잡하고 무서운 건강 문제가 드러날까 봐서가 아니라, 검사 장치에 달린 좁은 터널과 고정된 벽 사이에 내 몸이 들어가지 않을 가능성이 크기 때문이다. 온라인으로 만나거나 직접 만나는 낯선 사람들은 내 몸이 사형선고라고 얘기하며, 내가 음식을 한 입씩 먹을 때마다 천천히 자살로 나아가는 셈이라고 말한다. 차를 운전할 때면, 누가 지

---

* 몸에 감듯이 입는 넉넉한 옷.

르는지도 모르는 고함 소리가 지나가는 차에서 울려 퍼질 때가 많다. "차에서 나와서 좀 걸으면서 몸을 바꿔봐." 요즘에 나는 차 창문을 주로 닫아둔다.

다른 사람들은 나 같은 몸을 역겨움, 두려움, 그리고 은근한 염려를 표현하라며 모두에게 보내진 초대장이라고 여긴다. 이런 몸은 웃음을 터뜨리라는 초대장이며, 똑같은 핵심 대사를 계속해서 읊조리는 빤한 자칭 만화에 쓰이는 소품이라 여겨진다. 잔인한 10대들이나 나잇값 못 하고 어른이 되어서도 남을 괴롭히는 사람들에게만 먹잇감이 되는 게 아니라 모두에게 그렇다. 내가 어떤 음식을 한 그릇 더 먹으려고 하면 사랑하는 사람들이 혀를 쯧쯧 찬다. 내가 자신들만큼 음식을 많이 먹어도 된다고 생각할까 봐 걱정하면서 말이다. 내 경험상 뚱뚱한 몸에 반대하는 태도의 대부분은 자신들이 옳고 좋은 일을 한다고 마음 깊이 믿고 있는 날씬한 사람들의 손으로 만들어진다. 그들은 자신들의 의견에 전폭적으로 동의하는 문화로부터 힘을 받았다.

책, 만평, 영화, TV 프로그램에서 뚱뚱한 몸은 미국, 자본주의, 미의 기준, 과잉, 소비주의가 지닌 결함으로 그려진다. 뚱뚱한 몸은 극빈층의 모습 그리고 고삐 풀린 권력·소비·부패가 정점에 이른 모습을 동시에 표상한다. 우리 몸은 너무나 많은 비난을 견뎌왔다. 예술계 전체는 나 같은 몸이란 괴물 같고, 역겨우며, 최악의 경우 전염병과 같다는 전제 위에 지어진다. 개인부터 제도까지, 학계부터 저녁 뉴스까지 모두 뚱뚱한 사람들을 귀신으로 취급한다. 그리고 이런 것들이 흘러넘쳐 일상적인 학대로 밀려 들어온다. 좋은 의도든 나쁜 의도든 그 결과는 항상 똑같다. 많은 사람들에게 그들이 늘 지니고 살아오던 몸으로 살아가는 일을 대단히 수치스럽게 만드는 것이다.

아주 뚱뚱한 사람들에게는 학대의 지뢰밭이 어김없이 도사린다. 나는 그 학대라는 프리즘을 통해 세상을 바라보면서, 학대를 줄일 수 있도록 나의 일상을 조율하게 되었다. '누가 나한테 소리를 지를까?', '어떤 의사가 나를 진료하지 않겠다며 거부할까?', '어떤 데이트 상대가 내 몸을 놀려댈까?', '어느 모르는 사람이 내 겉모습을 웃음거리 밈으로 만들려고 사진을 찍을까?' 나는 낯선 사람과 눈이 마주치지 않도록 피한다. 눈이 마주치면 고함을 질러도 된다거나 내 몸에 관한 평가를 하나하나 늘어놓아도 괜찮다는 뜻으로 오해하는 경우가 너무 많다는 것을 알고 있기 때문이다. 나는 매력 공세를 펼쳐서, 흥분한 가해자들이 분노를 뿜어낼 기회를 포착하기 전에 그들을 진정시킨다. 나는 학대하는 사람들을 혼자서 막아내는 방법을 익혔다. 나를 도와주거나 보호해주려고 끼어들 사람은 없다는 것을 알기 때문이다. 내가 이렇게 서글프고도 꼭 필요한 기술들을 익힌 까닭은, 뚱뚱한 사람들이 직면하는 학대는 심판받아야 마땅한 행동으로 여겨지지 않는다는 사실을 뼛속 깊이 확실히 알고 있기 때문이다.

그렇지만 뚱뚱한 몸에 반대하는 태도가 만들어내는 가장 어려운 점은 놀림, 괴롭힘, 두려움, 폭력 같은 게 아니다. 욕설이나 공격은 예측할 수 있게 되었고, 그 열기나 압력도 견딜 수 있게 되었다. 하지만 너무나 많은 주변 사람들이 내게 전혀 공감하지 않는다는 점에는 결코 익숙해지지가 않는다. 백인 퀴어 여성인 내가 여성 혐오나 동성애 혐오 때문에 직면할 수 있는 힘든 점들을 설명하는 것은 어려울 수는 있으나, 어느 정도 동정을 사는 경우가 대단히 많다. 그렇지만 뚱뚱한 사람으로서 내가 직면한 학대를 드러낼 때면, 내 말을 믿지 않으려는 대쪽 같은 거부에 부닥치는 경우가 많다. "네가 상대방의 화를 돋울 만한 일을 한 건 아닐까?", "너를 도와주려는 생각으로 한 일일지도 몰라.", "아마 그냥 네 건강이 걱정돼서 그랬던 걸 거야." 믿기 어려울 정도로 만연한 고용 차별이라든가 징벌적일 만큼 가혹한 항공사 규정처럼 뚱뚱한 몸에 대한 반대가 제도적으로 자리를 잡으면, 사람들은 별생각이 없었다가도 대대적으로 방어 태세를 취하며 냉담하게 돌변한다. 다른 상황이었더라면 비행기가 지연되었다거나 좌석 간격이 비좁다며 불평을 늘어놓았을 사람들이 갑자기 항공사를 충실하게 옹호한다.

플러스 사이즈 옷을 입지 않는 사람들이라면 뚱뚱한 몸에 대한 학대와 편견이 지닌 심각성과 비합리적 면모를 접하기가 어려울 테다. 자신들이 겪는 세상과 너무나 다른 세상이 있다는 것을 믿기는커녕 상상하기도 어려울 테다. 하지만 뚱뚱한 몸에 대한 편견은 늘 존재해왔으며, 대기오염만큼이나 해롭고 어디에나 있다. 그러나 날씬한 사람들은 굳이 이를 생각할 필요가 없다. 뚱뚱한 몸에 대한 편견이 어디에나 존재할 수는 있으나, 수많은 날씬한 사람들이 의료 서비스, 고용, 교통수단, 그 밖의 기본적인 욕구를 충족하는 데 뚱뚱한 몸에 대한 반대가 장해물이 되지는 않기 때문이다. 날씬한 몸으로 살아간다는 것은 세상이 삭제된 채 일부만 드러난다는 뜻이다.

뚱뚱한 몸에 대한 반대가 얼마나 깊고 넓은지도 믿기 어려울 수 있다. 뚱뚱한 몸에 반대하는 태도·발언·정책·실천은 어디에나 존재하기 때문이다. 우리는 오랫동안 들이마셔온 공기를 볼 수 없으며, 발밑에서 바뀌어가는 지형을 만질 수도 없다. 뚱뚱한 몸에 대한 반대는 눈에 보이지 않는 자연법이 되었다. 플러스 사이즈 옷을 입지 않는 많은 사람들에게는 뚱뚱한 몸에 대한 혐오에 반대하는 것이 마치 중력을 놓고 왈가왈부하는 것만큼이나 비합리적인 일로 여겨진다. 우리가 살아가는 세상의 단순한 사실을 놓고 왜 굳이 열 올리며 힘을 빼겠는가? 어딜 가나 느껴지는 날카로운 혐오와 마주칠 때면, 가냘픈 그리스 경구가 곧바로 울려 퍼진다. "당신은 세상을 바꿀 수 없다. 당신은 당신 자신만을 바꿀 수 있다." 이 말은 분명 나를 두고 하는 얘기리라.

뚱뚱한 사람에 관한 한심하리만치 한정적인 문화적 논의가 으레 여기에 힘을 실어준다. 뚱뚱함은 확실히 죄악시되며, 오로지 뚱뚱해지지 않는 법(체중 감량)이나 뚱뚱함이 우리를 즉각 죽일 것('비만이라는 유행병')이라는 맥락에서만 논의된다. 뚱뚱함이라는 경험은 날씬한 사람이 들려주는 현실의 이야기와 대조를 이루는 목적으로만, 또는 날씬함을 감사히 여기도록 만들어주는 측은하고 딱한 이야기라는 쓰임새로만 공유된다. 뚱뚱한 사람에 관해 이야기하거나 뚱뚱한 사람을 향해 이야기하는 일은 많지만, 뚱뚱한 사람들의 말에 귀 기울이는 경우는 거의 없다시피 하다. 그보다는 나와 비슷한 몸과 경험은 일종의 모형처럼 또는 고통을 보여주는 포르노처럼 희화화되거나 상징으로 취급된다. 나와 같은 몸과 경험은 그저 우리 자신의 것으로 남아 있는 경우가 별로 없다.

최근 몇 년 동안 뚱뚱한 사람들의 회고록이 점점 늘어나고 있지만, 이 책은 그런 부류가 아니다. 뚱뚱해서 괴로웠던 경험담을 들려주면서, 당신은 그 정도로 뚱뚱하지는 않다며 날씬한 사람들에게 위로나 안도감을 주는 책이 아니다. 뚱뚱함의 위험성이라든가, '비만이라는 유행병'으로 불리는 공포스러운 유령을 다루는 책 목록에 한 권을 더 보태려는 것도 아니다. 체중 감량법을 알려주는 책 역시 아니다. 더 날씬한 몸이 되고 싶어 하는 열망이나, 체중을 감량하기 위한 기나긴 여정에 관해 여기서 읽을 일은 없을 것이다. 이 책은 '그래도 이 여자는 체중을 감량하려고 노력은 하고 있네'라며 당신을 안심시키지도 않을 것이다. 뚱뚱한 사람들은 존중과 존엄한 대접을 받기에 앞서 일단 날씬해져야 한다는 의무에 속박된다고 여기는, 사실상 어디에나 만연한 문화적 도그마에 뿌리내리고 있는 책이 아니다.

이 책은 뚱뚱함과 뚱뚱한 사람들과 관련해 많은 사람들이 따르는 길에서 벗어나 있다. 이 책에서는 뚱뚱한 사람들을 향한 사회적·문화적 태도와 그런 태도가 우리 뚱뚱한 사람들에게 끼치는 영향을 발굴해내는 데 초점을 맞춘 회고록, 연구 결과, 문화 비평이 뒤섞인 것을 볼 수 있다. 기존의 문화적 논의가 뚱뚱한 사람들 개인의 책임과 실패라고 여겨지는 것들에 가차 없이 초점을 맞추는 데 비해 이 책은 시야를 넓혀서 개인적인 이야기를 들려주는 동시에, 우리가 뚱뚱한 사람들을 바라보는 방식을 만들어내는 데 강력한 영향을 주는 거시적인 차원의 사회적·제도적·정치적 힘을 일반적인 차원과 구체적인 차원에서 알아볼 것이다.

오랫동안 이어져온 '자기 몸 긍정주의body positivity' 운동은 최근 들어 무대 한가운데에 오르며 토크쇼와 시트콤의 중심 화제가 되었다. 참으로 오랫동안 수많은 뚱뚱한 사람들과 대립각을 세우며 아주 날씬한 몸 이미지를 무기로 삼아왔던 잡지와 광고주들이 그 운동을 활용한다. 이런 현상은 뚱뚱한 사람들을 위한 사회정의와 해방의 잠재력처럼 보일지도 모르지만, 사실은 그렇지 않다.

현대적인 자기 몸 긍정주의 운동은 '뚱뚱한 몸 받아들이기'와 뚱뚱한 몸 해방 운동에 깊게 뿌리내리고 있으나, 가장 최근에 인기를 얻으며 성공한 까닭은 플러스 사이즈 옷을 입지 않는 두 여성 때문이다. 작가인 코니 솝차크Connie Sobczak와 임상 사회복지사인 엘리자베스 스콧Elizabeth Scott은 1996년 보디포지티브Body Positive라는 단체를 설립했다.[1] 솝차크는 식이장애 때문에 개인적으로 고생했고, 스콧은 식이장애 치료의 전문가였다. 이 단체의 임무는 단순하다. "보디포지티브는 사람들이 타고난 몸의 지혜와 다시 연결됨으로써 더 균형을 이루고, 즐겁게 자기를 돌보고, 사랑·용서·유머가 이끄는 대로 총체적 자신과 관계 맺는 법을 가르친다."[2] 보디포지티브는 다섯 가지 핵심 능력을 기르도록 회원들을 훈련한다.

1. 건강을 되찾는다.
2. 직관적인 자기돌봄을 실천한다.
3. 자기애를 함양한다.
4. 자신의 진정한 아름다움을 선언한다.
5. 공동체를 구축한다.[3]

식이장애 치료 작업이라는 창립자들의 배경을 고려하면, 보디포지티브에서 내세우는 목표와 틀이 이해된다. 수많은 식이장애 생존자들은 뚱뚱하든 말랐든 낮은 자존감과 충분치 못한 자기애 때문에, 그리고 자신의 몸 이미지가 "[그들] 자신의 진정한 아름다움을 선언"하기에 충분치 못하다는 생각 때문에 괴로워한다. 이보다 폭넓은 자기 몸 긍정주의 운동 역시 이와 같은 틀에 따라 이뤄지며, 자존감과 긍정적인 몸 이미지를 구축하는 데 초점을 맞추었다. 물론 이런 운동이 부상한 것은 많은 사람들에게 이득을 가져다주었다. 우리가 몸과 맺는 관계에 관해, 그리고 우리가 고심할 수도 있는 불안에 관해 이야기하는 공간을 열어낸 것은 놀라운 진전이었다. 식이장애 생존자와 신체이형장애* 생존자들에게 자기 몸 긍정주의란 정신 건강과 회복을 돕는 진정한 생명 줄이었다.

날씬한 사람들과 마찬가지로 뚱뚱한 사람들도 몸 이미지와 자존감 때문에 어려움을 겪을 수 있다. 그렇지만 날씬한 사람들과 달리,

---

* 실제와 달리, 자기 외모에 심각한 결점이 있다는 생각에 사로잡히는 질병.

이는 우리 뚱뚱한 사람들이 몸과 관련해 겪는 어려움의 시작점일 뿐이다. 이어지는 대목에서 차차 보게 되겠지만 뚱뚱한 사람들은 채용, 보건, 교통, 식이 장애 치료, 그 밖의 더 많은 상황에서 숨이 턱턱 막히는 차별을 직면한다. 물론 몸 이미지는 뚱뚱한 사람들과 관련된 하나의 퍼즐 조각이긴 하나, 비교적 작은 부분이다. 자기 몸 긍정주의 운동이 지닌 목표는 칭찬할 만하지만, 이는 뚱뚱한 사람들이 마주하는 훨씬 더 크고 막연한 문제의 아주 작은 부분에 대한 해결책일 뿐이다. 특히 플러스 사이즈 스펙트럼에서 더 큰 신체 사이즈의 극단에 자리 잡고 있는 뚱뚱한 사람들 입장에서는 말이다.

엄밀히 따져보자면, 자기 몸 긍정주의는 개인의 자존감을 높였을 수는 있으나, 뚱뚱한 몸에 반대하는 태도와 행동이 만연한 데는 별다른 영향을 끼치지 않은 것으로 보인다. 하버드대학교 연구진은 2007년부터 2016년까지 실험에 참가했던 사람들의 데이터를 살펴보며, 유명한 '암묵적 편견 실험'의 결과를 분석했다. 실험 시기에는 자기 몸 긍정주의 운동이 급격히 부상했다. 연구진은 거의 모든 암묵적 편견이 감소하고 있다는 것을 알아냈다. 이 연구에 참여한 하버드대학교 수석 연구원에 따르면, 명시적으로 표명하는 태도 가운데 뚱뚱한 몸에 대한 편견이 가장 느리게 바뀌었다. 그리고 암묵적 편견, 다시 말해 우리가 무의식적으로 따르는 편견을 살펴보면 뚱뚱한 몸에 대한 반대가 상당히 심화되고 있다. "그것은 연구에서 살펴본 여섯 가지 태도 가운데 시간이 흐를수록 편견이 더 심해지는 조짐을 드러낸 유일한 항목이다."[4] 자기 몸 긍정주의는 어디서든 찾아

볼 수 있는 듯하나, 뚱뚱함과 뚱뚱한 사람들에 관해 우리가 마음 깊이 지닌 대단히 해로운 신념을 변화시키는 것 같지는 않다.

자기 몸 긍정주의가 부상하면서 운동 내부에서는 극도로 다루기 어려운 역학 관계로 이어지기도 했다. 자기 몸 긍정주의는 내면적이고 개인적인 변화에 아주 단단히 초점을 맞추고 있는지라, 자칭 자기 몸 긍정주의 지지자들에게 권력·특권·억압에 관한 논의가 자연스럽게 따라오지는 않는다. 더 주변화된 몸을 지닌 사람들, 예컨대 특히 뚱뚱한 사람, 장애인, 트랜스젠더, 논바이너리,* 유색인종이 내면의 자기 이미지보다는 다른 사람들의 행동 때문에 빚어지는, 우리 삶 속의 더욱 가시 돋친 현실을 논의하자고 요청할 때면 수많은 자기 몸 긍정주의 활동가들이 이를 에둘러 거절하는 일이 빈번하다. 뚱뚱한 사람들이 우리의 경험을 내보일 때면, 우리가 겪은 제도적 차별이며 대인관계에서의 학대를 더 날씬한 자기 몸 긍정주의 활동가들은 '불안'이라고 고쳐 쓰며, 서로 다른 경험들 사이의 막대한 차이를 가리고 만다. 뚱뚱한 사람들이 사진에 '#자기몸긍정주의'라는 태그를 달면, '비만을 미화한다'거나 '건강하지 않은 라이프스타일을 홍보한다'며 비난받는 일이 흔하다. 주류의 소셜 미디어 계정에서는 여전히 체중 감량 전후를 비교하는 사진을 게시하면서, 덜 뚱뚱해 보이는 몸을 찬미하는 동시에 자기 몸 긍정주의를 내세운다. 주로 모델이나 배우인, 널리 알려진 자기 몸 긍정주의의 아이콘들 가운데는 백인이거

---

* 남성과 여성이라는 이분법적 성별 구분에서 벗어난 사람.

나 피부색이 밝으며, 장애가 없고, 일반 사이즈를 입거나(즉 플러스 사이즈가 아니거나) 플러스 사이즈 가운데서도 몸집이 가장 작은 축에 속하는 비율이 과도할 정도로 높다. 설령 일부러 그러는 것은 아니라 할지라도, 뚱뚱한 몸을 위한 활동가들이 보기에 메시지는 명확하다. 자기 몸 긍정주의는 우리를 위한 것이 아니다.

그 결과, 뚱뚱한 몸을 위한 활동가들은 우리의 활동을 설명하고자 다양한 용어를 사용하며, 자존감에 초점을 맞추는 자기 몸 긍정주의의 상당히 내면적인 속성과 구분을 짓는다. 어떤 뚱뚱한 몸을 위한 활동가들은 **자기 몸 중립주의**를 추구하는데, 이는 몸이란 외양이 아닌 기능을 중요하게 여겨야 하며, 그저 몸을 공정하게 대하는 것만으로도 가장 주변화된 몸을 지닌 사람들에게는 상당한 진전이 되리라는 관점이다.[5] 또 어떤 활동가들은 **뚱뚱한 몸 받아들이기**를 위해 분투한다. 이는 뚱뚱한 사람들의 존재를 받아들이고, 뚱뚱한 몸을 더 날씬하게 만들려는 끊임없는 시도를 멈춤으로써, 관용을 바탕으로 삼는 모델을 통해 뚱뚱한 몸에 대한 편견에 맞서려는 움직임이다. 또 어떤 이들은 **신체 주권**을 향해 나아가자며 촉구하기도 한다. 이는 "각자가 자신의 몸을 통제할 온전한 권리를 지닌다는 개념"[6]이다. 뚱뚱한 몸을 위한 활동가들이 취하는 틀은 우리 뚱뚱한 사람들만큼이나 다양하다.

이런 접근법들이 많은 사람들에게 작동하는 가운데, 나의 작업은 **뚱뚱한 사람들을 위한 사회정의**를 추구하는 것이라 설명하고 싶다. 자기 몸 긍정주의 운동을 통해서 나는 해방을 위해 노력하는 과정에서는 뚱뚱한 몸이 곧 싸움터라고 명시적으로 언명해야 한다는 것을 확인했다. 그렇게 하지 않는다면, 사실은 우리 가운데 가장 뚱뚱한 사람들을 암묵적으로 또 명시적으로 배제하면서도 '모든 몸'을 지지한다고 주장하며, 마음 깊은 곳에 자리 잡은 잘못된 문화적 신념으로 저마다 뒷걸음질 치고 말 가능성이 크기 때문이다. 나는 중립주의, 수용, 관용 그 이상을 열망한다. 이런 것들은 피해를 회복할 수 있도록 도와달라거나, 뚱뚱한 사람들을 향한 기존의 편견을 각자가 밝혀내고 탐색하자고 요청한다기보다는 그저 우리에게 그만 좀 해를 끼치라는 온건한 호소 정도로만 느껴진다. 수용하는 것은 한 발짝 전진하는 일이긴 하지만, 뚱뚱한 몸에 관한 잔인하고 그칠 줄 모르는 논의 속에서 뚱뚱한 사람들의 인간성을 중심에 놓는 것과는 거리가 먼 외침일 뿐이다.

그렇지만 뚱뚱한 사람들을 위한 사회정의에 관한 논의는 우리 각자에게 많은 것을 요구한다. 플러스 사이즈 옷을 입지 않는 사람들은 뚱뚱한 사람들의 경험을 듣고 믿어야 할 것이다. 이는 선뜻 믿기 어려울 만큼 극적으로 다른 경험일지도 모른다. 도시의 거리를 걸어가는 뚱뚱한 사람을 향해 지나가는 차 안에서 모르는 사람이 "우우" 하며 야유를 퍼붓는다거나, 행인이 쓰레기를 던진다는 이야기를 듣게 될 것이다. 또한 의사가 환자에게 "주의해야 할 정도로 살이 잔뜩 처진 얼굴에 음식을 욱여넣는 행동은 그만두어야 할 것"이라 말했다는 이야기를 듣게 될 것이다. 이런 발언은 너무나 불쾌한지라, 어째서 누군가는 그런 말을 입 밖으로 내뱉어도 괜찮다고 생각했을지 상상하기도 어렵다. 하지만 뚱뚱한 사람들은 단지 몸을 지니고 살아간다는 이유만으로 일반 사이즈인 사람들이 볼 수 없었던 것들을 보곤 한다. 우리처럼 뚱뚱한 몸으로 살아갈 때만 벌어지는 일들이다. 일반 사이즈인 사람들은 자신들이 감당하기 어려운 뚱뚱한 사람들의 경험을 맥락이 부실하다는 이유를 대며 거부하고픈 충동을 억눌러야 할 것이다. 거부하기보다는 맥락을 찾아내야 할 것이다. 더 열심히 들여다보고, 시선을 예리하게 벼려야 할 것이다. 또한 어디에나 있는, 뚱뚱한 몸에 대한 반대를 보는 법을 익혀야 할 것이다. 실제로 그것은 어디에나 있으니까. 일반 사이즈인 사람들은 뚱뚱한 몸에 대한 반대가 말이 안 된다고 생각할지도 모른다. 내가 보기에도 말이 안 된다. 그렇지만 일반 사이즈인 사람들은 삼중으로 노력을 기울여야 한다. 즉 자신들이 느끼는 불편함의 무게에 못 이겨 무너지지 말고, 배워갈 수 있도록 충분히 오랫동안 논의에 참여하며, 뚱뚱한 몸에 대한 편견에 맞서 뚱뚱한 사람들을 보호하는 적극적인 행동을 취하는 것이다.

뚱뚱한 사람들을 위한 사회정의를 발전시키려면 뚱뚱한 사람들도 많이 필요하다. 앞서 아무런 결실도 없이 여러 번 감당했던 위험을 우리는 감수해야 할 것이다. 바로 뚱뚱한 몸에 대한 편견 때문에 겪었던 가장 힘들었던 경험을 공유하고, 우리 몸을 공개하며, 훨씬 더 공개적인 논의와 토론에 참여하는 위험이다. 우리의 노력은 용감하면서도 놀라우리만치 위태로울 것이며, 너무나도 많은 사람들이 우리는 그저 누릴 자격이 없다고 얘기하는 인간성·존엄성·존중의 기준을 드높이는 일이 될 것이다. 이는 더욱 해방된 세상을 향한 담대한 비전을 구축하는 노력이 될 것이다. 뚱뚱한 사람들을 위해서, 그리고 모든 사이즈의 사람들을 위해서 말이다.

신체 사이즈에 관계없이, 뚱뚱한 사람들을 위한 사회정의를 향해 노력하려면 가장 솔직하고도 동정심 넘치는 자아를 소환해야 할 것이다. 그러기 위해서는 상처받기 쉬운 면이 부각되고 상당한 솔직함과 공감이 요구될 것이다. 함께한다면 뚱뚱하든 날씬하든 우리가 몸을 바라보고, 몸에 관해 이야기하고, 몸을 대하는 방식에 지각변동을 일으킬 수 있다. 우리를 단지 돌봐주려 하는 몸과 휴전을 선언하면, 우리가 지니고 살아가는 살갗 안에서 더욱 평화로워질 것이다. 그렇지만 이보다 중요한 것은 우리가 자원과 존중을 얼마나 누릴 수 있는지를 겉모습에 따라 결정하지 않는 더욱 정의롭고 공평한 세상을 만들 수 있다는 사실이다. 뚱뚱한 사람들에 대해 날씬해지는 데 실패한 사람들이라 지레짐작하거나, 날씬한 사람들에 대해 당연히 건강하고 도덕적이라고 넘겨짚지 않는 세상을 만들 수 있다. 신체 사이즈에 관계없이 모든 식이장애 생존자들이 더 안전해질 수 있도록 노력하면서, 식이장애와 신체이형질환에 맞서는 세상을 만들 수 있다. 뚱뚱한 몸이 날씬한 몸만큼 가치 있게 평가되고 지지받는 세상을 만들 수 있다.

'뚱뚱한 사람들을 위한 사회정의' 용어 사전

이 책 전반에서 여러분은 익숙하지 않거나 사용법이 선뜻 와 닿지 않는 여러 용어들을 접하게 될 것이다. 공통적으로 사용하는 용어에 관해 뚱뚱한 몸을 위한 활동가들이 저마다 다른 정의를 내릴 수도 있다. 그러니 이런 정의들을 보편적이라고 하기는 어렵다. 여기서는 내가 어떻게 용어들을 정의 내리고 사용하는지 소개해본다.

뚱뚱함

주로 플러스 사이즈인 사람들을 가리키는 중립적인 기술어. 뚱뚱하다는 말은 온갖 사이즈의 사람들에게 모욕을 줄 때 자주 쓰이나, 어떻게 보더라도 부인하거나 의심할 수 없을 만큼 뚱뚱한 다수의 뚱뚱한 몸을 위한 활동가들은 '키가 크다' 또는 '키가 작다'라는 표현과 같이 이 용어가 우리 몸을 설명하는 객관적인 형용사가 되도록 되찾아왔다. 따라서 이 책에서는 사실을 있는 그대로 표현하는 의미로 사용할 것이다. 뚱뚱하다는 말은 끝없이 늘어놓을 수 있는 완곡한 표현들과 대비된다. 포동포동하다, 풍만하다, 덩치 큰 남자, 덩치 큰 여자, 곡선미 있다, 통뼈, 건강미 있다, 육감적이다, 탄탄하다, 건장하다, 보기 좋게 통통하다, 통통하다, 껴안고 싶게 생겼다, 애정이 더 필요하다, 과체중, 비만… 이런 말들은 죄다 수많은 날씬한 사람들이 우리 몸을 보는 것, 부르는 것, 우리 같은 몸이 되는 것을 얼마나 두려워하는지 일깨워줄 뿐이다.

뚱뚱하다는 말이 나쁜 말이 된 까닭은 뚱뚱함이 본질적으로 바람직하지 않다거나 나쁘기 때문은 아니다. 이 말은 우리가 덧붙인 의미 때문에 대중적으로 반감을 사게 되었다. 우리는 **뚱뚱**하다는 말을 사랑받을 가치가 없고, 누구도 원치 않으며, 매력적이지 않고, 아둔하고, 건강하지 않다는 의미로 쓴다. 그렇지만 뚱뚱함은 그저 우리 몸이 지닌 한 가지 측면일 뿐이다. 그리고 우리가 저마다 어떤 사람인지 드러내주는 아주 작은 부분에 불과하다. 그러니 응당 단순하고도 별 대단치 않은 사실로 묘사해야 한다.

인간의 경험과 정체성이 지닌 수많은 양상들과 마찬가지로, 신체 사이즈는 스펙트럼상에 존재한다. 그러므로 누군가를 '뚱뚱하다고 말할 정도로 뚱뚱하다'고 평가할 만한 엄격한 규칙이 있는 것이 아니다. 나와 함께할 뚱뚱한 사람들(내가 집이라고 일컫는 공동체)을 찾을 때면 나는 광범위한 배제의 경험으로 묶여 있는 사람들을 찾아나선다. 우리 모두가 겪어보았듯이 뚱뚱하다는 소리를 들은 적이 있는 사람들을 찾는 것이 아니라, 단순히 신체 사이즈 때문에 배제되어 기본적인 욕구를 충족할 수 없었던 사람들을 찾는다. 단지 좋아하는 옷을 찾기 어려운 사람들이 아니라, 옷을 전혀 찾을 수 없어 고생하는 사람들 말이다. 단지 버스나 비행기에 탔을 때 불편해지는 사람들이 아니라, 감히 대중교통에 타려 하는 것 자체만으로 공개적으로 망신을 당하는 사람들 말이다. 나와 함께하는 뚱뚱한 사람들에게 신체 사이즈란 단순히 마음속 걱정거리가 아니라, 도무지 빠져나갈 방도가 없는 외부의 현실이다. 우리는 자신의 인식에 갇힌 것이 아니라 우리가 비도덕적이고, 사랑받을 가치가 없으며, 구제불능이라고 여기는 타인의 믿음 속에 갇힌 것이다. 우리 모두는 우리 몸이 거부당하는 상처를 받은 적이 있다. 자기 손으로 만들어냈든 다른 사람이 만들어냈든 말이다. 하지만 그런 거부가 지닌 보편성 때문에 반복적으로, 물리적으로 해를 입은 경험을 우리 모두가 겪은 것은 결코 아니다. 이는 우리들 가운데서도 이견의 여지 없이, 부정할 수 없이 뚱뚱한 사람들만이 공유하는 경험이기 때문이다. 그렇지만 이는 뚱뚱함을 규정하는 많고 많은 접근법 가운데 한 가지이다. 뚱뚱함을 정의 내리는 방식은 세상에 있는 사람들만큼이나 많다.

덜 뚱뚱한 사람과 아주 뚱뚱한 사람

뚱뚱한 수준이 서로 다르면 경험하는 것도 서로 다르다. 비교적 작은 플러스 사이즈(미국에서는 사이즈 14나 16)를 입는 사람들은 "얼굴이 정말 예쁘니까 딱 10킬로그램만 빼면 사람들이 홀딱 반할 것"이란 말을 수시로 듣는다. 그렇지만 확장된 플러스 사이즈(예를 들어 34사이즈)를 입는 사람들은 길을 걷다 괴롭힘을 당하거나, 욕설을 듣거나, 지나가는 차에서 조롱하는 소리를 듣는다. 팟캐스트 〈더 팻 립 The Fat Lip〉의 진행자인 애시Ash는 미국의 여성복 사이즈를 바탕으로 이와 같이 중요한 단계적 변화를 이해하고 정확히 짚어내는 틀을 만들었다.

조금 뚱뚱하다: 1X~2X, 18사이즈 이하, 토리드Torrid* 사이즈 00~1. 주류 브랜드에서 몸에 맞는 옷을 찾을 수 있으며, 여러 가게에서 쇼핑할 수 있다.

중간 정도 뚱뚱하다: 2X~3X, 20~24사이즈, 토리드 사이즈 2~3. 주류 브랜드 일부에서 쇼핑하기도 하나, 주로 플러스 사이즈 전문 브랜드나 온라인에서 옷을 산다.

대단히 뚱뚱하다: 4X~5X, 26~32사이즈, 토리드 사이즈 4~6. 플러스 사이즈 브랜드에서 가장 큰 사이즈를 입는다. 주로 온라인으로만 쇼핑할 수 있다.

무한히 뚱뚱하다: 6X 이상, 34사이즈 이상, 경우에 따라 토리드 사이즈 6. 온라인에서조차도 몸에 맞는 옷을 찾기 어렵다. 맞춤 사이즈를 제작해야 하는 경우가 많다.[7]

　날씬한 몸에 비교적 얼마나 가까운지에 따라 우리가 경험하는 특권을 명확하게 짚어내고자 뚱뚱한 사람들의 공간 안에서는 이런 단계적 분류가 빈번하게 쓰인다. 이를 전부 기억하려면 양이 많을 테니, 이 책 전반에서는 조금 뚱뚱한 사람과 중간 정도 뚱뚱한 사람을

---

* 미국의 플러스 사이즈 의류 매장.

가리켜 '덜 뚱뚱한 사람', 그리고 대단히 뚱뚱한 사람과 무한히 뚱뚱한 사람을 가리켜 '아주 뚱뚱한 사람' 또는 '더 뚱뚱한 사람'이라는 말을 사용한다.

뚱뚱한 몸에 대한 반대와 뚱뚱한 몸에 대한 편견

뚱뚱한 몸에 대한 반대와 뚱뚱한 몸에 대한 편견은 뚱뚱한 신체를 주변화하고, 배제하고, 함부로 대하고, 억압하는 태도·행동·사회시스템을 아울러 가리키는 포괄적인 용어다. 이 용어들은 개인적 편협함과, 뚱뚱한 사람들을 주변화하도록 설계된 제도적 정책을 모두 지칭한다. 뚱뚱한 몸에 대한 반대와 뚱뚱한 몸에 대한 편견은 때로 팻포비아fatphobia, 팻미시아fatmisia, 체형 차별, 체중 낙인, 뚱뚱한 몸 차별주의라고 표현되기도 한다. 《맥밀런 사전Macmillan Dictionary》에서는 팻포비아를 "비만 또는 비만인 사람을 향한 비합리적인 두려움이나 혐오감 또는 차별"[8]이라 정의한다.

건강차별주의

뚱뚱한 몸에 대한 반대와 장애차별주의 양쪽 모두와 밀접하게 연관된 건강차별주의는 건강을 미덕이자 도덕적 명령으로 상정한다. 1980년에 로버트 크로퍼드Robert Crawford가 만들어낸 이 용어는 《국제보건서비스저널International Journal of Health Services》에서 본래 다음과 같이 정의되었다. "주로 웰빙의 정의와 성취에 (대개는 유일하게) 초점을 맞추고 개인의 건강에 집착하는 것. (…) 건강차별주의는 건강을 인생의 모든 좋은 것을 상징하는 상위 가치로 끌어올림으로써 전반적인 웰빙을 향한 노력의 사유화를 강화한다."[9] 다시 말해 건강차별주의라는 틀은 건강을 결정하는 사회적 요인, 제도적 정책, 억압이 개인의 건강에 끼치는 영향을 무시하는 경우가 많다. 변호사이자 '사이즈 다양성 및 건강 협회'의 전 회장인 폴 퍼거슨Fall Ferguson은 이후에 이렇게 말을 보탰다. "건강차별주의는 사람들이 건강을 추구해야 한다는 가정으로 나타난다. 이는 흡연자들을 향한 비흡연자들의 태도에서 드러나는 경멸을 가리킨다. 소파에만 처박혀 뒹굴거리는 사람들을 누구나 조롱하는 것을 가리킨다. 건강차별주의는 건강하지 않은 사람은 단지 열심히 노력하지 않았거나, 도덕적으로 결함이 있거나, 해명이 필요한 죄를 저지른 것이라는 생각을 담고 있다."[10]

뚱뚱한 사람들의 몸·음식·움직임을 놓고 수치심을 유발하는 많은 이들은 우리가 건강해 보일 의무, 즉 날씬해 보일 의무가 있다는 건강차별주의의 논리에 기댄다. 건강차별주의는 장애인, 만성질환자, 정신질환자, 뚱뚱한 사람, 그 밖의 다른 사람들에게 해로운 함의를 지니며, 널리 퍼져 있는 사회적 사고의 체계다. 체중 감량을 이야기할 때 '다이어트' 대신 '웰니스wellness'라는 말을 쓰게 되면서, '건강을 유지하지 않거나 유지할 수 없는 사람들은 회생이 불가하다'고 여기는 일에 사이즈와 건강을 이용하는 방식을 해체하려면 건강차별주의를 이해하는 것이 핵심이 되었다. 자기 몸 긍정주의라는 공간에서조차 "당신이 건강한 한에서만 나는 자기 몸 긍정주의를 지지한다"며 흔히들 들먹이는 말을 통해 건강차별주의가 뚱뚱한 사람들을 주변화하는 방법으로 끈질기게 자리 잡고 있다.

플러스 사이즈 의류

백화점과 다수의 의류 소매점에서는 확실히 구입할 수 없으며, 제한적인 플러스 사이즈 코너나 토리드, 레인 브라이언트Lane Bryant처럼 플러스 사이즈 전문 소매점에서 구입해야 하는 의류. 미국에서는 주로 여성복 사이즈 16~28을 가리킨다. 2018년을 기준으로, 플러스 사이즈를 입는 사람들은 이보다 날씬한 사람들이 선택할 수 있는 옷의 고작 2.3퍼센트만을 고를 수 있다.[11]

확장된 플러스 사이즈 의류

다수의 소매점 또는 대부분의 플러스 사이즈 의류 소매점에서 구입할 수 없는 의류. 미국에서 확장된 플러스 사이즈 여성복은 주로 사이즈 30 이상을 가리킨다. 청바지나 재킷 같은 기본적이고 필수적인 옷마저도 확장된 플러스 사이즈가 나오지 않는 경우가 많다. 확장된 플러스 사이즈 의류를 사려면 거의 항상 터무니없이 비싼 가격으로 온라인에서 구입해야 한다. 어떤 경우에는 확장된 플러스 사이즈 의류를 사려면 맞춤 사이즈 조정이나 제작이 필요하다.

일반 사이즈 의류

패션업계에서 온 용어인 일반straight 사이즈 의류는 거의 모든 의류 소매점에서 구입할 수 있는 옷을 가리킨다. 미국에서 일반 사이즈란 대개 사이즈 00~14를 가리키며, 쇼핑몰에 입점한 거의 모든 상점에서 구매할 수 있다. 일반 사이즈란 가치 평가가 반영되어 있는 '표준'이나 '정규' 사이즈, 또는 '평균' 사이즈와 같은 부정확한 용어를 대신해서(미국의 평균 사이즈는 플러스 사이즈다[12]) 상대적으로 사이즈 특권을 지닌 사람들을 가리킬 때 사용하는 말이다. 만약 자신이 일반 사이즈를 입는지 플러스 사이즈를 입는지 모르고 있다면, 당신은 아마도 일반 사이즈일 것이다. 플러스 사이즈와 확장된 플러스 사이즈를 입는 사람들은 그처럼 사이즈를 까먹는 상대적인 호사를 누리는 일이 거의 없다.

비만과 과체중

BMI에 따라 건강 문제가 생겨날 만큼 뚱뚱하다고 분류되는 체중. 영어로 '비만obese'이라는 말은 라틴어의 obesus에서 유래되었는데, 이는 '뚱뚱해지도록 먹었다'는 의미로, 뚱뚱한 사람들의 몸이 그 사람들의 탓이라며 본질적으로 비난하는 말이다.[13] '과체중'이라는 용어는 모든 몸에 객관적으로 알맞은 체중이 있음을 함의한다. 비만이라는 말을 모욕으로 여기는 뚱뚱한 몸을 위한 활동가들이 늘어나고 있다. 두 용어 모두 뚱뚱한 신체는 교정되어야 하는 일탈적인 대상이라 여기는 의학적 모델에서 유래한 것이며, 따라서 이 책에서는 잘 쓰지 않는다.

다이어트 문화

다이어트 문화란 날씬한 몸을 다른 몸보다 높이 평가하면서, 대체로 날씬함이 곧 건강과 미덕의 신호라고 해석하는 신념과 실천의 체계다. 다이어트 문화는 체중 감량이 사회적 지위를 높이고, 인격을 강인하게 만들고, 사회적 특권에 접근하는 방식이라며 권위를 부여한다. 공인 영양사이자 공중위생 석사 학위를 받은 크리스티 해리슨Christy Harrison은 다이어트 문화란 "특정한 식습관은 죄악시하는 한편, 다른 것은 높이 평가한다. 이는 곧 당신이 먹는 것에 과민하게 반응하고, 특정한 음식을 선택하는 것을 수치스럽게 여기며, 자신의 건강·목적·힘에 집중하지 못하게 될 수밖에 없다는 것을 의미한다"[14]고 말한다. 다이어트 문화는 마르기 쉬운 체질을 타고난 사람들 그리고 맞춤형 다이어트 식품, 개인 트레이너, 체중 감량 수술 등에 높은 비용을 지불할 수 있는 부와 특권을 지닌 사람들에게 불공평할 정도로 과도하게 이익을 준다. 체중 감량을 논하는 방식으로서 '웰니스'라는 말이 점점 인기를 얻고 있으나, 이는 다이어트 문화와 눈에 띄게 닮아 있다.

1

가벼운

공기 속으로

롱비치공항 활주로에서 일어난 일이다.

터미널에는 비행기가 촘촘하게 배차되어 있었고, 항공편이 지연되고 있었다. 승객들은 서로 딱 붙어 있느라, 낯선 사람의 살갗이 너무 가까이 닿는 바람에 짜증이 차올랐다. 얼굴이 구겨졌다가 이윽고 한층 더 굳어졌다.

내가 타려는 항공편은 초과 예약이 되었다. 나는 막판에 가서야 가운데 좌석을 배정받았다. 티켓을 발권하는 승무원이 새로운 탑승권을 넘겨주자, 나는 그를 애원하듯이 바라보았다. 사이즈 28짜리 내 몸의 너비를 절감하면서 말이다. 승무원이 말했다. "곤란하시리라는 건 저도 이해해요. 죄송합니다."

나는 좌절스러운 마음으로 카운터에서 물러났다. 따스한 얼굴을 찾아보려던 일이, 내 옆에 앉아 낙심할 승객들 틈에서 다정함을 찾아보려고 애쓰던 일이 떠오른다. '내 넓은 몸을 감내할 만한 사람이 있을까? 자비로운 분위기를 풍기는 사람이?'

내게 필요한 것보다 더 많은 공간이나 시간을 차지하지 않으려고 부지런히 노력하며 주의 깊게 계획을 세웠다. 같이 타는 승객들이 내 몸을 표적 삼아 공격할 만한 구실을 더 내주어서는 안 되었다. 일찌감치 줄을 서고, 게이트에서 짐을 검사하고, 빠르게 자리에 앉았다. 승객들이 항공기 통로를 메우는 것을 지켜보면서, 다시 한번 어느 한 구석이라도 너그러운 얼굴을 찾아 나섰다. 그러다 옆자리 승객이 왔다.

그 남자는 자리에 앉고는 나와 눈을 마주치지 않았다. 좌석 팔걸이를 조정하며 그 팔걸이는 자기 것이라는 단호한 뜻을 드러냈다. 굳이 그럴 필요는 없었다. 비어 있는 공간이란 어디든지 날씬한 사람들의 차지라는 사실을 나는 오래전부터 익혔으니까. 나는 진즉에 가슴 위쪽으로 단단히 팔짱을 껴두었고, 허벅지는 쥐어짜듯 꼭 붙여두었으며, 발목은 좌석 아래에 겹쳐두었다. 그 남자를 건드리지 않으려고, 그 남자의 부드러운 살갗을 누르지 않으려고 몸을 잔뜩 배배 꼬았다. 몸을 구겨 접는 바람에 수축한 근육이 아파왔다.

갑자기 남자가 자리에서 일어나, 좁은 통로로 흘러 들어오는 승객들을 애써 거슬러 승무원에게 이야기를 하고는, 낙심한 모습으로 자리로 돌아왔다. 잠시 뒤, 그는 다시 자리에서 일어났다. 남자가 하는 말이 들리지는 않았지만, 얼굴에서 다급한 기색을 읽을 수 있었다. 무슨 일로 저렇게 정상회담을 벌이는 것인지 궁금했다. 남자는 입을 굳게 다물고, 근육은 경직된 채로 또 한 번 자리로 돌아왔다. 괜찮은지 물어볼까도 생각했지만, 안절부절못하는 남자의 모습에 마음을 접었다. 나는 젊은 여자고, 그는 나보다 나이가 많으며 화가 난 남자인 데다, 우리 두 사람은 앞으로 몇 시간 동안 밀폐된 공간에 갇혀 있을 터였다. 남자들이 화났을 때 건드리면 안 된다는 사실을 난 평생에 걸쳐 익혀왔다.

남자는 세 번째로 자리에서 일어섰다. 이번에는 짜증 섞인 날카로운 목소리로 "도저히 믿을 수 없군"이라 말하는 것이 들렸다. 네 번째로 일어섰을 때에는 "돈을 낸 고객"이라는 말이 들렸다. 화를 내며, 뾰족한 소리를 내는 자음들을 필요 이상으로 또박또박 내뱉었다.

그는 자리로 돌아오더니 부당한 취급을 받은 고객이 낼 법한 날카롭고 기나긴 한숨을 내뱉었다. 내게서 떨어지려 다리를 꼬고는, 복도 쪽으로 몸을 기댄 채, 손에 턱을 괴고 어딘가를 쏘아봤다. 계속해서 어깨 너머를 확인하며 기내를 끊임없이 살펴봤다. 나는 머잖아 나를 향해 들이닥칠 폭풍우를 아직은 모르는 채로 조심스럽게 움직였다.

결국 한참이 지나고 나서 승무원이 남자에게 다가가 통로에 쭈그려 앉아서는 무언가 귓속말을 했다. 이 옆자리 승객은 조용히 일어나 물건을 챙기고는 한 줄 앞으로 이동했다. 자리에 앉기 전에 처음으로 나를 쳐다봤다.

남자가 말했다. "이런 식으로 자리를 더 확보하는군요." 목소리가 차가웠다.

승무원은 당황하며 남자를 쳐다봤다. 승무원이 말을 바로잡아주었다. "여길 빈자리로 두지는 않을 겁니다. 다른 분이 앉으실 거예요." 남자는 눈길을 돌리고는 좌석에 앉았다.

그제야 어떤 일이 벌어졌는지 알 수 있었다. 남자는 자리를 바꿔 달라고 요청했던 것이다. 내 몸이 가까이 붙어 있는 것이 남자에게는 견디기 어려운 일이었다. 그렇게 성을 내고, 절박하게 로비를 벌였던 것은 전부 내 옆에 앉아서 두 시간 동안 비행하는 일을 피하기 위해서였다. 전에는 한 번도 겁내본 적 없는 상황이었다. 그럴 필요가 있다고 생각하지 않았다.

빠르고 다급하게 이런 생각이 들었다. '울지 마. 울면 안 돼.'

그렇지만 이미 늦었다. 눈에서 뜨거운 눈물이 쓰라릴 만큼 터져 나와 뺨으로 쏟아졌다. 무릎을 바라봤다. 넓은 허벅지에 눈길을 고정했다. 눈을 들자 어느 여자 승객의 얼굴이 보였다. 캔버스처럼 하얀 얼굴에, 공허한 눈은 커져 있었다. 목을 길게 빼서 나를 보고 있었다. TV를 보듯 나를 보고 있던 것이다.

나는 그렇게 가장 작은 모양새로 몸을 한껏 웅크린 채, 남은 여정 내내 아래쪽만 바라보았다. 승무원들은 내가 앉아 있는 줄을 자주 찾아와 내 양쪽 승객들에게 무료 와인, 맥주, 간식을 권했다. 나 같은 몸을 감내하는 데 대한 사과가 담긴 것이었다. 승무원은 내게 말을 걸지 않았다. 옆에 앉은 승객들은 나를 바라보지 않았다. 내가 지워진 기분이었다.

비행기가 하강하기 시작하자 나는 게이트에서 화장실까지, 모욕감이 다 빠져나가도록 울 수 있는 곳까지 어떻게 갈지를 계획했다. 화장실로 가야만 했다. 승객들이 통로로 나와서 짐을 내릴 때 앞서 내 옆에 앉았던 남자가 두 번째로 나를 바라봤다.

남자가 말했다. "이봐요, 제가 보행 보조기를 쓰는 사람한테 그렇게 하지는 않았을 겁니다."

"뭐라고요?" 어떤 말을 해야 할지 혼란스러웠다. 이 남자와 얘기를 나누리라고는 예상치 못했다. 그 누구와도 얘기를 나누리라고 예상하지 못했다.

남자가 거듭 말했다. "제가 보행 보조기를 쓰는 사람이나 임신한 사람한테 그렇게 하지는 않았을 거라고요."

나는 얼이 빠진 채 말했다. "저도 알아요. 그 점이 이 상황을 끔찍하게 만드는 거예요."

그랬다. 낯선 사람이, 자신에게 나를 제멋대로 취급할 권리가 있는 것은 내 몸 때문이라면서, 전혀 모호하지 않은 말들로 얘기하고 있었다. 그는 대놓고 항의할 수 있었으며, 내 몸 자체를 비웃을 수 있었고, 자기 말을 들어줄 누구에게든 이를 공개적으로 매도할 수 있었으며, 그렇게 하더라도 그저 동정을 받을 터였다. 이 남자는 절대로 나의 기본적인 존엄성을 챙겨주지 않을 것이었다. 그렇게 해야 한다는 기대를 받을 일이 절대 없을 테니까.

나는 남자가 비행기에서 나가는 이동식 탑승교로 모습을 감추는 것을 지켜봤다. 마침내 남자가 사라지자, 내 눈은 다시 통로로 향했고, 그러다 아까 그 여자와 눈이 마주쳤다. 여자는 다시 아무 말도 없이 무표정으로 나를 쳐다봤다.

그 뒤로 나는 내가 과연 다른 행동을 할 수 있었을지를 자주 생각했다. 누가 시키지 않아도 친절하게 굴었다면 남자가 가속도를 붙여가며 화내는 일을 멈출 수 있었을지. 남자에게 더 직접 맞서야 했을지, 아니면 티켓을 발권하는 직원에게 다시 한번 애원할 수 있었을지. 그 항공편 자체를 그냥 포기하고 먼저 보내야 했을지. 과연 또 다시 비행기에 타야 할지.

그로부터 몇 년이 지나는 동안 나는 모욕당할 가능성을 최소화하는 방법을 찾아냈다. 나는 지갑을 확인하고 일등석 티켓을 사려고 돈을 모은다. 다시 말해 비행기를 자주 타지 않는다는 소리다. 내가 만나고 싶은 때보다도 드물게 가족들을 만나고, 출장을 가지 않을 구실을 찾아낸다. 최선의 노력을 기울였는데도 비행기를 타야 할 때가 되면, 그때의 기억이 매번 내게 벌을 주듯 야멸차게 떠오른다. 내가 비행기에 오르려고 탑승 게이트에서 기다릴 때면, 여전히 커플들은 나를 쳐다보며 내 몸에 관해 대놓고 이야기를 나누고, 몰래 사진을 찍으려고 한다. 여전히 승객들은 내 몸과 한 공간을 공유해야 한다는 것에 대해 잔뜩 목청을 높여 불만을 터뜨린다. 내가 그 사람들 옆에 아무 말 없이 앉아, 긴장해서 잔뜩 꼬인 몸을 끝없이 구기며, 몸이 줄어들기를 바라는 동안 여전히 그들은 승무원에게 우렁차게 불평한다.

✖

내 몸이 이식한 장기라도 되는 듯 주변의 세상은 내 몸을 거부한다. 물리적 세계는 나 같은 몸을 가진 사람들을 위해 만들어지지 않

앉다. 우리의 수는 늘어나고 있는데도 말이다. 미국 질병통제예방센터에 따르면, 2016년을 기준으로 미국 성인 39.8퍼센트의 BMI는 비만으로 간주된다. 10년 전에 34.3퍼센트였던 것과 비교된다.[1] 그렇지만 우리 몸이 처한 현실은 의도적으로 무시한 채, 물리적 환경은 여전히 더 날씬한 몸에 맞춰져 있다. 보아하니 그저 희망 사항 때문에 날씬한 몸에 맞추는 것 같지만 말이다. 엉성한 가구가 너무 많아서, 어떤 가구가 내 무게를 견딜 것이며 또 어떤 가구를 썼을 때 내가 쪼개진 판자 더미 위에서 식식대는 일이 벌어질 것인지 확신이 서지 않는다. 접이식 의자나 긴 해변용 의자 같은 이동식 좌석은 대개 몸무게가 90킬로그램 이하인 사람만 앉을 수 있어서 애초에 논외가 되고 만다. 등받이가 딱딱하고 팔걸이가 철제로 되어 있는 극장용 좌석은 내 옆구리를 파고들어서, 앉고 나면 부드러운 살결에 멍이 남는다. 진찰대, MRI, 체중계 같은 의료 장비에는 체중 제한이 있는 경우가 많아서, 병원을 찾아가게 만든 건강 문제를 제대로 다루지 못할까 봐 항상 두려움을 품게 된다. 최근에 뜻하지 않게 체중이 줄어들기 전까지 나는 그 어떤 소매점에서도 옷을 살 수 없었으며, 핏은 끔찍하고 가격은 일반 사이즈인 사람들보다 세 배 (또는 네 배) 더 지불해야 하는 온라인 세상으로 밀려나야만 했다.

어디를 가든 내가 받는 메시지는 명확하다. 내 몸은 이 세상이 감당하기에는 지나치다는 것이다. 그리고 주변 사람들이 이런 메시지를 더욱 강화한다. 비행기에서 만난 남자 같은 낯선 사람들은 내가 이미 알고 있는 사실을 나에게 들려주는 일이 자신들의 몫이라고 여긴다. 나는 그 공간에 알맞지 않으며, 환영받지 못한다는 사실 말이다. 내가 대중교통에 탈 때면 수많은 사람들이 별일이라는 듯 대놓고 눈을 치켜뜨곤 한다. 그러면서 나를 빤히 쳐다보거나, 자신들 옆자리에 가방이며 외투를 올려놓는 일이 많다. 백화점에 들어서면 직원이 곧바로 나를 맞이하면서 레인 브라이언트 매장은 네 층 내려가면 있다고 알려준다. 처음 보는 사람들은 나 같은 몸의 사람들을 향해 소리치고픈 충동을 느끼며, 내 몸이 부끄러울 만큼 뚱뚱하다고 선언하거나, 무엇을 먹어야 하고 어떻게 움직여야 하며 이렇게 뚱뚱하면 죽음을 얼마나 앞당기게 될지를 지시하듯이 내뱉는다.

이런 모든 장소에서 내 몸은 패닉과 분노를 불러일으키는 촉매가 되지만, 비행기에서 내 살갗은 고삐 풀린 분노가 향하는 표적이 된다. 다른 때였으면 친절했을 사람들이 공항 게이트나 보잉 737편 기내 통로에서 나를 보면 그저 짜증을 부리는 데 그치지 않고, 마음 깊은 곳으로부터 역정을 내며, 때로는 온 힘을 다해 분노하곤 한다. 길거리에서 나를 향해 욕하는 것은 생전 꿈도 안 꿨을 날씬한 사람들도 나 같은 몸과 가까이 붙어 있어야만 한다는 사실에 곧장 분개하며 친구들에게 문자메시지를 보내거나, 승무원에게 불만을 접수할 것이다. 그러면 승무원은 비행기에서 나를 데리고 나가, 아무런 보상이나 도움도 못 받은 채 내가 다른 도시에서 오도 가도 못하도록 할 것이다. 다른 상황에서라면 잠잠했을 이러한 폭력적인 혐오감은 비행기 안에서 모습을 드러내며, 감히 여행을 떠나려는 뚱뚱한 사람을 누구라도 강타하고야 만다. 주로 두 좌석만큼 값을 지불하거나 어쩌다 가끔 추가로 남는 공간을 받으며 내가 두려움에 휩싸여 자리를 지키려고 애쓰는 동안, 날씬한 사람들은 단지 나 같은 몸과 가까이 있다는 사실 하나만으로 너무나 쉽게 한참을 앞서가곤 한다.

주변 승객들이 왜 날이 서 있는지 이해한다. 항공기는 이윤을 내도록 설계되어, 최대한 많은 사람들의 몸을 채워 넣는 것이 목적이고, 승객의 편의는 정해진 한계 안에서만 고려한다. 상업용 여객기 이코노미석의 대궐 같은 좌석에 관해 열변을 토할 만한 사람은 아직도 많을 것이다. 비행기를 타는 일은 돈이 많이 들고, 갑갑하며, 괴롭고, 아주 진이 빠진다. 짐은 거추장스럽게 느껴진다. 연결 항공편을 놓치기도 한다. 사람들 사이엔 긴장감이 흐른다. 그리고 비행기에 탄다는 온갖 스트레스가 정점을 찍는 가운데, 크고 부드러운 내 몸이 다른 승객들의 표적이 되는 것이다. 나는 여느 사람들과 마찬가지로 똑같이 비좁고 불편한 자세로 처박혀 있어야 하는 동료가 아니라, 다른 승객들의 불만을 떠안는 희생양이 된다. 그럴 때 항공사, 그 회사의 경영진, 그리고 산업디자이너들에게 화내기는 어렵다. 감히 비행기를 타려고 하는 뚱뚱한 사람에게 화내기가 훨씬 더 쉽다.

그렇지만 항공기 좌석 크기에는 놀랄 만큼 복잡한 과거가 있다. 이는 바로 항공사들이 규제에 저항하고 매번 아무런 통제를 받지 않은 채 이윤을 추구하며 대놓고 이끌어온 과거다. 최근 10년만 놓고 보더라도 좌석의 평균 너비는 약 47센티미터에서 고작 43센티미터 정도로 줄어들었다. 10년 동안 10퍼센트 가까이 감소한 것이다.[2] 좌석 간 평균 거리(다리를 뻗을 수 있는 공간에 관한 업계 표준) 역시 약 89센티미터에서 겨우 79센티미터 정도로 줄어들었다.[3] 기내 화장실 크기도 점점 작아지고 있다. 《월스트리트저널Wall Street Journal》 기자가 오래된 항공기의 화장실 크기를 측정해보니 너비가 약 84~86센티미터였던 데 비해, 그보다 신형인 보잉 737기의 화장실은 대략 20퍼센트 정도 좁았다. 그 너비는 기껏해야 66센티미터였다.[4]

이런 것은 최근 10년 동안에 벌어진 일에 불과하다. 특히 1978년에 미국은 항공 산업 분야에서 규제를 철폐하기로 결정했다. 이는 기내 공간이 더 비좁아지게 만드는 수문을 열었다.[5] 1978년 항공기 규제 철폐 법률은 "1930년대부터 이어져온 미연방의 규제 체제를 처음으로 완전히 해체"[6]했으며, 이 법안을 설계한 코넬대학교의 경제학자 앨프리드 칸Alfred Kahn은 미국의 에너지 분야 규제 철폐에서도 주된 역할을 하며,[7] 현재 파국에 이른 전 세계적 기후 위기에 한몫을 거들었다.[8] 항공사들에 대한 규제 철폐는 소도시와 시골 지역에 항공편을 공급하기 위한 미연방 차원의 지원금 지급을 종결시켰으며, 최신 교통 산업이 오로지 이윤에 따라서만 결정을 내리도록 함으로써 (현재는 사라진 민간항공위원회가 기존에 규제했던) 운임이 증가했고, 항공사 직원들의 임금이 감소했으며, 1981년 미국 상업용 여객기 35퍼센트가 이륙하지 못하게 되었던 조종사 파업을 불러일으켰다.[9] 실질적으로 따져보자면 규제가 폐지되면서 항공사들은 가격과 설비 부문 모두 정부가 요구하던 책임에서 벗어날 수 있었다. 2001년 9월 11일 이후 보안 규칙이 변경되었고, 그와 동시에 항공사들은 이전에는 모든 승객들의 항공권에 포함해서 제공하던 서비스에 요금을 별도로 부과하기 시작했다. 이제 기내식은 요금을 지불해야만 먹을 수 있다. 전에는 거의 모든 승객에게 제공할 수 있게끔 실어두었던 베개와 담요도 이제는 수가 제한적이다. 간소화된 보안검색대를 통과할 때조차 2000년대 이전과 동일하게 TSA[*] 사전 점검 요금표를 달고 들어가야 한다.

항공사들이 무료로 제공했던 몇 안 되는 편의 사항에 요금을 부과함으로써 이윤 폭을 증가시키도록 설계된 새로운 관행들에 국가 안보 차원의 사고가 길을 터주었다. 그리고 더 넓은 좌석 폭이나 다리를 뻗을 공간보다 더 필요한 편의 사항은 없을 것이다. 작아진 좌석 역시 항공사들이 티켓을 더 많이 팔고 이윤 폭을 증가시키도록 해주었다. 이에 따라 상업용 항공사들은 2017년에 이익을 147억 달러(약 19조 3000억 원)나 냈다. 2016년보다 7.4퍼센트가 증가한 수치다.[10] 그리고 공간을 한없이 줄여나가는 이런 흐름이 늦춰질 기미는 전혀 없다. 일부는 입석으로 운영한다는 제안과 함께, 좌석 공간이 더 비좁아지고 화장실은 점점 더 작아진다는 소문이 몇 달에 한 번씩 고개를 든다.[11]

최근 들어 좌석 크기를 규제하려는 시도들이 몇 가지 벌어졌다. 2017년 워싱턴 DC 연방항소법원은 미국 연방항공국에 좌석 크기가 계속해서 줄어드는 문제를 해결하라는 명령을 내렸다.[12] 미국 연방

---

[*] 미국 교통안전청(Transportation Security Administration). 주로 공항 등에서 보안 검색을 담당한다.

항공국은 좌석 크기를 규제하지 않겠다는 내부적 결정을 내리며 대응했다.[13] 같은 해, 미국 의회가 개입하며[14] '항공여행 시의 좌석출구 법률Seat Egress in Air Travel Act'을 제시했다. 이는 미국 연방항공국이 항공기 좌석의 너비와 높이, 좌석 간 거리의 최소치를 확립하도록 강제하려 한 것이었으나, 그 사이즈가 어떠해야 하는지 성문화하는 데 실패했다.[15] 내가 이 글을 쓰고 있는 지금, 비교적 이빨 빠진 호랑이라 할 수 있는 해당 법률조차 아직 통과되지 않았다.

비행기의 좌석은 작아지고 미국인들의 몸집은 커졌으며, 항공사들의 소위 '사이즈 큰 승객' 정책은 뚱뚱한 승객들이 대처하기 어려울 만큼 점점 예측할 수 없이 흘러가고 있다. 끊임없이 줄어드는 좌석에 몸이 맞지 않을 뚱뚱한 승객들을 어떻게 처리할 것인지에 관해 거의 모든 주요 항공사들이 정책을 발표한다. 어떤 경우에는 이런 정책이 명확하고 단도직입적이다. 뚱뚱한 승객에게 자리를 하나 더 제공하고 추가 비용은 착륙 시에 자동으로 환불하거나, 추가 자리를 아예 무료로 제공하는 사우스웨스트항공처럼 말이다.[16] 다른 항공사들의 정책은 이상하리만치 복잡하다. 승객에게 유선상으로 추가 좌석을 예약하게 한 다음, 모든 여행객들이 "공석을 이용할 수 있는 상태에서 출발"하며 해당 승객이 다시 항공사에 전화를 걸어 환불을 요청할 때만 환불을 해주는 알래스카항공처럼 말이다.[17] 스피릿항공은 뚱뚱한 승객에게 반드시 한 좌석을 더 구매하도록 하며, 비용을 환불해주지 않는다.[18] 한편, 버진아메리카 같은 다른 항공사들은 정책 전체를 발표하지 않고 있다. (아주 뚱뚱한 사람인 나는 이 항공사들과 내가 선택할 수 있는 다른 교통편들의 정책을 읽으며 똑똑히 기억했다. 거기에 내 여행이 달려 있으니 말이다.)

내용과 무관하게 이런 정책들은 도무지 가늠할 수 없을 만큼 들쑥날쑥 적용되므로, 뚱뚱한 승객들은 이런 의문을 품을 수밖에 없다. '우리가 발각될까 봐 걱정하는 일로부터 간신히 벗어나서 비행기에 머무를 수 있는 건 언제일까? 남아 있는 자리가 없는데도, 아무런 경고 없이 갑작스레 당일에 추가 좌석 요금을 내라고 요구받는 때는 언제일까? 다른 승객들 수백 명의 힐끔거리는 눈길을 받으면서 비행기에서 쫓겨나는 건 언제일까?'

슬프게도 이런 두려움은 아무런 근거가 없는 것이 아니다. 수많은 뚱뚱한 사람들이 이런 일을 몸소 겪었다. 2017년 플러스 사이즈 모델이자 인플루언서인 내털리 헤이지Natalie Hage는 댈러스에서 로스앤젤레스로 가는 아메리칸항공 비행기에 탔다. 3시간 가까이 되는 비행에서 헤이지는 뜻하지 않게 가운데 좌석에 앉게 되었다. 그러자 옆에 탄 승객이 곧장 그를 몰래 촬영하는 것 같았다. 헤이지가 옆자리 남자 승객의 휴대전화를 쳐다보니, 그 승객과 친구가 주고받은 문자가 보였다.

친구: 그 여자가 멕시코 음식을 먹은 건 아니었으면 좋겠네.

옆자리 승객: 멕시코 음식 먹고 온 것 같아. 뉴스에 댈러스·포트워스공항에서 에어버스 A321편이 황급히 활주로를 떠났다는 보도가 나오면, 그게 바로 내가 탄 비행기일 거야.

헤이지는 남자의 행동에 대해 따지기 위해 비행이 끝날 때까지 기다렸다. 남자는 헤이지가 찍은 남자의 문자메시지 사진을 보여주기 전까지 계속 사실을 부인했다. 결국 남자는 사과했다. 길고 긴 영상 기록까지 남겨가며 설전을 벌인 끝에야 말이다.[19]

뚱뚱한 사람들이 비행기에서 배제되는 일은 때로 다른 승객들의 행동 때문이기도 하지만, 항공사가 형식적인 정책을 강요해서 벌어지는 경우도 무척 많다. 2016년 에롤 나바에즈Errol Narvaez라는 승객이 라스베이거스에서 주말을 보낸 다음 집으로 돌아가는 길에, 그가 예매한 좌석이 사라졌다. 그가 예약한 복도 쪽 좌석을 유나이티드항공이 가운데 좌석으로 옮겼던 것이다. 뚱뚱한 사람에게 이보다 나쁜 자리는 없다. 옆에 탄 승객이 항의하자 나바에즈는 서른여섯 열을 지나며 다른 승객들이 지켜보는 가운데 비행기에서 쫓겨났다. 그는 기자들에게 이렇게 얘기했다. "비행기 전체를 걸어가야 한다는 게 어떤 기분인지 모르실 거예요. 36열, 35열, 34열… 이렇게요."[20]

거의 모든 주요 항공사와 마찬가지로 유나이티드항공은 뚱뚱한 승객들을 항공기에서 쫓아낼 수 있는 정책을 마련해두고 있다. 승무원들은 나머지 승객들이 자리에 앉아 있을 때, 그러니까 뚱뚱한 사람이 그저 눈에 띄지 않은 채 집으로 가려다가 실패하는 모습을 극장의 관객들이 지켜볼 때 그 정책을 실행했다. 티켓 발권 담당자는 나바에즈의 항공편을 새벽 2시로 옮겼으며, 오도 가도 못하는 이 승객에게 6시간이나 늦은 항공편의 티켓 가격으로 117달러(약 15만 원)를 부과하려 하고, 밤잠을 설치게 만든 데다, 공개적으로 망신을 당하는 특권까지 안겨주었다. 이 모든 상황을 겪는 동안 비행기에서도, 티켓 카운터에서도, 공항에서도 그를 옹호하고자 나서는 사람은 한 명도 없었다. 그가 공개적으로 모욕당하는 모습을 여행객 수백 명이 지켜보았으나(그의 표현대로라면 그는 여행객 한 명 한 명 옆으로 "수치스러운 발걸음"을 옮겼다) 그를 옹호하는 사람은 단 하나도 없었다. 앞서 수많은 승객들이 받았던 취급과 마찬가지로, 나바에즈는 승객이라기보다는 짐짝에 가까웠다. 죽은 것이나 다름없고, 거추장스러우며, 방해가 되는 짐 말이다. 그의 인간성은 무시되었으며, 그는 사람이라기보다는 물건처럼 여겨졌다.

빌마 솔테스Vilma Soltesz는 훨씬 더 비싼 값을 치른 사람이다. 2012년 빌마와 그의 남편 야노스Janos는 자신들이 살고 있는 미국 뉴욕의 브롱크스에서 헝가리까지 별다른 탈 없이 날아갔다. 빌마가 자기 몫으로 두 좌석을 사두었기 때문이다. 한데 해외에 나가 있는 동안 빌마에게 심각한 건강 문제가 생겨났고, 의사는 최대한 빨리 뉴욕으로 돌아가라는 지시를 내렸다. 빌마와 야노스는 집으로 돌아가는 티켓을 새로 구입했다(빌마 몫으로 두 자리, 야노스 몫으로 한 자리였다). 귀국하는 KLM의 비행기에 올라타자 두 사람은 배정받은 좌석이 이미 물리적으로 고장난 상태라는 사실을 발견했다. 이 커플은 비행기에서 쫓겨나 공항에서 다섯 시간을 기다리고 나서야, 차를 구해서 다섯 시간을 더 간 다음 체코 프라하에서 델타항공을 타고 집으로 돌아가라는 얘기를 들었다. 이 커플은 옆 나라로 가서 두 번째 항공편에 올라탄 뒤 다시 한번 비행기에서 쫓겨났다. 짐작건대 빌마의 신체 사이즈와 휠체어 때문이었다. 결국 이들은 루프트한자의 비행기를 타러 다시 헝가리로 돌아갔다. 그리고는 이들이 돈을 지불한 좌석을 이용할 수 없다며 세 번째로 거부당했다. 빌마의 건강이 극도로 악화된 상황인데도 빌마와 야노스를 태워주는 항공사는 하나도 없었다. 두 사람이 기다리고 또 기다리고, 시도하고 또 시도하는 동안 빌마의 건강은 계속해서 나빠졌다. 그리고 몇 주 만에, 자신의 집과 주치의로부터 지구 반 바퀴만큼 떨어진 곳에서 빌마는 숨을 거두었다.[21]

에롤 나바에즈가 항공편에서 쫓겨났을 때 몸무게는 174킬로그램이었다. 빌마 솔테스가 세상을 떴을 때 몸무게는 184킬로그램이었다. 이들의 이야기를 읽던 당시 내 몸무게는 181킬로그램이었다. 그런 이야기가 보여주는 메시지는 명확하다. 어느 누구도 우리 같은 몸을 보호해주지 않는다. 우리는 뚱뚱한 한, 죽을 수도 있다.

✖

2015년 니콜 아버Nicole Arbour는 순식간에 누구나 아는 명사가 되었다. 코미디언인 아버는 〈뚱뚱한 사람들에게Dear Fat People〉라는 영상을 만들었고, 이 영상은 충격 효과 덕분에 빠르게 입소문을 타며 성공을 거두었다. 이 영상에서 아버는 뚱뚱한 사람들을 소재로 곤혹스러운 욕설을 쏟아낸다. 모두 공항에서 뚱뚱한 가족을 만난 상황을 설정하고 내뱉는 말들이었다.

줄 앞쪽으로 가자 어느 가족이 앞으로 와서 나를 들이받았어. 제일 뚱뚱한, 가장 비만인 가족이었지. 그러니까 각별히 주의를 기울여야 할 만큼 유독 뚱뚱했다는 소리야. [...] 그 사람들을 줄 앞으로 보내야 했던 까닭은, 그렇게 서 있으려니 무릎이 아프다고 투덜댔기 때문이야. "아, 저는 원래대로 한 시간 일찍 왔지만요. 그렇지만 당신들은 과식을 했으니까 제가 도와드리죠." 그 사람들은 불평을 했고, 소시지 냄새를 풍겼지. 소시지를 먹었을 거라고 생각하지는 않았어. 그냥 몸에서 풍기는 냄새였거든. 너무 뚱뚱해서 그렇게 뚱뚱하게 땀을 흘리며 서 있었지. 빌어먹을 플레이도 공장 장난감이라도 된 것처럼, 그 사람들의 모공에선 크리스코가 튀어나왔어. [*] [...]

내가 복도 쪽에 앉아 있는데, 어느 스튜어디스가 내게로 걸어와. "안녕하십니까. 이렇게 여쭙게 되어 혐오스럽지만, 장애가 있는 승객이 있어서요. 괜찮으시다면 좌석을 바꿔주시겠습니까?" 그리고 나는 재수 없는 자식이 아니니까 당연히 "어이쿠 저런, 그럼요, 당연하죠"라는 식으로 말해. 세상에, 그 뚱뚱한 가족이야. 그리고 지방 덩어리 아들이 바로 내 옆에 앉는 거야. 나는 도저히 움직일 수가 없었지. 그 아들의 지방이 내 무릎 위에 올라와 있었어. 나는 손잡이를 잡아 아래로 욱여서 내린 다음 "여긴 내 자리고, 거

---

* 플레이도는 주로 어린이들이 미술이나 공예에 사용하는 점토이고, 크리스코는 대표적인 쇼트닝(제과·요리 등에 많이 쓰는 반고체 상태의 기름) 제품이다.

기가 당신 자리예요"라고 말했어. 정말로 그 남자의 지방을 들어 올려서 남자의 좌석에 밀어 넣었고, 그대로 버렸지. 그 남자는 괜찮은 사람이었어. 그저 뚱뚱할 뿐이었지. 더 나은 선택을 하시길.

직설적인 접근법과 지나치게 무신경한 말이 담긴 아버지의 영상은 뚱뚱한 사람들에 대해 해도 괜찮은 말과 해서는 안 될 말이 무엇인지 전국적인 논의를 불러일으켰다. 그렇지만 유념해야 할 점은, 이런 논의가 아버지의 영상이 실제 뚱뚱한 사람들에게 끼칠 영향을 고려하는 데까지는 이르지 못했다는 사실이다.

긴장이 감도는 가운데 토크쇼 〈더 뷰The View〉에 출연한 아버지는 그 영상이 사람들을 자극하려는 의도로 만들어진 코미디라고 옹호했다. "그 영상은 사람들에게 불쾌감을 주려고 만든 거예요. 제가 다른 영상에서 그렇게 했던 것처럼요. 그저 풍자일 뿐이고, 저는 바보처럼 굴었고, 재미있자고 하는 거고, 그게 우리가 했던 일이죠. 또 그 주제는 실제로 팬들이 투표해서 정했고, 그 가운데는 뚱뚱한 사람들도 있어요."[22] 〈더 뷰〉의 공동 진행자이자 코미디언인 조이 베하Joy Behar는 아버지의 변론에 반박했다. "말하자면 당신은 '이건 건강하지 않아'라는 말 뒤에 숨어 있어요. 그건 헛소리고, 당신도 그걸 알고 있죠. (…) 당신이 그걸 생방송으로 보여주면서 얼마나 웃음을 이끌어내는지 보면 재밌겠네요."[23]

아버지의 영상은 강력하게 거부당했지만, 그런데도 2700만 회가 넘는 조회수를 기록하며 뚱뚱함과 뚱뚱한 사람들을 다루는 논의의 기준이 되었다. 〈뚱뚱한 사람들에게〉가 유독 충격적인 사례이기는 하나, 뚱뚱함과 뚱뚱한 사람들을 바라보는 시각을 다룬 유일한 사례는 아니다. 특히 뚱뚱한 사람들이 비행기에 타는 상황을 다룬 것으로는 말이다.

아버지의 영상이 등장하기 6년 전 〈더 영 터크스The Young Turks〉는 비행기에 탄 뚱뚱한 사람들에 관해 논의를 벌였다. 〈더 영 터크스〉는 사람들이 유튜브에서 널리 시청하는 좌파 뉴스와 의견을 전달하는 프로그램이었지만, 그 입장은 아버지의 입장과 놀라울 정도로 비슷했다. 공동 진행자인 젱크 유거Cenk Uygur와 애나 캐스패리언Ana Kasparian은 불편함을 드러내며 이 사안을 논의했고, 이는 금세 솔직한 혐오감으로 바뀌었다. 캐스패리언은 몸에 맞지 않는 비좁은 비행기 좌석에 앉아 있는 뚱뚱한 승객을 아메리칸항공 승무원이 찍은 사진을 설명했다.

유거가 말했다. "애나가 예의를 차리면서 이 얘기를 해보려고 노력하는 점이 마음에 드네요. 이 승객이 공간을 많이 차지하는 것처럼 보이나요? 그렇게 보이나요?"

캐스패리언은 웃음을 터뜨리며 동조했다. "제가 무슨 말을 했으면 하는 건가요? 비행기에 빌어먹을 뚱뚱한 놈이 타고 있잖아요."

대화가 이어지는 가운데, 유거는 처음에 그 승객이 "[그] 통로를 방해하지 않으려고 최선을 다하고 있었"으며 "좌석에는 절반 정도밖에 앉지 못해 분명히 엄청나게 불편했을 것"이라고 인정했다. 심지어는 항공사 정책이 차별적일 수 있다고까지 인정했다. 그렇지만 두 공동 진행자는 그 승객이 좌석을 두 개 구입했어야 한다는 데 금세 동의했다.

캐스패리언은 이렇게 덧붙였다. "그러니까 말이죠, 그 사람이 어떻게 할 수 없는 상황이라면야 차별인 거죠, 그렇죠? (…) 우린 지금 어마어마한 비만이라는 유행병을 눈앞에 두고 있잖아요, 그렇죠? 그래요, 미국에는 뚱뚱한 사람들이 한가득하고, 정말로 안타깝게도 그 사람들이 여행을 하려고 하면요, 우리는 그 사람들한테 두 좌석을 내어주는데 그 사람들은 그저 한 자리 값만 지불하면 된단 말이에요? 저는 그게 전혀 이해가 안 가요. 전 그게 공정하다고 생각하지 않아요."[24]

그 모든 대화가 이렇게 내 몸을 고발하는 것을, 전혀 목소리를 낼 수도 없는 불편함이, 꼼짝도 않는 장해물이 펼쳐지는 것을 보고 있자니 비현실적인 기분이 들었다. 아버와 마찬가지로 〈더 영 터크스〉는 뚱뚱한 사람들을 모욕했다. 아버와 마찬가지로 이들도 누군가가 스스로 통제할 수 없는 이유로 뚱뚱해질 수 있다며 인정했다가도, 다시 일축했다. 그리고 아버와 마찬가지로 이들도 가까이 앉아 있는 날씬한 사람들의 편안함과 안전에만 초점을 맞추며, 뚱뚱한 사람은 전혀 고려하지 않고 쉽게 넘겨버렸다. 놀라울 정도로 흡사하다. 그렇지만 아버의 영상은 조회수 2700만 회를 달성하고 엄청난 반발에 부닥치고는 유튜브에 의해 내려졌다. 이 글을 쓰고 있는 시점을 기준으로 〈더 영 터크스〉의 영상은 조회수가 150만 회에 조금 못 미치는 수준이며, 여전히 온라인에 올라와 있다. 그렇다면 어째서 한 영상은 분노를 불러일으킨 데 반해 다른 영상은 그렇게 조금밖에 관심을 못 받은 것일까?

차이는 바로 아버의 영상에는 대화 상대방이 없어, 수많은 시청자들에게 둔감하고 거칠다는 인상을 준다는 점이다. 〈더 영 터크스〉는 비슷한 주장을 하면서도 훨씬 신중하다고 느껴지는 방식을 쓴다. 그렇지만 근본적으로 따져보면 두 영상은 동일한 점을 주장하며, 뚱뚱한 사람들에 관한 핵심적인 문화적 신념을 담은 로드맵을 펼친다. 특히 공공장소에 있는 뚱뚱한 사람들에 관해서 말이다. '뚱뚱한 사람들이 그 정도로 뚱뚱해서는 안 된다. 뚱뚱한 사람들의 신체는 날씬한 사람들에게 불편을 끼친다. 뚱뚱함이란 대개 선택의 결과다.' 아버가 저지른 잘못은 그가 뚱뚱한 사람들을 역겹다고 **생각해서가** 아니라, 공개적으로 그런 생각을 **말했다는** 점이다.

이것이야말로 뚱뚱한 사람들을 어떻게 대할 것인지에 관한 논의가 멈춰 있는 지점이라 생각된다. 뚱뚱한 사람들에 관한 주된 믿음을 수면 위로 끄집어내고, 빛을 비추고, 이를 탐구하는 공개적인 논의는 없다시피 하다. 사실을 다루는 논의도 거의 없다. 항공기의 사례로 보자면 자꾸만 줄어드는 좌석 사이즈, 일관성 없는 정책, 뚱뚱한 사람들이 계속해서 겪는 마음 아픈 인명 피해와 같은 사실들 말이다. 대중적으로 벌어지는 논의 가운데 우리 각자가 뚱뚱함과 뚱뚱한 사람들에 관해 품고 있는 편견에 개별적으로 맞서는 것들은 거의 없다. 뚱뚱한 사람들에게 끼치는 구체적인 피해, 우리가 완고하게 고집하는 고통스럽고 비뚤어진 생각, 뚱뚱한 사람들을 배제하고 푸

대접하도록 만들어진 시스템을 향한 분노를 표출하기보다는 손쉬운 논의를 벌이는 쪽을 택한다. 정중한 쪽을 택한다. '좋은 말을 할 수 없다면, 아예 아무 말도 하지 마라'는 쪽을 택한다.

우리가 지닌 신념에 맞서기보다는, 그런 신념을 입 밖에 내는 소수의 사람들에게 맞선다. 그리고 문제를 고치기보다는 침묵한다. 그렇지만 뚱뚱한 몸에 대한 편견은 단지 유명인들의 문제가 아니며, 단순한 예의의 문제도 아니다. 최근 수십 년 동안 점점 더 많은 연구들이 일반 대중 사이에서 뚱뚱한 몸에 대한 편견이 널리 퍼지는 것을 면밀히 살펴봐왔다. 연구 결과는 엄청난 문제를 보여준다.

2019년 하버드대학교는 무척 유명한 '암묵적 편견에 관한 온라인 실험' 결과에 바탕을 둔 연구를 발표했다. 이 실험은 참가자들에게 빠르게 번쩍이며 지나가는 단어와 이미지를 넘겨보도록 하며 인종, 젠더, 성적 지향, 장애, 몸무게, 그 밖의 특성들을 둘러싼 무의식적인 편견을 측정한다. 《정신과학Psychological Science》에 발표된 이 연구는 9년 동안 실험 참가자 400만 명 이상에게서 얻어낸 결과를 검토했다.

몇몇 측면에서는 희망적인 결과가 나왔다. 연구 논문의 주요 저자인 테사 찰스워스Tessa Charlesworth에 따르면 "가장 놀라운 결과는 바로 섹슈얼리티 관련 태도가 중립적으로, 그러니까 편견이 덜한 쪽으로 바뀌었다는 사실이다. 암묵적 수치가 33퍼센트까지 바뀌었"으며, 실험 참가자의 거의 절반이 자신들의 태도가 바뀌었다고 스스로 보고하기도 했다.[25] 이보다는 덜 극적인 수준이기는 하나 이와 유사하게, 실험 참가자들에게서는 인종에 따른 편견 역시 17퍼센트 감소했다.

암묵적 편견에 관한 대부분의 수치가 감소하거나 일정하게 유지되었던 데 반해, 한 가지 수치는 폭발적으로 증가했다. 바로 뚱뚱한 몸에 대한 편견이다. 실험을 진행한 9년 동안, 날씬함을 지지하고 뚱뚱함을 반대하는 편견은 40퍼센트를 꽉 채워 증가했다. 그뿐만 아니라, 체중에 따른 편견은 명시적 태도 가운데서도 가장 느리게 변화했다. 여기서 명시적 태도란 실험 참가자들이 스스로 보고한 태도를 말한다. 찰스워스에 따르면 이러하다.

이것은 우리가 살펴본 여섯 가지 태도 가운데 시간이 흐를수록 편견이 점점 더 강화되는 조짐을 드러낸 유일한 태도다. [⋯] 그리고 당연히 이런 질문을 다시 던져보게 될 테다. '왜일까? 몸무게에 관한 태도는 대체 어떤 특징이 있는 것일까?'
우리는 그저 짐작해볼 뿐이다. 몸무게는 정말 많은 논의의 대상이 되지만 그런 논의들은 부정적인 논조를 띤다. '비만이라는 유행병'이나 비만인 사람들이 지닌 '문제' 이야기를 우리는 자주 꺼낸다.
또 우리는 으레 몸무게란 사람들이 통제할 수 있는 것이라 생각하며, 그래서 몸무게를 놓고 도덕적 평가를 내릴 가능성이 많다. "뭐, 당신이 그냥 달라져야죠"라는 식으로 말이다.

숫자 자체만 놓고 봐도 충격적이다. 2016년 실험 참가자의 정확히 81퍼센트가 날씬함을 지지하고 뚱뚱함을 반대한다는 편견을 드러냈다. 다섯 사람 가운데 넷이 해당된다는 뜻이다.

이와 같이 암묵적 편견을 드러내는 연구 결과를 읽으면 불편해지며, 이런 연구 결과는 편견이 작동하는 방식에 관한 대중적인 가정과도 반대된다. 대중적인 담론에서는 주로 편견과 혐오란 우리가 취하기로 결정한 대상이라고 얘기하곤 한다. 즉 우리의 기본값은 편견이 없는 상태이며, 혐오라는 꺼풀을 덮어쓸 것인지는 우리의 결정에 달려 있다는 생각이다. 많은 백인들이 대중적으로 상상하는 바에 따르면 인종차별이란 악질적이고 조직적인 백인 우월주의자들이 하는 것이다. 여성 혐오란 명시적이고 자신감 넘치는 국수주의자 남성들이 하는 일이며, 동성애 혐오는 잔인하고 노골적인 소수에 해당하는 프레드 펠프스Fred Phelps[*]와 팻 로버트슨Pat Robertson[**]의 영역이라고 여겨진다. 우리 가운데는 자신이 편견을 가지고 있다고 생각하는 사람이 거의 없다. 우리는 그들과 다르다면서 말이다. 자신이 어떤 집단을 혐오한다고 여기는 사람은 거의 없는 것이다. 그렇지만 우리가 품은 암묵적 편견은 그런 자기 이미지가, 또 우리가 스스로 되뇌며 위로를 얻는 이야기가 거짓이라는 점을 보여주는 경우가 많다.

하지만 우리의 편견을 인정하는 것이 우리를 마음이 시커멓고 신

---

[*] 미국 웨스트버러 침례교회의 설립자이며 동성애 혐오적 활동을 활발히 벌였다.
[**] 미국의 우파 기독교 목사이자 방송 설교가다.

나게 나쁜 짓을 저지르는 악당으로 만드는 일은 아니다. 우리의 편견을 인정하는 것은 그런 편견을 둘러싼 사회적 맥락을 인식하는 일이다. 그 어떤 다이어트도 상당하고 지속적인 체중 감량을 일으킨다고는 입증되지 않았지만 체중 감량에 관한 광고는 방송에 차고 넘친다. 저지방 다이어트와 저탄수화물 다이어트를 비교한 스탠퍼드의 연구에 따르면, 두 방법 가운데 어느 쪽도 장기적인 체중 감량에 딱히 효과가 있다고 입증되지 않았으며, 연구 대상자들은 한 달에 고작 평균 450그램 정도 체중을 감량했을 뿐이었다. 이보다 많이 체중을 감량한 사람들도 있었지만 이보다 적게 감량한 사람들이 많았다.[26] 그런데도 여전히 실현 불가능한 이상과 함께 성과를 보여주겠다고 약속하는 엉터리 약물을 끊임없이 마주친다. 복수하려고 관리한 몸, 아기 같은 몸무게, 바닷가에서 돋보이는 몸을 이야기하는 미디어 속 메시지가 넘쳐나며 우리가 자신의 몸에 대해 느끼는 감정을, 그리고 우리가 자신보다 더 뚱뚱한 사람을 대하는 방식을 좌지우지한다.

민영 미디어만이 우리의 편견을 부추기는 것은 아니다. 뚱뚱한 몸에 대한 편견이 부상했던 핵심적인 9년 동안 미국의 퍼스트레이디였던 미셸 오바마Michelle Obama가 내세운 대표적인 캠페인은 비만을 끝내는 것이 목적이었다. 버락 오바마Barack Obama 집권 내내 미국에서는 날씬한 몸을 만들고 유지하도록 성인들, 아이들, 부모들의 개인적인 책임을 확실히 못 박는 것을 목표로 한 국가 또는 주 차원의 프로그램이 생겨났다. 사적 영역과 공적 영역에서는 신체에 대한 불만을 키워내는 데 수십 억 달러를 썼다. 체중 감량 업체들의 이익을 증가시키는 일이었다. 이 과정에서 두 영역 모두 뚱뚱한 몸에 반대하는 태도·행동·정책이 천문학적으로 증가하는 발판을 마련했다. 모두 우리 안에 두려움을 품도록 학습해온 뚱뚱함을 표적으로 삼았다. 그렇지만 우리가 스스로를 겨냥하도록 학습해온 저격이 그 과정에서 뚱뚱한 사람들에게 오래도록 타격을 입혔다.

뚱뚱한 사람들 모두가 동등하게 영향을 받는 것도 아니다. 이는 어느 정도는 우리가 고르게 분포되어 있지 않기 때문에 벌어지는 일이다. 미국 질병통제예방센터에 따르면 남자보다는 여자가 뚱뚱해질 가능성이 높으며, 백인보다는 흑인과 라틴계 사람들이 뚱뚱해질 가능성이 높다.[27] 뚱뚱함은 빈곤이나 심지어는 지적장애를 대변하는 요소로 쓰이는 일이 빈번하다. 《비만 신화The Obesity Myth》에서 폴 캠포스Paul Campos는 부유한 미국 백인들 사이에서 노골적인 인종차별, 성차별, 계급차별의 인기가 시들해지자, 뚱뚱한 몸에 대한 편견이 대리인처럼 나섰다고 주장한다. 가난한 사람들과 유색인종을 업신여기고 편협하게 대하는 태도가 저지되지 않은 채 지속되며 그저 새로운 이름을 덮어쓰도록 해주는, 개를 부르는 호각 소리 구실을 하면서 말이다.

또한 우리는 우리 역시 뚱뚱한 사람들에 관해 무례한 생각을 품고 있기는 하나, 니콜 아버와는 달리 그런 생각을 입 밖에 내놓지 않는다고 생각하곤 한다. 우리는 그런 생각이 행동에 영향을 끼치지 않는다고 생각하며, 설령 마음속으로는 그런 평가를 내리더라도 겉으로는 결백하고 객관적인 태도를 유지할 수 있다고 생각한다. 그렇지만 다시 한번 얘기하자면, 데이터는 이와 다른 점을 지적한다. 연구 대상이 된 공적 생활의 거의 모든 측면에서 뚱뚱한 사람들은 극심한 편견과, 많은 경우 공공연한 차별을 접한다.

고용 담당자 500명 이상을 대상으로 한 어느 비공식 조사에서는 지원자의 신체 사이즈에 따른 고용 담당자의 태도를 조사했다. 오로지 사진만을 보고는 21퍼센트의 참가자들이 가장 뚱뚱한 여성을 다른 사이즈의 지원자들에 비해 "게으르고" "전문적이지 못하다"고 설명했다. 18퍼센트만이 가장 뚱뚱한 여성에 대해 "리더십 잠재력"이 있다고 평가했으며, 그를 고용하는 걸 고려해보겠다고 답한 사람은 겨우 15퍼센트였다.[28] 밴더빌트대학교에서 실시한 연구에서는 뚱뚱한 여성들은 눈에 띄지 않는 육체노동을 할 가능성이 높으며, 고객들과 상호작용을 하거나 회사를 대표하는 일을 할 가능성이 적다고 밝혀졌다.[29] 와튼스쿨에서 실시한 또 다른 연구에서는 "비만은 능력이 부족하다는 사실을 대신 드러내는 구실을 한다. 사람들은 실제로 그렇지 않은 경우에조차, 비만인 사람들은 능력이 떨어진다고 평가한다"는 점이 드러났다.[30]

뚱뚱한 몸에 대한 편견은 고용 가능성에만 영향을 끼치는 것이 아니라, 우리의 임금에도 영향을 미친다. 엑서터대학교 과학자들은 영국에서는 BMI가 정상체중으로 규정한 몸무게보다 약 6.35킬로그램 더 많이 나가는 여성들은 그보다 날씬한 여성에 비해 1년에 1500파운드(약 232만 원) 넘게 덜 번다는 사실을 발견했다.[31] 미국에서는 훨씬 더 우려스러운 결과가 나타났다. 《응용심리학저널Journal of Applied

Psychology》에 실린 2010년 연구는 신체 사이즈에 따라 충격적일 정도로 임금 불평등이 나타난다고 밝혔다. "평균 몸무게인 여성들에 비해 몸무게가 많이 나가는 여성들은 1년에 9000달러(약 1170만 원)를 덜 벌었으며, 몸무게가 아주 많이 나가는 여성들은 1만 9000달러(약 2470만 원)를 덜 벌었다. 반면에 아주 날씬한 여성들은 단순히 평균 몸무게인 여성에 비해 2만 2000달러(약 2860만 원)를 더 벌었다."[32] 그와 반대로, 남성의 임금은 몸무게가 늘어날수록 함께 증가했다. 그 남성들이 뚱뚱해지기 전까지는 말이다.[33]

우리의 편견이 만들어내는 여진은 일터에서 멈추는 것이 아니다. 뚱뚱한 사람들은 사법 제도에서도 편견이 끼치는 영향을 느낀다. 2013년《국제비만저널International Journal of Obesity》에 발표된 예일대학교의 연구는 동일한 범죄가 벌어졌을 때 남성들은 뚱뚱한 여성이 죄를 저질렀다고 생각할 가능성이 크다는 사실을 발견했다. "남성 참가자들은 비만인 여성 피고가 호리호리한 여성 피고보다 더 죄가 크다고 평가한 반면, 여성 응답자들은 몸무게와 상관없이 두 여성 피고를 동등하게 평가했다. 모든 참가자들은 비만인 남성 피고와 호리호리한 남성 피고의 죄를 판단할 때 아무런 차이를 보이지 않았다."[34] 배심원들만 편견을 지닌 것도 아니다. 2017년 퀘벡 지역 판사가 뚱뚱한 17세 여성이 성폭행을 당한 것이 "과분할 정도로 기쁜" 일이었을 것이라고 발언해 대서특필되었다. 해당 여성에 대해 "과체중이기는 하나 얼굴은 예쁘다. (…) 예쁘고 어린 소녀라는 걸 법정은 명확히 밝히겠다"[35]고 얘기하면서 말이다. 이 남성 판사의 발언이 공개적으로 질타받기는 했으나, 그는 공식적인 견책이나 징계는 전혀 받지 않았다.

뚱뚱한 몸에 대한 편견은 어디에나 존재하며 전혀 문제제기를 받지 않는지라, 뉴욕경찰국 노동조합은 이를 활용해 살인을 옹호하기도 했다. 2014년 7월 17일 흑인 남성인 에릭 가너Eric Garner가 살해되는 장면이 영상에 찍혔다. 그는 땅에 누워 있었고, 경찰 하나가 팔로 그의 목을 감싸고 있었으며, 다른 경찰관 세 명은 그 모습을 지켜보고 있었다. 가너는 숨을 쉴 수 없다며 경찰관들에게 거듭 이야기했고, 결국 질식해서 사망했다. 이 모든 일은 한 개비씩 거래하는 '까치 담배'를 뉴욕 거리에서 팔았다고 해서 벌어진 것이었다. 그 뒤 곧바로 검시관은 가너 사망 사건이 살인이라는 결론을 내렸다. 상황은 명명백백해 보였다. 가너가 사망하는 장면이 찍힌 영상은 널리 확산되었다. 아무런 무기도 소지하지 않은 흑인 남성을 경찰이 죽이는 사건이 급증하는 가운데, 이 사건은 쉽게 해결될 듯이 보였다. 그렇지만 사건이 진행될수록 해결은 점점 더 멀어져만 갔다. 검사들은 이 사건에 대한 기소를 거부했다. 가너를 죽인 경찰관인 대니얼 판탈레오Daniel Pantaleo는 내근직으로 좌천되기는 했으나, 일자리는 계속 유지했다. 2019년 뉴욕경찰국은 판탈레오가 계속 근무하도록 허가해야 할지를 결정하고자 청문회를 열었다. 판탈레오의 변호인단은 가너가 뚱뚱했으므로 판탈레오에게 책임을 물어서는 안 된다고 주장했다. 변호인단을 이끄는 경찰 노동조합의 변호사인 스튜어트 런던Stuart London은 청문회 자리에서 이렇게 말했다. "가너가 사망한 것은 병적인 수준의 비만 때문이다.”“그는 체포에 저항하는 시한폭탄과 같았다. 그를 힘차게 끌어안 았더라도 똑같은 결과가 나왔을 것이다.”[36]

런던의 논리에 따르면 뚱뚱한 사람이 살해당하는 일은 아예 있을 수가 없다. ‘뚱뚱하다는 것은 곧 사형선고’라는, 널리 퍼져 있는 잘 못된 믿음대로라면 말이다. 변호인단의 주장은 수많은 신문에 실렸 으나, 주류 매체 딱 한 곳에서만 그 주장의 잔인한 논리에 대해 헤드 라인에서 관심을 기울였다. 《뉴욕 매거진New York Magazine》은 “뉴욕경찰 국 노동조합 변호인단은 에릭 가너가 비만이었기 때문에 어차피 어 떤 식으로든 사망했을 것이라 주장했다”[37]는 헤드라인과 함께 기사 를 실었다.

우리는 편견을 바탕으로 공공 정책을 만들어내며, 이 때문에 뚱 뚱한 사람들은 심지어 가장 노골적으로 학대당하더라도 보호받지 못한다. 2020년을 기준으로 미국의 48개 주에서는 단순히 뚱뚱하다 는 이유로 고용을 거부하거나, 거주지를 제공하지 않거나, 식당에서 자리를 내어주지 않거나, 호텔에서 방을 제공하지 않는 것이 완전히 합법이다. 미국에서 신체 사이즈에 따른 차별을 금지하는 사법 관할 권 세 곳은 미시건, 워싱턴주, 샌프란시스코다.[38] 그 밖의 지역에서 는 일터에서 체중 관련 낙인을 겪는 사람들이 법적 대응을 거의 못 한 채 방치되는 실정이다. 2013년 칵테일 바의 웨이트리스 22명이 몸무게에 따른 차별을 이유로 애틀랜틱시티에 있는 보가타호텔 카 지노 & 스파에 소송을 제기했다. 이 웨이트리스들은 직장에서 정기 적으로 몸무게를 재야 했으며, ‘몸무게가 너무 많이’ 늘었을 경우 정직 처분을 받았다. 이와 같이 공공연하게 차별이 일어났음에도 법원은 웨이트리스들의 소송을 거부했으며, 차별을 할 법적 권리가 호텔 측에 있다고 확인해주었다.[39]

우리가 각자의 신념을 어떻게 생각하든, 세상은 아무 편견 없이 능력에 따라 굴러가는 곳이라는 경험을 넘어서서 생각을 확장하는 일이 얼마나 힘들든, 뚱뚱한 사람들에게 세상은 결코 그렇지 않다는 사실을 입증하는 연구가 증가하고 있다. 우리 뚱뚱한 사람들은 일할 수 있는 자리가 적으며, 확연히 적은 돈을 번다. 법정에서는 배심원이나 판사 모두 우리를 유죄라고 판단할 가능성이 높다.

이 모든 일이 벌어지는 까닭은 우리 모두가 뚱뚱한 몸에 대한 편견을 지니고 있기 때문이다. 이 편견이 우리 모두에게 있는 까닭은 이것이 우리 문화 곳곳에 존재하기 때문이다. 우리의 제도, 미디어, 공공 정책 속에 말이다. 이걸 어떻게 피할 수가 있을까? 다이어트 산업의 시장 규모는 660억 달러(약 85조 7670억 원)이며 다이어트 실패율은 98퍼센트에 이르는데도 미국인 9700만 명이 다이어트를 한다.[40] 다이어트 서바이벌 프로그램 〈더 비기스트 루저The Biggest Loser〉는 12년 동안 방송되며 대성공을 거두었고, 인기가 절정이던 무렵에는 700만 명이 넘는 시청자를 거느렸다.[41] 《우먼스월드Woman's World》 같은 잡지들은 〈세계에서 가장 핫한 다이어트로 5일 만에 6킬로그램씩 빼는 법〉과 〈2019년을 함께 기념할 간식거리들!〉이라는 표지 기사를 함께 싣는다.[42] 미국은 기업형 식품 생산을 규제하거나, 영양가 있는 식품에 보조금을 지원하거나, 빈곤과 경제적 불안을 종식시키는 대중 교육 캠페인에 국가와 주의 예산을 결코 끝없이 쏟아붓지 않았다. 미국 질병예방 및 건강증진부에 따르면 빈곤과 경제적 불안은 개인의 건강과 관련된 가장 중요한 예측 변수다.[43] 그렇지만 이런 것들 대신에 '비만과의 전쟁'과 '아동 비만이라는 유행병'에서는 뚱뚱한 몸 그 자체가 표적이 되었다. 뚱뚱한 몸에 대한 반대는 대기오염과 같다. 어떤 때는 눈에 보이지만, 또 어떤 때는 눈에 보이지 않을 수도 있다. 그렇지만 늘 우리를 둘러싸고 있으며, 우리가 의도하든 하지 않든 우리는 항상 그 속에서 숨 쉬며 지낸다.

그런데 이런 모든 편견은 어디에서 온 것일까? 그 편견 앞에서 벌어지는 너무나 많은 도덕적 패닉이 보여주듯이, 뚱뚱한 몸을 배제하며 희생양으로 삼는 문화적이고 정치적인 신념을 낳은 단 한 가지 원천을 밝혀내기란 어렵다. 그 연원은 다양하다. 현재 상황을 놓고 보자면 주로 이익과 정치적 편의주의에 이끌려 움직이는 힘들은 여느 때와 마찬가지로 오늘날에도 강건하다. 뚱뚱한 몸에 대한 반대가 지닌 힘과 수익성은 곧 우리들 대부분이 뚱뚱한 사람들에 대해 상처 입히고 해로우며 사실과 어긋나는 메시지들을 이미 내재화했다는 것을 의미한다. 우리가 스스로를 어떻게 바라보고 싶어 하든 우리는 뚱뚱한 몸에 대한 편견을 '반감 때문에 갖기로 결심하는 것'이라 생각하는 데서 '우리가 뽑아내지 않는 한, 그리고 우리가 뽑아내기 전까지는 우리 안에 계속 존재하는 것'이라 생각하는 쪽으로 바뀌어야 한다. 우리가 수동적으로 굴면 우리를 둘러싼 세상의 편견을 흡수하게 된다. 이런 편견은 뚱뚱한 사람들을 희생시키면서 힘과 이익을 얻는 방식을 고

수하는 사람들과 제도가 우리에게 진력이 날 정도로 들이미는 것이다. 이러한 시스템을 바꾸고 또 이렇게 문화적으로 습득한 것을 의도적으로 떨쳐내는 일은 모두 우리에게 달려 있다. 그렇게 한다면 미국인 70퍼센트를 이루는 뚱뚱한 사람들에게 덜 가혹한 세상을 만들 수 있을 것이다.[44]

비행기에서 만난 남자 얘기를 친구에게 들려준다. 사람들이 날 어떻게 쳐다봤는지. 그 남자가 나를 어떻게 대했는지. 그 남자가 내 몸을 향해, 나와 가까이 있어야 한다는 사실에 대해 어떻게 노골적으로 혐오감을 드러냈는지. "전부 다 내가 뚱뚱해서 그런 거야." 내가 말한다.

친구가 내 말을 끊는다. "세상에, 아니야! 넌 뚱뚱하지 않아. 넌 예쁘다고."

나는 나머지 얘기도 들려준다. 친구는 왜 가운데 좌석을 구입했냐고 내게 묻는다. 내가 구입한 게 아니라고 말한다. 친구는 내가 왜 그 남자의 화를 돋웠냐고 묻는다. 나는 그런 적 없다고 답한다. 친구는 내 얘기를 믿기 어렵다고 말한다. 나는 사실이라고 얘기한다. 친구의 목소리가 점점 딱딱해지며 짜증이 묻어난다.

"그게 그렇게 싫다면, 그냥 몸무게를 줄여야 할 것 같은데."

이게 뚱뚱한 사람인 나의 삶이다. 사람들은 내가 날씬한 사람을 위해 만들어진 세상 속에서 불편함과 내 몸을 향한 노골적인 편견을 받아들이기를 기대한다. 책임은 나의 몫, 나 혼자만의 몫이다. 내 몸 때문에 항공사에서 비용을 더 지출한다면, 그 값을 지불하는 것은 내 책임이다. 내 몸 때문에 주변에 있는 누군가가 불편해한다면, 사과를 하고 그 사람들을 편하게 만들어주는 것은 내 책임이다. 어째서 내 몸이 끝없이 문제가 되는지 의문이 들면, 침묵을 지키는 게 내 책임이다. 그리고 내가 이런 문제를 옹호할 수 없을 때면, "그냥 몸무게를 줄"이는 게 내 책임이다. 어쨌든 간에 내 주변 사람들을 위해 몸을 바꾸는 것이 적절한 행동이다.

내 말을 들어주는 일은 어느 누구의 책임도 아니다. 내 몸에 신경 쓰는 일은 어느 누구의 책임도 아니다. 내게 편안한지 묻는 일은 어느 누구의 책임도 아니다. 어쩌다 한 번쯤 누군가가 '엄격한 사랑'을 보여주는 감사한 일을 할 때면, 그래서 내가 항상 지니고 있었던 몸과, 그들이 짐작하기에 그런 몸을 만들어냈을 행동들을 질책할 때면, 나는 결코 배려받는 법이 없다. 사과는 더더욱 고사하고 말이다. 무언가 문제가 있다면, 그것은 내가 과식하고 게으른 탓에 불러일으킨 일이다. 내 몸은 곧 나의 원죄다. 모든 길은 내가 항상 지녀온 몸 때문에 해야만 하는 속죄로 통한다.

문제가 무엇이든, 가해자가 어떤 행동을 했든 잘못은 내 몫이다. 나와 이야기를 나누는 사람의 정치적 견해나 삶의 경험이 어떻든 들려오는 답은 태엽 장치처럼 똑같다. "그게 그렇게 싫다면, 그냥 몸무게를 줄여야 할 것 같은데."

그렇지만 아무리 뚱뚱함과 뚱뚱한 사람들에 관해 이야기할 때 어디서나 이런 말을 한다 할지라도, 이것이야말로 학대의 논리다. "네가 자초한 일이야. 네가 날 자극하지만 않았어도, 나는 네게 해를 입히지 않았을 거야." 우리가 이런 말을 듣는 데 익숙해졌다고 해서 이 말이 건강하고, 생산적이고, 인간적이고, 도움이 되는 말인 것은 아니다. 이 말은 삼중의 기능을 한다. 첫째로, 광범위한 사회적 문제를 다룰 책임이 없다며 우리를 면책한다. 둘째로, 우리 스스로의 신념과 편견을 재검토하지 않도록 만든다. 셋째로, 뚱뚱한 사람들을 침묵시키고 고립시키며, 우리가 어떤 불만을 제기한다거나 사안을 꺼내봐야 무효가 되리라는 것을, 심지어 그런 행동을 한다면 관계·존중·편안함·안전을 희생해야 할지도 모른다는 것을 보여준다.

뚱뚱하든 말랐든 우리는 거의 모두 다 뚱뚱한 사람들을 문제이자, 버림받은 신세이자, 희생양으로 바라보도록 평생을 익혀왔다. 그렇지만 우리가 알고 있는 방식, 즉 편리하고도 냉담하게 뚱뚱한 사람들을 비난하는 방식을 따르지 않고 우리 자신을 들여다본다면 어떨까? 우리 자신이 지닌 신념에 의문을 던진다면 어떤 일이 벌어질까? 우리도 뚱뚱한 사람들을 공격하고 이들에게 피해를 입히는 데 가담했다는 것을 인정한다면 어떤 일이 일어날까? 만약 우리가 지닌 오해를 놓고 차분히 앉아, 꼼꼼히 뜯어보고, 이런 오해가 만들어낸 효과를 바라본다면 우리는 어떻게 될까? 이번 딱 한 번이라도, 뚱뚱한 사람들에 관해 얘기하기보다는 뚱뚱한 사람들과 함께 얘기를 나눈다면 어떨까?

2

비만이라는

유행병

초등학교 4학년 때 나는 진료실에 앉아 처음으로 창피해서 얼굴이 달아오르는 일을 겪었다. 내가 과체중이라는 사실을 막 알게 된 참이었다.

"아마 피자랑 아이스크림 같은 걸 잔뜩 먹어서 그런 걸 거야. 맛은 정말 좋지, 안 그러니? 하지만 그런 음식을 먹으면 몸이 크고 뚱뚱해진단다."

혼란스러웠다. 집에서 저녁을 먹을 때면 보통은 생선이나 닭고기, 밥, 삶은 채소를 먹었다. 아침 식사로는 코티지치즈와 칸탈루프 멜론을 먹거나, 리코타치즈와 잼을 바른 통밀 식빵 토스트를 먹었다. 때는 1992년이었고, 어머니는 사람들이 종종 집밥을 따라하고는 했던 체중 감량 업체 웨이트워처스Weight Watchers 소속이었다. 그 가운데 어떤 것도 진료실에서는 중요하지 않은 듯했다.

"네 몸이 찰흙으로 만들어졌다고 한번 상상해보렴. 자라는 동안 몸무게를 그대로 유지한다면, 네 몸은 길게 늘어나겠지. 그리고 다

자라고 나면 날씬하고 아름다운 몸이 될 거야. 그렇게 되면 멋지지 않겠니?"

창피해서 얼굴이 붉어지는 게 느껴졌다. 피부가 뜨겁고도 환한, 요란스럽고도 번쩍거리는 네온사인이 되었다. 바로 그 한순간에 너무나 많은 것을 깨달았다. '너는 정크 푸드를 너무 많이 먹고 있어. 너는 아름답지 않아. 너는 너무 하고 싶은 대로만 하고 있어. 네 몸은 틀려먹었어. 그건 분명 네가 저지른 짓이야.' 내 몸은 어딘가 잘못되어 있었다. 나는 내가 치르는 줄도 몰랐던 시험에서 떨어지고 말았다.

그 뒤로 나의 유년기와 청소년기는 이런 식의 폭풍 같은 대화를 헤쳐 나가는 연습이 되었다. 좋은 뜻으로 얘기한다며 나를 돕겠다는 어른들은 매번 열을 올리며 나의 실패라고 여기는 것들을 지적했다. 내가 진료실에 있지 않을 때조차도 모두가 권고 사항을, 가설을, 필수 조건을, 칙령을 내놓는 것만 같았다. 다른 때 같았으면 동정심 어리고 사려 깊었을 사람들이 관용이라고는 하나도 없는 가혹한 재판관으로 갑작스레 돌변했다. 모두 자처해서, 개인적인 책임감을 지니고 하는 일이었다. 어쨌든 나는 내 몸에 책임이 있었으며, 내 몸은 결코 부정할 수 없는 실패를 훤히 전시하고 있었다.

점점 더 많은 음식들이 금지되었다. 단지 그런 음식들을 먹어서는 안 된다는 정도가 아니었다. 그런 음식들은 죄악이고, 나쁘며, 나를 유혹하는 것이라고 했다. 지방이 들어간 음식은 주된 원흉이자, 우리를 유혹하고 괴롭히려고 보내진 악마였다. 불가지론자인 우리 가족은 갑자기 종교적인 말들을 잔뜩 내뱉으며 끼니때마다 천국과 지옥

을 만들어냈다. 내가 악마의 음식의 꼬임에 넘어간 게 분명했다. '저리 물러가거라, 피자야!'

그렇게 금지되었던 것 가운데 많은 음식들(달걀, 견과류, 아보카도)은 건강한 식생활을 만들어주는 감사하고 좋은 음식이라는 지위를 나중에야 되찾았다. 한참이 흐른 뒤 가차 없는 문화 덕분에 구원을 받은 것이다. 그렇지만 당시에는 무슨 수를 써서라도 칼로리를 줄이려는 싸움에서 공연히 해만 끼치는 음식으로 취급됐다. 식이섬유, 비타민, 미네랄, 지방산 이 모든 것들은 섭취 칼로리와 소모 칼로리를 계산하는 제단 앞에서 희생양이 되고 말았다. 영양이 풍부한 음식을 즐기는 데 초점을 맞춘 적은 결코 없고 그저 박탈, 의지, 결여에 집중했다. 우리가 섬겨야 할 것은 바로 배고픔이라는 정론이자 끝없는 단식이었다. 도저히 받아들여지지 않는 몸을 바꾸겠다는 나의 신념을 전시하며 스스로 채찍질을 하는 강제적인 퍼포먼스였다.

음식은 배고픔을 가라앉히거나, 활동할 에너지를 공급하거나, 즐기기 위한 것이 아니었다. 음식은 정서적·도덕적 부담이 되었다. 체다치즈 한 장은 곧 나의 의지력, 노동 윤리, 성격을 국민투표에 부치는 일과도 같았다. 아이스크림을 한 입 먹는 것은 곧 나약한 순간이었다. 아이스크림 한 스쿠프는 우려를 불러일으키는 원인이 되었으며, 두 스쿠프에는 개입이 필요했다.

이러한 개입은 내가 아홉 살 때 시작되었고, 결코 멈추지 않았다. 가장 처음에 벌어진 개입은 어린이 대상 여름 프로그램이었는데, 여기엔 나머지 학기 동안 방과 후에 추가로 집단치료를 받는 것도 포함되어 있었다. 이 어린이용 프로그램이 프로그램 이수자들 사이에서 다른 이름으로 불렸다는 사실을 깨달은 것은 내가 어른이 되고 나서였다. 바로 살 빼기 캠프였다.

20세기 초 '뚱뚱한 사람들의 농장'이나 '감량 클럽'으로 알려졌던 이 캠프는 한 세기 넘게 이어져왔다. 〈더 비기스트 루저〉, 〈셀러브리티 핏 캠프Celebrity Fit Camp〉, 〈익스트림 메이크오버Extreme Makeover〉와 마찬가지로, 살 빼기 캠프는 극단적인 운동 루틴과 극저칼로리 다이어트를 중시하며, 짧은 지속 시간에도 상당한 체중 감량이라는 결과를 낳았다. TV에 방영된 프로그램들과는 달리, 살 빼기 캠프는 과도할 정도로 어린이들만을 대상으로 삼았다. 2011년 오즈 박사Dr. Oz는 미시건에서 열리는 유명한 캠프인 캠프셰인Camp Shane에 참가한 토크쇼 게스트들에 관해 방송했다. 스튜디오에선 TV 화면 가득히 자막이 펼쳐졌다. "내 아이가 뚱뚱하다는 사실이 곧 아동 학대인가?"[1] 2017년《위민스헬스Women's Health》는 "여성을 위한 최고의 체중 감량 캠프 여섯 곳"을 소개하며 하룻밤에 최대 1000달러까지 내야 하는, "전문가가 인정한" 프로그램들을 광고했다.[2] 오늘날 캠프셰인, 웰스프링Wellspring, 더 워리어the Warrior, 캐넌 랜치Canyon Ranch의 인생향상센터Life Enhancement Center 같은 캠프들은 단기간 생활형 체중 감량 프로그램에 수천 달러의 요금을 부과한다.

캠프 첫째 날, 나는 엄마 손을 꼭 잡은 채로 학생들이 없어 불안하리만치 고요하고 낯설어진 학교에 들어섰다. 적막한 복도에는 멀리서 들려오는 목소리가 울려 퍼졌고, 이 소리는 체육관으로 다가갈

수록 점점 커졌다. 그렇게 가는 동안 내 눈길은 출입구에 머물러 있었다. 뚱뚱한 아이들이 더러워진 피구공을 가지고 전혀 즐겁지 않은 모습으로 놀고 있었고, 어른들은 옆에서 소리치며 지시를 내리고 있었다. "무릎을 들어야지, 제시카! 그래야 더 운동이 된다고. 심박수를 계속 높여! 느려지면 안 돼, 타일러!" 나는 학교에서 하는 피구와 핸드볼을 좋아했지만, 여기서 하는 피구는 재미도, 자발성도, 기쁨도 싹 빠져 있었다. 그저 벌받듯이 하는 운동이자, 여기 있는 아이들에게 실패를 일깨우는 것이었다. 몸에서 힘이 쭉 빠져나가고, 체력이 저하되고, 감사하게도 날씬해질 때까지 아이들이 계속 반복해야만 하는 운명, 시시포스의 일과도 같았다.

그렇지만 나는 아직 체육관으로 갈 처지가 전혀 아니었다. 첫째 날 나는 교실에 들어가 다른 뚱뚱한 아이들 열 명 남짓과 함께 둥그렇게 둘러앉았다. 어른 한 사람이 우리에게 이름을 물어보고는 우리가 어떤 음식을 먹어야 하고 또 먹지 말아야 하는지에 관한 기나긴 강의에 돌입했다. 그는 가차 없이 두 줄로 나누어 음식을 구분했다.

샐러드: 먹어야 함

아이스크림 4리터: 먹으면 안 됨

파스타: 먹어야 함

과일 주스: 먹어야 함

치즈버거 4개: 먹으면 안 됨

매일 밤 패스트푸드: 먹으면 안 됨

조그만 체다치즈 한 덩어리: 먹으면 안 됨

'체다치즈 한 덩어리를 다 먹은 사람이 있기는 한가?'라고 나는 조용히 의문을 품었다. '먹으면 안 됨'으로 나와 있는 여러 사례들에서처럼, 과장되게 콕 집어 얘기하는 데 날이 서 있었다. 수긍하거나 부끄러워하는 기색이 보이는지 다른 아이들의 얼굴을 조심스레 살펴보았다. 한 아이가 눈길을 떨궜다. 다른 아이는 눈물을 참고 있었다. 아무도 말이 없었다.

이 강의는 우리에게 발판 구실을 했다. 실패한 우리 몸을 떠받치는 넓고도 부실한 틀이었다. 나는 강의를 이해해보려고 제법 애를 썼다. 강의의 상당 부분이 나와 무관한 문제를 해결하도록 짜여 있었기 때문이었다. 우리 부모님은 패스트푸드를 주문하는 일이 거의 없었고, 주로 집에서 식재료를 직접 요리해 먹었다. 나는 절제하지 않고 마구 먹어댄 적이 없었다. 강연자는 우리가 모두 폭식을 했으리라고 짐작하는 듯했지만 말이다. 나는 달리기는 안 좋아했지만, 수영은 무척 좋아해서 그해 여름 동네 수영 팀에 들어갈 계획이었다. 주변 사람들과 주기적으로 경주했고 자유영, 그다음엔 배영, 또 그다음엔 평영으로 나를 이겨보라며 시합을 요청하기도 했다. 통통한 배, 부드러운 팔, 살이 오르고 발그스름한 얼굴로 그 모든 것을 했다. 그 강의가 누굴 위한 것인지는 몰랐으나, 나를 위한 게 아니라는 확신이 점점 더 커져갔다.

강의 내용은 상당 부분이 나와 무관했고, 다른 내용은 우월감이

뚝뚝 넘쳐흘렀다. 어린 나이였지만 우리 가운데 많은 아이들이 이미 칼로리를 계산하고, 영양 성분표를 읽고, 샐러드를 선택하고, 드레싱은 따로 달라고 얘기하기 시작했다. 몸 때문에 우리는 어린 나이를 훌쩍 넘어선, 알려달라고 부탁한 적도 없는 전문 지식을 덥석 받게 되었다. 날씬한 어른은 여전히 그대로 서서, 아이스크림 한 통을 먹는 게 맛은 좋을 수 있지만 건강한 저녁 식사는 아니라고 설명하고 있었다.

밤이 되자 나는 모두가 하나씩 받은 연습용 문제집을 훑어봤다. 뚱뚱한 아이들에 관한 삽화와 우화가 나를 바라봤다. 신디는 감정에 따라 먹는 아이라서, 자기 기분이 어떤지를 부모님께 이야기하는 대신 쿠키 통에 들어 있는 초콜칩 쿠키를 먹었다. 쿠키 통이 살아 움직이며 신디를 향해 혀를 쯧쯧 찼다. 매트는 뚱뚱한 부모님과 함께 사는 뚱뚱한 아이였다. 매트는 다이어트를 하지 않으려 피해 다녔는데, 그 이유는 부모님이 자신을 보고 돌보려 한다고 생각할까 봐 걱정되어서였다. 또 어떤 뚱뚱한 소녀는 다른 아이들이 자기를 그만 놀리게 하려고 몸무게를 줄이려 했다. 이런 주제(그러니까 몸무게를 줄이면 괴롭힘이 해결된다는 주제)는 연습용 문제집 내내 맴돌듯이 자주 등장했다. 마치 괴롭힘당하는 아이가 고통스러워하는 것 자체가 비난받을 일인 것처럼 말이다. 어떤 아이 하나가 같은 반 아이들이 자기에게 욕을 했다고 설명하자, 말하는 쿠키 통이 나서서 그런 괴롭힘은 어디서든 일어나며, 이를 해결하는 유일한 방법은 몸무게를 줄이는 것이라고 딱 잘라 말했다. 나는 이런 걸 예상할 수 있다는 사실을 배웠다. 내가 신체 사이즈 때문에 괴롭힘을 당한다면 아무도 나를 지지해주지 않으리란 것을 말이다. 다른 괴롭힘과는 달리, 뚱뚱한 사람을 향한 비하는 질책할 게 아니라 받아들여야 하는 행동이며, 때로는 심지어 희망적이기까지 한 행동이라고 말이다. '그런 말을 들으면 네가 몸무게를 좀 줄여야겠다고 자극받을지도 몰라.' 책에 나온 짧은 우화들은 내가 매일같이 익힌 것을 확고하게 보여주었다. 내가 겪는 괴롭힘은 무엇이든 궁극적으로는 내 잘못이라는 것이었다. 그렇게 '엄격한 사랑'을 받는다는 사실을 감사해야 한다는 것이었다. 나는 입을 닫치고 있어야 한다는 것이었다.

연습용 문제집에 나온 아이들과는 달리, 나는 우리 가족 가운데 유일하게 다이어트를 하는 사람은 아니었다. 우리 어머니는 웨이트 워처스의 단골이었으며, 우리 아버지는 온종일 아무것도 먹지 않았다며 저녁 8시에 큰소리를 떵떵 치는 것을 자랑으로 삼았다. 나는 펜텔Pentel의 펠트펜으로 음식 일기를 썼다. 어린 나의 손 글씨는 일기장에 널찍하게 쳐진 줄을 삐뚤빼뚤 넘어가곤 했다. 블루베리 2분의 1컵. 요플레 무지방 요거트, 레몬 버스트 맛, 170그램. 밤이 되면 차가운 철제 테이블에 배를 올려놓고(실험실이나 검시소였을까?) 생선을 써는 칼로 부드러운 칼질 한 번에 배를 썰어내는 꿈을 꿨다. 피투성이가 되었지만 마침내 자유로워진 채로 말이다. 지금도 가끔 그런 꿈을 꾸곤 한다.

너무나 많은 음식이 제한되었기에, 그런 음식을 먹게 되는 경우는 곧 그것을 마음껏 집어삼킬 드문 기회였다. 내가 항상 그러길 바랄 거라고 들어왔던 것처럼 말이다. 학교에서 생일 파티가 열리면 케이크를 두 조각 먹었다. 감자칩은 세 번 퍼다 먹었다. 금지당했던 음식들을 마주칠 때면 그 음식들을 잔뜩 집어넣는 시간이 찾아왔다. 나이를 먹어가면서 이는 밀수하듯이 구한 음식을 몰래 먹고, 혼자 있을 때 먹을 음식을 숨기는 행동으로 바뀌었다. 수치심은 내가 과식을 하고 음식에 집착하도록 만들었다. 금지된 음식일수록 유혹은 더욱 커져갔다.

내 힘과 활동 수준도 저하되었다. 결국엔 수영 팀에 들어가서 릴레이 경주를 이기고 복잡한 평영을 해내긴 했다. 나는 배구와 소프트볼도 좋아했다. 나이를 먹을수록 내 몸 때문에 내가 가장 좋아했던 스포츠를 못 하게 되었는데, 운동을 할 수 없어서가 아니라 보기에 안 좋았기 때문이었다. 수영 선수인 나는 수영복을 입어야 했는데, 그러면 마음 깊은 곳에서부터 수치스럽다고 익힌 내 몸을 드러내야만 했다.

농작물을 타고 병충해가 퍼지듯, 수치심은 내가 하는 대화도 좀 먹었다. 나는 아직 날씬하지 않은데도 감히 몸을 드러내는 데 대해서 끊임없이 경고와 양해의 말을 늘어놓으며 주변 사람들에게 일종의 예방접종을 해두었다. 여전히 내가 부탁한 적도 없는 건강 관련 조언, 심각한 연설, 체육관 추천, 외과 의사 이름들을 들었다. 이미 들었던 조언들도 눈사태처럼 밀려왔다. 피할 수 없는 주제를 미연에 방지하고자 다이어트와 운동, 내가 좋아하는 채소와 개인적으로 올린 최고 기록에 관한 이야기를 모두 속사포처럼 읊어댔다. "내가 뚱뚱하다는 건 나도 잘 알고 있어요. 그렇지만 깨어 있는 시간 내내 이를 바꾸려 하고 있답니다. 저를 완전히 실패자로 몰아가지 않으셨으면 해요."

그렇게 어린 나이에도 나는 미국이 벌이는 아동 비만과의 전쟁에서 적이 되었다는 통보를 받았다. 나처럼 생긴 몸은 유행성 질병이라 선포되었으며, 그 병의 바이러스가 사람의 모습을 띤 것이 바로 우리였다.

비만과의 전쟁은 2000년대에 접어들 무렵 완전한 꼴을 갖추고 등장한 것 같지만, 그 뿌리는 훨씬 깊이 뻗어 있다. 로널드 레이건 Ronald Reagan 대통령 집권기 공중위생국장이었던 C. 에버렛 쿠프C. Everett Koop는 1980년대 중반에 뚱뚱한 몸을 주요 과제로 설정했다. 1988년 미국 공중보건서비스는 "이제껏 [미국] 정부가 제공한 것 가운데 가장 포괄적인 영양 및 보건 관련 보고서"3를 발표하며, 식품과 관련된 공중보건 프로그램과 법률이 증가해야 한다고 요청했다. 쿠프는 이렇게 말했다. "가장 주된 관심사는 식이지방의 과도한 섭취와 이것이 관상동맥성 심장병, 몇몇 유형의 암, 당뇨병, 고혈압, 뇌졸중, 비만과 같은 만성질환과 맺는 관계입니다."4 쿠프는 뚱뚱한 몸 때문에 하루에 미국인 1000명이 사망한다고 추정했다.5 이 보고서는 식품 관련 공중보건 프로그램과 법률을 요구했으나, 권고 사항을 살펴보면 대체로 개인을 향한 명령 형식을 띠었다.

대부분의 사람들은 식단에 들어가는 지방의 총량을 줄여야 한다. 특히 버터, 지방을 손질하지 않은 육류, 팜유와 같이 실온에서 고체 상태가 되는, 동물성 지방 또는 식물성 지방이라고 부르는 포화 지방을 줄여야 한다. 이처럼 포화 지방이 비교적 낮은 식품을 선택해야 하는데 그 가운데는 채소, 강낭콩과 완두콩, 생선, 껍질을 제거한 가금류, 지방이 없는 고기, 저지방 유제품이 있다. (…) 식단에 들어 있는 식이섬유와 복합 탄수화물을 늘리려면 통곡물로 만든 식품, 곡물, 채소, 과일을 더 많이 섭취해야 한다.[6]

특히 이 보고서는 식품을 규제하거나 저렴하고도 다양한 식이지방, 소금, 설탕, 고과당 옥수수 시럽 등에 제공하는 보조금을 규제하라는 권고 사항을 제시하는 데까지는 이르지 못했다. (이 보고서가 규제와 관련한 공공 정책에 제안하는 유일한 주된 지침은 지역 수도 공급망에 불소를 첨가하라는 지시에 드러날 뿐이다.) 한편 2018년 개정안만 해도 1200쪽에 이르는, 믿기 어려울 만큼 복잡한 미국의 농업법Farm Bill은 미국공중보건서비스의 권고 사항에 정확히 반대되는 식품을 생산하는 데 보조금을 지급했다.[7] 1933년에 처음 통과된 이 법률은 소위 말하는 '상품작물'을 경작하는 농부들에게 보조금 형식으로 경제적 보상을 제공함으로써 대공황 당시와 그 이후에 식품 가격을 표준화하고 안정시키는 것이 목적이었다. 오늘날 이와 같은 상품작물에는 밀, 옥수수, 쌀, 대두가 해당된다. 이것들은 설탕이 들어간 음료·과자·초코바와 같이 칼로리는 높고, 영양가는 낮으며, 상온에서 오래 보관할 수 있는 식품에 들어가는 주재료다. 더군다나 신선한 과일과 채소는 상품작물로 취급되지 않으며, 이는 기름기가 없는 단백질원도 마찬가지여서 건강한 식품은 가격대가 비교적 높게 형성되어 있고, 이를 감당할 만한 수입을 올리는 사람들만이 건강이라는 특권을 누리도록 만든다. 농업법은 표면적으로는 소비자에게 이익을 가져다주는 것을 목적으로 내세우지만, 연방 정부의 오른손이 지지하는 공중보건이라는 가치를 그 왼손이 공격적으로 끌어내리는 형국이다. 초기에 지녔던 의도와 무관하게 농업법은 프리토 레이Frito Lay, 코카콜라Coca-Cola, 그 밖의 기업형 식품 공급업체들의 돈주머니를 실질

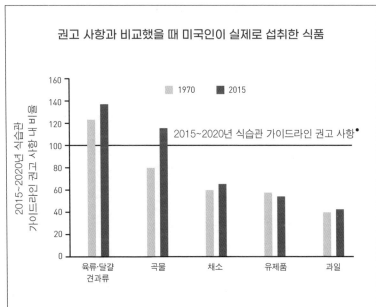

권고 사항과 비교했을 때 미국인이 실제로 섭취한 식품

• 하루 2000칼로리 식단을 바탕으로 함.
자료: USDA, 경제연구서비스, 손실을 조정한 식품의 접근 가능성 데이터와 〈2015~2020년 식습관 가이드라인〉. https://www.ers.usda.gov/data-products/chart-gallery/gallery/chart-detail/?chartId=58334

적으로 받쳐주고 있다. 이런 기업들의 대다수는 저임금 노동에 의존하는데, 이는 곧 거기서 일하는 노동자들이 동시에 그 회사의 소비자이기도 하다는 의미다. 그러는 동안 지난 50년 내내 미국인의 식품 섭취는 공중보건 서비스의 영양 권고 수준과 계속해서 점점 멀어져만 가고 있다. 예전보다는 채소와 과일을 아주 약간 더 섭취하기는 하나, 여전히 두 영역을 제외하고는 모든 영역에서 식습관 가이드라인에 현저히 못 미치고 있다. '육류·달걀·견과류', 그리고 문제의 상품작물인 '곡물'이 바로 그 두 영역이다.[8]

그렇지만 더 유의미하고 엄밀하게 개혁하려면 자원을 충분히 갖추고 솜씨 좋게 로비하는 노력이 필요했을 것이다. 강력하고도 재원이 풍부한 산업을 능가해야 했으며, 해체하고 다시 만들어야 하는 바로 그 법 덕분에 부유하게 성장한 커다란 사업과 맞붙을 만한 돈, 사회자본, 정치적 의지가 필요했을 것이다. 그렇지만 미국 공중보건 서비스는 개인에게 책임을 묻는 표현을 택했다. "대부분의 사람들이 이렇게 해야 한다"면서 말이다. 대부분의 사람들이 통곡물을 더 많이 먹어야 하는데도, 이 보고서에서는 사람들이 지침을 따르도록 도와주는 확실한 해결책을 상부 차원으로 제시하지 않았다. 그러므로 근본 원인을 분석하는 일을 결코 비만과의 전쟁에서 다룰 수가 없었다. 심지어 초기 개발 단계에서마저 시스템 차원의 문제에 개인화된 해결책을 짜깁기하는 접근법을 이미 취하고 있었다. 그저 해야 한다는 말만 늘어놓았을 뿐이었다. 그 뒤로도 몇 년 동안이나 마찬가지였고 말이다.

2003년에는 쿠프의 후임자가 홍보한 데 힘입어 비만과의 전쟁이 정부 부처 전역에서 우선순위가 되었다. 훗날 애리조나주 상원의원 선거에서 민주당 후보로 나온 당시 공중위생국장 리처드 카모나 Richard Carmona는 비만과의 전쟁을 으레 테러와의 전쟁과 비교하곤 했다. "어느 기자가 제게 이렇게 물었습니다. '오늘날 미국이 직면한 가장 시급한 보건 관련 사안이 무엇이라고 생각하십니까?' (…) 그 기자는 제가 대량 살상 무기 얘기를 꺼낼 것이라 생각했습니다. 그렇지만 저는 비만이라고 답했죠. 기자는 얼이 빠진 듯했습니다. 그러니까, 30초 동안 아무 말도 못 했거든요. '비만'이라는 단어를 들을 줄은 예상도 못 했으니까요."[9] 국가적인 비극을 겪은 뒤, 그리고 그 여파로 전 국민의 공포심이 한껏 고조되어 있을 시기, 카모나는 가장 큰 위협은 내부에서 벌어지고 있다고 보았다. 갑자기 뚱뚱한 사람들은 단순한 이웃, 친구, 가족이 아니게 되었다. 우리는 낯설고 새로운 전쟁의 적군이 된 것이다.

비만과의 전쟁은 미셸 오바마가 퍼스트레이디로 있는 동안 정점에 이르렀다. 미셸 오바마의 레츠 무브!Let's Move! 캠페인은 "한 세대 안에서 비만 문제를 해결해서, 오늘날 태어나는 아이들은 더 건강하게 성장하고 자신의 꿈을 좇을 수 있도록 하는 것이 목표"[10]였다. 웨이트워처스를 비롯해, 자기들의 상품 판매를 떠받쳐주는 현 상태를 유지하려는 기업형 식품 제조업체들이 레츠 무브!를 지원했다. 코카콜라, 펩시Pepsi, 허쉬Hershey's, 크래프트Kraft, 켈로그Kellogg's 같은 기업들은 레츠 무브! 캠페인의 일환으로 퍼스트레이디의 '건강 체중 서약'

에 동참하며, 자기들이 생산하는 식품에 대해 '더 건강해지는' 데 즉, 칼로리를 낮추는 데 동의했다. 결론적으로 보자면 이 가운데 많은 기업들은 식품의 칼로리를 아주 미세하게 감소하는 정도로 바꾸는 데 그쳤으며(1회 섭취량당 10~20 칼로리였다), 자기들의 제품이 백악관 승인 표시를 받도록 해서 새로운 마케팅의 장을 마련했다.[11]

레츠 무브! 홍보 팀은 이 프로그램이 아이들의 체중 감량을 지원해서 "더 건강한 세대의 아이들을 길러내려는 미국의 움직임"이라는 말을 자주 했다.[12] 이처럼 미묘하지만 확실히 표현을 바꾼 일은 계속 체중과 건강을 한데 묶어서 생각하도록 힘을 실어주었다. 날씬한 사람들은 '건강해 보였다'. 뚱뚱한 사람들은 건강을 걱정하는 반응을 접했다. 체중 감량은 '날씬해지는' 것이 아니라 '건강해지는' 문제가 되었다. 우리의 정신 건강, 생식 보건, 혈압, 혈당, T세포 숫자, 또는 그 밖의 신체 시스템의 건강을 측정하는 광범위하고 다면적이며 여전히 탐구해야 할 점이 많은 수치들과는 무관하게, 날씬한 사람만큼 건강해질 수 있는 뚱뚱한 사람이란 하나도 없는 것 같았다. 그리고 뚱뚱한 사람들의 건강(이 말은 공중보건 정책에 따르면 명확하고도 노골적으로 신체 사이즈를 의미한다)은 이제 국가 차원의 시급한 최우선순위가 되었다.

뚱뚱한 몸에 반대하는 수없이 많은 기획과 마찬가지로, 레츠 무브!는 뚱뚱한 사람들과 이야기를 나누지 않은 채로, 뚱뚱한 사람들(여기선 뚱뚱한 아이들)에 관한 이야기를 늘어놓았다. 이는 '아동 비만이라는 유행병'에 반대하는 캠페인이었다. 구체적인 건강 상태라든가, 이런 건강 상태에 영향을 끼칠 만한 행동을 다루는 캠페인이 아니었다. 영양가가 거의 없는 식품을 저렴하게 생산하는 기업의 방침에 반대하는 캠페인도 아니었으며, 그처럼 저렴하고 상온에서 오래 보관할 수 있는 식품에 의존할 수밖에 없는, 아무런 조치 없이 방치해둔 빈곤에 맞서는 캠페인도 아니었다. 이는 체형에 맞서는 캠페인이었다. 한술 더 떠, 어린이의 체형에 맞서는 캠페인이었다. 오랜 시간 뚱뚱한 몸을 위한 활동가로 힘써온 레슬리 킨절Lesley Kinzel은 레츠 무브!에 대응하는 글을 《뉴스위크Newsweek》에 실으며, "뚱뚱한 사람들은 결함이 있고 받아들여질 수 없다며 겨냥하는 세상에서"[13] 뚱뚱한 아이로서 성장하며 겪는 피해를 자세히 설명했다.

> 이 캠페인을 어린이들이 소파에 앉아 있는 데 반대하는 캠페인이라고 불러라. 이 캠페인을 아이들이 나가 놀도록 만드는 운동이라고 불러라. 이 캠페인을 기본적인 영양소와, 놀랍게 성장하는 몸이 영양소에 어떻게 작용하는지를 아이들에게 교육하는 운동이라고 불러라. 다만 뚱뚱한 아이들만 콕 집어내지는 마라.[14]

미셸 오바마의 레츠 무브! 캠페인은 인기 많은 퍼스트레이디의 손으로 뜻하지 않은 피해를 끼치게 만들었다. 하지만 그보다 심한 것은, 아동 비만을 향한 새로운 전쟁에서 훨씬 더 악랄한 전선으로 향하는 문을 열어젖혔다는 점이다.

2012년 조지아주는 아이들의 체중을 감량하고, 미국 내 2위였던 아동 비만 순위를 낮추는 것을 목표로 삼은 스트롱포라이프Strong4Life 캠페인을 출범했다. 애틀랜타아동보건병원 원장인 외과 의사 마크 월컨Mark Wulkan은 이렇게 말했다. "'따뜻하고 부드럽던' 시절은 (…) 지 났다. 그래서 우리 병원에서는 앞서 성공을 거두었던 메타암페타민 반대 캠페인에 일부 바탕을 두어 공격적인 캠페인을 만들었다."[15] 그 렇지만 캠페인 광고판은 성인의 마약 중독 대신 어린이의 뚱뚱한 몸 을 표적으로 삼았다. 광고에는 광고를 보는 사람들을 꼿꼿이 바라보 는 (모자이크 처리를 한) 뚱뚱한 아이들의 음울한 흑백사진과 함께, '경 고'라는 글자가 선명한 빨간색으로 새겨져 있었다.

"경고: 제 살이 당신에겐 웃음거리일지 모르지만, 이 살이 저를 죽 이고 있어요. 아동 비만을 멈춰주세요."

"경고: 작은 소녀가 아니라면 작은 소녀로 지내기란 어렵습니다."

"경고: 뚱뚱함 예방은 집에서부터 시작합니다. 뷔페에서도요."

"경고: 뚱뚱한 아이들은 부모보다 일찍 죽을 수도 있습니다."

"경고: 뚱뚱한 아이는 뚱뚱한 어른이 됩니다."

"경고: 제가 통뼈여서 이렇게 된 게 아니에요. 음식을 많이 먹어
서 그런 거예요."

"경고: 이 아이는 아버지와 눈, 웃음소리, 어쩌면 당뇨병까지 빼
닮았을지도 모릅니다."

이런 광고는 아동 비만의 위험을 부모들에게 경고하려던 것이라
고는 하나, 많은 사람들에겐 그저 뚱뚱한 아이들을 공개적으로 조롱
하는 것처럼 보일 뿐이었다. "제 살이 당신에겐 웃음거리일지 모르
지만, 이 살이 저를 죽이고 있어요." 스트롱포라이프 캠페인은 뚱뚱
함을 놀림거리로 삼는, 전국에서 가장 유명한 캠페인이 되었다. 캠
페인의 표적은 아이들이었고 말이다. 스트롱포라이프 캠페인은 부
모 교육을 시작하거나, 학교 내 영양 교육 예산을 늘리도록 지원하
거나, 학교 점심 급식의 구성을 바꾸거나, 너무나 많은 저소득층 학
생들을 영양분이 적은 가공식품으로 떠미는 빈곤을 완화하는 게 아
니라 광고판을 빌리는 쪽을 택했다. 그리고 대부분이 시스템 차원의
영향력 때문에 생겨난 결과라는 사실이 명백한데도 이를 아이와 부
모의 탓으로 돌리는 것이 가장 효과적인 전략이라고 판단했다.

이런 캠페인들이 비만을 유행병이라 선언하고 아동 비만과의 전
쟁을 선포하며 경각심을 불러일으키기는 했으나, 이 전략들 가운데
연구를 바탕으로 삼은 것은 거의 없다(또는 전혀 없다). 그리고 어린이
들의 비만율에 관한 거시적 차원의 데이터를 넘어서서 캠페인의 영

향을 평가하고자 시도한 사례는 하나도 없다. 이런 캠페인들은 모두 다 한 가지 질문, 바로 이 하나만을 끈질기게 추구했다. '어떻게 하면 뚱뚱한 아이들을 없앨 수 있을까?'

　이른바 공중보건 차원의 위기라는 것이 닥쳤는데도, 비만과의 전쟁을 구성하는 연방 정부와 주 정부의 프로그램은 데이터에 전혀 기반을 두지 않았다. 이런 프로그램과 대중을 향한 메시지는 압도적일 만큼 수치심과 두려움에 의존했다. 이는 뚱뚱한 아이들을 겁에 질리게 만드는 접근법이다. 그렇지만 이런 수치심이 특히 뚱뚱한 사람들에게 끼치는 역설적인 영향을 보여주는 연구들이 증가하고 있다. 2017년에 미국의 주 가운데 절반은 학교에서 필수적으로 학생들의 BMI를 추적 기록하도록 했다.[16] 그 가운데 절반은 소위 'BMI 기록부'라는 것을 집으로 보내 부모님이 보도록 했다. 부모 가운데 53퍼센트는 아이의 BMI 기록부를 딱히 믿지 않았으며,[17] 아칸소주[18]와 캘리포니아주[19]에서 실시한 연구에 따르면 이런 관행은 실제로 개인의 체중 감량이나 학생들의 전반적인 BMI 수치 감소로 이어지지 않았다. 옥스퍼드의 저널 《보건교육연구Health Education Research》에 실린 정책 리뷰는 "과체중으로 분류된 학생들에게 피해를 입힐 수 있는 가능성"을 주의해야 한다고 학교 당국에 경고했다.[20] 한 식이장애 치료 센터는 BMI 기록부를 "체중 낙인으로 이어지는 길"이라고 일컬으며, 그것이 식이장애에 취약한 학생들에게서 식이장애가 발생하게 만들 수 있다고 말했다.[21] 체중을 다른 그 무엇보다도 중시하는 수많은 건강 관련 개입과 마찬가지로, BMI 기록부는 날씬한 학생들에게도 부당한 처우를 할 수가 있다. 신체 사이즈만을 바탕으로 하는 건강 접근법은 그릇된 안정감을 심어줄 수 있다. 개인의 건강에 좋지 않은 생활 습관을 지니고도 사회적으로 용인되는 신체 사이즈 때문에 대체로 이를 모른 채 지내는 사람들에게, 몸무게가 적게 나가는 것이 곧 건강증명서나 다름없다는 함의를 은연중에 전하기 때문이다.

《보건 및 사회적 행동 저널Journal of Health and Social Behavior》에 실린 2005년 연구 결과에 따르면 아주 뚱뚱한 사람들은 뚱뚱한 몸에 대한 편견을 내면화하며, 신체 사이즈로 인해 학대받은 경험 때문에 자아 수용과 자존감 수준이 낮게 나타난다.[22] 그렇지만 뚱뚱한 몸에 대한 편견이 끼치는 영향은 거기서 그치지 않는다. 저널《비만Obesity》에 실린 2012년 연구는 뚱뚱한 몸에 대한 노골적인 편견(고용 차별, 물리적 공격, 불쾌한 말)부터 이보다 미묘한 형태의 낙인(타인의 부정적 억측, 의사의 부적절한 발언, 시선을 받는 것, 물리적 장벽이나 장해물, 타인이 피하거나 배제하거나 무시한 경험)까지, 몸무게로 낙인찍히는 사건을 얼마나 자주 경험했는지를 뚱뚱한 성인들에게 물었다. 가장 높은 비율을 차지한 것은 "타인이 부정적인 억측을 하는 일"로, 여성 응답자의 74퍼센트와 남성 응답자의 70퍼센트가 경험했다고 답했다. 그렇지만 가장 비율이 적은 경험(물리적으로 공격받는 것)조차도 여성 응답자의 10퍼센트와 남성 응답자의 11퍼센트가 공통적으로 경험했다. 28퍼센트의 여성과 23퍼센트의 남성은 노골적인 고용 차별을 겪었다고 응답했다. 그렇지만 어떤 하위분류든 낙인이 끼치는 영향은 젊은 사람들, 아주 뚱뚱한 사람들, 그리고 어려서 다이어트를 시작했던 사람들에게 특히 심각했다.

> 체중이 증가할수록 낙인을 더 많이 경험한다는 것이 드러나며 (…) 낙인을 경험하는 것과 BMI는 양의 상관관계가 있다. (…) 어려서 다이어트를 시작한 개인들은 그보다 나중에 다이어트를 시작한 사람들에 비해 낙인찍히는 경험이 더 많다고 보고했다. (…) 연령은 낙인과 음의 상관관계가 있어, 어린 사람들이 나이 많은 사람들보다 낙인을 더 많이 경험했다고 보고했다.[23]

뚱뚱한 몸에 대한 낙인이 믿기 어려울 만큼 만연해 있음에도, 응답자들은 강력한 대처 메커니즘을 찾아냈다. 가장 널리 퍼진 대처법으로는 부정적인 말 피하기, 스스로에게 긍정적인 말 하기, 기도하기 등이 있었다. 응답자의 79퍼센트가 먹는 것을 대처 메커니즘으로 삼는다고 답했으며, 74퍼센트는 자신을 고립시켰고, 41퍼센트는 자리를 뜨거나 미래에 비슷한 상황이 벌어지지 않도록 피했다. 체중 낙인은 뚱뚱한 사람들에게 체중을 감량하도록 동기를 부여하기보다는 이들을 더 고립시키고 회피하게 만들었으며, 이들의 사회적·물질적 자원을 줄어들게 했다.

자신을 뚱뚱하다고 생각하는 사람들까지도 뚱뚱한 몸에 대한 편견에 영향을 받는다. 2014년에 실시한 연구 〈체중 낙인의 아이러니한 효과The Ironic Effects of Weight Stigma〉에서는 자신을 뚱뚱하다고 여기는 여성 대학생들과 그렇지 않은 여성 대학생들을 조사했다. 두 집단 모두에게 체중에 관해 낙인을 찍는 기사를 보여준 다음 사탕, 과자, 그 밖의 고칼로리 식품이 준비된 대기실로 그들을 보냈다. 자신을 뚱뚱하다고 여기는 여성들은 간식을 먹을 가능성과 뚱뚱한 몸에 대한 반대의 표적이 될까 봐 우려할 가능성이 높았다. 즉 뚱뚱한 몸에 대한 반대에 노출되자 뚱뚱한 여성들이 고칼로리 식품을 먹을 확률이 증가한 것이다. 눈에 띄는 점은 신체 사이즈를 막론하고 모든 여성들이 뚱뚱한 몸에 대한 편견과 낙인의 표적이 될까 봐 염려했다는 사실이다. 해당 여성들은 서로 다른 두려움을 경험했으며, 연구 결과와는 정확히 반대되는 결론을 내렸지만 말이다. "과체중이 아니며, 과체중으로 사는 것이 어떤 일인지 잘 이해하지 못하는 여성들은 낙인이 음식을 적게 먹기로 결심하도록 다른 사람들을 도와주리라고 생각했다. 그들에게는 낙인이 결심을 강화해주기 때문이다."[24]

그렇지만 어쩌면 가장 강력한 사실은 비만과의 전쟁을 시작한 이래로 뚱뚱한 몸에 대한 편견이 하늘을 찌를 듯이 증가했다는 것이다. 작가이자 교수인 케슬린 레베스코Kathleen Lebesco는 자신의 에세이 〈비만 패닉과 새로운 도덕Fat Panic and the New Morality〉에서 사회학자 스탠리 코언Stanley Cohen의 모델을 활용해, 비만과의 전쟁은 공중보건 정책을 넘어서서 완전히 도덕적 패닉으로 변모했다고 주장한다. "도덕적 패닉의 특징은 다음과 같다. 상상으로 만들어낸 위협에 대한 우려, 문제에 대한 책임이 있는 개인과 행위자를 향해 도덕적 분노라는 형태로 나타나는 적개심, 심각한 위협에 관해서 무언가 조치를 취해야 한다는 합의, 피해 보고의 불균등함, 급변하는 패닉 표출."[25] 지금까지 20년 동안 비만과의 전쟁은 수백만 달러를 쓰고 잉크를 몇 리터씩 쏟아가면서 그저 뚱뚱한 사람들을 차갑게 내려다보며 이렇게 판결했을 뿐이다. "뭐, 그냥 당신들이 바뀌어야죠." 그리고 지나치게 불공평할 정도로, 비만과의 전쟁은 자기의 세력권 안에서 가장 취약한 뚱뚱한 사람들을 표적으로 삼아 경멸을 퍼부었다. 바로 아이들이다.

아동 비만과의 전쟁은 나를 포기했고, 시간이 흐르면서 나는 자신을 포기하는 법을 익혔다. 그러니까 적어도 내가 날씬해지겠다는 의지력을 끌어모으지 않는 이상은 말이다.

초등학생·중학생 시절 나는 동네 수영 팀에서 활동했고, 마침내 학생 코치 자리까지 올라갔다. 수영은 전부 다 마음에 들었다. 살갗에 닿는 따뜻한 햇볕과 시원한 물이며, 매끈하고 날쌘 물개가 된 것 같은 기분을 안겨주는 라이크라* 경주용 수영복까지. 내 몸이 발휘하는 가장 훌륭한 마법처럼 느껴지는 힘을 좋아했다. 꼭 날아가는 것처럼 물을 뚫고 스스로 나아가는 힘 말이다. 시합도 좋아했다. 나는 어쩌다 간혹 이기는 정도였지만, 수영 경기에 나가면 느껴지는 분주한 분위기와 에너지, 릴레이경기에서 맛보는 동료애, 빠른 킥턴이 자아내는 두근거리는 우아함을 좋아했다. 연습은 정말로 신이 났다. 한 번에 두세 시간 정도 수영장을 왕복하며 수영했고, 그리고

* 미국의 화학 회사 듀폰(DuPont)이 만든 고탄성 합성섬유인 스판덱스의 상표명.

나서 자유 수영 시간으로 바뀌면 계속 수영장에 머물렀다. 나는 최대한 오랫동안 물속에 있었다. 지문을 알아볼 수 없을 지경이 되고, 수영장 물에 있는 염소 때문에 내 금발 머리카락에 초록색 빛이 감돌고 나서도 한참 뒤까지 말이다. 나는 물에서 지내려고 태어난 것이라 확신했다.

대회에 나갈 때 내가 가장 강력하게 내세우는 수영법은 가장 복잡한 방법, 바로 접영이었다. 나중에 어른이 되고서, 뚱뚱한 어린이 시절에 수영을 했던 다른 사람들과 비밀스러운 자매애를 발견하게 되었는데 우리는 모두 무시무시한 접영을 했었다. 우리는 몸이 물표면으로 솟구쳐 올랐다가 다시 아래로 첨벙 내려가던 느낌, 물을 가르며 반쯤은 헤엄치고 반쯤은 날아가느라 팔에서 느껴지던 통증을 떠올리며 추억하곤 했다. 뚱뚱하다는 것 때문에 우리 몸이 발목을 잡히지는 않았다. 그 반대로, 뚱뚱함 덕분에 몸이 힘을 받았다. 뚱뚱한 몸이 만들어내는 탄력은 다른 수영 선수들보다 더욱 힘차고 빠르게 우리를 앞으로 추진했다. 같은 팀 동료들은 우리의 힘과 속도를 얘깃거리로 삼곤 했다. 뚱뚱함 덕분에 우리는 놀라운 수영 선수가 되었던 것이다. 비록 우리 가운데 많은 이들은 어른이 되어서야 그 사실을 깨달았지만 말이다.

아동기에서 청소년기로 접어들면서 그런 모든 기쁨과 자부심은 사라져갔다. 팀 동료들이 자신들의 허벅지 크기를 놓고 한탄하는 일이 서서히 시작됐다. 물론 우리에게 허벅지 크기는 곧 힘이었다. 큰 허벅지 덕분에 앞으로 나아가고, 다이빙하고, 발차기를 하고, 우승을 할 수 있었다. 그렇지만 팀 동료들은 나이를 먹으면서 나보다 앞서 깨달음을 얻었다. 수영복을 입은 모습이 어울리는 몸, 그리고 받아들여지지 못하는 몸을 이해해달라고 탄식하며 설명하거나 양해를 구하지 않아도 되는 몸은 오로지 일부일 뿐임을 알게 된 것이다. '해변에 어울리는 몸'은 일부였으며, 팀 동료들의 몸은 그 기준에서 탈락했다. 난 내 몸 역시 탈락이라는 것을 알게 되었다.

탈의실은 다 같이 우리 자신과 주변 사람들 몸을 비평하며 몸 워크숍을 여는 장소가 되었다. 학교도 마찬가지였다. 반 아이들은 몸이 조금이라도 부으면 불평하면서, 튀어나올 곳만 튀어나오고 들어갈 곳은 들어가기를 바랐다. 가슴과 엉덩이가 둥그렇게 되는 것은 적당한 선에서라면 환영이었지만, 배·허벅지·팔에 살이 붙으면 대놓고 탄식을 늘어놓았다. 초등학교 6학년 때 나는 자부심이 가득한 상태에서 내가 수영 팀에 소속돼 있다는 이야기를 반 친구에게 들려주는 실수를 저질렀다. 그 친구는 훨씬 더 날씬한 자기 몸으로도 느끼는 불안감을 한가득 늘어놓더니, 경주용 수영복은 고사하고 반바지를 입고 다니기에도 너무 뚱뚱한 사람들에 대해 더 나이 많은 언니들이 했던 말을 내게 들려주었다. 친구는 내게 "이게 너한테 도움이 되는 말일 거야"라고 했다. 전혀 그렇지 않았다. 그때가 내가 수영 팀에서 보낸 마지막 여름이 되었다.

고등학생이 되어서는 연극 수업에서 만나는 어두컴컴함이 편안했다. 1·2학년 때는 연기에 집중했다. 내가 다니던 조그만 고등학교에서 열리는 거의 모든 작품의 오디션을 봤지만, 내가 캐스팅된 것은 딱 한 번이었다. "네, 주인님"과 "아뇨, 주인님"이라는 대사만 하는 하녀 역할이었다. 뚱뚱한 여자아이가 맡기에 알맞은 유일한 역할이었다.

내 연기가 나빴던 것인지 아니면 내가 너무 극성맞게 굴었던 것인지를 생각했다. 지금도 나는 잘 모르겠다. 내가 아는 것은 단지 오디션을 보더라도 별로 승산이 없을 거라고 더 날씬한 여자아이가 내게 얘기해주었다는 사실이다. 나한테 승산이 있을 리 없었다. 작품에서 여자 배우들이 주연으로 맡는 역할은 대개 연애 이야기 속 주인공이었는데, 대체 누가 뚱뚱한 여자아이한테 반한단 말인가? 관객은 그저 상상의 나래를 펼칠 수밖에 없을 터였다.

시간이 흐르면서 나의 관심사는 주위를 둘러싼 부정적인 공간에 맞춰 규정되었다. 내 몸은 수영하는 데 맞지 않았으니 노래를 불렀다. 내 몸은 연기하는 데 받아들여질 수 없었으니 글을 썼다. 체육관이나 실외에서 신체 활동을 하면 곧바로 누군가 대놓고 놀려대거나, 동정하거나, 얕잡아보는 말투로 축하한다고 해댔기 때문에 나는 그냥 안에 있었다. 어른이 되어 정치단체에 들어갔을 때도 나는 미디어에 모습을 비추지 않겠다고 고집했다. 미디어에 모습을 드러내면 노골적 비판과 은근한 불신이 뒤따르리라는 사실을 알고 있었기 때문이었다. 단체가 벌이는 운동에 골칫거리가 되지 않으려고 했다.

내 삶의 경로를 결정지은 것은 내 힘과 열정이 아니라 내 몸을 향한 타인의 반응이었다. 그리고 시간이 흐르면서 그런 반응들은 나를 가두는 우리를 만들었다.

살 빼기 캠프는 체중을 감량하려는 내 첫 번째 시도가 아니었으며, 마지막 시도도 절대 아니었다. 중학생 때 어머니가 웨이트워처스 모임에 나를 데려갔다. 열한 살이라는 어린 나이에 나는 벌써 아동 체중 감량 프로그램에 참석하고, 음식 일기를 쓰고, 칼로리를 계산했다. 음식의 양을 눈대중으로 가늠하고, 블루베리 3분의 1컵과 2분의 1컵의 차이를 곧바로 파악하며 기술을 갈고 닦았다. 그렇지만 최선을 다해 노력했는데도 고집 센 내 몸은 끄떡 않고 살을 붙들어 두었다. 그래서 나는 웨이트워처스에 가게 된 것이었다.

지역 커뮤니티센터 계단을 내려가, 타일이 덮인 낮은 천장과 긴 형광등이 있는 어둑어둑한 지하실로 내려갔다. 줄을 서서 기다리니 '다이어트 성공자'가 각 참가자들의 몸무게를 차례차례 쟀고, 장부에 주간 몸무게를 기록한 다음, 회의실로 우리를 데려갔다.

나는 확 튀는 별종이었다. 40대쯤 되는 여자들이 가득한 방에서 나 혼자만 포동포동하고 뺨이 붉은, 사춘기를 코앞에 둔 여자아이였다. 어른 여자들이 하는 말에 귀를 기울이면서, 이들의 성공과 실패는 물론이거니와 이들이 자신의 삶을 어떻게 얘기하는지를 들었다. 그때가 내게는 어른이 되는 순간이었다. 여성으로 살아가는 내내 겪게 될, 체중을 감량해야 한다는 끝없고 티 안 나는 노력을 거치면서 나는 성인 여성으로 넘어갔다.

내 앞에 펼쳐지는 성인 여성의 세계에 관해 나는 열심히 들었다. 여자들은 거의 똑같다시피 한 실패담이나 (어찌 보면 실패처럼 느껴지기도 하는) 부분적인 성공담을 나누었다. 어떤 이들은 자기가 의지력이 부족하다며, 체중을 감량하면 삶이 어떻게 달라질지를 얘기하면서 흐느꼈다. 결혼 생활이 활력을 되찾고, 커리어는 왕성하게 뻗어나가며, 인생이 활짝 펴 눈부신 미래로 나아갈 것이라고 말이다. 슬픔에 잠긴 이 여자들은 자기 앞에 펼쳐질, 환한 빛을 내뿜으며 다시 태어난 기분을 안겨줄 삶을 이야기했다. 자기 몸을 굴복시키기만 하면 인생이 바뀌고 문제는 녹아내리듯 사라질 것이라면서. '날씬할수록 승리자다. 날씬한 것만큼 기분 좋은 일은 없다'고 약속된 것이었다.

뚱뚱한 아이였던 내게 웨이트워처스는 기초적인 영양 교육을 해주었다. 점수를 계산하는 식으로 말이다. 나는 비타민·미네랄·당분 등은 무시한 채로, 음식에 붙은 라벨에서 칼로리·지방·식이섬유를 찾아보는 법을 익혔다. 페이지마다 모서리가 잔뜩 접힌 점수 계산표는 내 잔스포츠 배낭 안에 살다시피 했다. '제로 칼로리' 음식 목록을 외우고 다녔고, 몸 때문에 놀림받으며 마음속 가장 깊은 곳에서 수치심을 느끼는 순간에는 셀러리와 달걀 흰자는 원하는 만큼 양껏 먹을 수 있다는 사실을 떠올렸다.

웨이트워처스는 청소년기에 딱 맞춰 나를 삶의 새로운 국면으로 이끌어갔다. 끝없이 요요를 겪으며 다이어트를 하고, 식이장애와 '밀당'을 하며, 늘 함께 살아온 나의 몸 그리고 내게 항상 필요했던 음식과 도무지 끝나지 않을 것 같은 전쟁을 벌이던 시기였다. 이렇게 끝도 없이 다이어트를 한 것이 나중에는 내 신진대사를 영구히 바꿔놓으리라고는 알지 못했다.[26] 시간이 흐를수록 체중 감량 노력이 점점 더 허사로 돌아가고 마는 뚱뚱한 사람으로 평생을 살게 되리라고는 말이다.

또 나는 날씬한 상태를 건강은 물론 도덕적 가치와 동일시하며 무슨 수를 쓰든 체중 감량을 옹호하는 문화적 신념이자 실천인 다이어트 문화를 웨이트워처스를 통해 접하게 되었다. 다이어트 문화는 단지 다이어트를 하는 것과 관련된 문제가 아니라, 다이어트를 하는 것을 (또는 '라이프스타일을 바꾸는 것'이나 '웰니스'를) 많은 사람들에게 문화적인 의무로 지우는 사회적 힘과 관련이 있었다. 그리고 이제껏 수십 년을 이어온 웨이트워처스는 다이어트 문화의 모범이 되었다. 1963년 조앤 니데치Joan Nidetch는 체중을 감량하도록 자신을 도와준 뉴욕시 보건위원회의 다이어트라는 복음을 널리 퍼뜨리고자 웨이트워처스를 설립했다.[27] 미국 뉴욕 퀸스 출신 노동계급 여성이었던 니데치는 다이어트 약과 유행하는 다이어트 방법들을 시도하다가, 동료들끼리 서로 지지하는 네트워크를 만들었다. 니데치는 지속적인 체중 감량 상태를 유지하며 이 네트워크에 신뢰를 부여했다. 1968년 이 기업은 주식시장에 상장되며 첫 공모주를 모두 팔았다.[28] 여성해방운동과 평등권 수정 헌법을 향한 투쟁이 절정에 이르렀을 무렵, 많은 여성들은 절대로 충족할 수 없는 아름다움과 여성성의 기준을 매도하는 동시에, 여성스러운 날씬함을 향한 약속을 여전히 끈질기게 추구했다.

1978년 니데치는 H. J. 하인즈컴퍼니H. J. Heinz Company에 회사를 매각했다. 하인즈는 오늘날 미국 최대의 케첩 제조업체를 비롯해 크래프트푸즈Kraft Foods, 오스카마이어Oscar Mayer, 필라델피아크림치즈Philadelphia

Cream Cheese, 그레이푸폰Grey Poupon, 그리고 팔레오paleo* 친화적인 프라이 멀키친Primal Kitchen, 오프라 윈프리Oprah Winfrey의 오, 댓츠 굿!O, That's Good!, 웨이트워처스 브랜드 식품들과 같은 다이어트 식품 회사들을 소유하며 운영하고 있다. 1999년 하인즈는 7억 3500만 달러(약 9740억 원)를 받고 웨이트워처스의 지분을 룩셈부르크에 기반을 둔 투자회사에 팔아넘겼지만, 웨이트워처스 가공식품 소매업 부문은 계속 보유했다.[29] 2018년에 기업의 수익이 줄어들자 웨이트워처스는 13~17세 청소년에게 6주짜리 회원권을 무료로 제공하는 새로운 프로그램을 도입했다. 10대 회원권 기획 덕분에 회사는 크나큰 성장을 거두면서 4년 동안 판매액이 67퍼센트 증가했다. 《CNN 비즈니스CNN Business》에 따르면 새로운 프로그램을 발표하자 회사의 주가가 대략 16퍼센트 뛰어올랐다.[30]

그렇지만 수많은 체중 감량 프로그램과 마찬가지로, (이제는 좀 더 웰니스 친화적인 'WW'로 브랜드 이미지를 새롭게 한) 웨이트워처스는 다이어트에 필요한 지침을 내리는 데 그치지 않고 다이어트 문화를 비롯해 이를 부추기는 체중 낙인을 전파한다. 더 진정한, 날씬한 몸으로 살아가야 한다는 약속을 절박하게 실현하려 한 뚱뚱한 중학생이던 내게 웨이트워처스는 문화 속 어디에나 만연하던 신념 체계를 교육했다. 웨이트워처스는 뚱뚱한 사람들은 불완전하다고, 음식을 두

---

* 수렵·채집 생활을 하던 구석기인들이 얻을 수 있었던 식재료만을 섭취하는 다이어트 방식.

려워하고 의심해야 한다고, 내 몸은 실패작이라고, 나 같은 몸으로 살아가는 것은 삶다운 삶이 절대 아니라고 가르쳤다. 열한 살이던 나는 내 몸은 바뀔 수 있으며, 바뀔 것이라는 생각을 절박하게 붙들었다. 그러니까 어떻게든 날씬해지리란 생각을 말이다. 그러고 나면, 그리고 그렇게 될 때에만 내 진짜 인생을 시작할 수 있을 터였다.

나는 고등학생·대학생 시절 내내 웨이트워처스를 들락거렸다. 고등학생 때는 시장에 급하게 출시된 다이어트용 처방 약인 펜펜Fen-Phen과 리덕스Redux를 복용했다. 미국 식품의약국은 1년이 지나지 않아 이 약들을 금지했다. 기적 같은 약이라며 널리 광고했던 이 두 가지 약물이 우려스러울 정도로 다수의 환자들에게 심부전을 일으켰다는 보고가 점점 많아졌기 때문이었다. 가족들과 성인 친구들은 금지 조치에 대해 불평했다. "그래, 물론 어떤 사람들한테는 안 좋겠지만 나한텐 잘 듣는 유일한 약이었다고. 이제 난 어떡해? 그냥 이대로 있어야 하냔 말이야!"

고등학교 3학년 때는 앳킨스Atkins 다이어트를 시작했다. 시원하고 달콤한 딸기 요거트 한 컵을 오매불망 바라면서, 어떤 채소에 탄수화물이 적게 들어 있는지를 조심스럽게 살폈다. 몸무게는 적당히 줄었다가 다시 늘고, 또 조금 더 늘면서 전부 원상 복귀가 됐다.

고등학생 시절이 끝나갈 무렵, 나는 그 어느 때보다도 뚱뚱했다. 다이어트를 할 때마다 몸무게는 조금 줄거나 적당히 줄었다가 전부 다시 늘었다. 앞서 다이어트를 한 수많은 사람들이 그랬듯이 말이다. 고등학교 졸업식에는 사이즈 24짜리 옷을 입고 갔다. 우리 동네에 있는 백화점 플러스 사이즈 코너에서 구할 수 있는 가장 큰 사이즈였다. 그걸 넘어서면 어떤 사이즈가 나오는지 상상할 수 없었다. 한 번도 본 적이 없었으니까. 그렇지만 아주 조금만 몸무게가 불어나도 나는 옷의 저세상으로, 그리고 짐작키로는 인간성의 저세상으로 나가떨어지리라는 것을 알고 있었다. 그 정도로 뚱뚱한 사람에게 맞는 옷을 만들어줄 이가 있을까? 그리고 그런 사람을 누가 존중해줄까?

그 모든 다이어트를 거치면서도 내 몸은 결코 바뀌지 않았다. 변화하더라도 그다지 오랫동안 유지되지 않았다. 그리고 내 인생은 (진정한 인생이든 아니든) 나를 빼놓고 나아갔다.

내가 임금님은 사실 벌거숭이라는 사실을 깨닫기 한참 전의 일이었다. 그러니까 다이어트가 성공하는 일은 아주 드물거나 없으며, 어떤 사람들은 다이어트 때문에 더 뚱뚱해질 뿐이라는 사실 말이다.

낯선 사람들, 지인들, 친구들, 가족들 모두가 나를 건강한 체중에 이르게 하겠다는 명목으로 오랫동안 내게 수치감을 안겨줬다. 이 사람들은 자신들이 직접 다이어트를 했던 이야기를 할 때면 '체중을 감량했다'고 하지 않고 '건강해졌다'고 얘기하면서, 자신들은 더 이상 과체중이나 비만이 되지 않을 것이라고 말했다. 그리고 이전의 수많은 사람들과 마찬가지로, 나는 그런 분류들(건강 체중, 과체중, 비만, 병적 비만, 상당한 병적 비만)이 높은 곳에서 뚝 떨어진 일종의 객관적인 건강의 기준 같은 것이라고 생각했다. 이 모든 것들은 BMI에 뿌리를 내리고 있었다. 의사, 보건 교사, 다이어트 프로그램 등이 개인의 사이즈, 즉 건강을 측정할 때 주로 사용하는 수단인 BMI 말이다. BMI 계산법은 단순했다. 몸무게(킬로그램 단위)를 키(미터 단위)의 제곱으로 나눈 값이었다. 오늘날 어디서나 통용되지만 심각한 결함을 지닌 BMI의 해괴하고도 인종차별적인 연원을 내가 알게 된 것은 대학생이 되고 나서였다.

BMI는 개인의 건강을 측정하는 척도로 쓰려고 만든 것이 절대 아니었다. BMI는 1830년대 벨기에의 사회학자·천문학자·통계학자 랑베르 아돌프 자크 케틀레Lambert Adolphe Jacques Quetelet가 발명했다. 케틀레는 일종의 보편적인 평균을 모색하며 옴므 무아엥l'homme moyen(이상적이고 평균적인 인간)을 찾는 과정에서 오랜 시간에 걸쳐 다양한 인구 집단을 측정했다. 케틀레에게 "이 평균적인 인간이란 현재 우리가 쓰는 ('그저 그렇다'는 의미의) '평균'이라는 말과 같은 의미를 지니지 않았다. (…) 평균적인 인간을 완전히 결정해둔다면, 이를 완벽한 모습이라고 얘기할 수 있을 터였다. 그리고 이 완벽한 인간이 지닌 균형이나 상태와는 다른 모든 것은 기형이나 질병… 또는 흉물이 될 것이었다."[31] 다시 말해 옴므 무아엥은 이와 대조해 질병이나 기형에 해당한다고 단정 지을 수 있는 아웃사이더 신체를 만들어내려는 목적으로 케틀레가 규정한 신체적 완벽함이었다.

당시 발명자의 이름을 따서 케틀레 지표라고 불린 BMI는 개인의 건강을 측정하는 데 사용되지 않았다. 반대로 이 계산법은 인구 전반을 다룰 때 사회학적으로 쓰였다. 이때는 사회학, 인류학, 의학 모두가 인종차별적이고 여성 혐오적인 연구로 가득했다. 케틀레 지표가 만들어지고 얼마 지나지 않아 의사인 새뮤얼 카트라이트Samuel Cartwright는 《흑인 인종의 질병과 특이성Diseases and Peculiarities of the Negro Race》이라는 책을 써서 새로운 정신질환인 배회증 때문에 흑인 노예들이 달아나는 것이라고 주장했다. 1869년 신경학자인 조지 밀러 비어드George Miller Beard는 신경쇠약을 대중화했다. 이는 여성들에게 두루 진단되었던 '신경의 약함'으로, 부유한 남성들이 아내를 제도 안으로 포섭하고 길들이는 데 사용했다. (신경쇠약은 더 이상 미국정신의학협회의 《정신질환 진단 및 통계 매뉴얼Diagnostic and Statistical Manual of Mental Disorders》에 올라가 있지 않으나, 세계보건기구에는 현재까지도 진단 질병으로 남아 있다.) 문자 그대로 풀이하면 자궁의 광기라는 뜻을 지닌 히스테리는 고대 그리스에서 자궁이 몸속을 자유롭게 움직이며 결국 질병을 유발하거나 교살을 저지른다고 믿었던 것에 뿌리내리고 있다.[32] 그렇지만 케틀레가 연구하던 시절 히스테리는 불안과 짜증, 그리고 섹스에 대한 욕망·추구를 전형적인 특징으로 삼는 의학적 진단이었다.[33] 특히 히스테리를 치료하는 데는 '성기 마사지'를 최고로 쳤는데, 이는 바이브레이터의 발명을 이끌어냈다. 초기 바이브레이터는 병원에서 관리하는 의료 기기였다. 의사들은 이 치료법이 발작에 효과가 좋다고 주장했다. 이 치료법이 자궁 때문에 생겨난 정신이상을 몸에서 몰아낸다고 보았기 때문이다.[34]

19세기 후반, 이탈리아의 범죄학자이자 의사인 체사레 롬브로소Cesare Lombroso는 범죄를 저지르는 것은 호모 사피엔스Homo sapiens가 아니라, 그가 호모 크리미날리스Homo criminalis라고 일컬은 별개의 종이라고 주장했다. 이 종의 특징은 영장류·유인원과 같은 신체적 특질을 지녔다는 것이며, 롬브로소는 대체로 유색인종이 이런 특질을 지닌다고 말했다. 유럽과 미국의 백인 과학자들은 구체적으로 여성, 유색인종, 퀴어, 트랜스젠더, 가난한 사람, 장애인을 주변화하며 자기들이 생각하기에 계급적 특권이 있고 장애가 없는 이성애 백인 남성이 본질적으로 우월하다는 관념을 부각하는 진단법을 확립하고 대중화하는 데 상당한 에너지를 쏟았다.

20세기 초에는 뚱뚱함과 나쁜 건강 상태를 연관 짓는 연구들이 발표되었으며, 이와 같이 나쁜 건강 상태의 희생양은 곧바로 정해졌다. 오랫동안 백인 여성을 표적으로 삼았던 뚱뚱함에 반대하는 정서는 금세 인종차별, 반유대주의, 외국인 혐오의 수단이 되었다. 엘리엇 조슬린Elliott Joslin 박사는 《미국의료협회저널Journal of the American Medical Association》에 유대인 혈통과 당뇨병이 관계가 있다는 주장을 정기적으로 발표했는데, 조슬린은 이것이 유대인들의 체중 때문이라고 말했다.

커다란 유대인 도시에 있는 유대인 거주 지역을 방문하기만 해도 비만을 얼마나 자주 마주칠 수 있는지 깜짝 놀랄 것이다. (…) 미국에서는 유대인이 증가하리라고 예상되며, 널리 알려진 대로 이들은 유행을 아주 좋아하고 마음껏 추구할 것이므로, 비만은 당뇨병과 함께 줄어드는 경향을 띨 것이다.[35]

뚱뚱한 몸에 대한 편견은 백인성이라는 경계를 지키는 데도 쓰였다. 다시 말해 미국에서 어떤 이민자들이 백인 취급을 받을 것이며, 또 어떤 이민자들이 하층계급으로 남을지를 판가름하는 기준으로 사용되었다. 이런 경계와 이 경계를 강화하는 데 활용된 뚱뚱한 몸에 대한 반대가 대체로 피부색이라는 선을 넘어서서, 피부색이 어두운 편인 남유럽 출신 이민자들이 더 뚱뚱하므로 백인성도 덜하다고 설명했다.[36] 1990년대와 2000년대 초에 비만이라는 유행병이 등장하면서 뚱뚱한 몸에 대한 공포가 전국을 휘어잡았다. 그리고 이는 불공평할 만큼 과도하게 흑인 여성을 표적으로 삼았다. 2003년 미국 질병통제예방센터는 흑인 여성 가운데 뚱뚱한 사람의 비율이 더 높다는 내용의 보고서를 발표했다. 흑인 공동체에서 뚱뚱한 사람의 비율이 높긴 하나, 이 비율이 질병 발생 확률이나 사망률 증가와는 상호 연관이 없다는 사실은 나중에야 밝혀졌다. 말하자면 흑인 여성이 뚱뚱할 확률이 더 높기는 하나, 뚱뚱하다는 이유로 이들이 더 많이 아프지는 않다는 의미였다. 사회학자 새브리나 스트링스Sabrina Strings는 주요 저서인《흑인의 신체를 두려워하다: 팻포비아의 인종적 기원Fearing the Black Body: The Racial Origins of Fat Phobia》에서 문제적인 역사적 연결 고리를 보여준다. "노예무역과 프로테스탄티즘의 성장이 절정에 이르렀을 때부터 흑인 여성은 '야만적' 심미 성향과 몰도덕적 욕구의 상징으로 여겨졌다. 미국 전역에서 흑인 여성의 BMI가 가장 높은 편이라는 사실을 연구자들이 밝혀낸 뒤로 이들의 신체 사이즈 역시 질병의 근거가 되었다."[37]

그 시절의 수많은 학문들과 마찬가지로 케틀레 지수는 문제가 많았다. 케틀레는 주로 서유럽에서 연구를 실시했기에, 이 지수는 거의 백인의 신체에만 초점을 맞추고 있으며, 유색인종에게는 적용하기 어렵거나 아예 적용할 수 없다는 사실이 반복적으로 드러났다. 2017년 《뉴스위크》에 실린 〈체질량지수에는 위험한 인종차별적 편견이 담겨 있다〉라는 기사에서는 '건강한' BMI의 사람들에게 심혈관계 질환이나 췌장 질환 발병 위험이 없다고 가정하는 방식을 자세히 설명하며, 이 때문에 아시아계 혈통인 사람들이 심장병이나 당뇨병, 그 밖의 질병을 진단받지 못하고 넘어갈 가능성이 불균형할 정도로 과도하게 높다고 말했다.[38] 이와 유사하게 미국 내분비학회에 따르면 체지방을 나타내는 척도로서 BMI의 대중화는 흑인의 '비만'을 지나치게 추산하는 결과를 초래했다.[39] 특히 인종이라는 변수를 고려해 실시한 연구들은 전체 BMI 분류 가운데서 '과체중'인 BMI에 해당하는 흑인들의 사망률이 가장 낮다는 사실을 밝혀냈다. 그렇다면 BMI는 유색인종의 뚱뚱함이나 건강을 알려주는 신뢰할 만한 지표가 아닌 것이다. 이는 우연이 아니라, 애초에 BMI가 그것을 위해 설계되지 않았기 때문이다.

그리고 무엇보다도 케틀레 지수는 개인의 건강을 측정하는 데 사용하던 것이 아니었다. 보험 회사들이 끼어들기 전까진 말이다. (메트라이프MetLife라고도 알려진) 메트로폴리탄 생명보험사Metropolitan Life Insurance Company는 개별 보험 계약자에게 얼마의 보험료를 부과할지 결정하기 위해 '적정 체중'을 알아내는 보험 통계 지표를 개발했다(이를 통해 특정 보험 계약자들에게 더 많은 보험료를 부과해서 회사의 이익을 증대하려는 목적이었을 것이다).[40] 메트라이프의 표에는 연령, 성별, 인종이 드러나지 않았다. 단지 보험 계약자의 신장과 '체격'에 따른 '적정 체중'만을 밝혀두었다. 체격은 '작은 체격', '중간 체격', '큰 체격'으로 나뉘었으며 모두 불분명한 범주였다. 어떤 의학적 근거도 없는 지표였지만 보험사들은 이 수단을 일상적으로 사용했다.

만들어낸 사람의 방향성이 명확했는데도 BMI는 1972년이 되어서야 개인 체중의 척도로 제시되었다. 당시 앤셀 키스Ancel Keys라는 한 연구자가 캘리퍼스를 쓰거나 수중 측정을 하는 것보다 BMI가 체지방을 재는 데 훨씬 효과적인 수단이라고 주장하는 연구를 발표했다. "해당 논문에서 키스와 동료 연구자들이 케틀레를 언급하긴 하지만, 아이러니하게도 참고 문헌 목록은 방대하나 케틀레의 수많은 논문들 가운데 어느 것도 직접 인용되지 않는다. 또 이 연구자들은 케틀레가 결코 자신의 지표를 '체격'이나 체지방을 측정하는 일반적 척도로 내세우지 않았다고도 말한다."[41] 그럼에도 BMI는 이때부터 서양 의학계에서 뚱뚱함을 측정하는 주된 척도로 부상했다. 또한 이때부터 뚱뚱함이 건강을 나타내는 주된 척도로 부상했고 말이다.

한데 BMI에 얽힌 이상한 이야기는 1972년에 끝나지 않았다. 1998년 미국 국립보건원은 BMI 범주를 다시 규정하며, 미국인들을 '과체중'이나 '비만'으로 분류하는 기준을 현저히 낮췄다. 당시 CNN은 이렇게 보도했다. "이번 수요일, 미국인 수천만 명이 '뚱뚱'해졌습니다. 몸무게가 조금도 늘지 않았는데 말입니다. (…) 이전에는 뚱뚱하지 않았던 미국인 2500만 명이 이제는 뚱뚱해졌습니다. 심지어 과거 기준을 따르더라도, 미국 성인의 절반 이상이 과체중입니다.”[42] 보건 전문가들은 미국 국립보건원이 내세우는 새로운 기준을 놓고 뜨겁게 논쟁을 벌였다. 이렇게 논쟁이 벌어진 부분적인 이유는 BMI를 개인 건강의 척도로 설정한 뒤로 25년 동안 BMI 범주에 맞춰 진단 가이드라인과 처방 규칙을 작성했는데, 이제 그 범주가 바뀌었다는 것이었다. 거식증이라고 진단을 내리려면 BMI가 ‘표준체중 이하’여야 했다. 그리고 과거에는 ‘표준체중’으로 취급되었던 사람들에게 이제는 위험한 다이어트 약물을 처방할 수 있게 되었다.

BMI는 기원이 의심스러운데도 미국 보건의료 공급 체계의 주춧돌이 되었다. BMI에 따라 결정되는 비만은 그 자체만으로 보험 코드 구실을 한다. 2013년 미국의료협회는 뚱뚱한 신체를 질병으로 재분류했다.[43] 고용주들은 체중 감량 행사를 주최하며 더 날씬한 직원에게 보너스를 지급한다. 홀푸즈Whole Foods*는 2010년에 BMI, 혈압, 콜레스테롤 수치가 더 낮은 직원에게 더 큰 할인을 제공하겠다고 공표했다.[44] (역설적이게도, 더 날씬한 직원들이 더 적은 비용으로 음식을 더 많이 살 수 있게 되는 셈이었다.) 2019년 멕시코의 국영 석유 기업인 페트롤레오스 멕시카노스Petroleos Mexicanos는 BMI가 25 이하인 직원들에게 약 5500페소(38만 원)를 지급하겠다고 발표했다. “소위 건강 보너스라고 부르는 이 방침은 작년도 임금 협상안보다 임금을 4.6퍼센트

---

* 유기농 식품을 전문적으로 판매하는 미국의 슈퍼마켓 체인.

올려준다"라고 《타임》은 말했다.[45] 비영리단체 카이저가족재단에 따르면, 대규모 기업 가운데 50퍼센트는 직원들의 체중을 감시·통제하는 데 과도하게 초점을 맞추는 일종의 '웰니스 프로그램'을 운영한다.[46] 이런 프로그램에서는 직원이 평생을 날씬하게 살아온 사람인지는 중요치 않다. 뚱뚱한 사람들은 딱 잘라 처벌을 받으며, 날씬한 몸은 보상을 받는다. 오늘날 BMI는 단지 건강을 나타내는 지표 가운데 하나에 불과한 것이 아니다. 이는 많은 사람들의 임금과 가치를 직접적으로 결정한다.

BMI는 19세기 벨기에인들이 공유하는 특징을 발견하기 위한 사회학적 도구로 고안되었으나, 이제는 개인의 체중을 측정하는 지배적인 수단으로 자리 잡았다. 그리고 심지어 170년이 흘러 바다 건너 신장과 체중 모두 증가한 곳에서마저 이 척도가 남긴 유물은 단순히 활용되기만 하는 것이 아니었다. '건강 체중'을 판가름하는 기준치가 축소됐기 때문이다. 모든 측면에서 사람들의 몸은 더 커졌지만, 신체 사이즈와 관련된 의료적 기준은 작아졌다. 그리고 몇 년이 지난 뒤, 미국 공중위생국장 리처드 카모나Richard Carmona는 뚱뚱한 미국인들이 급격히 증가하고 있다고 언급하며 비만과의 공개적인 전쟁을 선포했다. 이 모든 일은 골대가 상당히 이동했다는 사실을 인식하지 않은 채 이뤄졌다. 심지어는 오늘날까지도 소위 비만이라는 유행병에 관한 숱한 데이터는 기준이 바뀌었다는 사실을 고려하지 않으며, 모든 미국인이 갑자기 수십 킬로그램씩 몸무게가 불어나기라도 한 듯 1998년에 그랬듯 뚱뚱한 사람들이 가파르게 급증하는 것 같은 모양새를 띤다.

BMI의 문제점은 과거에만 머무르지 않는다. BMI는 대중이 신체 사이즈와 건강을 문화적으로 이해하는 방식에 스며들어 있다. BMI에 관한 지나치게 단순한 논의는 마치 거의 모든 뚱뚱한 사람들보다 거의 모든 날씬한 사람들이 더 건강하다는 듯이 믿게끔 착각을 불러일으킨다. 제2형 당뇨병은 보기 흉할 만큼 뚱뚱한 사람들이나 걸리는 것이라고들 말하지만, 손쉽게 간과되는 사실은 《미국의료협회저널》과 하버드 의대에 따르면 '건강 체중'인 당뇨병 환자들이 "심장질환이나 다른 이유로 사망할 위험은 과체중인 제2형 당뇨병 환자들보다 두 배 더 높다"는 것이다.[47]

필요 이상으로 우려를 부추기는 뉴스 헤드라인, 뚱뚱한 것이 얼마나 건강에 나쁜지에 관한 획일적인 신념에도 불구하고, 체중에 관한 최신 과학을 대충 살펴보기만 하면 실상은 훨씬 복합적이라는 것을 알 수 있다. 의료 가이드라인은 뚱뚱함을 질병이라 설명하지만 매사추세츠종합병원의 비만, 신진대사 및 영양 연구소 소장인 리 캐플런Lee Kaplan 박사는 그렇게 단순한 문제가 아니라고 말한다. "케임브리지대학교 임상 생화학, 의학 학과장인 스티븐 오라힐리Stephen O'Rahilly는 '연구의 초점 한 가지는 바로 얼마나 많은 유형의 비만이 존재하며(캐플런 박사는 지금까지 59종이 발견되었다고 말한다) 얼마나 많은 유전자가 관여하는지를 밝혀내는 것입니다. 현재까지 연구자들은 강력한 효과를 발휘하는 유전자를 25개 이상 찾아냈기 때문에, 이 가운데 하나만 돌연변이를 일으켜도 한 사람이 비만이 될 가능성은 상당히 커집니다.'라고 말했다."[48] 비만 유형이 59가지이고, 여기에 관여하는 유전자가 25가지인 이상, 섭취 칼로리와 소모 칼로리를 계산하는 방법이 이 모두를 '치료'하기란 어렵다. 그런데도 여전히 BMI를 등에 업고 뚱뚱한 몸과 뚱뚱한 사람들에게 매몰차게 구는 문화적 태도 때문에 우리는 평생 지니고 살았던 유일한 몸에 대해 으레 책임을 추궁받곤 한다.

그리고 가장 중요하다고 할 수 있는 점을 살펴보자면, 신체 사이즈와 특정 건강 상태 사이에 강력한 상관관계가 있다고 주장하는 연구조차도 뚱뚱한 몸 때문에 생겨나는 결과와, 차별 때문에 생겨나는 사회적 스트레스가 불러일으키는 결과를 구별하지 않는다. 뚱뚱한 몸에 대한 편견은 사회복지사, 간호사, 의사, 의대생, 그리고 부모에게 중요한 문제를 일으킬 수 있다는 사실이 학술적 연구를 통해 밝혀졌다.[49] 반대되는 증거가 점점 늘어나고 있음에도 우리 모두는 뚱뚱한 신체를 개인이 통제할 수 있고 통제해야만 하는 개인적인 실패로 여기는 문화적 신념을 공유한다. 신체 건강과 정신 건강이 사회적 차별과 연관된다는 증거가 산처럼 쌓여 있는데도, 뚱뚱함과 건강에 관한 논의는 낙인이 뚱뚱한 사람들의 건강에 끼칠 수 있는 영향을 인정하지 않겠다며 고집스럽게 거부한다. 스트레스가 감소하면 혈압이 개선되며, 스트레스에 대한 반응은 고혈압, 심장마비, 뇌졸중, 그 밖의 의학적 문제들이 발생할 위험을 상당히 높일 수 있다.[50] 일부 심장마비는 갑작스러운 정서적 스트레스가 직접적 원인으로 작용한 결과다.[51] 그리고 코르티솔과 같은 스트레스 호르몬은 내분비계에 영향을 끼칠 수 있으며, 내분비계는 혈당 수치를 관장하기도 한다.[52] 이와 비슷한 맥락에서, 뚱뚱한 사람들의 건강에 관한 연구 가운데 극단적 다이어트가 개인의 건강에 끼치는 영향을 다루는 것은 드물다. 이를테면 다이어트 약물이 혈압을 상당히 높일 수 있다는 증거가 넘쳐나는데도 말이다.[53] 미국 국립보건원의 연구 가운데서도 점점 더 많은 연구들이 극단적 다이어트는 신진대사에 영구적 손상을 입힐 수 있으며, 어떤 경우에는 평생 뚱뚱한 상태로 지내도록 만든다고 설명한다.[54]

BMI를 통한 지나친 단순화는 건강과 체중 감량에 관한 문화적 논의가 가혹한 흑백논리로 점철되는 데도 영향을 주었다. 그 논리란 이런 식이다. '모든 날씬한 사람들은 모든 뚱뚱한 사람들보다 건강하며, 모든 뚱뚱한 사람들은 충분히 열심히 노력만 한다면 날씬해질 수 있다. 뚱뚱한 사람들은 그저 음식을 너무 많이 먹으며, 우리는 욕심과 폭식 때문에 뚱뚱해진다.' 그러다 보니 신체 사이즈는 성격과 의지력을(심지어 비도덕적 목적까지도) 나타내는 지표가 된다. 2016년 《뉴욕타임스New York Timies》는 "미국인들은 오늘날 미국에서 건강에 가장 심각하게 위협을 끼치는 것으로는 비만과 암이 대등하다고 생각한다"고 보도했다. "과학적인 연구를 살펴보면 다이어트와 운동이 충분한 해결책이 될 수 없다고 드러나지만, 대다수의 사람들은 뚱뚱한 사람들이 의지력을 발휘해 혼자 힘으로 체중을 감량할 수 있어야 한다고 말한다."[55] 《타임스Times》의 한 기사는 시카고대학교에서 미국 신진대사 및 비만수술 협회의 후원을 받아 미국인 1500명을 대상으로 뚱뚱함에 관한 신념을 살펴본 설문 조사를 인용한다. 설문에 응한 뚱뚱한 사람들 가운데 94퍼센트가 다이어트와 운동을 시도해본 적이 있으며, 그렇게 변화를 주었을 때 체중을 감량하지 못했다고 답했다. "연구자들은 전체 미국인의 3분의 1에게 영향을 끼치는 비만은 환경과 유전자의 상호작용으로 생겨나는 것이며, 게으름이나 폭식과는 거의 관련이 없다고 말한다." 연구자들에 따르면 신체 사이즈에는 환경적 원인이 주된 영향을 끼친다. 이런 환경적 요인에는 우리가 사는 곳, 가장 쉽게 음식을 접할 수 있는 장소, 소득 수준, 그리고 우리가 직면하는 억압과 차별의 결과로 짊어지는 스트레스가 해당된다. 이런 연구 결과는 여론에 거의 영향을 끼치지 않는다. 여전히 조사 대상자들은 뚱뚱한 몸이란 타락으로 인해 생겨난 죄를 보여주는 증거라고 주장했다.

여러 측면에서 볼 때 이와 같이 가차 없는 태도는 청교도적 사고 방식을 바탕으로 세워진 나라에서라면 납득이 간다. 오랫동안 미국인들은 자립심을 자랑으로 여겼다. 약간의 힘든 노동과 숱한 노력만 있다면 우리는 무엇이든 원하는 대로 될 수 있다는 것이다. 우리는 미국이란 계급이 존재하지 않는 사회이며, 이 사회를 규정하는 것은 공고한 계급 체계가 아니라 혼자 힘으로 자신을 일으키는 개인의 의지라고 생각한다. 우리는 미국이 진정한 프로테스탄트 노동 윤리의 특징이라 할 수 있는 고된 노동과 끈기로 규정되는 능력주의 사회라고 주장한다. 신체는 그러한 노동 윤리, 다시 말해 미국다움을 규정한다고 우리가 오랫동안 믿어온 미국 예외주의의 상징이 된다. 우리를 구분 지어주는 노동 윤리의 면전에 뚱뚱한 신체가 날아든다. 그리고 폴 캠포스가 《비만 신화》에서 언급하듯이 계급적 특권을 누리는 백인들이 뚱뚱한 몸을 유독 혹독하게 평가하는데, 이는 대체로 부유하며 주로 백인인 사람들이 더 이상 입 밖에 내서는 안 된다고 여기는, 빈곤층과 유색인종을 향한 부정적 태도를 새롭게 탈바꿈해서 드러내는 구실을 하는 경우가 많다.

> 전통적으로 추방된 계급이라 취급되는 개인들이 다른 사람들에게 유발하는 역겨움은 이런 감정을 공개적으로 표현하는 것이 받아들여지지 않는 일이 된다고 해서 간단히 사라지지는 않는다. (…) 날씬한 상류층이 뚱뚱한 하층민에게 느끼는 역겨움은 사망률과는 아무런 관련이 없으며, 뚱뚱한 사람들을 볼 때 날씬한 사람들에게 생겨나는 도덕적 우월감과 관련이 있다. 특히나 미국인들은 계급 문제를 많이 억압해두고 있기에 (상대적으로) 가난한 사람들이 (상대적으로) 부유한 사람들에게 유발하는 역겨움은 분명 다른 구별되는 특징으로 투사된다.[56]

뚱뚱한 몸은 20세기와 21세기에 계급과 연관된 메타포로 반복적으로 쓰이면서 캠포스의 주장을 강조하는 동시에 더욱 복합적으로 만들었다. 도널드 트럼프Donald Trump 대통령 시절의 자유주의적인 상상 속에서는 대통령 선거에서 트럼프가 성공한 것에 대해 가난하고 뚱뚱한 사람들이 비난받는다. 이보다 훨씬 오래전에도 뚱뚱한 신체는 정치적 메타포이자 사회적 희생양으로 이용되었지만 말이다. 코미디언 빌 마허Bill Maher는 2019년에 미국 건강보험의 문제점을 말하며 뚱뚱한 사람들을 희생양 삼아 겨냥한 일로 유명하다. 그는 "비만인 비하가 다시 인기를 얻어야 한다"고 주장했다. 19세기와 20세기 내내 부유한 관료들, 정치인들, 비즈니스 지도자들을 비쩍 마르고 열심히 노동하며 도덕적인 프롤레타리아 계급과 극명히 대비시켜 '살찐 고양이'라 불렀다. 책, 만평, 영화, TV 프로그램에서 뚱뚱한 신체는 미국, 자본주의, 미적 기준, 과잉, 소비주의의 결함이 되었다.

편견을 공개적으로 드러내면 눈살을 찌푸리곤 하는 시대가 되어서도, 뚱뚱한 사람들은 당당하고도 당연하다는 듯이 가해지는 편견에 계속해서 정면으로 맞서고 있다. 건강차별주의, 장애차별주의, 인종차별, 계급차별 등 어떤 기치를 내건 편견이든 말이다. 어디에 뿌리를 내리고 있든 뚱뚱한 몸에 대한 편견이 상당한 피해를 끼칠 수 있다는 증거가 점점 늘어나고 있지만 이런 편견은 시간이 흐를수록 증가할 따름이다. 그렇지만 우리는 실상이 반대라는 것을 알려주는 증거들을 잔뜩 마주할 때조차 우리가 지닌 편견에 맞서기보다는 그런 편견을 다시금 강화하는 쪽을 택한다. 뚱뚱한 사람들을 볼 때면 그런 모든 편견들을 이들의 신체와 인격 위에다 제멋대로 늘어놓는다. 그리고 아동 비만과의 전쟁에서 우리는 아이들을 숱한 공개적 학대의 장으로 삼았다.

연방과 주 차원에서 자금을 쏟고 전국적인 공중보건 캠페인이 출범하고 수많은 TV 프로그램이 나왔음에도, 전국적으로 펼치는 비만과의 전쟁이나 아동 비만과의 전쟁이 미국인들의 BMI를 낮춘 것 같진 않다. 이 무자비한 전쟁을 시작했던 20년 전과 비교해서 지금 뚱뚱한 어른들이나 아이들의 수가 더 적어지지는 않았다. 1998년에 BMI 범주를 수정한 뒤로 더 많은 미국인들이 뚱뚱해졌다. 다음 쪽에 실린 그래프에 나와 있듯이, 미국 질병통제예방센터에 따르면 비만이 성인 중에서는 29.8퍼센트 증가했으며, 아이들 중에서는 33.1퍼센트 증가했다. 비만과의 전쟁은 아무런 도움이 되지 않은 것으로 보이며, 이 같은 수치를 고려한다면 심지어 해를 끼쳤을 공산이 크다.

'건강을 생각해서' 체중을 감량한다고 주장하거나, '섭취 칼로리와 소모 칼로리를 계산하는' 간단한 산수를 계속하겠다며 고집한들, 다이어트로 장기적인 체중 감량에 성공할 수 있다는 데이터는 없다. 오히려 그 반대로 꾸준히 다이어트를 하면 체중을 감량하기가 더 어려워질 수 있다. 익숙하고 더 뚱뚱한 몸에 머무르고자 우리의 신진대사가 반격하기 때문이다.[57] TV 프로그램 〈더 비기스트 루저〉에 출연했던 참가자들을 추적 조사한 연구는, 그들이 카메라 앞에서는 극적인 체중 감량을 보여주었으나 그렇게 줄어든 신체 사이즈를 대부분은 매일 몇 시간씩 운동해도 유지할 수 없었다는 사실을 보여주었다. 이 연구 결과는 충격적이었다. TV에 방송된 극단적 다이어트를 하고 난 뒤, 모든 참가자들의 신체는 경쟁을 시작하던 때와 비교해서 칼로리를 더 적게 태웠다. 그리고 한 참가자는 동일한 성별과 신체 사이즈를 지닌 사람들에 비해서 매일 800칼로리나 적게 태우는 것으로 드러났다.[58] 이와 같은 결과는 리얼리티 TV 프로그램 참가자들에게만 국한되지 않는다. 온라인 매체《슬레이트Slate》의 어느 필자가 다이어트를 하는 사람들을 향해 썼듯이 "단기적으로는 체중을 감량할 테지만, 그렇게 감량한 체중을 5년 이상 유지할 확률은 전이성 폐암을 앓고도 생존할 확률과 동일하다. 바로 5퍼센트다. 그리고 당신의 체중이 그렇게 다시 불어나면, 모든 사람들이 당신 탓을 할

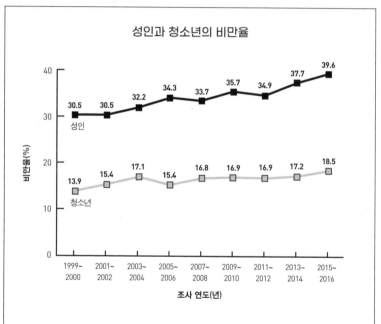

성인과 청소년의 비만율

자료: 국립보건통계센터, 전국 보건 및 영양 설문조사, 1999~2016.
주: 성인의 추정치 전체는 20~39세, 40~59세, 60세 이상으로 구분된 연령 집단을 활용하는 2000년 미국 인구 총조사에 맞춰 직접적 방법을 통해 연령을 조정했다. https://www.cdc.gov/nchs/products/databriefs/db288.htm.

것이다. 당신 자신도 말이다."[59]

이제는 그런 수치심의 사이클이 (그리고 여기에 수반하는 고립, 건강상의 위험, 트라우마가) 어느 때보다 더 일찍부터 시작하며, 이는 상당 부분 아동 비만과의 전쟁 때문이다. 우리는 날씬해지지 않는 한 적어도 수치심은 느끼게 될 것이다.

3

날씬해지기 위한

비용

2020년 1월 오프라 윈프리가 새로운 전미 투어를 발표했다. '오프라의 2020 비전: 당신의 삶에 초점을' 투어는 포트로더데일에서 덴버까지, 세인트폴에서 댈러스까지 미국 9개 지역을 도는 것이었다. 《오, 디 오프라 매거진O, the Oprah Magazine》에 따르면, 2020 비전 투어는 참가자들에게 "웰니스 분야의 유력한 리더들"을 소개하고 "2020년을 당신을 위한 변화의 해로 만들어준다. 마음, 몸, 정신 모든 면에서 말이다." 이 투어는 거대한 경기장에서 열리며, 티켓값은 어느 지역에서든 69.5달러(약 9만 원)에서 299.99달러(약 39만 원) 사이였다.[1] 유명 연예인을 총망라한 초대 손님 라인업에는 레이디 가가Lady Gaga, 티나 페이Tina Fey, 에이미 슈머Amy Schumer, 미셸 오바마, 드웨인 존슨Dwayne Johnson, 트레이시 엘리스 로스Tracee Ellis Ross, 케이트 허드슨Kate Hudson, 제니퍼 로페즈Jennifer Lopez, 게일 킹Gayle King, 줄리앤 허프Julianne Hough가 이름을 올렸다. 이 모든 것은 오프라 윈프리가 과거에 진행한 TV 프로그램 〈리멤버링 유어 스피릿Remebering Your Spirit〉을 떠올리게 했으며, 오랜 팬들이 그에게 기대하는 것이었다. 좋아하는 유명인들과 직접 만나 친근하게 나누는 대화, 개인의 변화가 가능하다는 감각, 그리고 사람들이 생각하는 최고의 삶을 실현시키는 도구들 말이다. 그는 "모든 이들을 위해 온종일 열리는 파티가 될 거예요"라고 말했다.

역량을 강화한다는 메시지를 담기는 했어도, 2020 비전 투어는 단순히 오프라 윈프리의 일반적인 라이프스타일 리더십 행사가 아니었다. 이 행사는 체중 감량을 둘러싸고 여론이 하락세에 접어들면서 인기를 잃고 고전하는 회사를 리브랜딩하려는 일환으로 (과거에 웨이트워처스라는 이름이던) WW가 주최한 것이었다. 고위 임원의 말에 따르면 불과 5년 전에 "상상할 수 있는 것 가운데 최악의 1월을 겪었던"[2] 기업으로선 과감한 행동이었다. 2019년 무렵 신문 헤드라인에는 웨이트워처스 "주가가 30퍼센트 곤두박질[쳤다]"[3]이라는 소식이 발표되었다. 웨이트워처스는 곤경에 처해 있었으며, 자금과 고객 유입이 필요했다.

2020 비전 투어를 개최하던 시기, 오프라 윈프리는 이 회사 지분의 8퍼센트를 소유하고 있었다. 이 투어는 단순히 티켓을 파는 것이 목적이 아니었다. 당시 오프라 윈프리가 소유한, 허우적거리던 회사의 540만 달러(약 70억 원)어치 주식의 가치를 끌어올리는 게 목적이었다.[4]

앞선 다이어트 산업과 마찬가지로 이 웰니스 투어는 주주들의 주머니를 몇 배는 더 두둑하게 만들어줄 터였다. 그리고 다이어트 산업이 으레 그렇듯이 이 투어는 데이터가 이끌어주는 장기적이고 상당한 체중 감량을 약속하지는 않았다. 있는 그대로의 몸을 가지고 있다는 이유로 참가자들이 오랫동안 느껴온 패배감을 이용해 그저 일화적인 성공만을 내세울 뿐이었다.

이 회사에서 매출을 개선하려고 시도한 것은 이번이 처음은 아니었다. 2019년에는 최소 8세까지 아이들을 대상으로 한 다이어트 앱인 커보Kurbo를 선보였다. 그보다 1년 전인 2018년에 웨이트 워처스는 13~17세의 10대들에게 무료 회원권을 제공하겠다고 발표했다. 두 경우 모두, 식이장애 문제를 지원하는 사람들과 공인받은 영양사들이 다함께 신속하고 강력하게 반발했다. 트위터에선 다음과 같은 해쉬태그로 반응이 나타났다. #정신차려라웨이트워처스WakeUpWeightWatchers.[5]

#정신차려라웨이트워처스 트윗을 왜 올리는지 궁금하신 분들께: 아이들에게 다이어트를 시키고 체중에 관해 평가를 내리면 #식이장애를 일으킬 위험과 체중이 많이 나가는 것보다 건강에 훨씬 더 해로운 행동을 평생 하도록 유발할 위험이 높다는 것이 과학적 연구로 드러났습니다.

크리스티 해리슨Christy Harrison, 공중위생 석사, 공인 영양사

@chr1styharrison

다이어트와 #식이장애 사이의 연결고리는 명확하며, @웨이트워처스에서 10대를 대상으로 새로 실시하는 홍보 행사는 우려스럽습니다. 우리의 목소리가 울려 퍼지고 있습니다. 그쪽에서 우리에게 연락을 취했습니다.

업데이트 내용을 지켜봐주세요. #정신차려라웨이트워처스

전미식이장애협회
@NEDAstaff

이와 같이 희망적인 상황이었음에도, 웨이트워처스의 트위터 계정이 논란을 간단히 인정했을 뿐, 이들이 도입했던 프로그램은 전혀 바뀌지 않았다.

이번 주 초, 우리는 웨이트워처스의 미래 비전을 선보였습니다. 몇 안 되는 일부가 아니라 모두에게 건강과 웰니스를 가져다주기 위한 변화도 그 가운데 들어 있었습니다. 그 일환으로 우리는 10대들에게 WW를 무료로 개방하겠다고 발표했습니다. 전미식이장애협회 여러분의 의견을 들으며, 우리의 책임을 막중하게 여깁니다. 10대 시절은 인생에서 중요한 단계이며, 부모 또는 보호자의 동의를 받고 10대에게 WW를 제공하는 일은 가족이 더 건강해지는 일과 관련이 있다는 사실을 알고 있습니다. 우리가 10대들에게 제공하려는 것은 삶에 필요한 건강한 습관으로 이끌어주는 프로그램이지, 다이어트가 아닙니다. 이 프로그램 출범을 준비하면서 보건 전문가들과 대화를 나누었으며, 앞으로도 대화를 계속할 것입니다.[6]

어린이 대상 다이어트 앱이나 10대를 위한 무료 회원권처럼 2020 비전 투어는 언론 보도와 가입자를 늘려서 기업을 다시 제대로 세우는 것이 목적이었다. 그리고 이 회사에서 진행하는 다른 프로그램과 마찬가지로 이 투어도 다이어트 문화의 몇몇 문제적인 측면들을 '웰니스'로 탈바꿈시켜 표현했다.

그렇다. 2020 비전 투어는 웰니스와 개인의 변화를 위한 총체적인 접근법을 자랑스럽게 내세웠다. 이 투어는 참가자들에게 워크북을 나눠주며, '2020년과 그 뒤'의 목표를 떠올려보라고 요청했다. 뉴저지에서 투어가 열렸을 때, 오프라 윈프리는 뉴욕시 경찰관들을 무대에 올려 이들의 '웰니스를 위한 변신'을 축하했으며, 체중을 가장 많이 감량한 사람들을 부각하는 영상도 곁들였다. 그렇게 리브랜딩을 한다 해도, 다이어트 문화의 '웰니스를 위한 변신'이란 기껏해야 노골적일 뿐이며, 최악의 경우에는 어설프다. '체중 감량'이라는 말 대신에 '웰니스'라는 말을 집어넣었다는 게 명확하게 보이니 말이다.

하지만 이보다 더 심한 것은, 체중 감량 회사가 후원하는 투어에서 만나기엔 당혹스러운 유명인들을 2020 비전 투어가 초대 손님으로 세웠다는 사실이다. 제니퍼 로페즈, 줄리앤 허프, 드웨인 존슨 같은 초대 손님들은 적어도 어느 정도는 날씬한 근육질 몸매 덕분에 유명세를 얻었다. 그리고 레이디 가가나 트레이시 엘리스 로스 같은 다른 초대 손님들은 대중이 보기에 평생을 날씬한 채로 살아온 사람들이다. 2020 비전 투어는 체중 감량 회사에 필요한 고객 기반을 구축하려고 시도했으나, 실제로 상당히 체중을 감량한 몇 안 되는 사람들은 극소수만 소개했다. 다이어트 문화가 웰니스로 탈바꿈한 세상에서는 체중을 감량한 경험은 중요하지 않다. '웰니스'의 증거를 댈 때 중요한 것은 날씬한 상태뿐이니까.

날씬하기로 유명한 사람들이 한 번도 체험해본 적 없을 체중 감량법을 판매하는 일이 희한하리만치 뜬금없다는 사실을 투어 홍보 속에서 눈치챈 사람은 별로 없다. 우리 대부분은 날씬한 몸이라는 복음을 따르는 제자라는 역할을 맡는다. 이런 복음에서 나 같은 몸은 곧 타락한 죄다. 뚱뚱한 사람들은 교훈을 가르치는 이야깃거리가 되며, 경건하고 날씬한 사람이 잠시라도 경계심을 늦추면 뒤따를 뚱뚱함의 예언자들이 바로 우리 몸이다.

그렇지만 2020 비전 투어는 체중 감량 산업에서 날씬한 몸을 도덕적 특별함, 자아실현과 결부시킨 최초의 사례가 전혀 아니다. 그처럼 날씬한 몸에 도덕적으로 고상한 바탕을 마련해주는 것은 몇 세기 동안 이어져온 기획이다.

다이어트와 다이어트 약물은 오랫동안 미국 문화의 중심이었다. 19세기 후반과 20세기 초로 거슬러 올라가면, 출판사들은 다이어트 서적을 '감량 가이드'라고 홍보하며 끊임없이 펴냈다. 제2차세계대전 이후 체중 감량은 미국 전역에 퍼진 슬렌데렐라Slenderella 체인점과 같은 체중 감량 '살롱'을 통해 더욱 대중화되었다. (현재 슬렌데렐라에서는 다이어트 보조제를 판매한다.)

다이어트 약물은 미국에서, 특히 여성에게 오랫동안 필수품이었다. 1900년대 초, 기적의 치료제라고 주장하는 다이어트 알약들이 시장에 쏟아져 나왔다. 피구로이즈Figuroids는 '과학적인 비만 치료제'라고 홍보하며 바일빈스Bile Beans, 고든의 가지알약Gordon's Eggplant Pills, 코

푸-린Corpu-lean 등의 알약들과 함께 시장에 나왔다.[7] 완하제가 많았지만, 어떤 약들은 충격적일 만큼 위험한 부작용이 있었다. 이 가운데는 "체온을 높이며 실명을 일으킬 수 있는 공업용 합성 다이나이트로페놀도 있었다. 갑상선 추출물을 기반으로 만든 약물은 신체가 에너지를 태우는 비율을 높였지만, 심장 질환을 일으킬 수 있었다. 두 경우 모두 사망자가 보고되었다."[8] 미국에서 체중 감량에 집착하는 현상은 시간이 흐를수록 강화될 뿐이었다. 맨 처음 미국 전역에 암페타민이 유행한 것은 정신의학적 목적과 체중 감량 목적으로 그 약이 처방되어 사용됐기 때문이다. 암페타민이 도입된 지 채 10년도 지나지 않은 1945년 무렵엔 미국인 50만 명 이상이 암페타민을 사용하고 있었다.[9]

1990년대 다이어트 산업은 거대한 힘을 틀어쥐며, 증가하는 소비자 보호 법률에도 끄떡하지 않았다. 1990년에 체중 감량용 식단 계획을 제공하는 뉴트리시스템Nutrisystem을 상대로 제기된 소송에서는 이 식단이 고객들에게 담낭 질환을 유발했다는 주장이 나왔다.[10] 이듬해 말 해당 다이어트 기업은 고소인 199명 모두와 조용히 일을 마무리 지었으며, 오늘날까지도 시장에 남아 있다.[11]

미국인들이 어떤 수를 써서라도 체중을 감량하려고 집착하는 모습을 펜펜과 리덕스의 흥망성쇠만큼 압축적으로 보여주는 사례는 없을 것이다. 이 쌍둥이 같은 약물들은 1990년대 내내 기적의 약이라며 널리 칭송받았다. 펜플루라민-펜터민 혼합제를 짧게 줄여 부르는 명칭인 펜펜은 1992년 《임상 약학과 치료학Clinical Pharmacology &

Therapeutics》에 한 연구가 발표된 뒤로 명성을 얻었다.[12] 그 뒤로 불과 몇 년 안에, 잡지《얼루어Allure》에서 《리더스 다이제스트Reader's Digest》까지 어디에나 펜펜 광고가 실렸다.[13] 숱하게 광고하는 이 기적의 약의 처방전이 시장에 차고 넘쳤다. 펜펜의 인기에 힘입어 제조업체는 1995년 이 약이 미국 식품의약국의 승인을 빠르게 얻도록 압박을 넣었다. 미국 식품의약국 자문위원회는 〈국제 원발성폐고혈압 연구〉를 참고하면서 이 약물의 안전성을 놓고 뜨겁게 토론을 벌였다. 이 연구에서는 "폐에 있는 모세혈관이 두껍게 바뀌어 호흡하기가 아주 어려워지는 질병인 원발성폐고혈압"[14]과 해당 약물이 관련 있다고 말했다. 원발성폐고혈압 연구의 공동 저자인 스튜어트 리치Stuart Rich는 "제게 특히 충격적이었던 점은 유럽에서 이 약물이 치명적이며 치료가 불가능한 질병을 유발했다는 사실을 보고한 직후에 제약회사가 이 약물을 미국 시장에 내놓으려고 계획했다는 점입니다"라고 말한다.[15] 리치 박사가 증언하고 신경독성 전문가 두 명이 의견을 제시했지만, 미국 식품의약국은 1996년 4월에 덱스펜플루라민을 승인했다.《타임》은 〈새로운 기적의 약인가?〉라는 표지 기사에서 "리덕스를 도입하고 불과 3개월이 지나 의사들은 1주일에 처방전을 8만 5000개씩 쓰고 있다"고 보도했다.[16] 결국은 이 약물이 받아들여진 것이다. 지금은 와이어스Wyeth라는 이름으로 알려진 해당 약물 제조회사는 마케팅에 5200만 달러를 투입하며 1996년 한 해에만 수익을 3억 달러나 올렸다.[17] 열네 살의 나 역시 이 약을 복용하는 1800만 명 가운데 한 사람이었다.

불과 1~2년 뒤인 1997년 8월 비영리 의료 기관 메이오클리닉Mayo Clinic의 의사인 하이디 코널리Heidi Connelly가 《뉴잉글랜드의학저널New England Journal of Medicine》에 논문을 발표했다. 이 논문은 "펜플루라민-펜터민을 복용한 환자들에게서 일반적이지 않은 판막 질환 24건이 나타났"으며, 그 가운데 일부 환자는 약을 복용한 지 고작 한 달 만에 증상이 발생했다고 밝혔다. 환자들의 심장 판막 질환은 위험하고 값비싼 심장 수술을 해야 하는 수준도 있었다. 그 뒤로 몇 달 동안 미국 식품의약국에 사례 75건이 추가로 보고되었다. 1997년 말 와이어스는 두 약물을 모두 시장에서 철수시켰다. 2003년 경제 잡지 《포브스Forbes》는 해당 제약회사가 펜펜과 리덕스가 유발한 심장 질환에 대한 합의금으로 130억 달러를 지불했다고 보도했다.[18] 이 두 약이 시장에서 사라지자 우리 가족과 알고 지내는 친구 하나가 한숨을 쉬었다. 그 친구는 환자들의 심부전을 두고 슬픔에 가득 차서 이야기했다. "그래, 어떤 사람들한테는 문제가 되었겠지. 그렇지만 제대로 효과를 내는 유일한 약이었다고."

많은 미국인들은 체중을 감량하기 위해서라면 무엇이든 하려고 했다. 약을 복용하는 일을 비롯해서 말이다. 오늘날 다이어트 풍경 속에서 암페타민은 눈에 덜 띄지만, 완하제는 어마어마하게 인기가 높아졌다. 킴 카다시안Kim Kardashian이나 카디 비Cardi B 같은 A급 유명인들이 일시적인 체중 감량을 유도하는 완하제인 '납작배 차flat tummy tea' 같은 제품들을 홍보하면서 말이다.

미국인들은 음식을 체중 감량으로 뒤바꿔주는 연금술 같은 힘을 기대하며 기적의 다이어트 식품도 오랫동안 찾아다녔다. 뉴트리시스템과 제니 크레이그Jenny Craig는 다이어트하는 사람들이 음식 섭취를 간단하게 관리하는 방법을 제공하고자 미리 조리해서 포장해둔 음식을 선보이는 데 초점을 맞춰 1980년대에 인기를 얻었다. 그것은 기업의 이익을 쌓기 위해 설계한 식단이기도 했다. 스낵웰스SnackWell's 같은 브랜드들은 저지방 쿠키와 디저트를 만들겠다고 약속하며, 당시에 악마로 취급받던 지방을 빼고 그 대신 설탕을 충격적일 정도로 많이 집어넣었다. 1990년대에는 감자칩을 '무지방'으로 만들 수 있다며 그 당시 기적의 재료로 칭송받던 올레스트라Olestra가 도입됐다. 그렇지만 소비자들은 올레스트라가 무지방이 아니라는 사실을 몰랐다. 올레스트라는 과도한 포화 상태여서 인체가 소화할 수 없는 유형의 지방이었다. 이에 따라 1996년 미국 식품의약국은 올레스트라 제품에 "복통과 설사(대변실금)를 유발할 수 있다"는 경고문을 붙여야 한다고 결정 내렸다. 이후 과학자들은 통상적인 감자칩을 먹을 때보다 올레스트라 감자칩을 섭취할 때 체중이 더 많이 증가한다는 사실을 발견했다.[19] 수많은 기적의 체중 감량 제품과 마찬가지로 올레스트라는 신기루에 불과했던 것으로 드러났다.

수십 년 동안 체중을 감량하려고 시도하면서도 (그리고 실패하면서도) 미국인들은 자칭 기적의 약이라든가 바보라도 쉽게 따라할 수 있는 다이어트라면 여전히 줄을 선다. 1990년대 이래 모든 종류의 체중 감량 프로그램이 형편없는 성공률을 보여준다는 것은 잘 알려져 있다. 폭넓은 주류 과학 및 의학 연구는 다이어트가 체중을 감량하는 데 효과가 없다는 사실을 거듭해서 보여주었다. 어떤 연구들은 체중 감량 실패율이 95퍼센트라고 이야기하며, 또 어떤 연구들은 그보다 더 암울한 모습을 보여주면서 다이어트하는 사람들의 98퍼센트가 체중을 감량하는 데, 그리고 감량한 체중을 유지하는 데 실패한다고 말한다.[20] 쌍둥이를 대상으로 실시한 연구들은 유전자가 개인의 신체 사이즈를 결정하는 비율이 최대 80퍼센트나 된다고 얘기한다.[21] 1986년 《뉴잉글랜드의학저널》에 발표된 결정적인 연구는 입양된 아이들이 자신을 낳아준 부모와 비슷한 체형을 지니게 되는 경우가 압도적으로 많다는 사실을 밝혀냈다. 아이들의 식습관과 운동 습관을 대부분 형성해주는, 체형이 다른 가족들과 함께 성장했는데도 말이다.[22] 또 어떤 연구들은 신체가 신진대사를 현저히 더디게 만듦으로써 체중 감량을 막아낸다는 사실을 보여준다.[23][24] 몇 안 되는 한 줌의 연구들이 다이어트에 (또는 수술을 거치지 않고 체중을 감량하는 다른 방법에) 비교적 우호적인 결과를 내놓았으나, 극적으로 유리한 연구 결과를 이용해 이득을 본 다이어트 알약 제조업체, 다이어트 식품 배송 업체, 그 밖의 기업들이 이런 연구에 자금을 지원했다는 사실이 이후에 밝혀졌다.[25] 자금을 지원받아 실시된 업계 내 연구들은 그 발단에 의문이 제기될 법한 상황임에도 《뉴잉글랜드의학저널》, 《미국의료협회저널》 등 저명하고 인정받는 의학 저널들에 발표되었다.[26]

체중 감량을 위한 다이어트는 장기적으로 체중을 감량할 확률이 낮을 뿐 아니라, 건강에도 위협적이다. 뚱뚱함과 관련 있다고 우리가 오랫동안 생각해온 건강 상태는 실제로는 장기적 다이어트의 영향일 수 있다. 그리고 아주 뚱뚱한 사람들은 장기적 다이어트를 해야 한다는 압박을 심하게 받는다. 예일대학교에서 실시한 어느 연구에 따르면 처방전 없이 약국에서 바로 구입할 수 있는 일반적인 식욕억제제를 복용한 (18~40세) 성인 여성들은 출혈성 뇌졸중 발생 위험이 1558퍼센트 증가했다.[27] 설령 식욕억제제를 복용하지 않아도 요요 현상(상당한 양의 몸무게가 늘어나고 줄어드는 경험이며, 요요 다이어트라고도 부른다)은 여성들의 심장 질환과 심장마비 위험을 증가시켰으며,[28] 성별에 관계없이 사망 위험을 높였다.[29] 그렇지만 사회적 차원에서 비만과의 전쟁을 벌이고 개인적 차원에서도 살과의 싸움을 벌이는 미국의 문화적 집착을 염두에 둔다면 요요 현상은 미국인들 대부분에게 삶의 방식으로 자리 잡은 동시에, 어떻게 봐도 뚱뚱한 사람들에겐 문화적 의무가 되고 말았다. 안전하고 장기적인 체중 감량은 성공할 확률은 기이할 정도로 낮고, 입증된 비수술적 방법이 없는데도 미국인들은 거의 불가능한 일을 고집스럽게 좇으며, 풍차를 향해 돌진하는 돈키호테의 나라를 만들고 있다.

다이어트는 아무런 효과가 없고, 다이어트 약물도 효과가 없기는 마찬가지지만 이런 것들은 미국과 전 세계에 식이장애를 늘리는 데 한몫을 한다. 볼티모어에 있는 셰파드프랫 식이장애센터에 따르면 "다이어트는 식이장애를 발생시키는 가장 일반적인 유발인자다. (…) 제한적 다이어트는 체중 감량에 효과가 없으며 모든 이들, 특히 아이와 청소년의 건강에 해로운 행동이다. 유전적으로 식이장애에 걸리기 쉬운 개인들에게는 다이어트가 체중과 음식에 대한 과도한 집착을 불러일으키는 촉매가 될 수 있다."[30] 미국 거식증 및 관련 질병 협회는 "미국에서는 모든 연령대에 걸쳐 최소 3000만 명이 식이장애를 앓"[31]으며, 대략 한 시간에 한 번 꼴로 "최소 한 명이 식이장애가 직접적 원인이 되어 사망한다"[32]고 보고한다. 미국 여성 가운데 총 0.9퍼센트는 살아가면서 한 번은 거식증을 앓을 것이며, 1.5퍼센트는 폭식증을 앓을 것이고, 성별과 무관하게 미국인 가운데 2.8퍼센트는 생애 어느 시점에 과식 장애를 앓을 것이다. 보고 체계의 문제 때문에 이러한 수치들에 한계가 있긴 하지만 말이다.[33] 이를테면 이런 추정치는 식이장애 치료를 처리할 수 있는 건강보험을 적용받는 사람들, 치료를 받을 수 있는 인식과 지원을 갖춘 사람들, 그리고 치료받는다는 사실을 연구자에게 알릴 의향이 있는 사람들의 경우만을 반영할 수도 있다. 비교적 날씬한 사람들이 겪는 식이장애는 관심을 갖고 보살피는 행동, 즉각적인 치료, 지속적인 정서적 지지를 이끌어낸다. 그렇지만 뚱뚱한 사람들이 식이장애에 걸렸다고 하면 그저 냉담한 축하를 받으면서, 무슨 수를 써서라도 날씬해져야 한다는 의무를 수행하는 것인 양 취급받는다. 뚱뚱한 사람이라면 제한을 두고 먹는 것이 문화적 의무이며, 이는 결국 수많은 뚱뚱한 사람들이 앓는 식이장애가 진단도, 치료도 되지 못한 채로 남는다는 의미다. BMI가 과체중이나 비만에 해당하는 청소년들은 식이장애를 지닌 젊은 층 가운데 상당한 비중을 차지하고 있으나, 날씬한 환자에 비해서 뚱뚱한 환자들은 이런 식이장애를 발견하고 치료하는 데 몇 년씩 더 걸린다.[34] 심지어 거식증을 진단받으려면 BMI가 17 이하여야 하는데, 이는 뚱뚱한 환자들의 거식증을 잘 알려지지 않은 비전형적 거식증에 해당한다고 격하하며, 뚱뚱한 사람들이 제한적 식이장애를 겪을 리 없다는 생각을 강화한다. 그러니까 날씬해지기 전까지는 말이다.

최근 들어 '다이어트'라는 말을 '웰니스'라는 말이 대체하면서 신체 사이즈, 식사, 건강에 관해 더 사려 깊게 근거를 갖추어 논의할 수 있는 가능성이 생겨났다. 그렇지만 다이어트 문화의 '찾아 바꾸기'로 '날씬함'이라는 말을 '건강'이라는 말이 대신하면서 달라진 것은 별로 없었다. '웰니스'의 세계란 '다이어트'만 다루는 게 아니다. 이는 '클렌즈'와 '디톡스'를 뜻하며, 동일한 제약을 가하는 실천법과 유사 과학을 활용해 결코 옹호할 수 없는 비현실적 체중 감량 목표를 내세운다. 파급력이 막강한 동시에 경계가 명확히 규정되지 않은 웰니스 산업은 애슬레저[*], 에센셜 오일, '웰니스 부동산', '웰니스 관광', 심지어 웨이트워처스와 같이 광범위한 유행을 아우른다. 2018년을 기준으로 웰니스 산업의 가치는 전 세계적으로 4조 5000억 달러(약 5885조)라는 놀라운 규모인 것으로 추산된다.[35] 이런 문화적 변화와 더불어 새로운 식이장애에 대한 진단이 내려지기 시작했다. 바로 건강음식집착증이다. 1998년에 만들어진 이 용어는 '건

---

[*] 애슬래틱(athletic)과 레저(leisure)의 합성어로 가벼운 운동에 적합하면서 일상에서도 입을 수 있는 옷을 말한다.

강한 식사'에 집착적으로 초점을 맞추는 일을 가리키며, 주로 엄청 날 정도로 구체적이고 제약이 많은 규칙을 세우는 것이 특징이다. 건강음식집착증은 아직 《진단 및 통계 매뉴얼》에 등록되진 않았으나, 식이장애 환자 지지 단체와 치료 센터에서는 이를 식이장애 집단 안에서 점점 늘어나는 고민거리로 받아들인다. 전미식이장애협회에 따르면 건강음식집착증의 증상은 다음과 같다.

- 원료 목록과 영양성분표를 강박적으로 확인함
- 원료가 건강에 좋은지에 관한 염려가 증가함
- 식품들을 점점 더 많이 차단함(모든 당류·탄수화물·유제품·육류·동물성 제품)
- '건강하다'거나 '순수하다'고 여겨지는 좁은 범주의 식품 외에는 어느 것도 먹을 수 없음
- 다른 사람들이 먹는 것이 건강에 좋은지 비정상적으로 관심을 보임
- 다가오는 식사 시간에 어떤 음식이 나올 것인지 하루에 몇 시간씩 생각함
- '안전'하거나 '건강한' 음식을 구할 수 없을 때면 상당한 괴로움을 표출함
- 트위터와 인스타그램에서 음식과 '건강한 라이프스타일' 계정을 집착적으로 팔로우함
- 본인의 실제 또는 실제가 아닌 몸 이미지를 걱정함[36]

다이어트 문화가 본모습을 감추고 훨씬 더 받아들이기 쉬운 '웰니스'라는 접근법으로 탈바꿈하면서 과거와 별다를 것 없는 낡은 목표를 추구하자, 그에 따른 필연적 결과로 건강음식집착증이라는 식이장애가 등장했다. 클렌즈와 디톡스가 점점 더 필수적인 것으로 여겨지는 시점에 이르자, 건강음식집착증은 충분히 이해될 뿐 아니라 건강을 신경 쓰는 칭찬받을 만한 행동인 것처럼 위장되어 눈에 띄지 않는 경우가 많았다. 그렇지만 수많은 식이장애와 마찬가지로 이 질병은 결코 고분고분하지 않다. 각 식이장애에는 유전자가 중요한 요인으로 작용하는데 때로는 유전자가 해당 식이장애의 발생 가능성을 50퍼센트 이상으로 만들기도 한다.[37] 유전자는 권총 구실을 하고, 많은 사람들에게 다이어트가 방아쇠 구실을 한다.

체중 감량을 표현하는 말이 다이어트에서 웰니스로 바뀌는 중이지만, 소비자들은 처방전이 필요한 약물보다 현저히 규제를 덜 받는 다이어트 보조제에 관한 비양심적인 주장에 여전히 속아 넘어가기 쉬운 상태다. 정확한 광고를 하도록 규제하는 연방거래위원회가 2011년에 실시한 어느 설문조사에서는 위원회가 추적한 어떤 종류의 사기보다도 거짓 체중 감량 광고의 희생양이 된 미국인들이 많은 것으로 밝혀졌다.[38]

체중 감량을 전파하는 전도사인 오프라 윈프리를 통해 초기에 힘을 받으며 TV에서 커리어를 시작한 메흐메트 오즈Mehmet Oz 박사는 매일 오후에 방송되는 토크쇼에서 체중 감량용 보조제의 효과를 자주 그리고 전면적으로 주장했다. 오즈 박사는 언뜻 보기엔 정확한 체중 감량 정보를 전달할 수 있는 완벽하고도 공정한 정보원 같다. 흉부외과 의사이자 컬럼비아대학교 교수이며, 하버드대학교에서 학사 학위를 받고 펜실베이니아대학교에서 의학 박사 학위와 경영학 석사 학위를 받았다. 2003년 〈오즈 박사의 소견Second Opinion with Dr. Oz〉이라는 프로그램에서 첫 번째 초대 손님으로 오프라 윈프리를 불러 첫 방송을 하면서 하면서 오즈는 TV의 중심으로 자리 잡았다. 2009년에는 신디케이트* 건강 토크쇼인 〈더 닥터 오즈 쇼The Dr. Oz Show〉에 출연하면서 붐을 일으켰다. 이 프로그램에서 그는 시청자들에게 보조제와 치료제를 습관처럼 추천했으며 비만이라는 유행병, 비만의 위험성, 비만 치료법에 자주 초점을 맞췄다.

2016년 이런 주장들이 그의 발목을 잡았고, 미국 상원 소속의 제조, 유통, 소비자 보호 소위원회는 그가 꾸준히 홍보해온 내용에 관해 증언하도록 오즈 박사를 소환했다. 그는 그린 커피 추출물을 오랫동안 옹호해왔으며, 해당 보조제 생산 붐을 이끌었다.

> 오즈 박사가 그린 커피(볶지 않은 커피 씨앗이나 콩) 얘기를 꺼내고 몇 주 만에 플로리다에 있는 사업체가 퓨어그린커피Pure Green Coffee라는 식이 보조제를 마케팅하기 시작했다. 이 업체는 커피콩에 함유된 클로로겐산이 22주 안에 약 7.7킬로그램을 감량하게 하고 체지방을 16퍼센트로 감소시킨다고 주장했다. (…) 연방거래위원

---

* 독립된 제작자가 프로그램을 완성해 그것에 대한 권리를 방송국에 임대하는 것.

회는 퓨어그린커피 판매자를 고소했으며, 이들이 허위 주장을 하고 소비자를 기만했다는 혐의를 제기했다.[39]

박사가 미국 의회에 출석했을 때 언론은 한눈에 확 들어오는 헤드라인을 달았다. 〈NBC 뉴스〉는 "'오즈 박사 효과': 다이어트 사기 혐의로 메흐메트 오즈 박사를 질책하는 상원의원들"이라고 목소리를 드높였고[40] 《비즈니스인사이더Business Insider》는 "의회가 오즈 박사를 '본보기로 삼는 모습'을 지켜보라"고 썼으며[41] 《디애틀랜틱The Atlantic》은 "상원의원이 오즈 박사에게 말한다. '체중 감량이라는 기적을 약속하는 일은 이제 멈춰라'"라고 전했다.[42] 그리고 헤드라인에 걸맞게 상원의원 클레어 매캐스킬Claire McCaskill은 박사를 질책했다.

매캐스킬은 과거에 〈더 닥터 오즈 쇼〉에서 오즈가 했던 말을 그대로 읽어주었다. 이런 말들이 지닌 어리석음을 부각하는 냉담하고도 형식적인 어조로 말이다.

"여러분은 마법이 그저 눈속임일 뿐이라고 생각하겠지만, 이 작은 콩을 두고 과학자들은 모든 체형에 알맞은 마법의 체중 감량 치료제를 발견했다고 말했습니다. 이게 바로 그린 커피 추출물입니다."

"여러분의 지방을 태워줄 최고의 기적을 병 안에 담아 왔습니다. 바로 라즈베리 케톤입니다."

"가르시니아 캄보지아입니다. 여러분이 체지방을 영원히 떨쳐내고자 찾아 헤매던 바로 그 간단한 해결사입니다."

매캐스킬은 마치 아이를 꾸짖기라도 하듯 말을 이어갔다. "당신이 왜 이런 소리를 꼭 해야 했는지 모르겠습니다. 이게 사실이 아니란 걸 당신은 알고 있으니까요. 이렇게 훌륭한 확성기를 손에 넣고도, 또 놀라운 소통 능력을 지녔으면서도 왜 굳이 그런 얘기들을 하며 당신 프로그램의 값어치를 깎아내렸습니까?"[43]

광범위한 언론 보도와 잘못에 대한 인정에도, 의회의 오즈 박사 청문이 다이어트 제품을 둘러싼 미국인들의 의식이나 구매 습관을 바꾼 것 같지는 않다. 체중 감량용 보조제인 하이드록시컷Hydroxycut은 집단소송과 소비자 사망 사건을 일으키고도 여전히 사업이 유지되고 있다.[44] 다이어트 알약의 판매고는 줄어들었지만 식사 대용품과 다른 체중 감량 제품 판매량은 늘어났고, 그 결과 2019년 다이어트 제품 업계는 미국에서만 72억 달러(약 9조 4000억 원)의 시장가치를 나타냈다.[45] 연구자들은 2023년 말 무렵에는 전 세계 체중 감량 시장의 가치가 2789억 5000만 달러(약 365조 9000억 원)라는 어마어마한 수준에 이르리라고 내다본다.[46] 정반대의 결과를 보여주는 증거들이 압도적으로 많은데도 미국 소비자들은 기적적이고 지속적인 체중 감량 해결책에 너무나 절박하게 매달리는 듯하다. 그리고 많은 이들은 그저 그런 수준으로 체중을 감량하는 일에조차 가장 높은 가격을 기꺼이 지불하려 한다. 이런 제품의 문제를 드러내는 증거가 얼마나 나오는지와 무관하게, 체중 감량 산업은 막강한 힘을 유지하고 있다. 실패하기에는 너무나 큰 산업인지도 모른다.

이렇게 체중을 감량하는 데 문화적으로 집착하는 일은 우리의 신체적 건강과 정신 건강에만 영향을 끼치는 것이 아니다. 이는 우리의 자아감에 영향을 주고, 그 결과 다른 신체 사이즈를 지닌 사람들과 우리가 맺는 관계에도 영향을 준다. 나이를 막론하고 신체 불만족을 호소하는 여성들의 수는 천문학적으로 많은 수준인데, 가장 낮게는 75세 이상 여성의 71.5퍼센트부터 가장 높게는 25~34세 여성의 93.2퍼센트까지 이른다.[47] 예일대학교의 러드 식품정책 및 비만 센터가 실시한 설문조사에 따르면 응답자 가운데 거의 절반 가까이가 뚱뚱하게 사느니 차라리 목숨을 1년 포기하는 쪽을 택하겠다고 답했다.[48] "또 응답자 4000명 가운데 15~30퍼센트는 비만이 되는 것보다 차라리 결혼 생활이 깨지거나, 아이를 낳을 가능성을 포기하거나, 우울증에 걸리거나, 알코올의존증에 걸리는 편을 택하겠다고 답했다."

그렇지만 우리의 불안은 우리의 몸에서 멈추는 것이 아니다. 일반 사이즈인 사람들이 지닌 불안 때문에 이들이 뚱뚱한 사람들을 바라보는 방식까지 결정되는 경우가 늘어난다. 예를 들어 자기 몸 긍정주의라는 영역에서, 날씬한 사람들은 뚱뚱한 사람들이 겪은 차별에 관해 듣기 힘들어하는 경우가 많다. 비교적 날씬한 사람들, 특히 여성들은 뚱뚱한 몸에 대한 반대가 끼치는 구체적·외부적 피해를 불안이라고 재구성하며 재해석한다. 어쨌든 날씬한 여성들은 뚱뚱한 사람들과 동일한 정도로 사회적 편견, 폭력, 괴롭힘, 노골적 차별을 겪진 않는다. 그러므로 여러 날씬한 여성들이 상상할 수 있는 것 가운데선 불안을 느끼는 일이 가장 나쁜 축에 속하기 때문에, 뚱뚱한 사람들이 명시적이거나 대인관계에서 일어나거나 제도적으로 벌어지는 뚱뚱한 몸에 대한 반대에 관해 이야기하면 너무나 많은 사람들이 이를 불안이라고 해석한다. 뚱뚱한 사람들이 겪는 차별을, 좀 더 받아들이기 수월하고 이해하기 쉽도록 신체 이미지와 관련된 내면적 투쟁으로 재구성하는 현상을 나는 **날씬한 사람들의 불안**thinsecurity이라고 부르게 되었다.

날씬한 사람들의 불안 때문에 뚱뚱한 몸을 위한 활동주의를 오독하는 일은 끊임없이 벌어진다. 내 경험을 날씬한 사람들에게 들려줄 때면, 잘 알고 있다는 듯이 고개를 끄덕이거나 같은 경험을 공유한다며 엉뚱하게 공감하는 일이 자주 벌어진다. 비행기에서 다른 자리로 옮겨야 했던 경험을 날씬한 남자에게 들려주면 그 남자는 이렇게 이야기할 것이다. "잘 알겠어요. 우린 저마다 불안을 품고 있으니까요." 알지도 못하는 사람이 내게 욕설을 퍼부었던 이야기를 날씬한 여자에게 한다면 그 여자는 가슴에 손을 얹고 이렇게 말할 것이다. "나쁜 신체 이미지를 지닌 채로 보내는 시절이란 최악이죠." 날씬한 사람들의 불안은 솔깃하다. 이는 우리가 몸으로 겪는 최악의 (그리고 유일한) 결과란 바로 자신의 신체에 관해 나쁜 기분을 느끼는 것이라고 날씬한 사람들에게 속삭인다. 날씬한 사람들은 아주 뚱뚱한 사람들이 일상적으로 어떤 일을 겪는지 가늠할 수 없다. 외과 의사를 소개해주는 모르는 사람, 음식이 필요해 보일 때까지는 음식을 주지 않는 가족 구성원, 살 빼기 캠프, 〈더 비기스트 루저〉에 나가라는 권유. 이런 일들이 이어지고 또 이어진다. 이런 경험은 날씬한 사람들의 경험과는 너무나 동떨어져 있으며, 자신의 신체에 대한 인식 때문에 한곳에 오랫동안 갇혀 있던 사람들은 도무지 상상할 수 없는 일이다. 그래서 일반 사이즈인 사람들은 이런 경험을 재해석해서 자신들이 이해하기 쉽도록 만든다. 신체를 근거로 한 억압에 관해 이야기 나누지 않고, 논의를 후퇴시켜 자신들이 지닌 '날씬한 사람들의 불안'으로 향한다.

그렇지만 오해는 여기서 그치지 않는다. 뚱뚱한 몸을 위한 활동가들이 신체를 근거로 한 억압을 이야기하면, 그보다 날씬한 자기 몸 긍정주의 활동가들이 여기에 덧칠을 하면서 훨씬 받아들이기 용이한 불안을 그 자리에 대신 집어넣는다. 그런데 우리가 신체를 근거로 한 억압을 이야기하지 않으면, 자신감이 있다는 이상한 칭찬을 받는다.

버스 정류장에서 어떤 낯선 사람이 내게 말한다. "그런 옷을 입다니 정말 용감하시네요. 저도 당신처럼 자신감이 있으면 좋겠어요. 멋지시네요!"

목둘레선이 높이 올라오고 치맛단이 무릎 정도까지 내려온 보라색 면 니트 드레스가 내 전신을 감싸고 있다. 그 밑에는 속이 비치지 않는 스타킹과 부츠를 신고 있다. 어떻게 보더라도 내 옷차림은 보수적이고, 솔직히 얘기하자면 별로 눈에 띄지 않는다. 그런데도 날씬한 사람들의 불안은 그 낯선 사람이 내 몸을 바라보는 방식을 전혀 다르게 틀어버렸다. 그 여자는 나 같은 몸으로 살아가는 일을, 공공장소에 나서는 일을, 너무나 명백하고도 객관적으로 흉한 몸을 이끌고 집 밖으로 감히 나서는 일을 상상할 수가 없는 것이다. 그녀는 내가 극도로 불안할 것이며, 즉각적인 위로를 갈구할 것이라 상상한다. 그래서 내가 어떤 것을 경험하는지는 묻지도 않은 채, 해달라고 부탁한 적도 없는 칭찬을 던진다. 내 몸이라는 배경 위에 그가 그려놓은 두려움을 용감하게 마주했다면서 말이다. "정말 용감하시네요. 저도 당신처럼 자신감이 있으면 좋겠어요."

때로는 (실제로 존재하는지 아닌지도 확인되지 않은 불안을 누그러뜨리려는 의도로 건넨) 이런 칭찬들이 어색한 몇 마디 말로 그치지 않는다. 모르는 사람, 친구, 가족이 내 동의도 받지 않은 채 자신들의 불안을 무너뜨리려는 노력 속에다 나를 끼워 넣는 경우가 많아진다. 날씬한 사람들(특히 날씬한 여성들)은 나 같은 뚱뚱한 사람들이 자신들을 당당하게 만들어주는 산파 구실을 해주길 기대한다. "어떻게 그렇게 하시는 거죠? 제게도 방법을 알려주세요!" 이들은 특히나 뚱뚱한 여성들이 자신들의 움츠러든 자신감을 매만져주는 산파가 되어주길 기대한다. 우리는 일을 달라고 한 적이 없고 돈을 받는 것도 아닌데 고용된 도우미인 것이다. 우리는 날씬한 친구들과 함께 우리 몸에 맞는 사이즈를 팔지도 않는 옷가게에 가서, 자신들을 불안하게 만드는 옷을 입어보는 친구들을 지켜보고, 끊임없이 그들을 안심시키며 자신감을 치켜세워달라는 기대를 받는다. 그 친구들이 사는 더 참된 삶 속에 우리는 배경으로, 2차원 소품으로 들어간다. 한술 더 떠 우리는 그 친구들의 몸을 비추어 당사자에게 보여준다. 비참한 실패라고 할 수 있는 뚱뚱한 우리 곁에 선 덕분에 아름다워진, 그들의 불완전한 날씬한 몸을 말이다. 우리는 어떤 나쁜 일이 벌어질 수 있었는지를 날씬한 사람들에게 일깨우는 존재다. 날씬한 사람들은 자신들의 상대적인 미덕을 찾아보려는 목적으로 뚱뚱한 사람들을 받아들인다. '적어도 나는 저 정도로 뚱뚱하진 않으니까.'

날씬한 몸이란 기이하고도 소외감을 불러일으키는 구성물이다. 플러스 사이즈든 일반 사이즈든, 완벽하게 날씬한 몸이라는 한참 동떨어진 기준에 자신이 부합한다고 생각하는 사람은 딱 봐도 아무도 없을 것이다. 일반 사이즈인 사람들은 자신을 날씬하다고 표현하지 않으려 말로 곡예를 넘는다. 그래서 슬림하다거나 평균적이라는 말 앞뒤에는 인용부호를 넣는 편을 택하며, 한편으로 손이 닿지 않는 곳에 있는 날씬한 몸이라는 불가능한 약속을 실현하고자 끊임없이 다이어트를 한다. 플러스 사이즈인 사람들은 날씬한 몸에 가깝다는 데서 느끼는 차디찬 위안조차 포기한 채, 가망도 없고 손쓸 수도 없을 만큼 뚱뚱한 우리 몸은 이름을 붙여줄 수도, 구해줄 수도 없다고 얘기하는 세상 속에 남겨져 혼자 힘으로 헤쳐나가야 한다. 날씬한 몸은 우리 모두의 가치를 깎아내린다.

날씬한 몸은 너무나 많은 일반 사이즈 사람들에게서 너무나 많은 것들을 앗아간다. 이 사람들의 돈을 빼앗아 다이어트 알약, 식사 배

달 서비스, 운동 비디오, 체중 감량용 보조제를 사게 한다. 자신들의 몸을 있는 그대로 바라보는 능력을 앗아가고, 그 자리에 귀신의 집의 뒤틀린 거울에 비친 왜곡된 이미지를 가져다 놓는다. 그렇게 해서 이 사람들의 자존감도 덩달아 잔뜩 앗아간다. 재미있는 대화도 빼앗아가서는 끝이 보이지 않을 만큼 지겨운 체중 감량 대본을 줄줄 읊어대도록 대화의 수준을 떨어뜨린다. 누가 어떤 다이어트를 하고, 누가 성공했고, 누가 실패했는지를 말이다. 날씬한 몸은 너무나 많은 일반 사이즈 사람들에게서 뚱뚱한 사람들의 이야기를 들을 수 있는 능력을 앗아간다. 뚱뚱한 사람들의 경험이 일반 사이즈 사람들의 경험과는 다르더라도 이를 인정하는 능력을 말이다. 그리고 이렇게 서로의 말을 듣는 능력을 앗아가면 일반 사이즈 사람들이 뚱뚱한 가족 구성원, 친구, 동료, 그 밖의 사람들과 맺는 관계를 서서히 갉아먹어서 핵심적 대화는 열외로 내치게 만들며, 입 밖에 내진 않지만 불편한 거리감을 영원히 지속시킨다.

날씬한 몸은 뚱뚱한 사람들한테서도 너무 많은 것을 앗아간다. 마찬가지로, 뚱뚱한 사람들을 날씬한 사람들과 관계 맺지 못하게 하면서 날씬한 사람들이 뚱뚱한 우리 얘기를 결코 진정으로 들어주거나 이해하지 못할 거라고 가르친다. 우리 자신의 몸을 설명하는 능력을 빼앗아 가고, 우리 스스로 설명하는 말을 날씬한 사람들이 이해할 말로 대체하도록 만든다. 날씬한 사람들이 편안하고, 덜 위협적이고, 덜 특권적이라 느낄 수 있는 말로 말이다. 그리고 우리 스스로 우리 몸을 설명하는 말을 앗아갈 때면, 우리의 경험을 설명하는 능력과 이를 고유한 말로 전달할 수 있다는 사실을 아는 능력도 함께 빼앗아 간다. 차분히 이뤄지는 일상적인 활동 역시 빼앗아 간다. 식사, 운동, 장 보기, 옷 구입이 모두 소리 없는 초대장이 되어 우리의 몸과 행동, 우리가 열렬히 추구해야 마땅할 체중 감량을 놓고 사람들을 논평하게 한다.

우리 모두는 날씬한 몸이 앗아가는 것 이상을 누릴 자격이 있다. 우리는 새로운 건강 패러다임을 누려야 마땅하다. 건강이 지닌 다면적 속성을 인정하며, T세포 수와 혈압과 더불어 정신 건강과 만성질환도 관리하는 패러다임을 말이다. 우리는 신체 사이즈 또는 건강을 존엄과 존중을 누리기 위한 전제 조건으로 삼지 않는 인간성 패러다임을 누릴 자격이 있다. 날씬한 사람들에겐 끝없는 사회적 메시지에서 벗어나 쉴 수 있는 공간이 더 많이 필요하다. 이러한 메시지는 날씬한 사람들의 몸이 충분히 아름답게 완벽해지는 일은 없을 것이라고 얘기하는 동시에 날씬한 사람들은 몸 덕분에 뚱뚱한 사람들보다 본질적으로 우월하다고 이야기한다. 날씬한 사람들이 서로 자신감을 구축해줄 공간이 필요하며, 그래서 자신감을 만들어내는 일이 더이상은 뚱뚱한 사람들의 몫이 되지 않아야 한다. 뚱뚱한 사람들은 널리 퍼져 있는 평가, 괴롭힘, 심지어는 차별과 이미 싸우고 있으니 말이다. 뚱뚱한 사람들도 응당 더 많은 공간을 누려야 한다. 특수성을 살려 대화를 나눌 수 있도록 뚱뚱한 사람에게 특화된 공간, 뚱뚱한 사람만 참여할 수 있는 공간이 필요하다. 우리가 외부 세계에서 겪는 차별은 내면의 자신감이나 몸 이미지 콤플렉스와는 별개라는 사실을 인식할 수 있게끔 말이다(물론 우리가 콤플렉스를 지니고 있을 순 있지만 말이다). 우리는 그렇게 구분된 공간을 누려야 한다. 그래야 우리 모두에게 우리 몸이 실패작이라고 말하는 세상에서 살아가며 겪는 트라우마를 헤쳐나갈 수 있다. 날씬한 사람에게는 마지막으로 5킬로그램만 빼라는 과업을 떠안기며 벌을 주고, 뚱뚱한 사람에게는 뚱뚱한 몸에 대한 사회적·정치적·제도적 반대라는 도처에 만연한 참담한 현실로 벌을 주는 세상에서 말이다.

우리는 있는 그대로의 몸을 비판적으로 생각하고 이야기할 공간이 더 많이 필요하다. 우리가 바라는 모습을 따르거나, 몸을 바꿔야 한다며 무자비하고도 비현실적으로 우리를 짓누르는 문화적 압박을 따르지 않고 말이다. 우리는 저마다 몸에 관해 받는 메시지들을 비판적으로 생각하고 이야기할 수 있는 공간과 운동이 필요하다. 미디어에서 광고에 이르는 거시적 범주, 친구나 가족과 겪는 대인관계라는 미시적 범주 모두에서 그러하다. 하지만 이는 우리 몸이 지닌 차이, 그리고 우리 몸 때문에 생겨나는 경험의 차이를 인정할 때만 가능하다. 우리는 있는 그대로의 모습으로 서로를 바라보고, 그렇게 서로의 말에 귀 기울여야 한다. 완벽하고도 도달할 수 없는 날씬한 몸이라는 기준이 바로 이것을 우리에게서 앗아갔다.

날씬한 몸이 너무 많은 것들을 앗아갔으니, 우리는 응당 이를 되찾아 와야 한다.

4

걱정이라는 핑계,

선택이라는 착각

마트에서 일어난 일이다.

분주했던 한 주였고, 일주일 치 먹을거리를 준비하면서 한숨을 좀 돌리려고 고대하고 있었다. 새로 나온 노래를 들으면서 손으로는 재료를 씻고, 까고, 자르는 부담 없는 일을 하면 어딘가 명상하는 듯한 기분이 들었다. 요리를 하려면 마음 챙김이 필요하다. 초조한 내 마음이 일터의 고민스러운 점이나 아직 남아 있는 집안일로 빠져버리면 파스타를 너무 많이 익힐 수도 있고, 호박 위에 뿌려서 굽는 섬세한 메이플시럽이 타버릴 수도 있고, 날카로운 칼날이 부드러운 내 살결을 파고들 수도 있었다. 주의를 기울여야 했고, 심호흡을 해야 했고, 당장 손에 잡고 있는 일에 집중해야 했으며, 그래서 나는 딱 그렇게 했다. 그러면 반가운 안도감이 들었다.

마트에 가서 행복한 기분으로 여러 코너와 신선식품 코너를 돌았다. 주로 농산물 코너에 머무르면서 새로 한가득 쌓여 있는 호박 더미에서 에메랄드빛 호박을 고르고, 종잇장 같은 자줏빛 작은 양파를 집고, 피라미드처럼 진열해둔 맨 꼭대기에서 향기로운 칸탈루프 멜론을 담았다. 쇼핑을 하다 보니 어느 여자가 내 카트와 내 얼굴을 힐끔힐끔 훔쳐보는 게 느껴졌다. 우리 동네에 살고 있는 많은 사람들처럼 그 여자도 베이비 붐 세대였다. 60대 정도였고, 백인이었으며, 부를 전시하는 일은 지양하는 도시에서 많이들 하는 방식에 따라 계급적 특권을 과시하고 있었다. 내가 교직원 할인을 받으면서 다녔던 사립 고등학교의 여러 학부모들과 비슷한 인상을 지닌 여자였다. 여자가 입은 옷은 화려하진 않지만 값비싼 것이었고, 하얗게 세어가는 머리는 짧고 똑 떨어지게 잘랐는데, 우리 엄마 친구들에게서 많이 보이는 스타일이었다. 내가 어린 시절과 청년기를 보낸 미국의 태평양 연안 북서부 지역에서는 돈만 있다고 해서 관심의 대상이 되지 않았다.

내가 움직이자 여자의 카트도 내 카트를 따라 움직였고, 흘낏 보던 눈길이 이제는 지긋이 쳐다보고 있었다. 나는 그 여자가 눈길을 거두도록 떨쳐낼 수 있을까 싶어 미소를 지어봤지만, 그는 나를 보고 있지 않았다. 이제는 내 카트에 눈길을 고정한 채 대놓고 쳐다보느라 두 눈썹이 서로 꼭 맞붙어 있었다. 나는 잠시 카트를 그대로 두고 신선식품 코너에서 시금치를 집어 왔다. 카트로 돌아오니 여자가 내 카트에서 칸탈루프 멜론을 빼내고 있었다. 여자는 나와 눈이 마주쳤고, 미소를 지었다.

"이건 당신이 먹기엔 너무 달아요. 이런 건 당신에게 필요한 것 중에서 순위로 따진다면 제일 꼴찌일 거예요." 여자는 기뻐하며 말했다. 자신의 도움이 너무나 필요한 낯선 이에게 착한 일을 해주었다는 자기만족에 한껏 들떠서 재잘거리는 목소리였다. 여자는 내가 고른 멜론을 들고 멜론이 진열된 곳에 돌려놓았다. 그리고 자리를 떴다.

나는 베이킹 제품 코너로 물러나서 향신료를 꼼꼼히 살펴보는 척하며 마음을 가다듬고 여자가 이 작은 마트를 떠나기를 기다렸다. 머리가 핑했다. 살아오면서 나는 누가 나를 한참 힐끔거리는 일에, 대놓고 쳐다보는 일에, 내게 제안을 건네는 일에, 내 음식에 관해 명령하는 일에 익숙해졌다. 캣콜링이나 길거리에서 벌어지는 괴롭힘에도 익숙해졌다. 내가 무엇을, 얼마큼, 얼마나 자주 먹는지를 놓고 남이 공개적으로 왈가왈부하는 일은 예상할 수 있게 되었다. 그렇지만 내가 먹는 것을 (하물며 과일을) 물리적으로 통제하려고, 게다가 그런 행동이 나를 도와준다고 생각하는 사람은 한 번도 만난 적이 없었다. 그 여자가 몰고 다닐 법한 BMW X5의 뒤쪽 창에 과연 '나의 몸, 나의 선택' 스티커가 붙어 있을지 궁금했다.

충격이 가시고 나니, 한층 거친 감정이 솟아올랐다. 깊고도 갑작스러운 분노였다. 집으로 차를 몰고 돌아오는 길에는 좌절감과 억울함이 끓어올랐다. 그렇게 다듬어지지 않은 낯선 행동에 어떻게 대처해야 할지 확신이 안 섰다. 눈물, 침울함, 체념을 다루는 법은 알고 있었다. 그렇지만 이렇게 신선하고도 생생하게 내 가슴 한복판에서 몸부림치는 분노는 어떻게 해야 할까?

분노는 온종일 남아 있었다. 그날 저녁 나는 술을 잔뜩 마시며 친구에게 이야기했다.

친구는 영 미심쩍다는 듯이 얼굴을 찌푸리며 물었다. "확실해? 그 여자가 그게 자기 카트인 줄 알았을 수도 있지."

"그 여자가 착각한 게 아냐. 확실히 내 카트였다고."

"그 여자가 실수했을 수도 있지."

"그러면 대체 왜 그 여자가 나는 단 걸 더 먹으면 안 된다고 얘기했겠어?"

"그냥 예를 든 걸 수도 있지. 이런 식으로 말야, '저기요, 우리 둘모두 단 걸 먹으면 안 되겠어요. 그러니까 저는 제 멜론을 원래 자리에 돌려둘게요.'"

"그렇다고 해서 딱히 덜 재수 없어 보이진 않는데." 내가 딱 잘라 말했다. 좌절감에 짓눌려 목소리는 갈라졌고, 분노는 다시 한번 어깨뼈를 뚫고 치솟아올랐다.

"그래도 네가 이해해야지. 좋은 뜻으로 하는 말이잖아." 이제 친구는 호리호리한 손가락과 가냘픈 손목으로 몸짓까지 곁들여가며 하며 호소했다. "그 여자는 그냥 네 건강을 걱정했던 거야."

그랬다. 상처 입은 살에 소금을 뿌리는 격이었다. 나는 좌절했고, 기가 죽었고, 진이 빠졌고, 그게 끝이었다. 아주 뚱뚱한 사람인 내가 겪는 경험은 다른 사람들이 품고 있는 편견에 따라 규정되었다. 그리고 나와 가장 가까운 타인들은 심지어 아주 명백한 선입견을 드러낼 때조차도 내 건강을 걱정해서라는 선교사 같은 주장을 하며 든든한 방어막을 얻었다.

뚱뚱한 사람인 나는 끊임없는 평가, 매몰찬 거부, 선을 넘는 질문들을 접해왔으며, 이런 말들은 늘 똑같이 판에 박힌 소리로 끝을 맺었다. "그냥 건강이 걱정돼서 하는 소리예요." "건강이 걱정돼서 그러는데 아무래도 이 말을 해야겠어요, 또 하고 또 할게요, 그렇게 뚱뚱한 채로 있다가는 당신은 죽을 거예요." "건강이 걱정돼서 그러는데 아무래도 이 말을 해야겠어요, 당신 같은 사이즈라면 아무도 사랑해주지 않을 거예요." "건강이 걱정돼서 그러는데 아무래도 당신에겐 기본적인 존중도 못 해주겠어요."

그렇지만 이런 말에 걱정하는 기색은 거의 묻어나지 않는다. 걱정은 호기심이자, 다정함이며, 애정이다. 걱정은 직접적이며 진심 어린 것이다. 걱정은 섬세하게 아주 공들여서 하는 것이다. 걱정을 하면서 우리는 아끼는 사람들을 돌본다. 걱정은 사랑에 뿌리내리고 있다. 위와 같은 숱한 대화들처럼 권력, 가부장제, 노골적인 경멸에 뿌리내리지 않는다.

뚱뚱한 사람을 걱정하는 것은 이해할 수 있다. 지역 뉴스며 전국 뉴스에서 매일같이 비만이라는 유행병 이야기를 보도하며, 그런 뉴스에는 본래의 몸에서 뚝 떼어낸 뚱뚱한 몸통이 함께 실린다. (진짜 인생을 사는 진짜 사람들처럼) 우리 얼굴을 보여주면 너무 수치스러울 것이라고 전제하고서 말이다. 아무튼 우리 같은 몸을 드러내는 걸 누가 견딜 수 있단 말인가? 나처럼 재앙과도 같은 몸을 향한 적절하고 심지어 고결한 반응이라고 생각하며, 매번 여기저기서 걱정을 내놓는다. 그렇지만 진정한 걱정은 조심스럽게 모습을 드러낸다. 고래

고래 소리 질러대며 고집 피우지 않는다. 걱정은 다정하게 질문을 건네고 살금살금 걸어간다. 걱정은 고고학적 유물을 발굴할 때 쓰는 부드러운 붓을 들고 다니지, 땅 밑에 묻혀 있는 것을 깔아뭉개는 증기 롤러를 끌고 다니지 않는다. 걱정은 사랑을 좋아하지, 수치심이나 다른 사람의 불행을 보며 우쭐해하는 일을 좋아하지 않는다.

뚱뚱한 사람들(특히 나처럼 아주 뚱뚱한 사람들)은 건강과 걱정을 내세우며 잔뜩 찌푸린 얼굴을 자주 마주친다. 우리는 그런 식으로 우리 건강을 걱정하는 것이 비뚤어진 일이며, 널리 퍼져 있는 잘못된 가정에 바탕을 둔다고 주장하며 자신을 지키는 경우가 많다. 우리는 검사 결과와 병원 기록을 읊으며 심장마비나 고혈압이나 당뇨병을 겪은 적은 단 한 번도 없다고 당당하게 말한다. 운동 스케줄과 냉장고에 들어 있는 음식들을 자신 있게 이야기한다. 흔히들 뚱뚱한 몸과 관련이 있다고 하는 문제들을 겪지 않고 잘 살아가는 뚱뚱한 사람들이 많다. 수많은 뚱뚱한 사람들은 당뇨병을 앓지 않으며, 일반적으로 묘사하는 것과 달리 사랑하는 파트너도 있다. 날씬하지는 않지만, 우리는 행복하고 건강하다고 당당하게 얘기한다. 우리는 건강을 근거로 삼아 우리의 이로운 면을 내세운다. 그렇지만 여기서 우리가 하려는 얘기는, 자동적으로 아픈 사람 취급받는 것이 지긋지긋하다는 점이다. 불행한 운명을 맞이할 수밖에 없다고들 여기는 몸을 이끌고 다니는 데는 진력이 났다. 죽은 사람이 걸어 다니기라도 하는 것처럼, 다른 누군가의 교훈적인 우화 속에서 죽지 않고 돌아다니는 유령이 되기라도 한 것처럼 취급받는 일에 질렸다.

이렇게 우리의 건강을 옹호하는 주장이 틀린 것은 아니지만, 뚱뚱한 사람들 모두의 현실을 반영하진 않는다. 우리 가운데는 건강하지 않거나 장애가 있는 사람도 있다. 우리 가운데는 만성질환, 정신건강 문제, 식이장애, 장애, 학대로 고통받는 사람도 있다. 우리 가운데는 고혈압, 당뇨병, 심장 질환이 있는 사람도 있다. 이런 뚱뚱한 사람들에게 행복하고 건강하다는 말은 소외감을 불러일으키는 희망사항이며, 우리 몸을 설명하기에는 영 미덥지 못한 말이다. 그리고 설령 우리가 행복하고 건강할 때조차, 걱정이라는 고결한 괴롭힘에 시달리는 것은 여전하다.

최근 리조Lizzo가 새로운 유형의 팝 스타로 떠올랐다. 리조의 노래는 자기 자신을 사랑하고, 받아들이고, 축하하는 데 초점을 맞춘다. 리조는 전국적인 무대에 모습을 드러내며 열렬하게 환영받았다. 거의 언제나 어김없이 날씬한 몸에 바탕을 두고 점점 좁아져만 가는 미美의 기준에 부합하는 (또는 부합하고자 노력하는) 유명인들만 수십 년 동안 보아온 것에 대한 반가운 반작용이다.

그렇지만 리조가 세계에서 가장 유명한 플러스 사이즈 팝 스타로 부상한 데 대한 반발도 있었다. 그리고 리조가 음악에 집중하고 있는데도 대다수의 반발은 그의 몸을 향했다. 2019년 〈더 비기스트 루저〉의 트레이너 질리언 마이클스Jillian Michaels는 버즈피드BuzzFeed의 아침 프로그램 〈AM2DM〉에서 리조의 몸을 놓고 이야기 나누었다. 프로그램 진행자인 알렉스 버그Alex Berg가 "자기 수용을 설파하는 플러스 사이즈 모델 애슐리 그레이엄Ashley Graham이나 리조 같은 여성들"을 보게 되어 신난다는 이야기를 꺼내자, 마이클스가 잽싸게 말을 끊고 끼어들었다. "왜들 그렇게 그의 몸을 축하하는 거죠? (…) 제 말은, 그가 당뇨병에 걸리면 그건 멋진 일이 될 수 없다는 겁니다. 전 그냥 솔직하게 말씀드리는 거예요. 저는 리조의 음악을 좋아하고, 제 아이들도 리조의 음악을 좋아하지만 '그가 과체중이라서 정말 기쁘군', 뭐 이런 식으로 생각한 적은 단 한 번도 없습니다. 그러니까, 그게 애초에 저랑 무슨 상관이겠어요? 그의 몸무게를 신경 쓰는 게 제일일 리 없잖아요?"[1] 버그는 마이클스에게 "그의 체중에 관심을 가져보세요"라거나 "그의 몸을 축하해주세요"라고 부탁한 적이 없었다. 버그는 질문을 채 끝마치지도 않은 상태였다. 얘기해달라고 부탁받은 것도 아닌데 마이클스는 자신이 만난 적도 없는 여성의 몸에 관해 권한을 휘둘러도 된다고 주장했다. 바로 그 순간 마이클스는 미국 전역에서 가장 유명한 어그로꾼[*]이 되었다.

마이클스의 발언에 대한 반응은 빠르게 나타났다. 《시카고트리뷴Chicago Tribune》의 칼럼니스트 하이디 스티븐스Heidi Stevens는 "질리언 마이클스가 리조의 혈액검사 결과지를 갖고 있는 게 아닌 이상, 팝 가수에게 어떤 질병이 발생할 위험이 있는지 어림짐작할 권한은 그에게 없다"고 썼다.[2] 배우이자 활동가인 자밀라 자밀Jameela Jamil은 이런 트윗을 올렸다. "빌어먹을 만큼 마른 우리 가족들은 전부 다 당뇨병

---

[*] 관심을 끌거나 분란을 일으키기 위해 인터넷 게시판 등에서 자극적·악의적 활동을 하는 사람. 원문에서 쓴 표현은 'troll'이다.

이 있고, 콜레스테롤 수치가 높고, 관절에 문제가 있다. 이 여자는 대체 왜 자기가 MRI라도 되는 것처럼 구는지? 뚱뚱한 사람들에게 걱정 어그로 끄는 건 관두고 조용히 짜져 있길." 어느 인기 트윗은 리조가 매일 밤 하는 프로그램이 "믿을 수 없을 만큼 전설적인 기록"이라고 말했다. "러닝 머신에서 하이힐을 신고 시속 11킬로미터 정도로 달리면서, 숨차서 헐떡거리는 일 없이 〈트루스 허츠Truth Hurts〉를 또박또박 불러보세요. 중간에 멈춰서 플루트를 1분 동안 부세요. 이제 다시 달리면서 노래를 끝까지 부르세요. 이제 이걸 두 시간 동안 계속해보세요."[3]

이런 반발에 대해 답해달라는 요청을 받자, 마이클스는 한술 더 떴다. "저는 건강 전문가예요. 체중과 신체 사이즈는 여러분의 가치·아름다움·값어치·능력에 영향을 끼치지 않고, 이득을 주는 것도 아니라고 수십 년 동안 반복해서 얘기했어요. 체중과 신체 사이즈에 연관된 건 여러분의 건강입니다. 관련이 없는 척 행동하는 건 비단 무책임한 행동일 뿐 아니라 위험한 일이에요. 그리고 이건 정치적으로 올바르다는 이유로 제가 거짓말하는 게 아닙니다."[4] 이와 같이 최근 들어서 자기 몸 긍정주의를 주장하고 있으나, 마이클스는 뚱뚱한 사람들을 실패자라고 단언하면서 커리어를 쌓아온 사람이다. 〈더 비기스트 루저〉에서 "엄격한 사랑"이라고 하며 그가 진행했던 신체적 훈련을 보면 알 수 있듯이 말이다. 2016년 《가디언》은 "아직 아무도 죽은 사람이 없다는 건 기적이다"라는 헤드라인으로 마이클스의 행태를 보도했으며, 마이클스가 프로그램의 지난 시즌들에서 했던 말들을 직접 인용했다.

> "여기서 사람들이 죽든 말든 난 상관없어요. 기왕이면 보기 좋은
> 외모로 죽는 편이 낫겠죠."
> "당신이 뛰지 않으면, 알렉스를 바닥에 때려눕혀서 몸에 있는 뼈
> 를 모조리 으스러뜨릴 겁니다."
> "이 빌어먹을 러닝 머신에서 내려올 수 있는 유일한 방법은 당신
> 이 그 위에서 죽는 것뿐이에요!"
> "다른 사람들이 저렇게 괴로워하는 걸 지켜보는 건 재밌죠."[5]

마이클스가 리조의 몸에 대해 부탁한 적도 없는 논평을 한 것은 단순하고도 버거운 진실을 비춘다. 바로 우리가 얼마나 건강하건 또는 행복하건 간에, 그것이 학대를 막고 우리에게 인간성이나 존엄성, 또는 안전한 은신처를 보장해주지는 않는다는 사실이다. 우리가 누구든, 우리 몸이 어떤 모습이 되었든 좋은 의도를 품고 하는 괴롭힘이나 걱정에서 벗어날 수 있도록 건강이 우리를 지켜주진 않는다. 우리가 걱정에서 자유로울 수 있는지는 오로지 당뇨병 얘기를 묻는 낯선 사람이나 비만 수술 전문 의사를 추천해주는 지인에게 달려 있다. 우리 같은 몸을 사랑해줄 사람이 있을 리 없기 때문에 우리는 절대로 파트너를 만날 수 없을 것이라고 생각하는 가족 구성원에게 달려 있다. 한 번도 부탁한 적 없는 다이어트 조언을 들려주는 직장 동료에게 달려 있다. 아침 식사를 하면서 어느 친구의 신체 사이즈를 놓

고 불평하는 친구들에게 달려 있다. 전혀 모르는 뚱뚱한 사람의 카트에서 식료품을 빼내는 사람에게 달려 있다. 우리가 걱정에서 자유로울 수 있는지는 당신에게 달려 있다.

뚱뚱함에 대한 우리의 반응이 우리에 관해 어떤 사실을 알려주는지 우리는 별로 생각해보지 않는다. 그렇지만 이런 반응은 우리의 공감 능력과 인격에 관해 아주 많은 사실을 알려준다. 우리는 앞에 놓인 뚱뚱한 몸을 평가하는 데 너무 많은 시간을 쓰느라 그 뚱뚱한 사람들에게 우리가 보내는 반응이 어떤지는 평가하지 못한다. 우리는 너무나 많은 뚱뚱한 사람들의 얼굴에 드러나는 열기와 부담감을 느끼지 않도록 학습했다. 그러면서 뚱뚱한 이들이 그런 감정을 느끼는 데 우리가 한몫 거들었다는 사실을 무시한다. 우리가 하는 행동 때문에 살아가면서 만나는 뚱뚱한 사람들을 향한 사랑을 얼마나 깎아먹는지는 알 길이 없다.

아니, 우리는 이런 것을 별로 궁금해하지 않는다. 그 대신, 건강과 걱정 때문에 그런다면서 우리가 내리는 평가를 모르는 척 제쳐둔다. 그 대신, **뚱뚱**하다는 말을 하지 않으려고 피한다. 그 대신, 우리가 사랑하는 사람들에게 상처를 입히는 사람들을 옹호한다. 걱정이라는 증기 롤러를 고집스럽게 붙들고 말이다. 그 대신, 공감이라는 힘든 일은 옆으로 제쳐두고 쉽고도 만족스러운 평가를 택한다. 그 대신, 날씬한 몸을 보며 위로를 얻는다. 날씬한 몸이 곧 탁월함과 의지의 징표라고 생각하면서 말이다. 그 대신, 훨씬 더 큰 질문은 피해간다. '아픈 사람과 건강한 사람 가운데 어떤 사람이 되고 싶은가?'

당신은 스스로를 바라보는 대신에 나를 바라본다.

당신의 건강을 걱정하는 것은 중요한 신호다. 이는 주로 '걱정 어그로'라 불리는 행동을 뚱뚱한 사람이 겪는다는 신호다. 걱정 어그로꾼은 주로 여성, 유색인종, 뚱뚱한 사람, 자폐 스펙트럼의 사람, 장애인을 신나게 스포츠 삼아 사냥하는 레디터Redditor나 포챈4chan 사용자들과는 다른 유형이다.* 걱정 어그로는 그 의도보다는 영향에 따라 규정할 수 있다. 많은 걱정 어그로꾼들은 어그로꾼이라 불리는 일 자체를 탐탁지 않게 여길 것이다. 걱정 어그로꾼들은 '악마의 변호사 역할을 맡는다'거나 주변화된 사람들에게 직접 시비를 걸기보다는 '그저 조금 걱정할 뿐인' 동정심 어린 지지자라며 스스로를 자리매김한다. 걱정 어그로꾼들은 단지 도움을 주고 싶을 뿐이라고 주장하면서 허수아비 논증을 벌이는 데 능하다. 마치 자신들의 도움이 곧 주변화된 사람이 승리하는 데 필요한 표를 던지는 일이기라도 한 것처럼 말이다. 걱정 어그로꾼들은 그렇게 늘 화만 낸다면 어느 누구도 설득할 수 없을 것이라고 유색인종에게 말한다. 이들은 트랜스젠더가 정말로 확신을 품어야 한다고 고집한다. "정말 성전환수술에 확신이 있어? 알다시피 그건 돌이킬 수 없는 일이잖아. 난 그냥 네가 나중에 후회할 일은 하지 않기를 바랄 뿐이야." 마치 주변화된 사람들의 인간성이란

---

* 레딧(Reddit)과 포챈은 미국의 대형 온라인 커뮤니티로, 레디터는 레딧의 사용자를 가리킨다.

하나의 캠페인이며, 우리가 자신의 경험을 토론 주제 삼으라고 내놓기라도 한 것처럼 말이다. 마치 우리가 겪는 상처, 피해, 트라우마가 그저 만만한 상대이기라도 한 것처럼 말이다.

그렇지만 이는 좋은 의도를 품고 괴롭히는 걱정 어그로꾼이 뚱뚱한 사람들의 인생에 끼어드는 방식 가운데 겨우 한 가지에 불과하다. 걱정 어그로꾼은 변신을 하면서 주장과 변명을 바꾸고 책임과 직접적 대화는 회피한다. 걱정 어그로꾼은 뚱뚱한 사람이 날씬해지도록 압박을 준다는 명목으로 음식, 옷, 확신, 사랑을 주지 않으면서도 이를 엄격한 사랑이라고 얘기한다. 걱정 어그로꾼은 우리 몸이 석탄이며, 자신들이 압력을 가하면 우리가 다이아몬드로 바뀐다고 생각한다. 걱정 어그로꾼은 우리 신체 사이즈를 놓고 탄식하면서, 평가 내리는 경고를 곁들일 때만 칭찬을 한다. "얼굴이 정말 예쁘시네요. 몸무게만 빼면 딱 좋을 텐데." 걱정 어그로꾼은 우리가 쥔 포크가 접시에서 입으로, 다시 접시로 움직이는 것을 눈으로 좇으며, 어떨 때는 심지어 우리가 무얼 먹는지, 먹을 것인지 말 것인지, 얼마나 많이 먹는지에 관해 마음대로 논평한다. 많은 걱정 어그로꾼들은 반박당하면 방어적으로 굴며, 심지어는 성을 내기도 한다. "난 그냥 도와주려고 했어요." 음식을 감시하고 통제하는 것은 특히 많은 걱정 어그로꾼들이 구사하는 은근하고도 치명적인 전술이다.

수많은 뚱뚱한 사람들이 겪는 걱정 어그로는 음식이나 신체 사이즈 또는 멋대로 지레짐작한 동기부여에 관해 노골적으로 논평하는 일로 그치지 않는다. 그런 걱정은 경우에 따라 선을 넘으며 지나치게 개인적인 대질 심문으로 넘어가고 만다. 나는 이를 날씬함 심문thinterrogation이라고 부르게 되었다. 어떤 날씬함 심문은 다이어트에 국한된다. "팔레오 다이어트는 해보셨어요? 케토 다이어트는요? 다량영양소를 얼마나 섭취하는지는 추적해보셨나요? 운동은 해보셨어요? 빵을 끊어보는 건요? 혹시 꼼수를 쓰셨나요? 분명 당분을 몰래 섭취하셨을 거예요. 아마 제대로 하고 있는 게 아닐걸요." 또 어떤 날씬함 심문은 지나치게 내밀하게 파고드는데, 질문을 던지는 사람들은 분명 내 신체 사이즈의 원인이라 확신하며 트라우마를 캐묻는다. "학대를 받았나요? 성추행을 당했나요? 언제 일어난 일이죠? 어떻게 벌어졌죠? 치료는 받고 있나요? 위안을 얻으려고 먹는 건가요? 저도 감정에 휩싸이면 마구 먹는 편인데, 저는 이런 식으로 극복했어요. 익명의 과식자들 모임에는 나가보셨나요? EMDR*은 해보셨나요?" 이렇게 트라우마 관음증이 있는 사람들은 낯선 사람이거나 지인인 경우가 많으며, 내 몸에 관한 병인학을 만들어냈다. 힘들었던 과거, 그러니까 정신적 또는 경험적으로 생겨난 손상이 내가 부적응행동을 하도록 이끌었다고 말이다. 뚱뚱한 몸이란 분명히 어떤 비극의 결과라고 보는 것이다. 뚱뚱한 몸은 일탈적이고, 정상에서 벗어나 있으며, 문제를 일으킨다. 뚱뚱한 몸은 결코 그냥 존재할 수 없다. 뚱뚱한 몸은 반드시 해명이 필요하며, 날씬함 심문자들은 단지 누구나 생각하는 것을 물어볼 뿐이다.

---

* 안구 운동 둔감화 및 재처리(Eye Movement Desensitization and Reprocessing). 인위적으로 안구를 운동시켜 부정적이고 기분 나쁜 생각을 줄이는 트라우마 치료법.

어떤 행동(허수아비 논증, 음식 감시, 트라우마 관음증, '엄격한 사랑', '동기 부여')을 하든 걱정 어그로는 학대의 논리와 전술에 바탕을 둔다. 걱정 어그로는 뚱뚱한 사람들에게 이렇게 말한다. 어떤 일이 벌어지든 그 일은 뚱뚱한 사람들 자신의 잘못이며, 날씬한 사람들은 뚱뚱한 사람의 몸을 보고 하는 행동에 책임 질 필요가 없다고 말이다. 걱정 어그로는 당신이 빌미를 주지 않았다면 당신에게 상처 줄 일도 없었을 것이라고 말한다. 걱정 어그로는 뚱뚱한 몸에 대한 반대가 만들어낸 트로이 목마 같아서, 날씬한 사람들이 하는 행동은 모두 다 **뚱뚱한 사람을 생각해서** 하는 일이라며 솔깃한 이야기를 건넨다.

그렇지만 단순한 사실은 바로 걱정이 뚱뚱한 사람들에게 해를 끼친다는 점이다. 걱정은 우리 몸을 우리 통제 밖으로 끄집어낸다. 날씬한 사람들이 우리 몸을 가장 잘 알고 있으며, 자동차 사고나 아동 학대와 마찬가지로 뚱뚱한 몸도 경위서를 의무적으로 제출해야 한다고 고집스럽게 주장한다. 마치 뚱뚱한 사람들이 자신이 뚱뚱한 줄 모르고 있기라도 한 것처럼, 뚱뚱한 몸을 매도하는 동시에 혹독히 감시해야 하는 대상으로 치부한다.

체중 낙인(걱정 어그로도 포함해서)과 나쁜 건강 상태 사이의 연결점을 찾으려 했던 거의 모든 학술적·과학적 연구가 두 현상이 관련된다는 사실을 밝혀냈다. 《비만: 연구저널Obesity: A Research Journal》에 발표된 어느 연구에서는 주로 백인으로 이뤄진 1013명의 여성들을 대상으로 체중 낙인과 뚱뚱한 사람들에 대한 고정관념에 얽힌 경험을 물었다. 뚱뚱한 몸에 대한 고정관념을 내면화한 사람들은 폭식을 할 가능성이 더 높았다. 또, 뚱뚱한 몸에 대한 고정관념을 믿거나 낙인을 직접 경험한다고 해서 참가자들이 체중을 감량하겠다는 "동기를 부여받지는" 않았다.[6] 또 다른 연구는 "자신이 부당한 대우를 받은 가장 핵심적 이유가 외모라고 밝힌 흑인과 백인 청소년들은 동맥 혈압이나" 활동 시 혈압이 높아졌다는 사실을 밝혀냈다.[7] 세 번째 연구는 '체중 감량용 거주 시설'에서 생활하는 뚱뚱한 사람들 93명의 정신 건강을 조사했다. 이 연구는 우울, 자존감, 신체 이미지, 전반적인 정신의학적 증상, 그리고 환자들이 체중 낙인을 경험하고 뚱뚱한 몸에 반대하는 신념을 내면화한 것이 정신 건강과 어떻게 관련을 맺는지에 초점을 맞췄다. ('엄격한 사랑'을 비롯한) 걱정 어그로를 경험한 참가자들의 비율은 압도적이었다. 97.9퍼센트는 가족에게서 끔찍한 말을 들은 적이 있었고, 89.1퍼센트는 의사에게서 부적절한 말을 들었다고 밝혔으며, 86퍼센트는 사랑하는 사람들이 뚱뚱한 사람과 어울리는 것을 부끄러워 한 적이 있다고 말했고, 78.3퍼센트는 다른 사람이 자신에 관해 부정적인 추측을 했다고 보고했다.[8] 심리학적인 연구 결과는 충격적이었다.

뚱뚱한 몸에 반대하는 연구 참가자들의 신념은 정신질환 증상이 나타나리라는 사실을 상당히 잘 예측했다. 구체적으로 이야기하자면, 심리적 변이가 나타나는 데 회귀 모델이 상당 부분 원인이 되었다. 전반적인 정신질환 증상의 22퍼센트에서부터 우울증 척도의 13퍼센트에 이르기까지 말이다. 나아가 연령, 발병 연령, 성별, BMI가 만들어낼 수 있는 정신 건강상의 차이를 함께 고려할 경우, 뚱뚱한 몸에 반대하는 태도는 정신질환 증상을 특히나 잘 예측했다.[9]

《비만저널Journal of Obesity》에 실린 2014년 연구 리뷰는 체중 낙인이 건강에 끼치는 영향을 간략히 보여주었다. 여기서 말하는 체중 낙인에는 직접적 공격, 제도화된 낙인, 심지어는 겉으로 보기엔 좋은 의도인 듯한 미묘한 공격과 '칭찬으로 가장한 체중 차별주의'(즉 체중을 감량했다고 축하하는 일)가 해당되었다.

셰이퍼Schafer와 페라로Ferraro는 통상적으로 비만을 유발하는 건강상의 위험이 증가하는 것과 체중 낙인이 관련된다는 사실을 알아냈다. 이런 위험에는 10년 이상 지속되는 기능장애, 자체 평가한 건강 상태 저하 등이 있다. 나아가 체중 낙인은 아동·청소년·성인의 활동 시 혈압 증가, 건강하지 못한 방식의 체중 통제와 폭식 행동, 대식증 증세, 부정적 신체 이미지, 낮은 자존감, 그리고 우울증과 관련이 있다는 사실이 증거를 통해 드러났다.[10]

뚱뚱한 사람들이 겪는 체중 낙인과 뚱뚱한 몸에 대한 고정관념의 내면화가 모든 면에서 건강을 악화시킨다는 사실을 보여주는 연구들이 늘어나고 있다. 두뇌 기능부터 정맥에 흐르는 혈액에 이르기까지 말이다. 대중적 믿음과는 반대로, 뚱뚱한 사람들을 겨냥해 끊임없이 잔인하게 평가를 내리고 전략을 구사하는 일은 간단히 무시될 수 없으며, 분명한 영향을 남긴다. 이런 것들이 건강을 걱정해서 하는 일이라는 명분 속에 모습을 감추고 있더라도 말이다.

수치심을 불러일으키는 방식이든 걱정을 하는 방식이든 뚱뚱한 사람들을 날씬하게 만들려는 메시지는 아무런 효과도 없다. 《미국예방의학저널American Journal of Preventative Medicine》에 실린 어느 무작위 대조군 연구는 뚱뚱한 몸에 반대하는 건강 캠페인에 대한 반응을 평가했다. 그리고 신체 사이즈가 어떻든 "낙인을 찍는 캠페인은 중립적인 캠페인과 비교했을 때 참가자들에게 라이프스타일 행태를 개선하도록 동기를 부여할 확률이 높지 않았다"는 사실을 밝혀냈다.[11] 《국제비만저널》에 발표된 또 다른 연구는 모든 신체 사이즈의 사람들을 대상으로 '비만 관련' 대중 건강 캠페인에 대한 인식을 평가했다.

참가자들은 '과일과 채소 섭취를 늘리자'는 주제의 메시지와 건강에 좋은 다양한 행동을 담은 일반적인 메시지에 가장 우호적으로 반응했다. 낙인을 찍는 내용을 담아 공개적으로 비난을 퍼붓는 메시지는 가장 부정적인 평가를 받았으며, 이 메시지에 담겨 있는 내용을 따르겠다는 의견도 가장 낮게 나타났다. 나아가 가장 긍정적이고 동기를 부여한다는 평가를 받은 메시지는 '비만'이라는 말을 아예 담지 않았고, 그 대신 체중에 관한 언급 없이 건강한 행동으로 바꾸는 데 초점을 맞췄다.[12]

어떤 주제를 다루든 수치심이 변화를 불러일으키지는 않는다. 오히려 수치심을 느끼는 당사자가 나쁜 사람이라는 의미만 전달될 뿐이며, 이것만으로는 아무런 효과도 낼 수 없다.[13] 《미국의료협회저널》에 발표된 〈지위 신드롬〉이라는 논문은 낙인과 사회적 지위가 건강 상태를 이끄는 주요 요인이라는 증거를 제시하는데, 그것은 특히 빈곤층에게서 나타난다. "건강에서 드러나는 사회경제적 차이는 하층민의 건강이 나쁜 데만 국한되지 않고, 모든 이들의 건강과 연관된다. 오히려 빈곤층이 아닌 개인들의 건강이 사회적 변화를 보여주었다. 사회적 지위가 높을수록 더 건강하다."[14] 뚱뚱한 사람들이 오랫동안 알고 있었던 것을 연구자들은 이제야 깨닫고 있다. 차별과 낙인은 건강에 영향을 끼치는 주된 요인이며, 그 모든 걱정들은 도움을 주기보다는 해를 끼친다는 사실을 말이다.

궁극적으로 보면 뚱뚱한 몸에 대한 반대는 과학이나 건강에 근거를 둔 것이 아니며, 걱정이나 선택의 문제도 아니다. 뚱뚱한 몸에 대한 반대는 날씬한 사람들이 스스로 갖고 있다고 여기는 미덕을 자기에게 일깨우는 수단이다. 자신보다 더 뚱뚱한 사람들을 보면 이들은 '아무리 그래도 나는 저 정도로 뚱뚱하지는 않으니까'라고 되새긴다. 날씬한 사람들은 자기들이 몸을 선택했다고 생각한다. 그래서 뚱뚱한 사람이 무언가 건강에 안 좋다고 생각되는 것을 먹는 모습을 보면, 이들은 자기가 의지력이 더 강하고, 끈기 있고, 우월한 특성을 지녔다고 생각한다. 이들의 생각은 이런 식으로 흘러간다. 우리는 그저 달라 보이는 게 아니라, 실제로 다르다고 말이다. 날씬한 사람들은 자기들의 몸보다 앞서 나간다. 뚱뚱한 사람들은 이들에게 굴복한다. 뚱뚱한 사람들을 마주치는 일은 이런 서사를 재확인하고, 자신들의 우월함을 되새기는 반가운 기회를 만들어준다.

시간이 흐르면서 나는 이런 순간들(협박, 걱정, 좋은 뜻으로 하는 소리라며 끊임없이 괴롭힘)이 단순히 우월함을 상정하는 일보다도 훨씬 더 깊이 파고든다는 사실을 깨달았다. 이렇게 되새기는 것을 너무나 많은 날씬한 사람들이 절박하게 갈구한다. 날씬한 사람들은 전혀 내게 말을 거는 것 같지가 않다. 이 사람들은 스스로에게 얘기하고 있는 것 같다.

날씬한 사람들이 다이어트 방법이나 의사를 아는 데 반드시 내가 필요하지는 않다. 날씬한 사람들이 비만이라는 유행병이란 악마나 비만과의 전쟁을 세세히 설명하는 데 내가 꼭 필요하지는 않다. 날씬한 사람들은 자신들이 경계를 늦추지 않으며 고결하다는 사실을 되새겨야 한다. 날씬한 사람들이 뚱뚱한 사람들에게 말을 거는 방식은, 아주 비정하게 스스로를 달래는 방식이다. 그들은 그들 자신에게 경고를 보낸다. 나는 그 사람들이 두려워하는 미래다. 그래서 그 사람들은 나를 뚱뚱한 미래의 유령으로 삼아 내게 말을 건다. 이들은 마치 자기 카트라도 되는 양 내 카트에서 음식을 빼낸다. 이들은 다이어트 조언을 단호하게 내세우면서 내가 그 조언을 따라야 한다고 고집한다. 내가 이미 해본 것이라고 말하면 이들은 분명 내가 잘못된 방법으로 했을 거라고, 내가 분명히 방심했거나, 의지력이 충분치 않았던 게 확실하다고 완강히 주장한다. 이들은 나를 이겨먹는데,

4. 걱정이라는 핑계, 선택이라는 착각

대부분은 그저 혼잣말하는 식이다. 이들은 무아지경에 빠지기라도 한 듯 무언가 두려운 미래의 자신을 나에게 한탄한다.

때로는 무아지경 상태가 깨진다. 이렇게 무아지경 상태가 깨지는 것은 어쩌면 아주 불편하게도, 자신들이 지나치게 평가를 내렸다는, 마치 심술궂은 왕자처럼 선을 넘는 명령을 내렸다는 사실을 깨달아서일 수도 있다. 그것은 어쩌면 뚱뚱한 사람이 그만하라고 얘기해서일 수도 있다. 하지만 어떤 이유로 무아지경 상태가 깨지든 날씬한 사람은 자신이 도를 지나쳤는지도 모른다는 것을 자각하면서 자기 자신에게로 돌아간다. 그리고 이들은 자신이 상처를 주었다는 사실을 부인하면서 어김없이 똑같이 외운 듯한 통보를, 사인도 하지 않은 포기 서류를 성급히 내밀 것이다. "저는 그냥 당신 건강이 걱정됐을 뿐이에요." 그리고 바로 이런 식으로 그 모든 평가며, 지레짐작이며, 잔인한 행동들이 갑자기 인도주의적 임무로 돌변한다. 당신의 건강을 걱정하는 것은 날씬한 사람들이 지닌 우월한 속성을 보여주는 그저 하나의 사례일 뿐이다. 날씬한 사람들이 더 근사해 보이는 이유는 이들이 실제로 더 근사하기 때문이며, 심지어 이 사람들은 당신이 더 나아질 수 있도록 공공연하게 모욕을 주는 너그러움까지 갖췄다면서 말이다. 딱하고 가련한 수많은 뚱뚱한 멍청이들을 구해주는 것은 날씬한 이들에게 지워진 짐이다. 왕관을 쓴 날씬한 사람들의 머리가 무겁다.

걱정 어그로꾼들에게 대체 무슨 심산으로 그런 말을 하느냐고 물어볼 때면, 다시 말해 왜 자기들에게 뚱뚱한 사람을 서슴없이 평가

할 자격이 있다고 여기며, 그렇게 내리는 평가를 왜 어떤 식으로든 마치 공익사업인 양 위장하는지 물어볼 때면 이들은 모두 한결같은 답을 내놓는다. "그러면 당신에게 바뀌어야겠다는 동기를 부여할 수도 있잖아요." 내 에세이에 대한 응답으로 어떤 사람이 한 말처럼 "사람들은 흑인이나 백인으로 태어나거나, 동성애자나 이성애자로 태어난다. 그렇지만 뚱뚱하게 태어나는 사람은 아무도 없다."[15] 신체 사이즈란 개인이 통제할 수 있는 영역 바깥에 있다는 증거가 정보를 제공하는 주요 원천에서 압도적일 정도로 쏟아지지만, 내가 질문을 던졌던 거의 모든 걱정 어그로꾼들은 딱 하나의 단순한 신념을 공유하고 있었다. 바로 뚱뚱한 사람들은 스스로 선택해서 뚱뚱해졌다는 신념이다.

1990년대에 성장하고 커밍아웃한 퀴어인 나는 이런 주장이 지닌 뼈대에 익숙하다. 내가 예전에 들었던 말과 닮아 있다. 퀴어나 트랜스젠더 자식을 둔 부모들은 자기 아이들이 커밍아웃하는 것을 원치 않는데, 그 이유는 아이들의 안전을 걱정해서다. 이성애자들은 동성애를 혐오하는 게 아니다. 이들은 그저 퀴어와 트랜스젠더가 HIV에 감염되는 걸 걱정할 뿐이다. 동성애를 혐오하는 종교 지도자들은 죄인은 사랑하나, 죄는 혐오한다. 그리고 퀴어인 사람들이 아무런 의심도 없는 순진한 이성애자 아이들을 꾀어내어, 나중에 이 아이들이 동성애적 라이프스타일을 선택하게 될 것이라고 생각한다. 수십 년이 지나 돌이켜보면, 우리 가운데 많은 이들은 지금에 이르러서야 과거에 들었던 말이 무엇이었는지 알게 되었다. 그런 말들은 이성애자들이 퀴어를 불편하게 여기는 감정을 감추려던 연막이었으며, 이성애자들이 그렇게나 오랫동안 두려워했거나 조롱했던 무언가를 받아들여야만 한다는 사실 때문에 생겨난 두려움을 감추려던 연막이었다. LGBTQ를 점점 더 편하게 여기게 되면서, 이런 걱정은 대부분 자취를 감췄다. LGBTQ가 아이들을 '꾀어낼까 봐' 걱정했던 것은 이제 지나간 시절의 유물 취급을 받으며 대부분 웃어넘기는 소재가 되었다. HIV는 성적 지향에 관계없이 사람들에게 영향을 끼친다는 사실이 알려졌다. 실제로도 인터넷 사이트 HIV.gov에 따르면, 이성애자 집단과 비교했을 때 퀴어 집단에서 새로이 HIV를 진단받는 수치가 거의 두 배 가까이 감소했다.[16] 정책의 변화, 문화의 변화, 그리고 대규모 대중 교육 캠페인 덕분에 많은 이성애자들이 LGBTQ에 대한 태도를 바꾸었고, 동시에 그런 행동이 끼치는 영향에 관한 고찰에서도 자유로워졌다. 문화적으로 보자면 동성애 혐오와 트랜스젠더 혐오가 멀리 물러나자 많은 사람들이 이를 백미러로 볼 수 있게 되었다. 몇몇 끔찍한 힘은 LGBTQ 반대 운동의 수장에게만 국한된 것이 되었고, 이런 수장들이 힘을 발휘할 수 있도록 불편한 감정을 품고 있었던 여러 이성애자들과 시스젠더[*]들에게선 힘이 사라졌다.

뚱뚱한 몸에 대한 반대를 이해하려 할 때는 이러한 거리감이 주는 이점이 없다. 그것은 우리가 들이마시는 오염된 공기라서 눈에 보이지 않아도 어디에나 있다. 시간이 흐를수록 그것의 편재성은 우

---

* 생물학적 성별과 심리적 성별이 일치하는 사람

리 각자가 작동하는 방식을 바꾸어놓으며, 우리는 어디서나 그것을 재생산한다. 뚱뚱한 몸에 대한 고정관념을 내면화하는 가운데, 뚱뚱한 사람들을 대하는 우리의 태도 가운데, 우리가 자기의 몸을 평가하는 가운데, 우리가 소비하는 미디어 가운데, 우리가 들려주는 이야기 가운데 말이다. 뚱뚱한 몸에 대한 반대는 수많은 사람들을 영구 동력 기계로 바꾸어놓았다. 그것이 할 일을 많은 사람들이 영원히 도맡아 하도록 이 모든 일에 동력을 불어넣는 것은 '**뚱뚱한 것은 선택의 결과**'라는 확고하고도 근거 없는 믿음이다.

어떤 뚱뚱한 사람들에게는 뚱뚱함이 선택의 결과가 맞다. 그 사람들은 자랑스럽게, 그리고 일부러 살을 더 찌운다. 이 가운데 많은 이들은 자신이 가장 뚱뚱할 때 가장 아름답고, 강력하고, 자기 본연의 모습에 가깝다고 느낀다는 얘기를 한다.[17] 먹이는 걸 좋아하는 피더feeder는 자기가 먹일 파트너인 피디feedee를 찾아다닌다. 즉 체중을 늘리려는 목적으로 자기에게 음식을 먹이는 것에 동의하는 파트너이다.[18] 그런가 하면 어떤 이들은 단지 뚱뚱할 때 자신의 모습을 더 좋아하기도 한다. 이렇게 아주 광범위한 이유로 뚱뚱해지기를 선택한 사람들도 있다.

과학적으로 봤을 때 대부분의 사람들은 신체 사이즈나 몸매를 눈에 띌 정도로 바꿀 수 없다. 다이어트를 하든, 클렌즈를 하든, '체중 감량을 위한 여정'에 나서든, 라이프스타일을 바꾸든 우리가 체중을 감량하려고 활용하는 많은 방법들로는 거의 대부분의 사람들이 확연하고 지속적인 체중 감량을 이루지 못한다. 2007년 캘리포니아대학교 로스앤젤레스캠퍼스UCLA 소속 연구자들은 종적 연구 31개를 분석한 메타 연구를 발표하며 반향을 일으켰다. "우리는 대다수의 사람들에게서 체중이 빠진 만큼 다시 늘었다는 사실을, 심지어 빠진 것보다 더 늘었다는 사실을 알아냈다. 지속적인 체중 감량은 아주 소수의 참가자들에게서만 확인할 수 있었다. 반면 몸무게가 빠진 만큼 완전히 다시 늘어나는 현상이 대다수에게서 발견되었다. 대부분의 사람들에게 다이어트는 지속적인 체중 감량이나 건강상의 이득으로 이어지지 않는다."[19] 다이어트를 해서 체중을 감량하려고 시도했던 사람들 가운데 95퍼센트는 그렇게 감량한 만큼 (더러는 감량한 것보다 더 많이) 불과 몇 년 만에 몸무게가 다시 늘어났다.[20] 게다가 이 연구를 진행한 UCLA 연구자들은 향후 체중 증가를 예측할 수 있는 가장 중요한 요인 가운데 하나로 최근의 체중 감량 시도를 분명하게 꼽았다.[21] 데이터가 보여주는 사실은 명확하다. 다이어트는 아무 효과가 없다.

체중 감량을 시도할 때 주축을 이루는 다른 하나는 당연히 운동이다. 다이어트와 관련해서 지겨우리만치 오래된 빤한 소리는 바로 다이어트란 섭취 칼로리와 소모 칼로리를 계산하면 되는 간단한 일이라는 얘기다. 그래서 한 사람이 섭취하는 칼로리를 제한하고 칼로리를 태우는 활동을 늘리면 몸무게가 줄어들 수밖에 없다는 주장이다. 하지만 운동이 심장 건강, 혈액순환, 정신 건강, 그리고 개인 건강과 관련된 다른 영역에는 도움이 될지 몰라도 체중을 감량하는 방법으로는 효과가 없다는 사실이 오랫동안 알려져왔다.[22] 운동은 현저히 체중을 줄여줄 만큼 칼로리를 태우지는 않으며, 여러 신체 활동은 근육량을 증가시킨다. 이는 체중계에 나타나는 숫자를 줄여주지 않을 것이다. 그리고 무엇보다도, 많은 사람들이 운동하고 나서 더 많이 먹기 때문에, 방금 전에 태운 얼마 안 되는 칼로리를 상쇄하고 만다.[23]

다이어트나 운동을 해서 제법 체중을 줄인 사람들을 알고 있는 경우가 많겠지만 그와 같이 일화에 지나지 않는 사례들은 통계적으로 극소수여서, 전체 다이어트 인구의 5퍼센트 미만이다. 대중적 견해와는 달리, 거의 대다수 사람들에겐 다이어트도 운동도 장기적인 체중 감량을 이뤄주지 않는다. 더 광범위한 데이터 역시 이런 사실을 뒷받침해준다. 《미국공중보건저널American Journal of Public Health》에 따르면 비만으로 분류되는 BMI에 해당하는 여성들은 BMI가 요구하는 '정상' 체중이 될 확률이 극도로 낮다. 뚱뚱한 여성 가운데 살아가며 날씬해지는 사람은 0.8퍼센트뿐이다.[24] 이렇게 몇 안 되는 사람들은 나가떨어질 만큼 힘겨운 싸움을 맞닥뜨린다. 요요 현상과 다이어트는 이들의 신진대사를 극적으로 또 영구적으로 바꾸어 감량한 체중을 유지하는 일을 더욱 어렵게 만들기 때문이다.[25] 미국 질병통제예방센터에 따르면, 비만과의 전쟁에 국가 예산을 잔뜩 쏟아부었음에도 오늘날 미국인들은 과거 그 어느 때보다도 뚱뚱하다.[26] 말랐던 사람들은 현재 더 살이 쪘으며, 뚱뚱했던 사람들은 한층 더 뚱뚱해졌다는 것이다. 비만과의 전쟁은 따져볼 필요도 없이 실패했다. 이렇게 실패한 큰 이유는 단기적 차원을 넘어서서 효과를 발휘한다고 증명된, 비수술적이고 근거에 바탕한 체중 감량법이 없다는 것이다.

그리고 무엇보다도, 뚱뚱함의 속성에 관한 우리의 해석은 점점 더 복합적이고 섬세해지고 있다. 많은 사람들은 뚱뚱함을 지나치게 단순화해 해석한다. 문화적 차원에서 비만은 두 가지 원인을 지닌 한 가지 상태라고 이해되곤 한다. 그 원인이란 너무 많이 먹거나 너무 적게 움직이는 것이다. 그것을 어떻게 알게 되었느냐고 캐묻는다면 대부분은 '그냥 과학적으로 그렇다'는 식의 얘기를 여러 가지 방식으로 꺼낼 것이다. 하지만 체중에 얽힌 과학은 이와 달라도 한참 다르다. 2016년 '비만, 신진대사 및 영양 연구소' 연구자들은 서로 다른 비만 유형 59가지를 목록으로 만들었다. 저마다 고유한 원인, 유발 요인, 밝혀내지 못한 점들, 가능성 있는 치료법이 있었다.[27] 케임브리지대학교 임상생화학 및 의학과 학과장에 따르면 "조사원들은 강력한 영향을 끼치는 유전자를 25개 이상 찾아냈으며, 이 가운데 하나만 돌연변이가 되어도 개인이 비만이 될 가능성이 상당히 커진다".[28]

압도적인 증거가 너무나 많은데도, 대부분의 사람들은 이렇게나 복잡한 비만이라는 현상의 속성에 놀라울 정도로 아무 관심이 없다. 우리는 뚱뚱함이며 뚱뚱한 사람들에 관해 낡고, 증명되지 않았으며, 파괴적인 문화적 신념을 완강히 고집한다. 더군다나 뚱뚱함이 개인의 실패가 아니라고 인정했다면, 뚱뚱한 사람들을 다르게 대해야 한다. 우월감을 느끼거나 업신여기지 않고 말이다. 그런데 우리보다 뚱뚱한 사람들을 얕잡아 볼 수 없다면, 우리는 과연 어떻게 해서 자신의 몸을 더 좋게 여길 수 있을까? 우리는 과연 누구를 딱하게 여기고, 애통해하고, 조롱하고, 헐뜯을까? 그리고 우리가 못나다고 여기는 모습은 과연 어떤 모습일까?

남자가 첫 번째로 보낸 이메일은 날이 서 있었지만, 순수하긴 했다. 남자는 내게 몸무게를 줄이려는 노력을 해보았는지 물어보면서, 뚱뚱한 사람으로서 비행기에 탄 경험을 쓰는 대신에 왜 몸무게를 줄이진 않았냐고 물었다. 나는 독자들이 보내는 모든 이메일에 선의를 품고 답을 보낸다는 나만의 규칙을 세워두었고, 이 경우에도 그 규칙을 따랐다. 나는 사람들이 비행기에 탄 뚱뚱한 사람들에 대해 공개적으로 불평하는 것을 많이 들어봤는데, 그 사람들이 그런 행동이 끼칠 영향을 예상하지 못하는 것 같다고 얘기했다. 이어지는 대화는 짧았고, 점점 더 지나칠 정도로 간결해졌다.

그 남자: 빌어먹을 살찐 뚱보로 살아가는 걸 왜 동정해달라고 하는 거예요? 적게 먹고… 운동하고… 자기 관리를 하세요. 쉽잖아요.

나: 동정해달라고 한 적 없어요. 저는 비행기 탈 준비를 하려고 제가 어떤 일들을 했는지를 썼을 뿐이에요. 몸무게를 27킬로그램쯤 뺐다는 내용도 같이 적었고요. 저한테 메일을 보내는 목적이 뭐죠? 어떤 결과를 기대하는 건가요?

그 남자: 목적 같은 건 없어요… 트위터에서 당신이 '학대'에 관해 포스팅한 걸 봤는데… 당신은 빌어먹을 살찐 뚱보고 난처한 일도 좀 겪어봐야 돼

요. 자기 자신을 위해 노력하세요. 그럼 더 이상 뚱보로 살 일은 없을 테 니까요.

남자는 빌어먹을 웃음 이모지 세 개로 이메일을 마무리했다.

나는 그 남자의 이메일 주소를 수신 거부로 설정했다. 그 뒤로 남자는 추가로 이메일 주소를 다섯 개나 만들어 매일 새로운 계정으로 이메일을 보냈다. "비만이 인권이라고요? 절대 그럴 리 없죠, 게으름뱅이 같으니!!!" 하마가 똥을 싸는 생생한 움짤을 보냈다. 온라인 사이트에서 복사해서 붙여 넣은, 뚱뚱한 사람을 소재로 한 끔찍하고도 지긋지긋한 우스갯소리를 줄줄이 보냈다. "당신 애들이 커가는 모습을 보고 싶은 생각이 없어요? 아니면 애들을 너무 싫어해서 차라리 잔뜩 먹고 죽으려는 건가요? 아니면 애들도 당신이 죽기를 바랍니까?" 매일 아침 나는 새로운 익명 계정으로부터 보내진 이메일을 발견했고, 결국은 이메일을 열어보지도 않은 채 수신 거부를 했다. 이튿날이 되면 똑같은 일이 다시 벌어질 터였다.

결국 남자는 이메일을 보내는 데 지쳤는지 트위터로 말을 걸기 시작했다. 익명으로 질문을 던지는 앱을 이용하든 자신이 찾아낼 수 있는 어떤 연락 수단을 활용해서든 말이다.

남자의 말은 끝없이, 인정사정없이 이어졌다. 남자가 한 수많은 말에 드러나듯이 그 남자가 보기에 내 몸은 부인할 수 없는 선택의 결과였다. "자기 자신을 위해 노력하세요. 그럼 더 이상 뚱보로 살 일은 없을 테니까요." "적게 먹고… 운동하고… 자기 관리를 하세요. 쉽잖아요."

이것도 차단해보라지, 빌어먹을 뚱뚱한 자식아. 비만율이 낮아질 때까지 멈추지 않고 보낼 테니까. 당신은 건강하지 않은 상태를 옹호하고 있어. 당신은 죽는 걸 옹호하고 있어. 그게 포용이고 긍정주의라는 헛소리를 지껄이면서 말이야.

마지막 경고야. 이런 식으로 건강을 망치는 설교를 계속 늘어놓는다면 당신이 더는 한 글자도 못 쓰게 만들어주겠어.

나는 운동하고 건강하게 먹어야겠다는 동기부여를 당신한테서 받고 있어. 당신이 계속 뚱뚱하게 살아가는 한, 이걸 절대로 멈추지 않을 거야. 당신 삶의 질이 얼마나 형편없을지 상상이 가는군. 비행기 좌석에도 몸이 안 맞고, 평범한 옷은 입을 수 없고, 다른 사람들 같은 체력도 없고 등등… 나나 내 아이들이나 내 가족 중에 그 누구에게도 그런 일은 절대로 없었으면 좋겠군. 당신 몸을 좀 신경 써. 동맥이 꽉 막히고 관절염을 앓아야 할 이유는 없잖아.

당신 주치의가 어디 있는지 트위터의 모르는 사람한테 알려주다니 고마운 일이군. "몇 블록밖에 안 떨어져 있다"고 했지. 당신을 찾아낼 거야.

나약한 바다소는 몸무게를 줄이질 못하고 변명을 늘어놓지.

덩치가 너무 커진 멍청한 바다소, 안녕. 비만인 사람들은 목숨도 더 짧고 삶의 질도 더 나쁘다는 걸 그냥 인정하는 게 어때?

사회 사람들 대부분은 언제나 뚱뚱한 건 못생긴 거라고들 생각했어. 심지어 고대 그리스인들도 조각상처럼 근육이 잘 잡히고 날씬한 몸을 찬양했고, 거기에 맞춰서 아름다움의 기준을 세웠어. 당신은 항상 못생기고 뚱뚱하게 살 거야. 뚱뚱한 부위들을 바꾸지 않는 한 말이야.

"당신은 항상 못생기고 뚱뚱하게 살 거야. 뚱뚱한 부위들을 바꾸지 않는 한 말이야." 내가 뚱뚱한 사람들을 존중해달라고, 사람들의 해로운 행동이 어떤 기분을 자아낼지를 비판적으로 바라봐달라고 촉구하는 것이 이 낯선 사람에겐 마치 날씬해져서 그 날씬한 상태를 유지한다는 책임을 회피하는 일처럼 느껴졌던 모양이다. 이 남자의 머릿속에서 뚱뚱한 상태란 폭식과 게으름이라는 의도적 선택의 결과이며, 뚱뚱한 사람들의 존엄성을 존중하라는 요청은 때 이른 주장인 데다 망상에 가득 찬 소리이기 때문이다. 남자가 보기에 나는 깊숙한 나락으로, 뚱뚱함이라는 정신병 속으로 떨어져 있었다.

나는 내가 알고 있던 사실들을 되새겼다. 그러니까 이것은 그 남자의 평가이지 내 판단이 아니라는 사실을. 하지만 그렇게 스스로를 일깨우는 일은 매번 힘이 약해져만 갔다. 메시지가 물밀듯 쏟아지면서(매일 10여 개씩 왔다) 마치 물이 바위를 때리듯 나를 갉아먹었다. 내 자신이 침식되어가는 게 느껴졌다. 끊이질 않는 괴롭힘이 몇 주 동안 이어지고 나자, 이 폭력은 나를 가르며 무언가 날카롭고 잠재울 수 없는 고통을 만들어냈다. 매일 새로 상처가 났다. 이 남자가 누구인지, 어떻게 생긴 사람인지 알아야 했다. 이 남자가 계속 협박해오는 내용을 실행할 계획인지, 그걸 과연 실행할 수 있는지 확인해야 했다. 남자를 찾아내는 일은 채 5분도 걸리지 않았다. 맨 처음 받았던 메시지는 남자의 개인 계정에서 보낸 것이었고, 이 계정은 공개된 페이스북 프로필과 연동되어 있었다.

어떤 신호 같은 게 있지 않을까 예상했다. 어떤 신호인지는 몰라도 말이다. 음흉하게 미소 짓는 모습? 온갖 사람들을 향해 편협한 시각을 당당히 내세우는 모습? 나에게 보낸 독설이 잘 드러나는 게시물? 하지만 그 어떤 것도 없었다. 극보수주의적인 밈도, 개구리 페페

Pepe the Frog[*]도, 나치 기호도 없었다.

그 남자는 40살이었고, 캔자스시티에 살고 있었으며, 세 아이를 둔 아버지였다. 프로필 사진 속 남자는 다 해진 야구 모자를 쓰고 카메라를 향해 활짝 웃고 있었다. 일순간 남자와 나의 눈이 마주쳤다. 남자 주변에는 어린 세 딸인 듯한 아이들 얼굴이 보였다. 모두 초등학생이거나 그보다 어린 아이들 같았다.

나는 낙심하고 풀이 죽은 채로 자리에 깊숙이 앉았다. 남자는 으르렁거리는 짐승도 아니었고, 모든 사람에게 반대하는 활동가도 아니었다. 우리 동네에 사는 남자들, 집 근처 길거리를 지나다니는 사람들, 내 친구의 친구 같은 모습이었다. 그가 말한 것은 강경한 입장을 지닌 잔인한 소수의 신념이 아니었다. 그는 곧 다수의 목소리였다. 내 주변에는 온통 이 남자 같은 사람들(고정적 직업이 있는 사람들, 친절하게 미소 짓는 사람들, 다정한 어린아이들이 있는 사람들)이 있었다. 너무나 정직하고도 소리 없는 괴물 같은 남자의 얼굴을 물끄러미 바라보자 나는 겁이 났다.

이윽고 내 눈길은 그 남자의 딸들에게로 향했다. 아이들의 얼굴은 다정하고 온화했다. 서로를 흉내 내며 세 아이들이 다 같이 환하게 활짝 미소 짓고 있었다. 이 아이들 앞에 분명히 펼쳐질 일들을 생

―――――

* 미국의 예술가 맷 퓨리(Matt Furie)의 만화 《보이스 클럽(Boy's Club)》에 등장하는 캐릭터. 인터넷 밈으로 유행하면서 인종주의자, 극우 집단 등이 이 캐릭터를 사용하기도 했다.

각하니 괴로웠다. 이 아이들의 몸이 확실히 성장할 청소년기가 되면 어떤 일이 벌어질까? 누군가 한 명이 자기 아빠가 바라는 것보다 더 뚱뚱해지면 어떻게 될까? 이 남자의 분노는 어떻게 아이를 얼어붙게 만들 것이며, 그것이 자식들을 어떤 식으로 아프게 만들까? 저 아이들은 자신들의 아버지가 지닌 괴물 같은 면모를 본 적이 있을까, 아니면 그런 비통한 일이 아직은 일어나지 않은 것일까? 이 남자는 자기 딸들한테도 나한테 말하듯이 얘기할까? 또는 딸들의 몸은 선택의 결과라고 이야기하면서, 자기는 그저 아이들의 건강이 걱정돼서 그러는 것이라고 고집스럽게 주장할까?

뚱뚱한 몸에 대한 반대가 어떤 식으로 드러나든, 심지어 온순한 방식으로 모습을 드러내더라도 각각은 뚱뚱한 몸에 대한 또 다른 반대가 뒤따라올 수 있는 길을 닦아준다. 더 노골적인 반대 행동이 가능하게끔 기반을 쌓으면서 말이다. 뚱뚱한 사람을 비하하는 농담에 웃어주면 주변 사람들은 이런 농담을 해도 괜찮다고 생각하게 된다. 뚱뚱한 사람을 비하하는 농담은 뚱뚱한 사람들의 인간성이 무시될 여지를 더 많이 만들어낸다. 우리의 인간성을 무시하는 행동은 우리를 비정하게 대하는 문을 열어젖힌다. 우리 건강을 걱정해서라는 눈속임을 한 채로, 다시 우리를 상처 입히는 고정관념을 흉내 낸다. 이렇게 비정한 대접은 노골적인 차별, 괴롭힘, 폭력, 살해 협박이 벌어지도록 길을 터주고, 이런 행동 하나하나는 뒤이어 또 다른 행동이 벌어질 장을 마련한다. 늑대의 탈을 뒤집어쓰든 "이것도 차단해보라지,

빌어먹을 뚱뚱한 자식아.”), 양의 탈을 뒤집어쓰든(“저는 그냥 당신 건강이 걱정됐을 뿐이에요.”) 이야기의 결말은 똑같다. 늑대는 이빨을 드러내며 먹잇감을 게걸스레 집어삼킨다. 뚱뚱한 몸에 대한 반대가 어떤 식으로 모습을 드러내든 그것은 결국 나를 통째로 집어삼킬 것이다.

하지만 이렇게 적나라하다시피 한 경멸이 난데없이 튀어나오는 것은 아니다. 문화적으로 걱정과 선택이 끊임없이 존재하는 까닭은 이것들이 뚱뚱한 사람들에게 상처를 입히기 때문이 아니다. 이런 것들이 어디에나 존재하는 까닭은 사회적으로 받아들여지는 몸을 지닌 사람들에게 이득이 되기 때문이다. 그들 가운데는 날씬한 사람들과 덜 뚱뚱한 몇몇 사람들이 있다. 뚱뚱하지만 백인이거나 피부 톤이 밝은 사람들도 있다. 모래시계처럼 몸매가 글래머러스한 뚱뚱한 여성들, 넓은 가슴과 떡 벌어진 어깨를 지닌 뚱뚱한 남성들도 있다. 백인이고, 비장애인이며, 자신의 젠더를 ‘올바르게’ 수행하는 비교적 덜 뚱뚱한 사람들도 있다. 또한 그렇게까지 뚱뚱하지는 않은 뚱뚱한 사람들도 있다.

뚱뚱한 몸에 대한 반대는 뚱뚱한 사람들을 구하는 일도 아니고, 우리 뚱뚱한 사람들의 건강에 관해 걱정을 표현하는 일도 아니며, 심지어는 우리에게 상처를 입히는 일도 아니다. 우리에게 상처를 입히는 일은 특혜를 누리는 날씬한 사람들의 자아를 강화할 때 생겨나는 부산물이다. 뚱뚱한 사람들은 날씬한 사람들이 살이 찔까 봐 끊임없이 두려워하는 미래에서 온 유령이다. 그리고 여느 초자연적인 적과 마찬가지로 우리는 반드시 무찔러야 하는 대상이다. 비교적 날씬한 사람들은 뚱뚱한 사람들과 거리를 두면서 뚱뚱함을 정복한다. 길거리 괴롭힘을 자행하고, 음식을 감시하고, 끊임없이 평가를 입 밖으로 꺼내면서 자신들이 그렇게 **뚱뚱**하지는 않다는 것, 그렇게 형편없지는 않다는 것, 그렇게 경솔하지는 않다는 것을 주변 사람들에게 알리려고 말이다. 뚱뚱한 사람들은 대조를 통해서 날씬한 사람들의 미덕을 증명하는 소품이자 도구다. 제일 자비심 넘치는 날씬한 사람이라 한들, 우리 같은 뚱뚱한 몸을 그저 관용하는 것에 불과하다.《관용: 다문화제국의 새로운 통치전략Regulating Aversion: Tolerance in the Age of Identity and Empire》에서 웬디 브라운Wendy Brown은 관용이 '권력의 담론'이라고 설명한다.[29]

관용이란 평화로운 태도를 취하고 있으나 내부에는 부조화스러운 면을 지닌 용어다. 선량함, 너그러움, 조율과 불편함, 평가, 혐오감을 한데 섞어놓았으니 말이다. 인내와 마찬가지로, 관용이 필요해지는 까닭도 누군가의 입장에서 차라리 존재하지 않았으면 싶은 무언가의 존재 때문이다. 관용은 원치 않는 것, 천박한 것, 결함 있는 것의 존재를 다루는 일을 포함한다. 심지어는 역겹고, 불쾌하고, 도무지 용납할 수 없는 것의 존재까지도 말이다. (…) 이를 보상하는 차원에서 관용은 무언가를 관용하는 자에게 미덕이라는 성유를 부어주며, 누군가의 원칙을 모욕하는 행동을 원칙으로 삼으며 지지한다. 이는 양보에 대한 대가로 적당한 우월감이라는 가운을 선사한다.[30]

이런 식으로 날씬함은 우위를 쥔 시스템이 된다. 그것은 우리 주변 세계를 조직하는 방식이며, 우리에게 다시 한번 은혜로운 빛을 내려준다. 매번 날씬한 사람들을 규정하는 것은 이들이 지닌 덕목이다. 날씬한 상태를 유지하는 절제심과 경계심, 매 순간 자신들의 몸을 감시하는 끈기와 헌신, 가엾은 뚱뚱한 사람들에게 날씬함이라는 복음을 전파하는 선량함, 그리고 죽음의 위협에는 이르지 않는 절제심까지.

나를 혐오하는 일과 연관된 모든 일들은 바로 날씬한 사람들이 스스로 듣고 싶어 하는 것들을 강화한다. 그 사람들은 내게 상처를 입히고 싶은 게 아니다. 그들은 자신에게 상처 주는 일을 멈추고 싶은 것이다. 그럴 의도는 없다 해도, 그들이 내게 상처를 주는 것은 사실이다.

걱정과 선택은 유혹적이다. 걱정은 날씬한 사람들에게 이렇게 말한다. 그들은 나의 감정, 경험, 경계선, 욕구를 무시하면서 내게 호의를 베푸는 것이라고 말이다. 선택은 당신에게 이렇게 말한다. 그어떤 혹독함도, 평가도, 음식을 주지 않는 행동도 정당하다고 말이다. 아무튼 내 몸이 이렇게 된 것은 내 탓이며, 이는 곧 내가 희생양이 되는 길을 자처했다는 의미라고 말이다. 걱정은 선택이라는 바탕 위에 세워진다. 뚱뚱한 사람이 자초해서 불행한 몸을 만들어냈다면, 이 여자가 뚱뚱해지기를 선택했다면 이 여자의 경계선은 중요치 않다. 그가 주변 사람들에게 걱정을 삼가달라고 부탁하는 것 역시 중요치 않다. 뚱뚱한 사람이 얼마나 항의를 하든, 그의 주장이 얼마나 설득력 있든, 또는 얼마나 간곡히 애원하든 그런 요청은 언제나 선택이라는 손에 의해 거짓 취급을 받으며 걱정이라는 손에 의해 기각당한다. 그래서 서서히 퍼져나가는 이 두 가지 힘은 날씬한 사람들을 뚱뚱한 사람들의 몸, 경험, 욕구에 대해 꿰고 있는 전문가인 양 만들어버린다. 걱정과 선택이 듀엣으로 부르는 세이렌의 노래는 날씬한 사람들을 유혹한다. 그들은 무심히 학대를 일삼고, 준비해두기라도 한 듯한 부주의함과 냉담함을 최악의 수준으로 드러내며, 단지 내 몸만 봐도 자신들의 엄격한 사랑과 모든 걱정을 내가 떠안아 마땅하다는 사실이 증명된 것이라고 생각하게 된다.

그렇지만 어떤 식으로 설명하든, 강력하고도 끊임없는 평가·압박·거부·차별에 뒤이어 어떤 식으로 경고하든 단순한 사실은 변치 않는다. 상대적으로 날씬한 사람들이 자신보다 뚱뚱한 사람들을 대하는 방식은 학대가 맞다. 선택은 날씬한 사람들에게 속삭인다. 내가 선택한 게 아니라면 어차피 내게는 선택이라는 말이 상처가 되지 않을 거라고 말이다. 그리고 날씬한 사람들이 내게 호의를 베푸는 거라고 속삭인다. 한술 더 떠서, 나 같은 몸을 향해 마음 깊은 곳에서 끌어올린 경멸을 드러내지 않는다면 그것이야말로 피해를 주는 행동이라고 말한다. 수많은 학대와 마찬가지로, 이 학대가 지닌 잔인함은 유순할 뿐 아니라 이로운 것으로 모습을 속인다.

하지만 사실 걱정과 선택이라는 말은 몸의 위계질서를 확립해서 사람들 사이의 위계질서를 확립하는, 편리하고도 솔깃한 이야기를 감추는 구실을 할 뿐이다. 이 말들은 재판관이자 배심원이어서, 날씬한 사람이라면 누구나 그 어떤 뚱뚱한 사람도 사형에 처할 수 있다고 얘기한다. 그렇지만 어느 모로 보더라도 선택이라는 말은 거짓이고 근거가 없으며, 걱정은 전혀 도움이 되지 않는다. 날씬한 사람들이 정말로 그저 우리 뚱뚱한 사람들의 건강을 걱정하는 것이라면, 뚱뚱한 사람들에게 몸 자체보다 더 많은 상처를 입히는 바로 그 편견에 맞서주면 될 것이다.

5

욕망의 대상이

되어야 한다는 신화

퇴근하고 집으로 가는 길에 낯선 사람의 눈길이 느껴진다. 여자는 입을 벌린 채 노골적으로 나를 쳐다보며 내 몸을 위아래로 훑고 또 훑는다.

여자가 소리친다. "이봐요, 아직도 더 뚱뚱해지려는 작정인가요?"

나는 고개를 숙이고 길에다 시선을 고정한 채 서둘러 걷는다. 이 순간이 지나갔으면 좋겠다.

"저 년이 얼마나 뚱뚱한지 다들 보여요? 저 여자 좀 봐요!" 그는 나를 가리키며 지나가는 사람들 얼굴을 바라본다. 나는 아무런 대꾸도 하지 않는다. 다른 사람들도 마찬가지다. 걸음을 더 빨리 재촉한다. 얼굴은 타오를 듯이 빨개졌고, 온 세상으로부터 멀리 떨어지길 바란다.

내가 아무런 말도 하지 않았는데, 여자는 화가 치밀어 올라 새된 목소리로 외쳤다가 이를 훤히 드러내고 으르렁대듯 목소리를 바꾼다. "어떻게 그 지경이 될 때까지 내버려뒀어요? 내 말이 들리기는 해요? 답을 하란 말이에요!" 목구멍에서 심장이 묵직하게 뛰면서, 내가 혹시라도 대꾸를 내뱉을까 봐 짓누른다.

그날 저녁 나는 집중을 하거나 마음을 가라앉히려고 애를 먹는다. 심장박동이 꼭 페인트 믹서처럼 살갗 곳곳을 휘저으며 덜커덩거린다. 나는 어쩔 수 없이 바짝 경계한다. 그 낯선 사람이 다시 나타나는 일을 예측하거나 막을 만한 복잡한 미적분학에 정신이 팔린다. 제대로 쉬지 못한 채 짧은 잠을 잔다. 이튿날 상사에게 재택근무를 하겠다고 이야기한다. 이유는 말하지 않는다.

몇 달 동안은 그 낯선 사람이 했던 말을 생각할 수가 없다. 그저 느끼기만 할 뿐이다. 그 낯선 여자를 끊임없이 기억한다. 수치심은 내 몸을 물 풍선처럼 가득 채운다. 가득 차서 위태로워진다. 뚱뚱한 몸으로 길거리를 걸어가는 단순한 행동이 전혀 알지도 못하는 사람한테서 마음속 깊은 분노를 이끌어냈다.

그 낯선 사람을 마주쳤던 곳은 사무실 건너편 길거리였다. 그 뒤로 오후가 되면 나는 그 일이 벌어졌던 모퉁이를 창문 너머로 지켜본다. 그 일을 꼭 악몽처럼 기억하면서 말이다. 몸에 새겨진 기억으로 내 팔뚝과 주먹이 팽팽해지고, 종아리는 달릴 준비를 한다. 퇴근하기 전에는 창밖을 다시 한번 확인하고 그 여자가 있는지 길거리를 살핀다.

나는 그날 입었던 드레스를 다시는 입지 않는다. 일단 그 옷을 옷장 깊숙이 걸어두었다가 몇 주 뒤 다른 사람에게 넘긴다. 그 선명한 심홍색 니트 드레스는 나를 안전하게 지켜주지 못하는 몸에 너무 관심이 쏠리도록 만든다. 나는 헐렁하고 눈에 안 띄는 옷을 입기 시작한다. 평범한 청바지와 검은색 오버사이즈 튜닉을 입는다. 소매가 길고 품이 넉넉한 코트를 입는다. 목 끝까지 올라오는 옷 위에 긴 목걸이를 걸친다. 그렇지만 옷장을 뒤엎고 새로운 규칙을 마련했는데도 같은 일이 또 벌어진다.

사무실에서 늦게까지 야근하고 내 차를 세워둔 곳으로 간다. 뒤쪽에서 발을 끌듯 걸어오는 가벼운 발자국 소리가 들린다. 블록이 끝나는 곳에서 나는 어깨 너머를 슬쩍 확인한다. 내 뒤에는 안색이 별로 좋지 않은 나이 든 남자가 내 속도에 맞춰 걸음을 조절하며 오고 있다. 마치 그림자처럼 내 뒤로 뻗어 있다.

건널목에 이르러 나는 다시 뒤를 돌아본다. 남자는 내게 시선을 고정하고 있다.

남자가 우렁찬 목소리에 평범한 톤으로 말한다. "아무도 절대로 당신을 사랑하지 않을 거예요. 그런 외모로는 안 돼요."

나는 가방에 들어 있는 자동차 열쇠를 더듬거리면서 걸음을 재촉한다. 다시 어깨 너머로 남자를 힐끗 본다. 남자는 시선을 피하지 않는다.

남자는 더 큰 소리로 다시 한번 말한다. "아무도 절대로 당신을 사랑하지 않을 거예요." 내가 더 빨리 걸을수록 남자도 발걸음이 빨라지고, 목소리는 한층 더 커진다. 이 유령 같은 예언자는 드문드문 따스한 빛을 비추는 가로등 사이로 나를 따라온다.

발을 잽싸게 옮긴다. 급조한 호신용 너클 삼아 차 열쇠를 손가락 사이에 꽉 낀다. 내가 결코 이것을 쓰지 않으리란 사실을 알고 있지만 말이다. 다시 남자를 본다. 남자는 나를 면밀히 살피며 계속 따라

오고 있다. 얼굴이 서서히 뒤틀리며 찌푸린 가면처럼 변한다.

모퉁이를 돌아간다. 남자는 나와 속도를 맞춰 걸으며 한층 더 큰 소리로 또 얘기한다. "아무도 절대로 당신을 사랑하지 않을 거예요."

나는 내달리기 시작한다. 주차장으로 전력 질주해서, 느려터진 수압식 엘리베이터를 내버려두고 계단을 뛰어 올라간다. 계단을 한 번에 두 개씩 올라간다. 온몸에서 심장이 뛰고, 내 뒤에 확실하게 버티고 있는 위험 때문에 숨이 막힐 지경이다.

차에 시동을 걸고 주차한 자리에서 최대한 빨리 나간다. 어떻게 해야 내가 가장 안전할지 빠르게 계산한다. 차 안에 숨어 있으면 공격하기 쉬운 먹잇감이 될 뿐이다. 주차장 위쪽으로 더 올라가 남자가 떠나길 기다렸다가는 그저 덫 안에 갇히는 꼴이다. 유일한 방법은 이걸 헤쳐나가는 것이라고, 남자가 있는 곳을 돌파하는 것이라고 결론을 내린다. 콘크리트 경사로를 따라 서행한 다음 아래쪽 길로 나간다.

출구에 이르러 나는 불안하게 인도를 훑는다. 유령 같은 공격자가 있는지 살펴보려고 말이다. 남자는 보이지 않는다.

최대한 빨리 차를 몰아 집으로 간다. 심장은 아직도 요동친다. 마침내 집 앞 골목에 도착하자 호흡이 가라앉으며 조금 전 있었던 일을 되새긴다. 숨을 고르고 나니 갑자기 옴짝달싹할 수가 없다. 눈물이 파도처럼 밀려들며 점점 거세진다. 흐느껴 울 지경이 되도록 말이다.

수치스럽거나 부끄럽지는 않았다. 무서웠다.

그렇게 온갖 주의를 기울였지만 전부 실패했다. 안전하게 지내기 위해 내가 할 수 있는 일은 없다. 옷을 어떻게 입든, 주변에 어떤 사람이 있든 나는 늘 취약하다. 나는 몸 때문에 표적이 된다.

시간이 흐르면서 나는 이처럼 억누를 수 없는 공격의 순간을 통제하기 위해 내가 할 수 있는 일이란 없다는 사실을 받아들인다. 그 낯선 사람 두 명은 나를 보았을 때 어떤 행동을 할지 저마다 결정을 내렸던 것이라고 생각해본다. 그런 행동에 책임져야 하는 당사자는 그 사람들 본인뿐이라고 생각해본다. 아직 이런 생각을 완전히 믿지는 못하지만 말이다.

내가 겪은 일을 아무에게도 얘기하지 않는다. 그러다가 마침내 몇 주가 흐른 뒤, 용기를 끄집어내서 나보다 날씬한 친구들에게 내가 처했던 상황을 털어놓는다. 친구들에게 얘기를 들려주자 내가 두려워하는 반응이 돌아온다. 숱한 질문과 부정이 이어지고, 받아들이기 어려운 진실을 떨쳐내려고 잠에 빠진 듯이 고개를 젓는다. "무슨 옷을 입고 있었는데?" "네가 그 남자한테 무슨 말 했어?" "그 여자가 혹시 마약 중독자 같았니?" "그 남자가 홈리스였어?"

얘기를 이어갈수록 일반 사이즈인 내 친구들은 이 정보를 밀어낼 만한 어떤 이유든 붙들고, 구실을 만들고, 어떤 식으로든 논리를 세우며 이것을 으레 벌어질 만한 일로 가공해버린다. 이 친구들에게는 그렇게 느닷없는 행동은 상상할 수도 없기 때문이다. 캣콜링이 얼마나 빈번하게 일어나는지 처음 들어본 남자들과 마찬가지로, 날씬한 사람들은 우리의 일상이 다르다는 사실을 잘 받아들이지 못한다. 자신들의 뚱뚱한 친구가 그렇게나 극적으로 다른 현실을 살아간다는 사실을 인정하기란 너무나 괴롭다. 그리고 상상해본 적도 없는 난리

법석을 겪을 필요가 없었던 것이 자기의 몸 덕분이라는 단순한 사실을 인정하기란 너무나 낯설다. 비논리적이기 때문이다. 따라서 날씬한 사람들이 보기에 그런 일은 불가능하다.

일반 사이즈인 사람들이 살아가는 세상은 믿음직하다. 이들의 세상에서는 값을 지불하면 서비스를 제공받는다. 의료 서비스에도 접근할 수 있다. 갈등이 벌어지는 것은 주로 타인의 화를 돋우려고 적극적으로 결심했기 때문이지, 단순히 낯선 사람의 몸이 눈에 띄었다는 이유로 벌어지는 일은 거의 없다. 애초에 아예 없을 수도 있다. 각자가 몸에 관해 지닌 가장 큰 골칫거리는 자신의 살가죽을 향한 태도와 관련될 뿐 보안이나 존엄성, 또는 신체적으로 피해 입지 않을 수 있는 안전과는 무관하다.

그렇지만 뚱뚱한 사람들이 걸어 다니는 세계는 예측할 수 없으며 무자비하다. 길을 따라 걷는 행동조차도 복잡하고, 불확실하고, 안전하지 못한 일이 된다. 마치 우리가 겪는 비극을 노래하는 고대 그리스의 코러스 무리 사이를 지나가듯이 말이다. "아무도 절대로 당신을 사랑하지 않을 거예요. 내 말이 들리기는 해요? 답을 하란 말이에요!"

낯선 사람이 내 몸·음식·옷·성격을 놓고 참견하는 일은 아주 뚱뚱한 사람인 내게 일상적이다. 내가 뚱뚱해질수록 사람들은 더욱더 뾰족한 말들을 던지며, 날카로운 철선으로 내 하루를 너덜너덜하게 찢는다. 20사이즈였을 때는 고집스럽게 밀어붙이는 말들을 들었다. 다이어트와 운동에 관해 '도움이 되는' 조언이나, 몸무게를 줄이면 내가 '남편감을 잡는 데' 보탬이 될 거라는 소리가 많았다. 26사이즈가 되자 말들은 차갑게 얼어붙었고, 낯선 사람들이 버스나 길모퉁이에서 경멸하는 소리를 내뱉었다. 그리고 30사이즈가 되자 말들은 아주 위협적으로 돌변했고, 죽음의 신은 나를 스틱스강 건너편으로 데려가며 코러스처럼 내 죽음을 예언했다.

이런 현상이 너무나 만연해지자 나는 이를 팻콜링fatcalling이라고 간단히 줄여서 친구들에게 얘기하기 시작했다. 캣콜링에서 따온 표현인 팻콜링은 뚱뚱한 사람들의 삶을 집어삼키는 끝없이 밀려드는 말·평가·명령을 가리킨다. 단지 우리 몸이 낯선 사람의 시야에 들어갔다는 이유만으로 생겨나는 것들이다. 캣콜링과 마찬가지로 팻콜링은 지극히 무책임하고, 달갑지 않으며, 비생산적이다. 또한 그것은 표적이 되는 사람들의 인생을 지치게 만드는 요인이다. 이는 특히 뚱뚱한 몸을 위한 활동가들과 아주 뚱뚱한 사람들 사이에선 널리 알려진 현상이다. 2015년에 어느 뚱뚱한 남자가 춤추는 사진이 악명 높은 어그로 사이트인 포챈에 잔뜩 퍼진 적이 있다. 사진에 달린 설명은 이러했다. "지난주에 이놈이 춤추려는 모습을 봄. 우리가 웃는 거 보더니 멈추더라."[1] 작가이자 뚱뚱한 몸을 위한 활동가인 레슬리 킨절은 홈디포Home Depot* 주차장에서 자신을 향해 "빌어먹을 년, 너 진짜 푸짐하다!"라고 소리치는 낯선 사람들을 마주쳤다.[2] 심지어는 《보그Vogue》도 팻콜링이 어디서나 벌어진다는 기사를 실은 적

---

* 주택 건축자재 등을 판매하는 미국의 상점.

이 있다.[3]

캣콜링과 마찬가지로 팻콜링은 때로 칭찬인 척 눈속임하지만 금세 돌변한다. 어느 뚱뚱한 10대는 길거리 괴롭힘 반대 단체인 홀라백Hollaback의 교육 과정에서 자신의 이야기를 공유했다.

학교가 막 끝났을 때였다. 여느 날과 마찬가지로 나는 여자 친구를 만나 집까지 걸어서 바래다주었다. 우리는 손을 잡고 사람들이 북적이는 건물을 지나가고 있었다. 그때 [자기 친구들과] 떼를 지어 있던 어떤 [남자가] 휘파람을 불며 우리에게 소리쳤다. "보기 좋네! 나도 끼고 싶은데?" [⋯] 나는 이렇게 대꾸했다. "우리가 운이 좋네. 너는 여기 못 끼어들거든." [⋯] 이때 네 명쯤 되는 덩치 큰 남고생들이 여자 친구와 내게로 다가왔다. 심박수가 하늘을 찌를 듯 높아지는 게 느껴졌다. 내가 응수했던 남학생은 말을 이어갔다. "상관없어. 너 그래 봐야 뚱뚱하고 못생긴 호모잖아." 남학생들은 모두 웃음을 터뜨렸고, 그 가운데 한 사람이 내 여자 친구를 굶주린 듯이 응시하는 걸 똑똑히 볼 수 있었다. 나는 여자 친구를 가까이 끌어당기고는 아무런 말 없이 집으로 걸어갔지만, 그 남학생들은 개의치 않고 우리가 길을 건너간 뒤에도 계속 소리치며 우리에게 호모, 창녀라는 말을 퍼부었다.[4]

심리학자 제이슨 시캣Jason Seacat은 뚱뚱한 여성들이 얼마나 자주 주변으로부터 평가받는다고 느끼는지 알아보고자 연구를 벌였다.

과체중이거나 비만인 여성 50명에게 몸무게 때문에 평가나 모욕을 받는다고 느낀 사례를 전부 적어달라고 요청했다. 여성들은 평균적으로 하루에 세 가지 사건을 겪는다고 보고했다.

이런 사건 가운데 일부는 생명이 없는 물체와 관련되었다. 이를테면 개찰구나 버스 좌석이 너무 작은 경우처럼 말이다. 그렇지만 많은 경우는 다른 사람들과의 상호작용과 관련이 있었다. 한여성은 가게 안에서 10대 아이들 무리가 자신을 향해 야유를 보냈다고 말했다. 또 다른 여성은 자기 남자 친구의 어머니가 음식을 주지 않겠다고 하며, 자기에게 너무 게을러서 뚱뚱해진 것이라는 평을 했다고 말했다. 시캣이 이 연구를 하기로 결심한 것은 체육관에서 10대 아이들 무리가 큰 목소리로 어느 뚱뚱한 여성을 괴롭히는 장면을 목격하고 나서였다. 그 여성은 결국 포기한 채 체육관을 떠났다.[5]

캣콜링과 마찬가지로 팻콜링은 칭찬, 매력, 건강, 웰니스, 그 밖에 괴롭힘당하는 사람에게 이로운 일과는 관련이 없다. 킨절의 말마따나 "공공장소에서 벌어지는 낯선 사람의 괴롭힘은 당신을 기분좋게 하려는 것이 아니다. 이는 당신을 정해진 자리에 집어넣어서, 여성으로서 당신이 지닌 사회적 목적이란 사내들에게 매력적으로 보이는 일이라고 일깨우려는 것이다."[6]

그렇지만 우리가 겪는 캣콜링과 팻콜링을 잇는 선이 이렇게나 명확한데도, 내 주변의 날씬한 친구들은 여전히 후자를 이해하기 어려워한다. 쌍둥이 같은 이 두 현상은 닮은 점이 너무나 많다.

비교적 날씬한 여자들을 대상으로 삼는 길거리 괴롭힘과 마찬가지로, 팻콜링 역시 타인의 몸에 마음껏 권한을 휘둘러도 된다는 깊숙한 생각에 뿌리내린다. 우리 문화의 거의 모든 측면은 이런 권한에 힘을 실어준다. 여성의 몸은 언제나 남자들 손에 달려 있다. 남자들이 품평하고, 추파를 던지고, 만지고, 거머쥐도록 말이다. 여성은 옷 입는 스타일로 '남자를 자극해서는' 안 된다고, 남자들이 끊임없이 "이봐요" 소리를 하는 것을 칭찬으로 받아들이라고 요구받는다. 남자들은 원래 남자답게 굴기 마련이라면서 말이다. 여성들은 호신용품을 들고 다니고, 자기방어 기술을 익히고, 우리를 폭행하거나 성희롱하는 남자에 관한 정보를 다른 여자들에게 알릴 수 있도록 네트워크를 구축한다. 폭행, 괴롭힘과 마찬가지로 캣콜링을 일상의 일부로 받아들이라고 요구받는 것이 엄연한 현실이다. 그리고 우리는 그렇게 받아들인다. 대개는 그것이 곧 생존의 문제이기 때문이다.

팻콜링은 뚱뚱한 사람들이 살아가는 도무지 예측할 수 없는 세상을 만든다. 지나가는 사람이 과연 따뜻한 미소를 지어줄까, 아니면 크고 부드러운 내 몸을 향해 욕설을 내뱉을까? 의사가 진찰을 하고 치료법을 알려줄까, 아니면 진료실에서 나를 내쫓을까? 모든 것을 집어삼킬 정도로 사회적 차원에 죄다 퍼져 있는, 언제 학대당할지 모른다는 불확실함을 팻콜링은 그저 간헐적으로 강화할 뿐이다. 뚱뚱한 사람인 나는 뚱뚱함에 대한 혐오를 불러일으킬 수 있는 상황에

파블로프의 개처럼 반응하는 법을 발달시켰다. 과연 혐오가 나타날지 안 나타날지 의문을 품는 대신, 어디서나 혐오가 벌어질 것이라고 예측하게 되었다. 실제로 어디서든 나타날 수 있으니까.

팻콜링을 예측하고 피하는 일은 뚱뚱한 사람으로 살아가는 내 삶의 모든 면면에 굳게 자리 잡았다. 이는 내가 언제 어떻게 퇴근하고 집으로 돌아올지를 결정한다. 사무실 근처 길거리에 출몰할지도 모르는 또 다른 유령을 만날까 봐 두렵기 때문이다. 걸어서 간다면 예전에 날 공격했던 사람들을 마주칠 수도 있다. 버스를 탄다면 다른 승객들 얼굴이 잔뜩 구겨지는 모습을 보게 될 것이다. 모두들 황급히 자기 옆자리에 가방을 올려둘 테고 말이다. 어떤 승객들은 불안해하며 나를 올려다볼 것이다. 또 어떤 승객들은 다정하게 고개를 끄덕이며 서서 가는 편이 내게 좋을 것이라고 얘기할 테다. "근육들도 일할 기회를 좀 줘야죠." 이보다 드문 일이긴 하지만 알지도 못하는 사람이 공격적으로 굴면서 나더러 일어서서 가거나 아니면 저리 꺼지라고 할 수도 있다. 내가 내릴 정류장이 되면 그 승객의 목소리가 내 뒤에서 메아리칠 것이다. "저 사람이 올라탔을 때 버스 바닥이 꺼지지 않았다니 놀라운 일이군. 사이즈를 절반으로 줄이기 전까지는 다시 타지 마요!"

팻콜링이라는 위협 때문에 나는 제일 더운 여름철에도 소매가 짧은 옷을 입지 못한다. 길을 지나가던 어떤 사람이 내 팔을 뚫어져라 보더니 대놓고 "아무도 그런 걸 볼 필요는 없어요"라고 했던 일을 기억하기 때문이다. (나는 차분하게 돌아보며 말했다. "바깥에 나오면 거의 39도라고요. 그럼 대체 내가 뭘 입어야 되나요?" 남자는 자리를 피했다. 그 뒤로 나는 민소매 드레스를 입은 적이 없다.)

팻콜링은 내가 언제 어떻게 장을 볼지도 결정한다. 어쩌다 낯선 사람이 내 카트에 실린 물건을 빼낸 다음에("멜론은 당분이 너무 높아요.") 자부심으로 자축하듯이 한껏 우쭐거릴지도 모른다고 예상하게 되었다. 작년에 마트의 파스타 코너에 서 있을 때 어떤 남자가 나를 놀란 듯이 쳐다보았다. 내가 선반에서 오르조* 한 박스를 꺼내자 남자는 이렇게 중얼거렸다. "그럴 만도 하지." 이제 나는 오지랖 넓은 박애주의자들이 없을 만한 늦은 밤에나 마트에 가거나, 식료품을 배달시킨다.

팻콜링이 끼치는 위협 때문에 나는 새로운 일을 경계하고, 주어진 조직 안에 이성애자 남성이 몇 명이나 있는지 주의 깊게 살핀다. 어느 뚱뚱한 친구 하나가 자신의 남자 직장 동료들 사이의 긴긴 대화를 들려준 적이 있다. 직장에 있는 여자들 가운데 같이 자고 싶은 여자들에 관한 대화였다. 그 남자들은 내 친구와는 결코 잘 생각이 없다고 뾰족하게 말했다. 친구는 시무룩한 채 내게 말했다. "나는 그냥 일만 하고 싶다고." 캣콜링과 마찬가지로 친구의 팻콜링 경험은 슬픈 현실이자 고통스러운 진실이 되었다. 이는 그가 이제껏 쭉 지녀 온 몸으로 살아가기 위해 치르는 비용이었다. 친구의 이야기를 듣는 동안, 어느 누구도 여기에 맞서 싸우지 않을 것이고, 아무도 이런 일을 멈춰주지 않을 것이며, 이를 헤쳐나가는 일은 우리 몫이라는 사

---

* 쌀알 모양의 수프용 파스타.

실을 우리 둘 다 잘 알 수 있었다. 그래서 우리는 그렇게 한다.

팻콜링은 온갖 곳에서 예상되고 실제로 확인된다. 〈더 비기스트 루저〉나 〈익스트림 메이크오버〉 같은 프로그램은 뚱뚱한 사람들을 향한 '엄격한 사랑'을 미화하는 한편 〈나의 600파운드 인생My 600 Pound Life〉 같은 프로그램은 끝없는 참견을, 뚱뚱한 사람들이 고통받는 뫼비우스의 띠를 보여준다. 10년이 넘도록 블록버스터 코미디의 중심에는 뚱뚱하게 분장한 배우들이 연기하는 캐릭터들이 있었다. 〈나이스 가이 노빗Norbit〉, 〈내겐 너무 가벼운 그녀Shallow Hal〉, 〈너티 프로페서 The Nutty Professor〉, 〈오스틴 파워Austin Powers: The Spy Who Shagged Me〉, 〈빅 마마 하우스Big Momma's House〉는 뚱뚱함을 소재로 삼는 농담에 지나치게 치중한다. 그렇게 영화 전체의 존재 이유를 뚱뚱한 몸, 특히 뚱뚱한 여성의 몸을 역겹다고 취급하며 웃어대는 결정적인 대사에다 담아버렸다. 심지어는 정치적 신념을 막론하고 모든 코미디언들이 뚱뚱함을 소재로 삼아 농담을 한다. 정치적으로 가장 진보적이라는 코미디언까지도 말이다. 〈더 데일리 쇼The Daily Show〉의 진행자인 트레버 노아 Trevor Noah는 뚱뚱한 여성에 관해 다음과 같은 유명한 트윗을 남겼다.

야호, 주말이라니. 사람들이 술에 잔뜩 취해서 내가 섹시하다고 생각하겠군!
— 온갖 곳에 있는 뚱뚱한 년들에게.

@trevornoah, 2011년 10월 14일

미디어에 만연한 팻콜링은 실제 삶이 예술을 흉내 내도록 부추겼다. 또는 적어도 미디어에서 광범위하게 단언해버리면 실생활에서 벌어지는 행위에 힘이 실린다. 이제는 일반 사이즈인 사람들 대부분이 나 같은 몸을 보면 마치 기본값인 듯이 몇 가지 반응 가운데 하나를 고른다. 마음 깊이 측은해하거나, 으스대면서 선을 넘거나, 잔인하게 괴롭히거나, 앞에서 말한 모든 일이 일어나기 쉽게끔 자리를 깔아주는 농담을 던지는 것이다.

그렇지만 아무리 팻콜링과 캣콜링 사이에 닮은 점이 많아도, 팻콜링은 전혀 다른 문화적 충동에 뿌리내리고 있다. 팻콜링과 캣콜링 모두 타인의 몸에 함부로 권리를 행사해도 된다고 깊숙이 자리 잡은 생각 때문에 생겨나는 것이기는 하다. 하지만 팻콜링에서는 괴롭히는 사람들 스스로 자신들의 행동이 괴롭힘당하는 사람에게 정말로 도움이 된다고 믿는다. 여기에 성애적인 의미까지 더해지면, 팻콜링은 뚱뚱한 여자들을 돕는 척하면서 우리 뚱뚱한 여자들에게 우리가 절대로 얻지 못하리라 여겨지는 성적인 관심을 주는 행동이 된다. 다이어트에 관한 조언이든, 신체 사이즈에 관한 노골적인 언어적 학대든 우리 뚱뚱한 사람들은 이를 두 팔 벌려 환영해야 한다는 기대를 받는다. 그것은 바닥에 닿아 있는 게 너무나도 분명한 우리를 끄집어 올려주는, 무척 필요한 호출과도 같다면서 말이다. 때로 팻콜링은 연달아 이어지는 가혹한 현실이 되기도 한다. 그것은 마치 엄격한 사랑인 양 그럴싸하게 포장된다. "그러다가는 당신 스스로 죽음을 자초할 거예요. 그러고 싶은 거예요? 발을 절단하는 게 당신 마음에 들면 좋겠네요." 뚱뚱한 사람들은 이런 말들을 진실을 들려주는 일종의 충격요법으로 받아들이라고 요구받는다. "저는 그냥 다른 사람들도 다 생각하고 있는 걸 말할 뿐이에요." 알지도 못하는 날씬한 사람의 노블레스 오블리주 덕분에 뚱뚱한 사람들은 자신의 몸이 받아들일 만하다는 망상에서 벗어난다는 것이다. 이제 자신이 뚱뚱하고 역겹다는 사실을 알았으니 우리가 마음껏 날씬해질 수 있다고 말이다.

팻콜링의 성애화된 측면은 캣콜링과도 다른 모습을 나타낸다. 뚱뚱한 여성인 나는 미소를 지어서는 안 된다. 캣콜링하는 사람들은 마음속에서 가짜 로맨스를 지어내 내게 구애한다는 생각을 품지는 않는다. 나는 불편한 기사도 정신을 마주할 일이 없다. 내게는 그만한 가치가 없다. 오히려 나는 성희롱의 조금 더 소름끼치는 측면을 마주한다. 얘기해달라고 부탁한 적도 없는데 남성들이 강간 판타지를 밝히거나, 내 몸을 완전히 마음대로 이용할 수 있을 것이라는 폭력적인 기대감을 드러내거나, 어떤 식으로 폭행하더라도 내가 고마워할 것이라 여기며 확신을 보이고는 한다.

이런 태도는 뚱뚱한 여성에게만 영향을 끼치는 것이 아니다. 뚱뚱한 남성 역시 성적으로 좌절하거나, 관심을 구걸하거나, 이들이 분명히 절박하게 갈구할 날씬한 여성 앞에서 한심하게 굴 것이라는 기대를 받는다. 2017년 방영된 〈발칙한 기부쇼Family Feud〉의 어느 에피소드에서 스티브 하비Steve Harvey는 경연 참가자들에게 "여자가 뚱뚱한 남자를 결국 만난다면, 그럴 만한 이유를 대라"고 요청했다.[7] 참가자들의 답변은 뚱뚱한 남성에 관한 대중의 생각을 효과적으로 요약해 보여준다.

뚱땡이가 돈이 많다! 34명

여자도 뚱뚱하다 / 음식을 엄청 먹는다 23명

뚱뚱한 남자 옆에 있으면 여자가 더 예뻐 보인다 12명

여자가 사랑에 빠졌다 9명

뚱뚱한 남자가 다정하다 / 껴안아주고 싶은 인상이다 6명

뚱뚱한 남자가 바람을 피울 리 없다 4명

각각의 반응은 사람들의 마음속에 깔려 있는 뚱뚱한 남성에 관한 해로운 추측들을 보여주었다. 뚱뚱한 남자에게는 그저 잘생기거나, 흥미롭거나, 매력적이거나, 누구나 탐낼 만한 신랑감이 될 만한 자유 같은 것은 허락되지 않는다. 뚱뚱한 남자들이 어떤 여자에게든 관심을 받으려면 무언가 다른 부수적인 이점을 내주어야 했다. 이 뚱뚱한 남자들은 부유하거나, 여자가 상대적으로 "더 예뻐 보이게" 만들어주거나, 같이 과식을 하는 동료가 되어야("여자도 뚱뚱하다 / 음식을 엄청 먹는다") 했다. 뚱뚱한 남자에게 어떤 식으로든 파트너가 될 만한 가치가 있으려면 그건 그 남자가 "바람을 피울 리 없"거나, 작가인 필리프 레너드 프래뎃Philippe Leonard Fradet이 얘기하듯이 "그 남자가 a) 현재 관계에서 그가 지닌 '유일하게 확실한 것'을 망칠 만한 일은 무엇도 하지 않거나 b) 아무도 그 남자를 만나려 하지 않"[8]기 때문이었다. 뚱뚱한 남자에게 육체적으로 이끌리는 일은 엄격하게 탈성애화된 말로만 표현됐다("뚱뚱한 남자가 껴안아주고 싶은 인상이다"). 답변자 100명 가운데 불과 9명만이 주어진 상황 속 여자가 (어떤 여자든)

뚱뚱한 남자와 사랑에 빠졌을지도 모른다고 답했다.

대중적 상상 속에서 뚱뚱한 남자의 섹슈얼리티는 다른 의견의 여지가 있는 영역으로 남아 있다. 특히나 TV와 영화에 나오는 코미디는 뚱뚱한 남자의 섹슈얼리티를 둘러싸고 상충하는 문화적 해석을 보여준다. 한편으로 보면 뚱뚱한 남성은 우왕좌왕하고, 흠결이 있고, 총명하지는 않지만 그래도 호감이 가며, 관습적인 시각에서 매력적이고 날씬한 여성을 파트너로 둔 인물로 그려진다(〈심슨 가족The Simpsons〉의 호머 심슨, 〈패밀리 가이Family Guy〉의 피터 그리핀, 〈더 킹 오브 퀸스The King of Queens〉의 더그 헤퍼넌, 〈더 프레시 프린스 오브 벨 에어The Fresh Prince of Bel Air〉의 필 삼촌, 〈팍스 앤드 레크리에이션Parks and Recreation〉의 제리 거기치 등등). 다른 한편으로 보면 뚱뚱한 남성은 섹스를 못 한 채 생활하고, 거세된 것이나 다름없으며, 사회생활에서 혼란을 일으키고, 여성들이 역겨워하는 인물로 묘사된다(〈커뮤니티Community〉의 개릿 램버트, 〈심슨 가족〉의 코믹 북 가이, 〈오스틴 파워〉의 팻 배스터드). 어쩌다 드물게 뚱뚱한 남자가 사랑스러운 인물로 그려지기도 하나, 이런 남성의 매력은 주로 위협적이지 않으면서 성적 의도가 없다는 것이 명백하다는 점이다(〈Mr. 히치: 당신을 위한 데이트 코치Hitch〉의 앨버트, 〈신비한 동물사전Fantastic Beasts and Where to Find Them〉의 제이컵 코왈스키, 2012년 영화 〈21 점프 스트리트21 Jump Street〉의 슈미트, 심지어는 윌리엄 셰익스피어William Shakespeare의 여러 작품에 등장하는 존 폴스타프 경까지). 〈발칙한 기부쇼〉와 같은 코미디에서는 뚱뚱한 백인 남자들이 사랑받을 순 있으나, 욕망의 대상이 되진 못한다.

뚱뚱한 트랜스젠더들 역시 팻콜링 때문에 타격을 많이 받는다. 뚱뚱한 트랜스젠더들은 타인이 자신의 젠더를 잘못 지칭하는 일을 끊임없이 겪으며, 주변의 날씬한 사람들은 이들의 젠더 표현을 파악하지 못한다. 이들의 몸을 완강하게 젠더화하며 또 탈성애화하는 살에 묻혀서 말이다. 그리고 이들은 몸 때문에(이들의 젠더와 사이즈 모두 주변에 있는 날씬한 시스젠더 사람들에게는 이해할 수 없는 대상이다) 주변부에서도 더 주변부로 밀려나며, 안전하게 지내고자 고군분투한다. 작가이자 저널리스트인 케이틀린 번스Katelyn Burns는 팻포비아와 트랜스포비아라는 이중적 부담에 관해 이렇게 썼다.

> **삐삐** 마른 여성들은 뚱뚱해질까 봐 두려워하며, 뚱뚱한 여성들은 자신이 가치가 없다는 얘기를 끊임없이 듣는 바람에 우울해진다. 그러니까 뚱뚱한 여성은 사랑이나 애정이나 존중을 받을 가치가 없다는 얘기 말이다. 나는 내게 안 맞는 젠더에 해당하는 몸에 갇혀 있었던 데다가, 사회 전반에서 받아들일 수 없다고 여기는 체형에도 갇혀 있었다.[9]

실제로 우리의 문화적 상상은 뚱뚱한 트랜스젠더와 논바이너리인 사람들을 두 가지 측면에서 실패자라고 여기는 것 같다. 하나는 모두에게 기대되는 날씬함을 체화하는 데 실패했다는 것, 또 하나는 과잉 남성성 또는 과잉 여성성이라는 이분법적 젠더 해석을 유지하는 데 실패했다는 것이다. 교수인 제임스 버포드James Burford와 삽화가인 샘

오처드Sam Orchard는 《체현된 뚱뚱함을 퀴어화하다Queering Fat Embodiment》에 실린 장에서 이와 같이 제한을 가하는 서사를 탐구한다. "이런 가치는 대개 '잘못된 몸에 갇힌 트랜스젠더' 또는 '뚱뚱한 몸에 갇힌 날씬한 사람'이라는 형상을 통해 나타난다."[10] 어떤 경우에는 이런 서사가 누군가와 호응하겠지만, 이것이 우리가 뚱뚱한 몸과 트랜스젠더의 몸을 이해하는 유일한 문화적 각본인 경우가 너무 많다. 그렇게 되면 뚱뚱한 트랜스젠더는 탈성애화되는 데다, 자신의 몸이 지닌 고유한 서사도 빼앗기고 만다.

이분법적 젠더라는 렌즈를 통해서 보면 여성 혐오가 뚱뚱한 몸에 대한 편견에 끼친 영향에 초점을 맞춰볼 수 있다. 1996년 《응용심리학저널》에 실린 연구에서는 뚱뚱한 남성과 뚱뚱한 여성에 대한 학부생들의 태도를 살펴보며, 우려스러운 이중 잣대를 드러내 보였다. 연구 참가자들은 뚱뚱한 남성들의 성적 경험이 그보다 날씬한 남성들과 동등하다고 보았으나, 뚱뚱한 여성들은 그보다 날씬한 여성들과 비교했을 때 "성적 활동이 왕성하지 않거나, 노련하지 못하거나, 다정하지 못하고, 반응을 못하며, 성적 욕망과 다양한 성적 행위를 경험할 가능성이 낮다"고 보았다. 또 참가자들은 뚱뚱한 남성들과 비교해 뚱뚱한 여성들이 "성적 활동이 왕성하지 않거나, 노련하지 못하거나, 다정하지 못하고, 반응을 못한다"고 보았다.[11] 다시 말해 참가자들은 뚱뚱한 남성들의 성적 경험이 그보다 날씬한 남성들과 비견할 정도라고 보았으나, 뚱뚱한 여성들은 날씬한 여성들과 뚱뚱한 남성들 모두와 비교했을 때 욕망의 대상이 되지 못하며, 또 욕망도 적을 것이라고 보았다. 이와 같이 뚱뚱한 여성은 섹슈얼리티가 결여된 세상을 살아가는 성적 대상이 된다. 우리 뚱뚱한 여성들은 욕망하거나 욕망의 대상이 될 수 없으며, 이는 곧 우리가 어떤 성적 관심이라도 고맙게 받아들인다는 의미가 된다. 그렇지만 주목할 점은 1997년 연구에서 날씬한 남성들에 비해 뚱뚱한 남성들이 식이장애와 성기능장애를 겪는 비율이 높다는 사실이 발견되었다는 것이다. 연구 참가자들에게선 "섹스를 하고 싶다는 욕망의 부재, 성적 판타지의 부재, 성적으로 접근하고 싶다는 동기의 부재"가 나타났다.[12] 수많은 뚱뚱한 사람들과 마찬가지로, 이 뚱뚱한 남성들은 자신들의 몸 때문에 자신이 전혀 성적이지 않은 사람으로 취급된다는 믿음을 내면화했다. 실제로 젠더를 막론하고 뚱뚱한 사람들은 어떤 성적 관심이든 고마워할 것이라는 기대를 받는다. 누군가 우리를 탐하는 일은 생각할 수도 없으므로, 우리는 결코 욕망의 대상이 될 수 없기 때문이다.

그렇지만 바로 이와 같은 욕망의 불가능성이 우리를 위험에 빠뜨린다. 우리가 엄청난 성희롱과 성폭력의 표적이 되도록 만든다. 그리고 2017년, 과거 어느 때보다 성희롱과 성폭력에 관한 논의가 주목을 받았다.

2017년 10월 5일 《뉴욕타임스》는 하비 와인스타인Harvey Weinstein의 지속적이고 체계적인 성폭행 사건을 폭로했다. 강간, 협박, 물리적 위협, 커리어에 대한 공격 등 끔찍한 이야기를 들고 배우들 수십 명이 앞으로 나섰다. 그 뒤로 몇 달 동안 업계의 거장들이 각자가 자초한 상황의 희생자가 되었다. 각계각층의 아주 용기 있는 개인들이 정치인, 작가, 음악가, 영화 제작자 등 셀 수 없이 많은 유명인들에게 공개적으로 성희롱과 성폭행 혐의를 제기했다.

이 성폭력 생존자들은 활동가인 타라나 버크Tarana Burke가 10년쯤 전에 창시했던 운동을 다 함께 부흥시켰다. 이 미투MeToo 운동은 특히 여성을 대상으로 한 성폭행과 성희롱이 간담이 서늘해질 만큼 만연해 있다는 사실을 보여주었다. 이 운동은 성폭력과 성적인 위법행위에 대한 문화적 용인을 급변시켰다. 문제적 발언을 하고, 자기 정체를 드러내고, 권력을 굳건히 만들며 남용하고, 우리 몸을 요구했던 남성들을 이번만큼은 여러 기관들이 공개적으로 질타하기 시작했다.

앞에 나선 사람들은(대부분 여성이었다) 나이가 적기도 하고 많기도 했다. 부자이기도 하고 가난하기도 했으며, 유명하기도 하고 유명하지 않기도 했다. 그리고 압도적인 비율로 날씬했다. 한데 미국 여성의 67퍼센트는 플러스 사이즈다. 그렇다면 플러스 사이즈 여성들은 어디로 갔을까?

2017년 21살의 콴타시아 샤프턴Quantasia Sharpton은 어셔Usher를 상대로 소송을 제기했다. 콴타시아의 말에 따르면, 어셔가 함께 잠자리를 하기에 앞서 헤르페스를 진단받았다는 사실을 공유하지 않았다는 혐의였다. 콴타시아는 이 가수를 고소한 세 명 가운데 한 사람이었지만, 기자회견장에 모습을 나타낸 사람은 그뿐이었다. 그리고 콴타시아는 뚱뚱한 흑인 여자였다.

온라인에서는 순식간에 인정사정없는 반응이 나왔다. 코미디언 릴 듀발Lil Duval을 비롯한 유명인들은 너도나도 앞다투어 샤프턴을 향해 잔인한 농담을 던졌다. 뚱뚱한 여성을 공개적으로 조롱하면서도 대개는 뚱뚱한 사람에 대한 비하가 아니라면서 거리를 두었다. 다음의 트윗들은 각각 '좋아요'를 6000개 넘게 받았다.

나는 어셔가 이런 걸 따먹었다고는 믿지 않겠어.

@lilduval, 2017년 8월 7일

나도 비만인 비하는 싫어하지만, 누가 이런 소리를 하던데. "그래, 그러니까 어셔가 저 여자한테 헤르페스를 줬다는 거야, 허쉬 초콜릿을 줬다는 거야?"

@_AmmBURR, 2017년 8월 7일

누가 그러더라. 어셔가 칠리를 박살내다가 이제는 포크 앤드 빈스를 박살내는 거냐고. 나는 뚱뚱한 사람 비하를 싫어하지만, 너네도 다 알잖아…

@_lesbiTREN, 2017년 8월 7일[13]

팝 음악과 알앤비의 아이콘인 잘생긴 어셔가 아름답고 어리며 뚱뚱한 여성인 콴타시아 샤프턴을 욕망한다는 것은 상상도 할 수 없는 일이었다. 트위터에 있는 수많은 사람들에게는 어셔가 콴타시아를 욕망한다는 게 불가능한 일이었던 데다, 어셔의 경솔한 행동에 맞서 콴타시아가 자신을 변호하는 일 역시도 반대할 수밖에 없었다. 그것은 중지시켜야 하는 일이었다. 《더 루트The Root》의 필진이자 편집자인 모니크 저지Monique Judge는 이렇게 썼다. "당신들은 뚱뚱한 흑인 여성을 어머니나 아줌마로 바라본다. 그리고 우리 뚱뚱한 흑인 여성들이 어머니다운 모습을 보이지 않는다고 해서(왜냐하면 우리한테 품는 기대는 빌어먹을 것이니까) 딱히 덜 욕망할 만한 대상으로 바뀌는 건 아니다."[14] 콴타시아는 이와 같이 제한적인 모성적 역할에서 벗어났고, 그런 행동 때문에 공개적으로 처벌을 받았다.

어떤 남자로부터 나를 강간하는 판타지를 떠올려봤다는 얘기를 처음으로 들었을 때, 나는 15살이고 18사이즈였다. 내 손을 머리 뒤로 붙들어 꼼짝 못 하게 하기를, 내가 안 된다고 말하는 것을 들어보기를 갈망했다고 그는 얘기했다. 그 남자는 이렇게 말했다. "너는 나한테 뚱뚱한 창녀가 되는 거야. 너는 나한테 맞서 싸우겠지만 번번이 지고 말 거야."

이런 일이 신경에 거슬렸지만, 그것은 전혀 끝이 아니었다. 그 뒤로도 한참 동안 점점 더 많은 남자들이 나를 폭행하고 싶다는 욕망을 밝혔다. 내가 20대 중반이었을 무렵, 한 남자에게 그만하라고 얘기하자 그는 어리둥절해했다. "나는 네가 해방되었다고 생각했는데. 네가 고맙게 생각해야지." 나는 퀴어였고, 대다수의 남성들이 이 사실을 내가 성적으로 유연해져야 한다는 의미로 받아들였다. 남성을 기쁘게 하는 데 필요한 그 어떤 장면이나 위치에도 놓일 수 있는 대상이라고 말이다. 나는 뚱뚱하기도 했다. 이는 곧 내가 주어진 것을 고맙게 여기리라는 의미가 되었다. 설령 폭력적이거나 내가 동의하지 않은 것이라도 말이다.

날씬한 친구들은 특히 타락한 남성들한테서 생겨나는 이런 강간 판타지를 접하는 일이 훨씬 드물었다. 내게는 일상적일 만큼 너무나 흔한 일이었다. 하지만 그보다 더 문제였던 점은, 내가 잘 알지도 못하는 날씬한 사람들의 반응이었다. 우리 가족과 알고 지내는 친구이자 자칭 페미니스트인 어떤 사람은 내가 이렇게 판타지 때문에 맹공격당하는 이야기를 듣자 축하한다고 했다. "욕망의 대상이 된다는 건 멋지지 않니?" 게다가 더 큰 문제는 이 말이었다. "짚신도 다 짝이 있는 법이야." 마치 나를 데려갈 만한 남자들 목록을 보고는 내가 상심하기라도 한 것처럼 말이다. 마치 그 남자들의 폭력이 희망적인 신호이기라도 한 것처럼 말이다.

한 친구는 왜 다른 사람들한테 더 일찍 얘기하지 않았느냐고 물었다. 답이 너무 명확한지라 이 질문을 듣고 깜짝 놀랐다. 앞선 다른 많은 여자들과 마찬가지로, 내가 성희롱을 당했다거나, 캣콜링을 당했다거나, 원치 않는데 남자가 접근했다거나, 폭력을 당했다는 이야기를 하면 사람들은 내 말에 반발하곤 했다. 그리고 다른 여자들과는 달리, 이런 반발은 다음과 같은 질문으로 이어졌다. "누가 널 강간하고 싶어 하겠어?"

뚱뚱한 몸은 욕망의 대상이 될 리 없다는 오해를 흔히들 한다. 이 오해만큼 진실과 동떨어진 것도 없다. 여느 사람들과 마찬가지로 뚱뚱한 사람들은 데이트하고, 결혼하고, 사람을 만나고, 외로워지고,

다른 사람과 잠을 잔다. 그런데도 뚱뚱한 사람들은 으레 욕망할 만하지 않으며 욕망의 대상이 되지 않는다고 그려지곤 한다. 스크린이나 책장 속에서, 미디어나 친한 사람들에 의해서 말이다. 〈피치 퍼펙트Pitch Perfect〉에서 리벨 윌슨Rebel Wilson이 맡은 역할인 팻 에이미는 그의 관심을 받으려고 경쟁하는 남자들로 가득 찬 욕조 속에 들어가 있는 모습으로 묘사된다. 그 영화의 맥락에서 이는 다음과 같은 농담으로 기능한다. '그렇게나 많은 근육질 남성들이 과연 그렇게 뚱뚱한 사람을 원하기나 할까?' 〈나이스 가이 노빗〉에서는 에디 머피Eddie Murphy가 뚱뚱하게 분장하고선, 성욕이 왕성하며 요구사항이 많은 뚱뚱한 흑인 여성을 연기한다. 이 여성은 자신의 날씬한 파트너가 원치 않는데도 혐오스러운 섹스를 하도록 닦달한다. 패럴리Farrelly 형제가 성애화된 뚱뚱한 여성의 모습을 가장 동정심 어리게 그려낸 〈내겐 너무 가벼운 그녀〉에서조차, 주인공 할의 연애 상대가 매력적인 이유는 할이 상대의 몸을 보지 못하며, 대신 비현실적으로 마른 귀네스 팰트로Gwyneth Paltrow의 모습으로만 그 여성을 바라볼 수 있기 때문이다.

이와 같은 묘사는 뚱뚱한 사람들은 고립되어 있고, 사랑받지 못하며, 절박하고, 굶주려 있다는 유구한 믿음에 의존하는 동시에 이 믿음을 구체적으로 표현한다. 그래서 우리 뚱뚱한 사람들이 성희롱이나 캣콜링, 성폭행을 당하는 순간에는 응당 그렇게 해도 된다는 감정과 폭력이 극심하게 더해진다. "쉬운 일일 줄 알았어. 내가 너를 원하는 것보다도 네가 나를 더 원할 테니까." 그리고 우리가 원치 않는다고 할 때면 가해자들은 맹비난을 퍼붓는다.

내 경험을 드러내기까지 여러 해가 걸렸다. 이는 여느 여성들과 마찬가지로, 앞에 나선다면 으레 그렇듯이 부정, 엄격한 조사, 일축하는 말들을 맞닥뜨리리라는 것을 알았기 때문이다. 성폭행은 욕망이 아니라 권력과 관련된 행동이라고 아무리 우리가 얘기해도, 뚱뚱한 여성인 나는 이런 발언에 어김없이 경고, 별표, 주석이 딸려 온다는 사실을 잘 알고 있었다. 내 몸은 규칙에서 확실하게 제외된 명백한 예외라는 것을 나는 잘 알고 있었다. 아무튼 우리는 어떤 일을 당하더라고 고마워할 테니까. '누가 우릴 강간하고 싶어 하겠어?'

성적 욕망의 대상이 될 만하지 않다는 신화(뚱뚱한 사람들은 결코 욕망의 대상이 될 수 없다는, 어디에나 만연하며 깊이 뿌리내리고 있는 문화적 믿음)는 곧 우리가 성폭행과 성희롱을 당한다는 것이 대부분의 사람들에겐 도무지 상상할 수 없는 일이라는 의미이다. 그렇지만 뚱뚱한 사람들은 성폭력을 겪으며, 심지어 어떤 경우에는 우리가 이를 발설하지 못할 가능성이 크기 때문에 표적이 되기도 한다. 그리고 "대체 어떤 사람이 당신을 강간하고 싶어 하겠어?"라는 말은 단순히 일화적인 경험이나 문화적인 믿음 그 이상이다. 브리검영대학교 교수들은 사람들이 뚱뚱한 강간 피해 생존자들의 말을 믿을 확률이 날씬한 피해자들의 말에 비해 극도로 낮다는 사실을 발견했다.[15] 《정의의 저울을 기울이다: 체중에 기반한 차별에 맞서 싸우기Tipping the Scales of Justice: Fighting Weight-Based Discrimination》에서 저자 손드라 솔로베이Sondra Solovay는 강간 피해를 입고 생존한 뒤에 의사에게 성희롱을 당한 뚱뚱한 여성과,

임신검사를 하러 갔던 또 다른 여성의 이야기를 들려준다. "'의사는 내가 임신했을 리 없다고 했어요. 내가 뚱뚱하니까, 누가 나를 임신시키고 싶겠냐면서 말이에요.' 해당 여성은 임신한 상태였다."[16] 성적 욕망의 대상이 될 만하지 않다는 신화는 뚱뚱한 성폭력 생존자들을 침묵하게 한다. 그리고 이들이 침묵하지 않는다 한들, 여전히 사람들은 이들의 말을 믿지 않을 것이다.

이 모든 점들은 뚱뚱한 사람들, 특히 뚱뚱한 여성들을 성폭력에 취약해지게 한다. 어디에나 만연하여 공공연하게 얘기되며 심지어는 체계화되기까지 한 성폭력에 말이다. 2018년 코넬대학교의 남학생 사교 클럽 제타베타타우Zeta Beta Tau는 '돼지 구이' 대회 때문에 징계를 받았다. 이 대회는 누가 가장 많은 수의 뚱뚱한 여자들과 자는지 겨루는 것이었다. "규칙은 간단했다. 예비 회원이 과체중인 여성과 섹스를 하면 점수를 얻는다. 마지막에 동점이 되면, 몸무게가 가장 무거운 여성과 잔 사람이 승리하게 된다. 대학교에서 발표한 보고서에 따르면 신입 회원들은 이 대회에 관해 여성들에게 얘기하지 말라는 이야기를 들었다."[17] 여느 수많은 남학생 사교 클럽과 마찬가지로, 제타베타타우의 회원들은 재미 삼아 뚱뚱한 여성과 잠자리를 함으로써 여성들에게 수치심을 안기는 호깅hogging과 돼지 구이라는 오랜 전통에 동참했다.

연구자 아리안 프로하스카Ariane Prohaska와 지닌 게일리Jeannine Gailey는 호깅에 참여한 남성들을 조사하는 과정에서 이와 관련 있는 '로데오' 현상을 발견했다. 로데오 현상은 남성 집단에서 뚱뚱한 여성과 잠을 잘 남성을 가려내고자 모자에 남성들의 이름을 집어넣고 뽑는 일이다. 그리고 성적 접촉이 일어나면, 다른 남성들은 그 장면을 지켜보고, 사진이나 동영상을 찍으며, 그다음에는 감히 남성에게 자신의 신체와 욕망을 믿고 맡긴 취약하고 벌거벗은 뚱뚱한 여성에게 수치심을 안기고자 다른 남성들이 성관계 현장에 등장하기도 한다. 프로하스카와 게일리는 호깅, 돼지 구이, 로데오가 지닌 두 가지 중요한 동기를 밝혀냈다. 한 가지는 남성들이 뚱뚱한 여성을 성관계 맺기에 '쉬운 표적'이라고 여긴다는 점이다. 그리고 이런 성관계는 또래 집단 내에서 남성에게 지위를 부여한다. 그리고 또 한 가지는 남성들이 호깅을 '변명' 삼아서 '날씬한' 여성과 데이트할 능력이 있는지에 관한 자신들의 불안, 만취 상태, 뚱뚱한 여성에게 끌린다는 사실을 감춘다는 점이다.[18]

다시 말해 호깅, 돼지 구이, 로데오에 참여하는 남자들에게 뚱뚱한 여성은 이들의 남성적 신뢰를 쌓는 데 쓰이는 소품이거나, 자신들의 불안함을 막는 인간 방패다. 해로운 남성성이라는 표백제와 섞이게 되면, 성적 욕망의 대상이 될 만하지 않다는 신화가 내뿜는 암모니아는 뚱뚱한 여성들을 만연한 성희롱과 성폭행이라는 길로 몰아넣는다. 끝도, 한숨 돌릴 구간도 보이지 않는 길로 말이다.

그리고 나서도 뚱뚱한 성폭력 생존자들은 믿을 수 없을 만큼 가파른 언덕을 맞닥뜨린다. 미투 운동이 등장했음에도 뚱뚱한 성폭력 생존자들은 대부분 침묵을 지킨다. 우리는 여전히 자신이 겪은 고통스러운 경험의 서술자가 되기엔 결코 욕망의 대상이 될 수 없고, 믿

5. 욕망의 대상이 되어야 한다는 신화

215

음이 가지 않으며, 신뢰할 만한 사람이 아니라고 인식된다.

성폭행과 성희롱에 관해 미국 전역에서 논의가 일어났던 것은 결정적인 화약고 구실을 했고, 그 역할은 지금도 계속된다. 특히 이 논의는 주로 할리우드의 여배우들이 주도했다. 아름답기로 정평 난 제시카 알바Jessica Alba, 살마 하이에크Salma Hayek, 로즈 맥가원Rose McGowan 등이다. 그렇지만 이런 전국적 논의가 번성하려면 사람들에게 리더십을 잘 존중받지 못하는, 그리고 몸을 잘 포용받지 못하는 여성들을 위한 공간을 마련해야 한다. 심지어는 우리 마음 깊은 곳에서 여전히 고마워해야 하는 장본인이라고 여기는 여성들까지도 말이다.

내가 살아오는 동안 우리 문화에서 일어난 가장 큰 규모의 페미니즘 논의의 한가운데에 지금 우리가 서 있다. 그리고 성폭력과 성희롱을 둘러싸고 중요한 변화를 일으키고자 진통을 겪고 있다. 그렇지만 오늘날 평균적인 미국 여성은 16사이즈를 입는다. 그리고 전국적으로 가장 큰 비율을 차지하는 이 플러스 사이즈 여성들의 말은 아직 들리지 않는다.

내가 경험한 페미니즘 계보에 관해 자랑스럽게 들려주는 이야기가 있다. 우리 할머니는 1963년, 우리 어머니가 15살 생일을 맞았을 때 《여성성의 신화The Feminine Mystique》 한 권을 우리 어머니에게 선물했다. 우리 할아버지는 내가 시애틀에서 벌어진 세계무역기구 시위에 참석할 수 있도록 고등학교에서 빼내려고 했다. 지구 건너편에 사는 여성들에게 세계화가 끼치는 영향이 무엇인지를 상세하게 설명해주시면서 말이다. 1990년대 중반, 우리 어머니는 일터에서 지휘를 해야 할 때 힐러리 클린턴Hilary Clinton을 지지하겠다고 했다. 내 여자 조카는 할머니들과 자기 어머니를 양옆에 대동하고 로스앤젤레스에서 열린 여성 행진에 참석했다. 조카가 든 팻말에는 "나는 대통령이 될 수 있다"라고 쓰여 있었다.

나의 페미니즘을 만들어낸 이야기들도 있다. 고등학교에서 다양성 훈련을 할 때, 부유한 편에 속하던 백인 동급생들이 학교에서 일어나는 인종차별에 관해서 어떤 논의든 묵살시키는 악랄함을 보았다. "나는 한 번도 노예를 부린 적이 없어요"라고 곧바로 펄쩍 뛰면서 말이다. 학교에서 트랜스젠더 남자아이가 남자 화장실에 들어가 매일 괴롭힘당하고 얻어맞는 것도 보았다. 유색인종인 친구들과 함께 음반 가게를 돌아다니면, 쇼핑몰 경비원이 어째서 우리가 가는 곳마다 따라다니는지 의아하기도 했다.

나는 페미니즘과 함께 성장했고, 페미니즘이라는 깃발을 자랑스럽게 높이 치켜들었으며, 깃발의 가장자리가 해지는 것을 보았고, 갖은 문제를 겪었던 페미니즘의 과거를 굴하지 않고 똑바로 바라보았으며, 더 밝은 미래를 향해 성장하도록 깃발을 내밀었다. 집에서는 페미니즘을 놓고 자주, 그리고 공개적으로 이야기를 나눴다. 그렇지만 나를 만들어낸 페미니즘 운동에 마음 깊이 충성하고 있었음에도 뚱뚱한 아이로서, 그리고 퀴어인 아이로서 결코 맞다고 생각할 수 없었던 페미니즘의 측면이 있었다.

"나의 몸, 나의 선택"이라는 말은 임신 중단을 지지하는 운동에서 사용하는 구호였다. 그렇지만 이 구호는 날씬한 페미니스트들이 나 같은 뚱뚱한 페미니스트에게 슬그머니 다이어트를 강요하는 의미로 잘못 쓰이고는 했다. 그리고 트랜스젠더 여성들에게는 이 말이 결코 제대로 전달되지 못했다. 그 여성들은 그들의 몸은 그들의 것이 아니라고, 그들의 선택은 유효하지 않다고, 그들의 정체성은 환영받지 못한다고 들었기 때문이다.

하지만 내게 가장 고충을 안겨주었던 것은 오랫동안 고전처럼 쓰였던 구호였다. "강간은 섹스가 아니라 권력의 문제다."

나는 주로 남성인 가해자들이, 주로 여성인 생존자들에게 폭력을 휘두르도록 만드는 문화와 성폭력에 오랫동안 격분해왔다. 그런 문화가 차가운 비처럼 내 얼굴을 때리는 것을 오랫동안 느꼈으며, 풋내기다운 분노로 이를 오랫동안 질타했다. 그렇지만 이런 성폭력 문화가 일으킨 강풍에 휩쓸린 것은 20대 후반이 되어서였다.

29살 때 나는 이사를 하기로 결정했다. 임대료는 5년 연속으로 가파르게 상승했고, 나는 마음에 쏙 드는, 거의 확실히 들어갈 수 있을 만한 집을 발견한 차였다. 내가 살던 집의 주인은 60일의 고지 기간을 달라고 했고, 나는 그러겠다고 했다. 열흘이 지난 뒤, 내가 봐두었던 새 집을 놓치고 말았다. 빠르게 젠트리피케이션이 벌어지는 도시에서 젊은 내가 임대료를 더 많이 내는 일은 도저히 불가능했다. 며칠 동안 절박하게 집을 찾아다닌 뒤, 나는 결국 부동산 관리인에게 간청하기로 결정했다. 언제나 따뜻한 미소를 짓고 실없는 농담을 하며 우호적인 태도를 보이던 남자였다. 게다가 내가 나가겠다고 얘기한 지 아직 14일밖에 지나지 않았다. 46일이나 남았으니 이 집을 다른 세입자에게 넘겼을 리는 없지 않을까?

나는 퇴근하고 집에 돌아가는 길에 사무실에 들렀다. 배달된 소포를 찾고 관리인과 몇 분 정도 이야기를 나누었다. 그가 예전 아내 이야기를 꺼내는데 목소리가 갈라지는 것이 느껴졌다.

"깨지신 거죠?" 나는 살짝 물었다.

"깨진 게 아니라, 전처가 된 거죠. 어떤 건지 아시잖아요." 남자가 말을 바로잡았다.

나는 모르는 일이었지만 남자의 말뜻은 알 수 있었다. 다른 남성에게서도 으레 접한 적 있는, 여성을 향한 적대적 태도가 저변에 깔려 있다는 사실이 느껴져서 긴장되었다. 자기를 떠난 여성이라면 누구든 간에 "완전히 미친 여자였어, 사이코 같았다니까"라고 친구들에게 얘기하는 모습이 상상되었다. 이런 남자들이 배신당했다고 생각하면 어떤 짓을 벌이는지가 번개처럼 떠올랐다. 갑자기 자리를 뜨고픈 충동이 일었다. 빠르고 자연스럽게 말이다. 그동안 이 관리인과 수없이 다정한 대화를 나눴던 일을 떠올리며, 그 자리를 벗어나고픈 직감을 억눌렀다. 그 순간은 지나갔다. 대화는 이어졌다.

대화가 조금 잠잠해지자, 나는 이사를 가려던 집에 못 들어가게 되었다고 말했다. 버거운 상황이었고(나는 어디로 가야 할까? 내가 살 만한 곳이 있을까?) 남자에게 질문을 던지는 내 목소리가 떨렸다. "그러니까 혹시… 이 집에… 벌써 다른 세입자를 구하셨나요?"

남자는 이미 새로운 세입자를 구했다고 말했다. 한 커플이 들어올 예정이고, 최대한 빨리 이사를 오고 싶어 한다고 말이다. "사실은 혹시 더 일찍 이사 갈 생각이 있는지 물어보려고 했어요." 나는 고개를 저었다. 곧 눈물이 날 것 같은 후끈함이 날카롭게 느껴졌다.

남자는 내 표정을 읽고는 나를 위로했다. "상황이 힘들죠. 절감하고 계실 거예요, 그렇죠?" 나는 고개를 끄덕였다.

그는 내게 처참한 문제를 안겨줬다. 이제는 해결책도 가져다줄 터였다. 남자는 이렇게 말했다. 새로운 세입자에게 다른 집이 나올지도 모르니 일주일만 더 기다려줄 수 있는지 물어보겠다고 말이다. 복도 맞은편에 사는 여자가 이사를 갈 것 같다고 했다.

고맙고도 다행스러운 마음이 몰려와서 나는 어쩔 줄 모를 지경이었다.

"그렇게 해주시겠어요?" 나는 크게 숨을 내쉬었다.

"당신을 위해서라면 물론이죠." 그가 미소를 지었다. 이튿날 아침에 가장 먼저 그 새로운 세입자들에게 전화를 하겠다고 했다.

마치 잔이 넘치듯이, 고맙다는 말이 잔뜩 흘러나왔다. 아무리 고맙다고 해도 모자랄 지경이라고 말했다. 너무나 고마웠고, 내가 쓸 수 있는 최고의 찬사들을 내뱉었다.

그 뒤로 벌어진 일들은 아드레날린이 만든 안개 속에 갇혀 흐릿하다. 내가 기억하는 것은 그날 밤 남자가 같이 저녁을 먹으러 가자고 청했다는 것, 그리고 자기 집으로 가서 음악을 들으면서 되는 대로 흘러가보자고 청했다는 것이다. 내가 기억하는 것은 그가 자신의 예전 아내와 비교하며 나를 좋게 얘기했다는 것이다. "정말 친절하시네요." 당연한 얘기지만, 예전 아내랑은 다르다면서 말이다. 내가 기억하는 것은 마치 폭탄을 해체하듯이 거절했던 일이다. 몸은 잔뜩 긴장한 채로 침착하게 호흡을 내뱉으며 알맞은 전선을 자르려고 조심했고, 너무 빨리 움직이거나 너무 큰 소리를 내지 않으려고 주의했다. 내가 기억하는 것은 남자의 얼굴이 돌변하고, 남자의 목소리에서 다정함이 싹 가셨던 일이다. "그 커플이 싫다고 할지도 모르죠. 애초에 굳이 이런 말썽을 피울 만한 일도 아니고요. 당신은 여기서 계속 지낼 수 있다고 확신할 수 없어요."

내가 기억하는 것은 아래층에 있는 남자가 우리 집 열쇠를 가지고 있다는 사실을 너무나 잘 알고 있으면서도, 내가 여전히 꼼짝도 하지 못하고 아무 말 없이 침대에 내내 누워 있던 일이다. 내가 기억하는 것은 누구에게 연락할 수 있을지 생각하던 것, 그리고 상대방이 분명 내게 무슨 일이 있었느냐고 물어볼 텐데 그때 몰아칠 깊고도 날카로운 슬픔을 가늠하던 일이었다.

몇 주가 지나 변호사인 친구에게 연락했다. 그 친구는 충격을 받고, 분노에 차올랐으며, 화를 냈다. 친구는 변호사를 고용해서 부동산 관리 회사에 연락하고, 회사 직원이 한 일을 알리며, 내가 행동에 나설 준비를 갖추었음을 알리라고 조언했다.

그렇지만 나는 조언을 따르지 않았다. 예전에 그 남자의 얼굴에 깃들어 있던 따스함을, 그가 들려주었던 아이들 얘기를 떠올렸다. 재판장에 출석해야 해서 일을 하루 쉰다는 얘기를 직장 동료들에게 해야만 하는 상황을 떠올렸다. 그리고 변호사가, 회사가, 법정이 보

일 반응을 생각했다. '대체 누가 저런 여자를 원하겠어? 그런 관심을 받다니 고마워해야 하는 것 아니야?'

그리고 그 모든 상황에도 불구하고, 나는 실제로 그랬다. 내 몸은 언제나 내게서 욕망할 자격을 앗아갔다. 내 몸은 언제나 파트너들이 염두에 두지 않아야만 진정한 나를 바라볼 수 있게 되는 무언가로 자리매김했다. 내 몸은 요새를 둘러싼 해자였고, 나를 절대로 공격받지 않을 요새로 만들어주었다. 공공연하게든 은근하게든, 나는 성폭행이나 성희롱을 당하기에는 너무 못생겼다는 말을 오랫동안 들으며 지냈다. 그 당시 모든 상황에도 불구하고, 나는 두려웠고 또 이상하게도 입증받은 기분이 들었다. 뚱뚱한 몸에 대한 가혹한 혐오와 성적 욕망의 대상이 되지 않는다는 신화 때문에 너무 철저하게 산산조각이 났던지라, 이번 한 번만큼은 누군가가 나를 원할 만큼 아름답게 본 것이라고 생각했다.

혼란스러웠다. 상처를 받았다. 내가 사는 집이 두려웠고, 우편물을 전달받을 주소를 남기는 것이, 어디서 나를 찾을 수 있는지 그 남자에게 알리는 것이 두려웠다. 골치 아픈 두려움과 직감이 얽혀 있었다. 내가 알아서 막았어야 한다고 생각했던 상황에 대한 당혹스럽고도 수치스러운 반응이었다.

그래, 나는 고마웠다. 아무튼 나를 원할 사람이 과연 있을까?

"강간은 섹스가 아니라 권력의 문제다."

그 일을 겪고 몇 주 동안, 이 슬로건은 일반 사이즈 페미니스트들이 만들어낸 것이라는 생각이 나를 엄습했다. 물론 나는 강간을 당하지는 않았지만, 강요를 받았고 위협을 당했다. 성폭력과 성희롱은 오로지 권력의 문제이며 욕망과는 아무런 관계가 없다고 주장하는 것은 사치스러운 일처럼 느껴졌다. 그렇지만 뚱뚱한 여성인 나는 그 순간에 너무나 다층적인 기분을 느꼈다. 물론 그 남자가 행동에 나서고 위협할 수 있었던 것은 권력 때문이었지만, 단순히 그것이라기보다는 훨씬 다차원적인 문제였다.

그가 내게 접근한 까닭은 내가 쉬운 표적으로 보였기 때문이며, 실제로 나는 쉬운 표적이었다. 그가 내게 접근한 까닭은 사람들이 내 말을 믿지 않을 것이고, 그러니 내가 아무 말도 하지 않으리라 생각했기 때문이었다. 그리고 실제로 나는 사람들에게 말하지 않았다. 그가 내게 접근한 까닭은 뚱뚱한 여성에 관한 끊이지 않는 말들 때문이었다. 그 남자가 이렇게 고조되는 상황을 마련할 수 있게 만든 성애화된 속삭임이 이루는 교향곡 말이다. '뚱뚱한 여자는 입으로 더 잘 해준다'거나 '뚱뚱한 여자는 뭐든 시키는 대로 해줄 것'이라거나 '뚱뚱한 여자는 침대에서 뭐든 고마워한다' 같은 말들은 모두 다 그 뒤에 벌어질 일들을 위한 발판을 만들어주었다. 남자는 내가 퀴어라는 사실도, 그리고 이성애자 남성을 만난 적이 있다는 사실도 알고 있었다. 이는 곧 그 남자가 바라는 것은 무엇이든 내가 즐길 수 있다는, 또는 즐기는 척할 수 있다는 뜻으로 받아들여졌다. 그가 내게 접근한 것은 내가 상대방과 성행위 모두에 순종적으로 굴 것이라고, 결코 반항하지 않는 살아 있는 섹스 인형이 될 것이라고 확신했기 때문이다. 그가 내게 접근한 것은 내 몸 때문에 사람들이 내 말을 믿어주지 않을 것이며, 그래서 내가 절대로 발설하지 않을 것이기 때문이었다.

　그것은 섹스의 문제이자 권력의 문제였다. 그것은 욕망 가능성, 아름다움, 특권, 조작의 문제이기도 했다. 상이한 입장에 서 있는 우리 둘 모두는 뚱뚱한 사람들이 말을 꺼내기도 전에 애초에 침묵하게 하는 기계를 아주 잘 알고 있었다. 이 기계의 연료는 욕망이 제대로 자리 잡은 사람이거나 병리적이지 않은 사람이라면 결코 누구도 뚱뚱한 사람을 원할 리 없다는 내용을 담은, 깊게 뿌리내린 모든 신념과 농담과 논평이었다. 이 기계에 기름칠을 하는 것은 바로 미디어에서 뚱뚱한 사람들을 절박하고, 외로우며, 게걸스럽게 성욕을 드러내고, 충족되지 못한 욕망 때문에 미쳐 돌아버린 사람처럼 희화화해서 그리는 일이었다.

　그리고 이 기계를 보호하는 것은 좋은 의도를 품은 친구들과 가족들이다. 이들은 뚱뚱한 몸을 향한 혐오의 가혹한 현실, 깊이, 만연함을 그다지 숙고해보지 않는다. 이 기계를 보호하는 것은 심지어 우리와 가장 가까이 지내는 소중한 사람들의 마음에서도 피어오를 수 있는 잔인한 본능이다. 바로 먹잇감의 죽음은 그 먹잇감 본인 탓이라며 비난하는 포식자의 본능이다.

　이 기계에 연료를 집어넣는 것은 내가 아끼는 페미니스트 동료들이기도 하다. 대체로 페미니즘 담론은 뚱뚱한 여성의 경험이 지닌 풍성함을 반영하지 못하는 성희롱과 성폭행에 초점을 맞춘다. 이 담론은 트랜스젠더 여성, 이주민 여성, 나이 든 여성, 빈곤한 여성의 경험을 신뢰할 수 있을 만큼 반영하지도 않는다. 문화적·성애적으로 욕망의 대상이 될 가능성이 없다고 규정되는 사람들을 표적으로 삼는 캣콜링과 성폭력이 만들어내는 폭력이 있다. 뚱뚱함은 오랫동안 페미니즘 운동을 공격하는 데 쓰였다. 미국에서 백인 여성의 참정권 운동이 벌어지던 시기, 여성이 시민권을 행사하는 데 반대했던 사람들은 흔히 여성 참정권 운동가들을 뚱뚱하고, 매력 없고, 시끄럽고, 요구하는 것이 많다고 묘사했다. 1910년 어느 유머 잡지에서는 이렇게 뚱뚱하고, 요구하는 것이 많고, 비합리적인 여성을 목표물로 삼아서 그런 여성 참정권 운동가의 모습을 악랄하게 표현했다. 누가 봐도 뚱뚱한 몸, 꽉 끼고 '부적절한' 옷, 거기에 매력 없고 여성적이지 않은 남성용 옥스퍼드화를 신은 모습이었다. 그림 속 여성은 한 손에 나무 숟가락을, 다른 손에 밀대를 들고는 독자를 때리겠다며 은연중에 위협하고 있었다. 에이미 어드먼 패럴Amy Erdman Farrel은 저서 《팻 셰임Fat Shame》에서 뚱뚱한 몸에 대한 이 두드러진 초기 공격을 놓고 뚱뚱한 몸이 여성을 공격하는 장소이자 공격의 동기가 된다고 분석한다. "설명에는 '이 집의 스피커'라고 쓰여 있다. 여성에게 더 많은 권리가 필요하다는 사실을 보여주는 얼마나 대단한 농담인가! 대중적 시민의식 속 욕망이 이 여성에게 어떤 짓을 했는지 보자. 표지에는 이렇게 나와 있다. 여성 참정권 운동은 그 여성을 원시적이고 거친 짐승으로 바꿔놓았다. 여성이라고 하기엔 너무 못생기고, 너무 크고, 너무 뚱뚱하다."[19] 이와 대조적으로 패럴은 여성 참정권 운동을 지지하는 포스터에는 젊고, 날씬하고, 관습적인 아름다움을 지닌 여성 참정권 운동가의 모습이 나온다고 설명한다. 이 운동가는 행진하는 젊은 남성들을 뒤에 이끌고 가는데, "이 남성들은 여성의 아름다움에 꼼짝 못 하는 것처럼 보인다. 여성 참정권을 향한 열망, 일반적 시민으로서의 권리를 향한 열망은 한창때인 이 젊은 여성을 신사들 눈에 그 어느 때보다도 더 아름답게, 더 매력적으로 보이도록 만들었다."[20] 여느 정치적 공격처럼, 미끼를 물면 지는 법이다. 그리고 이렇게 첫 번째로 몰아친 여성 참정권 운동의 파도는 미끼를 물고야 말았다. 그렇게 해서 이들은 페미니스트가 이성애자 남성의 성적 욕망의 대상이 될 수 있다고 (또 때로는 반드시 그래야만 한다고) 주장하는 페미니즘이 한 세기 넘게 이어지도록 포문을 열었다. 여성의 성적 대상화를 충실히 반대하긴 했으나, 거의 백인으로 이뤄진 페미니즘 운동은 페미니스트를 고압적이고, 성적 특질이 없고, 매력이 없고, 뚱뚱하다고 여기는 정치적 고정관념과 오랫동안 거리를 두었다. 그렇게 함으로써, 의도했든 아니든 페미니즘 운동은 반대자들이 주장하는 성적 경제를 묵인하고 따랐다. 바로 뚱뚱한 여성은 욕망할 만하지 않으며 호감을 사지도 않기에, 운동에는 도움이 되지 않는다는 주장이었다. 그리하여 페미니스트가 뚱뚱한 여성을 지지하는 것은 그저 정치적 책무가 되었다.

시간이 흐르며 이런 접근법이 다소 완화되었으나, 지금의 페미니즘은 뚱뚱한 여성들이 맞닥뜨리는 고유한 필요와 장벽을 다루는 경우가 거의 없다. 주류적 페미니즘 논의는 우리들 대부분보다 훨씬 날씬하고, 백인에 가까우며, 부유하고, 전통적 여성성을 지닌 여자를 표적으로 삼는 여성 혐오에 여전히 초점을 맞추고 있다. 뉴욕에서 진행한 "여성에게 웃으라는 말은 그만해라Stop Telling Women to Smile" 같은 대중적인 캠페인 포스터에는 무표정을 한 날씬한 여성이 등장한다. 날씬한 여성들이 어디서나 듣는 명령에 정색하고 반응하는 것이다. 이 캠페인에는 뚱뚱한 여성들의 얼굴이 전혀 보이지 않을뿐더러, 뚱뚱한 여성들이 접하는 구체적 괴롭힘 역시도 자취를 찾아볼 수 없다. 이런 캠페인이 여전히 중요하고 유익하기는 하나, 한편으로는 불완전한 것도 사실이다. 플러스 사이즈나 확장된 플러스 사이즈를 입는 수많은 미국 여성들을 배제하기 때문이다.

아니, 이처럼 널리 알려진 페미니즘 캠페인과 논의 속에는 캣콜링으로 혐오감이나 거부를 표현하는 일이나, 욕망할 만하지 않다고 규정되는 누군가를 남성이 원했을 때 생겨나는 복잡한 감정의 늪과 역동이 설 자리가 없다. 이와 같은 페미니즘 운동은 성적으로 해방되고 활발한 날씬한 여성이 성적으로 접근할 수 있는 대상으로 취급받는다는 것이 어떤 의미인지를 고민하는 반면, 매력적으로 보이기가 불가능하므로 성적으로 쉽게 다룰 수 있다고 여겨지는 뚱뚱한 여성들은 간과한다.

페미니즘의 공간 안에 뚱뚱한 여성들을 위한 자리를 마련하는 일은 간단하다. 성폭력을 바라보는 우리의 해석이 욕망 가능성이라는 틀을 넘어서도록 조정하기만 하면 된다(물론 우리는 이미 성폭력은 섹스가 아닌 권력의 문제라고 주장하지만 말이다). 그러나 날씬한 사람이든 뚱뚱한 사람이든 우리 모두가 틀을 확장하려면, 유기적이고 습득된 것이라고 우리가 여기는 경험의 축을 인식해야 한다. 심지어는 사회적으로 가장 의식이 깨어 있다는 사람들에게서도 뚱뚱함은 곧 도덕적 실패이자, 얼마든지 우리가 통제할 수 있는 범위 안에 있다고 여겨진다. 이 때문에 날씬한 몸은 숭배받아왔고, 뚱뚱한 몸은 공개적인 비하, 의료 서비스 제공 거부, 그리고 성폭력의 소름끼치는 측면이라는 자연스러운 귀결을 감내했던 것이다. 사람들은 뚱뚱한 사람들이 자기 몸을 간과하기로 선택했다는 식으로 생각하며, 그렇기에 뚱뚱한 사람들에 관해 더 깊이 생각하거나 동정할 필요는 없다고 여긴다.

뚱뚱한 여성을 표적으로 삼는 팻콜링과 성폭력을 인식하려면, 날씬한 페미니스트들은 나 같은 몸을 지닌 사람들이 공개적으로 수치스러운 일을 당해서는 안 된다고 인식해야 한다. 날씬한 페미니스트들은 그 어떤 성폭력 생존자도 성폭력을 당해서는 안 되는 것이 당연하다는 근본적 뿌리로 돌아가야 한다. 우리 가운데 어느 누구도 성폭력을 해달라고 부탁한 적이 없다. 우리가 지닌 유일한 몸으로 감히 살아가겠다고 한 적도 분명히 없다.

그렇지만 많은 페미니스트들은 이런 주장이 어떤 면에서 정곡을 찌른다고 느낀다. 뚱뚱한 여성의 고통을 인정하는 것은 곧 그들 자신이 대체로 아무 생각이나 의도 없이 공범이 되었다는 사실을 인정하는 일일 것이기 때문이다. 뚱뚱한 여성의 고통을 인정하는 것은 곧 그들의 몸도 연루시키며, 그들이 확실히 얻어냈다고 생각했던 특권을 희생하는 일이 될 테다. 날씬한 몸으로 살아갈 때 생겨나는 특권의 타당성에 페미니즘 운동이 온 힘을 다해서 맞서 싸운다면, 그런 특권이 떨어져 나갈 수도 있다.

어떤 운동에서든 새로이 부상하는 지지층을 위한 공간을 만들기란 어렵기는 해도 간단한 일이다. 재료는 단순하다. 귀를 기울이고, 말을 믿어주고, 조정하고, 협동하는 것이다. 하지만 권력을 공유하는 일은 결코 쉬운 적이 없었다. 그리고 다른 억압의 축을 인정하는 일과 마찬가지로, 페미니즘 안에 뚱뚱한 여성이 설 자리를 만드는 일은 역사적으로 페미니즘의 중심에 서 왔던 날씬한 여성들에게 불편을 끼칠 수밖에 없을 것이다. 뚱뚱한 여성이 설 자리를 만들기 위해선 날씬한 몸이 자신들의 성취가 아니며, 뚱뚱한 몸은 실패가 아니라는 생각을 받아들이려는 날씬한 페미니스트들의 의지가 필요하다. 날씬한 페미니스트들 역시 언젠가는 뚱뚱해질 수 있으며, 그렇게 되더라도 여전히 페미니즘이 필요하리라고 믿는 의지도 필요할 것이다. 그리고 날씬한 페미니스트들에겐 혼란을 불러일으키는 지식과 한자리에 앉으려는 의지도 필요할 것이다. 이 지식이란 바로 주위에서 여성 혐오라는 거칠고도 매몰찬 바람이 몰아치는데도 그들은 자기의 몸 덕분에 다른 이들이 누리지 못하는 일종의 피난처를 얻었다는 사실이다.

그 페미니스트들에게 내가 던지는 질문은 바로 이것이다. 당신들은 자신이 누리는 안락함을 희생할 정도로 뚱뚱한 사람들을 사랑할 수 있는가?

6

얼굴은 참 예쁜데

말이야

위험을 감수하는 것이 내 장점이었던 적은 한 번도 없었다. 그렇지만 21살이 되었을 때, 지금의 삶에서 벗어나 새로운 삶을 구축하고픈 충동이 내 마음 깊은 곳에서 일어났다. 그 새로운 삶 속에서 나는 작가가 되겠다고 생각했다. 위험하고 새로운 희곡을 쓰고, 내게 어떤 아이디어가 맞는지 탐구해볼 작정이었다. 밸러리 솔라나스Valerie Solanas와 앤절라 데이비스Angela Davis, 그리고 우상 파괴적인 혁명가들의 작품들을 읽을 수 있는 한 많이 읽었다. 가장 바라던 일자리에 지원했으며, 오매불망 듣고 싶어 했던 대학원 수업에 등록했다. 내게 찾아오는 그 어떤 새로운 기회에도 좋다고 응했다. 나는 위험을 감수하는 사람이 되리라고 생각했다.

그리고 실제로도 그렇게 지냈다. 나는 희곡을 쓰기 시작했고, 그렇게 쓴 희곡을 축제에 제출했으며, 내가 좋아하는 배우들이 내가 쓴 작품을 무대에 올리는 모습을 지켜보았고, 내가 존경하던 작가들에게 비평과 찬사를 받았다. 파티나 뉴잉글랜드 근방으로 떠나는 주말여행에도 좋다고 응했다. 내가 우러러보는 교수들이며 학생들과 함께 대학원 세미나에 참석했다. 새로운 아이디어와 한층 더 과감해진 자신으로 가득 찬 네온사인처럼 내 뇌는 윙윙거리고 팡팡 터졌다. 두려움을 물리칠 때 내가 어떤 사람이 될 수 있는지 그 윤곽을 알아갔으며, 내가 갖추어가는 모양새가 마음에 들었다.

가장 크나큰 위험을 감수하는 일은 데이트였다. 나는 고등학생 때 첫 여자 친구를 사귄 뒤로 딱히 누구를 만난 적이 없었고, 연애를 하거나 깨지는 것이 어떤 일인지도 제대로 이해하지 못했다. 정기적으로 상담사를 만나고는 있었지만, 연애라는 주제에 관해선 침묵을 지켰다. 몇 년 동안 상담했고, 돈을 지불하고 만나는 전문가를 완전히 신뢰하고 있었는데도 여전히 너무 꺼내기 조심스러운 주제라고 느꼈다. 나는 그냥 개의치 않겠다고 생각했다. 나는 쿨한 여자애가 전혀 아니었다. 내가 더 열심히 노력하면, 내가 원해서 얻은 것도 아니며 합리화할 수도 없다고 확신했던 상처 입은 감정을 억누르면, 사랑의 기회가 다시 나타났을 때 더 잘할 수 있으리라고 생각했다. 내가 지닌 내면의 아름다움에 반할, 최면에 걸린 파트너가 나타나기를 바라야만 했다.

그때 나는 첫사랑을 만났다.

그는 미술대학에 다녔고, 우리가 서로 관심을 품고 만나던 초기에 자신의 사진을 선보이는 학생 전시에 나를 초대했다. 벽에 걸린 사진에는 그의 바뀌어가는 몸을 마치 유령처럼 담아낸 초상이 있었다. 우리가 만나기 얼마 전에 그는 테스토스테론 요법을 시작했던 차였다. 그리고 이중노출 기법을 활용해 찍은 그의 사진들은 호르몬이 뿌리를 내려가는 유령과도 같은 그의 몸을 보여주는 것 같았다.

우리는 두 개의 주州를 사이에 두고 있었다. 주말이 되면 가운데에 있는 보스턴에서 만나 종일 함께 지냈다. 그는 내게 거의 매일 편지를 써서 부쳤고, 나는 시계처럼 정확히 답장을 꼬박꼬박 보냈다. 그의 연애편지는 힘차게 찾아와 내 숨을 막히게 했다. 나는 두터운 종이에 답장을 썼고, 이따금씩은 거기에 향수를 뿌렸다. 그는 침실 거울 주변에 편지를 붙여두었다. "너는 내게 정말 좋은 말들을 해줘. 그 말들을 계속 보고 있으면, 그대로 믿을 것만 같다는 생각이 들어."

시간이 흐르면서 보스턴에서 약속을 잡는 일은 그의 집으로 가서 주말을 보내는 것으로 바뀌었다. 우리는 자그마한 침대에 함께 누운 채로 내가 졸업하고 나면 보스턴으로 이사하는 것을 상상하곤 했다. 나는 일자리를 찾아보기 시작했고, 그는 집을 알아보았다.

그렇지만 우리의 미래를 상상할 때면 내 모습을 떠올릴 수가 없었다. 그런 아름다운 삶은 누군가 다른 이의 몫일 것 같았고, 그가 더 나은 사람을 만나야 한다고 생각했다. 더 성격이 둥글둥글하고, 예쁘고, 멋있고, 그리고 두말할 것도 없이 더 날씬한 사람을 말이다.

나는 뚱뚱한 여자가 사랑하는 모습을 본 적이 없었다. 살아오면서도, 미디어에서도 본 적이 없었다. 나는 데이트하는 뚱뚱한 여자를 본 적이 없었다. 나는 자기주장을 똑바로 하며, 파트너에게 존중받는 뚱뚱한 여자를 본 적이 없었다. 그런 것은 지도에 나와 있지 않은 영역이었기 때문에, 탐구되지도 않았으리라 짐작했다. 위험을 감수하겠다는 다짐은 내 드넓고도 부드러운 몸에서 서서히 빠져나갔다. '이런 몸을 사랑해야 한다면, 대체 어떻게 그가 나를 사랑할 수 있지?'

'아주 예쁜 얼굴'이라고들 하는 외모를 지니기는 했지만, 나는 누군가 내 몸을 탐하는 것은 불가능하다고 끊임없이 되뇌었다. 우리가 만나던 때는 '핫 오어 낫Hot or Not' 같은 사이트나 〈더 스완The Swan〉 같은 TV 프로그램의 인기가 절정에 이르러 있었다. 어디를 둘러봐도 신체를 대놓고 품평하거나 등급을 매겼으며, 내 몸은 한결같이 아래쪽 범주에 머물렀다. 2·3·4등급 말이다. 그는 날씬하다는 사실 하나만으로도 훨씬 더 높은 자리를 점했다. 데이트와 연애의 잔인한 미적분학에서 우리는 숫자가 맞지 않았다.

하지만 단지 그 한 사람에 대해서만은 아니었다. 나는 거의 모든 사람이 나를 욕망할 리 없다는 사실을 깨달았다. 나 같은 몸을 욕망한다는 것은 곧 내 파트너가 비합리적이거나, 멍청하거나, 자신들이 바라는 것보다 더 못한 수준에 머무르기로 한발 물러섰다는 의미였다. 첫 연애가 깨진 뒤로 몇 년 동안 나는 관심을 받게 되면 그 사실을 받아들이느라 애를 먹었다. 잠재적 파트너의 외모가 어떻든, 그들이 얼마나 열정적인 모습을 보여주든 그들이 내게 끌린다는 사실을 신뢰할 수 없었다. 나는 그들이 만지지 못하게 움츠러들었고, 손이 닿으면 그 손이 무슨 뜨거운 다리미라도 되는 양 움찔했다. 그들이 내게 관심을 주는 것은 불가능하거나 병적인 일이라고 여기면서 말이다. 어떤 식으로든 친밀해지면 위태로움이 따라왔고, 위태로운 기분이 들 때면 어김없이 모욕감에 이르렀다.

이는 뚱뚱한 몸에 대한 반대가 이룩해낸 가장 위대한 승리일 것이다. 뚱뚱한 몸에 대한 반대는 우리를 시작도 하기 전에 멈추게끔 만든다. 뚱뚱한 몸에 대한 반대가 얻은 위대한 승리는 다이어트 산업의 매출도, '내가 몇 킬로그램 더 뺄 때까지' 미뤄둔 인생도 아니다. 바로 우리 몸이 우리를 사랑이나 손길조차 받을 자격이 없을 만큼 너무나 가치 없는 사람으로 만든다는 생각이다.

그 뒤로 몇 주 동안 이 작은 균열이 상처로 불거지자, 나는 우리 관계를 스스로 되새기면서 상처를 감싸보았다. 그것은 너무 불가능한 일 같았다. 사실이라기엔 너무 아름답고 다정하다고 생각했다. 어쩌면 그가 나를 딱하게 여겨서, 가엾은 뚱뚱한 여자애에게 애정을 주며 자선을 베푸는 것일지도 몰랐다. 나는 그가 나와 함께 있고 싶지 않을 것이라고 생각했다. 응당 해야 할 도리를 다하고 날 버리려는 작정이라기엔 그가 너무 다정하다고 생각했다. 내가 그에게 해줄 수 있는 최선의 일은 그의 곁을 떠나는 것이라고 생각했다. 그래서 나는 그렇게 떠났다.

나는 사랑받는 법을 몰랐다. 내가 사랑받는 것을 지켜볼 수가 없었다. 그래서 나는 우리 둘 모두의 마음을 아프게 했다.

그 뒤로 20대 시절, 친구의 친구라는 사람과 잠시 만나고 난 뒤 나는 데이팅 앱으로 돌아가기로 결정했다. 범블Bumble 앱에 들어가 하루도 채 지나지 않아 누군가와 매치되었다. 그 남자에게 메시지를 보냈는데, 어떻게 반응하는지 보려고 손 흔드는 모습의 이모지만 하나 보냈다. 내가 사람을 걸러내는 과정에서 거치는 첫 번째 비공식적 단계였다. 남자는 두 번째 단계까지는 진출하지 못했다.

나는 인사를 건넸다. 남자가 이렇게 말했다. "나는 내 여자 친구가 뚱뚱한 게 좋아요. 뚱뚱한 여자는 보통 입도 크거든요. 기분 좋은 핸드잡도 살찐 손으로 해주면 훨씬 더 좋죠ㅋㅋ 큰 여자들이 대체로 남자들을 더 즐겁게 해줘요."

데이팅 앱에 온 것을 환영합니다.

여느 여자들과 마찬가지로 나는 노골적인 사진과, 달갑지 않게 들이대는 행동들을 예상할 수 있게 되었다. 그리고 내가 감히 거절할 때면 너무나 쉽게 욕설이 울려 퍼졌다. 내 뚱뚱한 몸을 마음대로 다루겠다는 기색이 엿보이는 메시지들도 접했다. 그들은 단순히 사이즈만 보고 내 몸이 자신들 차지라고 기대하곤 했다. 그 남자들 눈에 나는 새롭게 정복하는 땅이 아니었다. 날씬한 여자들이 안겨주는 사냥의 짜릿함은 없었다. 아니, 그 남자들이 정복하는 것을 내가 자진해서 고마워하리라고들 생각했다.

그렇지만 이보다 중요한 점은 이런 메시지가 내가 예전에 겪었던 수많은 경험들을 반영한다는 사실이었다. 거기에는 형제애를 다지는 남학생 사교 클럽 회원들이 뚱뚱한 여자들과 자면서 벌이는 '호깅' 시합이 반영되어 있었고, 누가 가장 뚱뚱한 여자와 자는지를 보는 '돼지 구이'가 들어 있었으며, TV에서 뚱뚱한 몸을 소재로 삼아 끝없이 퍼붓는 농담 세례가 담겨 있었다. 거기에는 바에서 내 전화번호를 물어보았던 남자가 담겨 있었다. 그 남자는 친절하고도 기대에 찬 얼굴이었지만, 이내 친구들에게 돌아가 내기 결과를 이야기했다. 그는 가장 뚱뚱한 여자의 전화번호를 받은 것이었다. 거기에는 내 자신감을 칭찬했던 예전의 뚱뚱한 데이트 상대가 반영되어 있었다. 그는 이렇게 얘기했다. "저도 그랬어요. 언제든 누구든 나랑 섹스를 해줬으면 좋겠다는 사실을 깨닫기 전까지는 말이죠." 그러고 나서 그는 자기 집으로 가자고 했다. 거기에는 가족과 친구들의 걱정이 반영되어 있었다. 이들은 사랑을 주고받는 건강한 관계는 몸무게를 줄이는 일에 달려 있다고 말했다. "나는 그냥 네가 누군가를 찾았으면 좋겠어." 그리고 이 모든 것들 위에 그런 메시지들이 자리 잡는다. 내 몸을 휴지 조각처럼 취급하는 메시지들이다. 주위에 널려 있고, 쉽게 손에 넣을 수 있고, 그냥 내버릴 수 있는 쓰레기처럼 말이다.

뚱뚱한 몸에 대한 반대가 관계에 끼치는 영향을 뚱뚱한 사람들만 겪지는 않는다. 그런 메시지들은 우리와 데이트하고, 우리를 사랑하고, 우리와 결혼하고, 함께 잠을 자는 사람들에게도 호되게 영향을 끼친다. 이들 역시 붙잡히고 만다. 어쨌든 우리의 문화적 각본 안에서 뚱뚱한 파트너란 기껏해야 실패작이며, 최악의 경우에는 부끄럽고 병리적인 페티시이기 때문이다. 뚱뚱한 사람을 욕망한다는 것은 무언가 일탈적인 것이어서, 벽장 안에 감춰놓고 부끄럽게 여겨야 하는 일이다.

그렇지만 뚱뚱한 사람들의 섹슈얼리티에 관한 데이터와 연구를 살펴보면 전혀 다른 그림이 나온다. 《포르노 보는 남자, 로맨스 읽는 여자A Billion Wicked Thoughts》에서 오기 오가스Ogi Ogas와 사이 가담Sai Gaddam
은 역사상 가장 규모가 큰 포르노 시청자 관련 자료은행을 분석했
다. 이들은 젠더와 성적 지향과는 무관하게, 날씬한 몸보다 뚱뚱한
몸이 나오는 포르노를 검색하는 수치가 상당히 더 많다는 사실을 알
아냈다. 실제로 뚱뚱한 사람들이 등장하는 포르노는 가장 인기 있는
분류 16위였으며, 이는 '애널 섹스'(18위), '집단 섹스'(24위), '구강성
교'(28위), '깡마른 사람'(30위) 같은 분류보다 순위가 훨씬 높았다.[1]
"'깡마른' 여자를 한 번 검색할 때마다, '뚱뚱한' 여자를 거의 세 번
검색하는 꼴이다."[2] 동성애자 남성들의 검색 결과에서도 '슬림'(어리
고 날씬한 남성)보다는 '베어'(건장하거나 뚱뚱한 남성)를 검색하는 경우
가 훨씬 더 많았다.[3] 뚱뚱한 여성에게 이끌리는 이유에 관해 한 남성
은 오가스와 가담에게 이렇게 말했다. "뚱뚱한 여자들이 더 즐겁게
해주고, 사람들 대부분이 매력적이라고 생각하는 날씬한 여자들의
기준에 맞추려고 두 배는 더 노력할 거예요."[4] 그렇지만 온갖 사이
즈의 여성들이 주변에 있는데도 포르노 시청자들은 자신들의 욕망
을 안전하고, 갇혀 있으며, 일방적인 경험으로 이끌어가는 편을 택
했다. 이들의 욕망을 캐묻는 주변 세상의 시선을 피해서 말이다.

오가스와 가담의 연구는 (로맨틱한 이끌림이나 열망이 아닌) 성적 욕
망만을 다루기는 하나, 신체 사이즈와 욕망을 둘러싼 우리의 문화적
각본이 (즉 날씬한 사람들은 본질적으로 욕망의 대상이 될 만하며, 뚱뚱한 사
람들은 전혀 욕망의 대상이 될 만하지 않다는 각본이) 실제 조사 결과보다
는 인식에 뿌리내리고 있다는 사실을 확실하게 보여준다. 《포르노

보는 남자, 로맨스 읽는 여자》에 담겨 있는 연구 결과는 적어도 젠더를 막론하고 뚱뚱한 사람들에게 이끌리는 일이 자신의 욕망을 찬양하는 사람들만이 차지하는 틈새시장은 아니라는 사실을 보여준다. 연구 결과는 오히려 뚱뚱한 몸이 가장 광범위한 욕망의 대상일 수도 있다는 점을 지적한다. 그렇지만 이런 욕망은 아마도 도처에 만연한 낙인 때문에 억압될 수 있다.

지금은 폐간된《빌리지보이스 Village Voice》는 자칭 '뚱뚱함 예찬론자들'이 마주치는 어려운 점들을 2011년에 표지 기사로 다루었다. 〈뚱뚱한 년들을 좋아하는 남자들〉이라는 기사에서 기자 카밀 도데로 Camille Dodero는 주로 뚱뚱한 여성에게 이끌리는 몇몇 날씬한 이성애자 남성들, 그리고 이들의 남성성과 사회적 관계를 위협하는 사회적 제재를 함께 소개했다. 한 남성이 얘기하길, 그는 날씬하고 관습적으로 봤을 때 매력적인 여성에게 관심이 가지 않는다고 학교에서 말하기가 두려웠다고 한다. "너 뭐야, 호모라도 되는 거야?"라는 반응이 나올까 두려웠던 것이다. 한데 이 남성이 실제로 데이트를 시작하자, 그런 두려움은 현실이 되었다. "그가 게이라는 소문이 퍼졌다. 그는 굳이 나서서 이 소문에 반박하진 않았다. 뚱뚱한 여자아이를 좋아한다는 점이 훨씬 더 터무니없는 시나리오였는지라, 사실대로 얘기하면 '눈덩이를 오히려 더 키울까 봐' 걱정했다."[5] 또 다른 남성은 뚱뚱한 여성에게 끌린다는 사실을 밝히고 나서 이와 비슷하게 혹독한 사회적 여파를 감당하게 되었다고 설명했다. "누군가가 뚱뚱한 여성을 좋아하는 남자나 뚱뚱한 남성을 좋아하는 여자 얘기를 꺼내면, 가장 먼저 튀어나오는 반응은 이런 거였어요. '우웩.' (…) 두 번째로 나오는 반응은 '넌 대체 뭐가 문제인데?'였고요. 세 번째로 나오는 반응은 '그건 너무 건강하지 못해. 너는 네가 연애하려는 사람을 죽이는 셈이야.'였어요. 전부 결론은 이거였죠. '우리는 너랑 얘기하기 싫어. 저리 꺼져버려.'"[6]

뚱뚱한 여성에게 이끌리는 많은 남성들은 평가와 낙인을 피하는 동시에 이런 욕망을 표출할 방법을 찾아다닌다. 많은 이들에게 그 방법이란 곧 포르노를 찾아다니는 것이다. 또 다른 일반 사이즈 남성은 뚱뚱한 여성들과 비밀리에 성적인 관계를 맺었다. 이런 만남을 온전한 관계로 격상하기에는 너무 두렵거나 혐오스럽다고 생각하면서 말이다. 〈뚱뚱한 여성과의 비밀스러운 관계〉라는 글에서 버지 토바Virgie Tovar는 자신이 맺었던 그러한 관계의 패턴을 이야기했다. "우리가 단둘이 있을 때면 모든 게 친밀하고 마법 같았다. 그러다 갑자기 그 모든 게 멈췄다. 나는 매력적이고 특이한 보헤미안이었다가, 징그러우리만치 아둔하고 그저 성가신 존재가 되곤 했다."[7]

이는 토바 혼자만의 경험이 아니다. 뚱뚱한 사람들이 맺는 비밀스러운 관계라는 현상에 관한 공식적 연구가 발표된 적은 없지만, 많은 뚱뚱한 이들은 이런 상황에 익숙하다. 성적인 관계나 로맨틱한 관계를 비밀스럽게 맺은 경험에 관해 뚱뚱한 트위터 사용자들에게 질문을 던지자, 대답이 쏟아져 들어왔다.

저는 그 관계를 그냥 흘러가는 대로 뒀어요. 그게 제가 할 수 있는 최선이라고 생각했거든요. 그 남자는 결국엔 저를 학대했고, 그런데도 전 혼자 지내는 것보단 그게 낫다고 생각했어요. 다이어트를 하고 몸무게를 줄이려고 시도했죠. 그렇게 하면 그 남자가 제게 더 잘해줄지도 모른다는 희망을 품고 말이에요.

제가 이제껏 만났던 많은 사람들이 저를 비밀로 하려 했어요. 일이 어떻게 돌아가는지를 깨닫고는 작별을 고했죠.

…그래요… 저는 그 남자랑 결혼했어요. 저는 그의 엉덩이를 걷어찼고, 그는 자기 방식이 잘못됐단 걸 깨달았어요. 당시 그는 겨우 17살이었으니까 용서받을 수 있었죠. 이제 우리는 30대에 접어들었고, 그는 자기 품에 안겨 있는 저를 보며 행복해해요. 뚱뚱하건 아니건 간에요.

맞아요. :'(저는 너무너무 불안했고, 관습적으로 봤을 때 그 남자는 매력적인 사람이라고 생각했어요. '제가 넘볼 수 없었죠'. 그래서 그 남자가 저랑 섹스하는 걸 부끄럽게 여긴다는 사실을 1년도 넘게 참았어요. 공개적인 데이트에 저를 딱 한 번밖에 안 데려갔던 사람에게 문자 그대로 제 인생의 1년을 바쳤죠.

우리가 만난다는 사실을 아는 사람은 거의 없었어요. 그 남자는 공공장소에서 제 손을 잡지 않으려 했어요. 6개월 동안 만나다가 그 남자는 제가 살을 빼야 한다고 했어요. 심지어 제가 체중을 감량하는 걸 감시하겠다고까지 말했어요. 그다음 날 저는 바로 그 남자를 찼죠. 그가 했던 말과 행동이 지금까지도 제게 영향을 끼쳐요.

떠나야겠다는 확신이 서기까지 2년이 걸렸어요. 그리고 다른 사람을 만나기까지 거의 7년이 걸렸어요. 그 사람을 떠난 걸 수도 없이 후회했죠. 형편없긴 했지만, 그래도 연애는 연애였으니까요.

이 뚱뚱한 사람들은 기껏해야 밋밋하고, 최악의 경우엔 폭력적이기까지 한 관계에 발목이 잡혀 있었다. 이들 역시 자기들의 몸 때문에 남이 자신을 탐하기란 불가능해진다는 사실을 학습했으며, 어떤 관계든 무슨 수를 써서라도 꼭 붙잡아야 할 뜻밖의 횡재와도 같다는 것을 깨달았다.

뚱뚱한 사람들에 대한 이끌림을 이야기할 때면, 페티시즘이 결코 멀리 있지 않다. 페티시즘 자체가 반드시 병리적인 것은 아니다. 페티시는 서로 합의하고 누리는 특이한 성욕, 유난히 강렬한 이끌림, 또는 그저 선호하는 것처럼 아주 단순할 수도 있다. 그렇지만 뚱뚱한 사람에 대한 이끌림과 페티시즘이 결합하면, 마치 먹구름이 몰려오는 것과 같아진다.

확실하게 얘기하자면, 뚱뚱한 사람에 대한 이끌림이 아주 구체적인 형태를 띠어서 이견의 여지 없이 페티시적인 경우가 있다. 예를 들어 '피더'들은 자신들의 '피디'인 뚱뚱한 파트너를 먹이고 싶어 안달복달한다. 이들은 뚱뚱한 파트너가 먹는 것을 보며, 경우에 따라서는 이 파트너들의 몸무게가 점점 늘어가는 것을 보며 쾌감을 얻는다. 한편, '스쿼시 페티시'는 파트너의 뚱뚱한 몸에 깔리거나 이 때문에 꼼짝 못 하는 상태가 되고 싶다는 욕망을 드러낸다.[8]

어떤 뚱뚱한 사람들은 이런 페티시에 기꺼이 동참하며 자신들의 역할에서 성취감을 (또는 돈 버는 일을) 발견한다. 어떤 이들은 그렇지 않다. 하지만 많은 뚱뚱한 사람들은 자신들의 동의 없이 페티시즘을 강요받은 적이 있다.

'팻 페티시즘'은 수많은 뚱뚱한 사람들, 특히 뚱뚱한 여성들에게 깊이 뿌리내리고 있다. 어떤 이들에게 신체 사이즈, 욕망, 수치심, 섹스는 가망 없을 정도로 한데 얽혀 있는 문제들이다. 뚱뚱한 몸에 대한 고정관념(뚱뚱한 사람들은 전혀 매력적이지 않다거나 사랑받을 수 없다는, 만연한 문화적 신념도 여기 포함된다)을 내면화한 사람들은 폭식할 가능성이 더 높다.[9] 성폭행 생존자들과 마찬가지로 말이다.[10] 뚱뚱함을 수용하는 공간에서는 파트너들이 그들과의 관계를 비밀에 부친 사람들의 가슴 아픈 이야기를 접하는 경우가 많다. 한층 더 심각한 일은 어떤 이들이 용기를 내어 성폭행 경험을 밝혔으나, 결국은 사람들이 전혀 믿어주지 않았다는 것이다. 이런 경험이 만연하다는 사실을 떠올려본다면, 뚱뚱한 사람들이 자신을 먹잇감으로 삼는 다른 사람들의 욕망을 경험하는 일이 과연 놀랍다고 할 수 있을까?

물론 뚱뚱한 사람들 전부가 이와 같이 섹스와 연애에 얽힌 공포스러운 일을 겪지는 않는다. 그렇지만 많은 뚱뚱한 사람들이 여기에 동화되어 있는지라, 우리는 뚱뚱한 사람에 대한 이끌림 대부분은 팻 페티시즘이라고 설명하게 되었다. 뚱뚱한 사람이 섹스를 하고 데이트를 하는 일을 논할 때면, 단순한 이끌림이 설 자리는 거의 없다. 그렇지만 날씬한 사람들은 페티시즘이라고 의심받는 일 없이 다른 날씬한 사람들에게 곧잘 이끌린다. 이런 날씬한 사람들은 갈색 머리인 사람에게 끌릴 수도 있고, 근육질인 사람에게 끌릴 수도 있고, 키가 큰 파트너에게 끌릴 수도 있다. 날씬한 사람들은 각자가 가장 좋아하는 신체적 특징을 자유롭게 이야기할 수 있다. 조각상 같은 턱선, 긴 머리, 늘씬한 다리 등등. 날씬한 사람들의 세상에서 이런 것들은 타입이다. 너무나 보편적이기에 이런 신체적 특징에 대한 이끌림은 가치중립적인 일이 된다.

우리는 누구나 각자 좋아하는 타입이 있다는 말을 듣곤 한다. 그렇지만 날씬한 사람이 뚱뚱한 사람에게 확실히 이끌릴 때면 그 타입은 차갑게 얼어붙으며 훨씬 신뢰도 떨어지는 무언가로 변한다. 바로 페티시로 말이다. 우리는 뚱뚱한 사람들은 원체 욕망할 만한 대상이 아니라는 말을 듣곤 한다. 그래서 우리 뚱뚱한 사람들에게 이끌리는 것은 어두운 충동이거나 일종의 억제되지 않은 욕망과 관련이 있는 게 분명하다고 말이다.

뚱뚱한 사람의 섹슈얼리티가 권력의 불균형이나 포식자 같은 행동 때문에 누더기가 될 수도 있다는 사실은 굳이 물어볼 필요도 없다. 그렇지만 뚱뚱한 몸에 건강하고도 자연스럽게 이끌릴 수 있다는 사실을 우리는 왜 집단적으로 믿기가 어려울까? 어째서 우리는 날씬한 몸이 보편적으로 욕망과 사랑을 받을 만하다는 말은 곧바로 받아들이면서도, 이와 동일한 기대를 뚱뚱한 몸에 적용하는 것은 분명하게 거부할까? 팻 페티시가 깃든 사악한 영역에 떨어지지 않으면서도 뚱뚱한 몸의 모습을 사랑할 만한 여지는 과연 있을까? 병리적인 쪽으로 빠지지 않고 뚱뚱한 몸을 욕망할 수가 있을까?

몇 년 동안 내 연애 생활의 중심은 내 몸이었다. 데이트 상대들은 끊임없이 내 신체 사이즈에 관해 논평했고, 자신들의 욕망을 불편하게 여긴다는 사실을 조건반사적으로 드러냈다. 시간이 흐르면서 나는 그 어떤 이끌림도 믿을 만하지 않다고 생각하게 되었다. 마치 가까이 도사리고 있는 위험과도 같았다. 돌이켜보면 나는 신체적 안전을 걱정했다. 나처럼 부드러운 몸을 향한 욕망을 만들어낼 수 있는 것은 오로지 폭력이기라도 한 듯이 말이다. 그리고 나는 내가 성적인 수집품이 될까 봐 걱정스러웠다. 사랑받기보다는 그저 신기한 수집품 말이다.

뚱뚱한 사람에 대한 이끌림은 불가능하다고 고집스럽게 내세우는 세상에서 뚱뚱한 사람들은 결국 모든 이끌림을 페티시즘으로 경험해버릴 수 있다. 그리고 우리를 둘러싼 문화는 이를 매번 강화한다. 우리가 접하는 몇 안 되는 뚱뚱한 사람들의 사랑 이야기는 뚱뚱한 사람이 다른 뚱뚱한 사람과 데이트를 하는 경우다. 주로 〈마이크 앤드 몰리Mike & Molly〉나 〈디스 이즈 어스This Is Us〉에 나오는 것처럼 함께 체중 감량 프로그램이나 음식 중독 치료 프로그램을 들으면서 말이다. 뚱뚱한 사람들은 병리적인 것에 둘러싸일 뿐만 아니라, 우리의 뚱뚱한 몸이 곧 병리적인 것의 현현으로 여겨진다.

우리는 뚱뚱한 사람에 대한 이끌림을 (전부는 아니더라도) 대부분은 병리적이라고 간주한다. 심지어 자기 몸 긍정주의와 뚱뚱한 몸 받아들이기를 마음 깊이 믿는 사람조차도 팻 패티시즘에 관해서, 그리고 체이서chaser,* 피더, 뚱뚱함 예찬론자와 연애하고 있다는 사실을 깨달았을 때의 수치심에 관해서 목소리를 낮추고 얘기하곤 한다.

그렇지만 우리가 이렇게 행동하는 것은 진정한 이끌림을 겪을 만한 가치가 있는 것은 날씬한 사람들뿐이라고 암시하는 셈이다. 그러니까 건강, 행복, 성공과 마찬가지로 사랑도 날씬해야만 얻을 수 있다고 말이다. 일상적 욕망과, 상대를 먹잇감으로 삼는 성욕을 구분하지 못하면 결국은 날씬한 사람들이 더 충만한 삶을 살고, 더 많은 것을 누릴 자격이 있으며, 더욱 사랑과 욕망을 받을 만하다는 잘못된 생각을 강화하고 만다.

평일에 어쩌다 고된 회의를 마치고 나면 근처에 있는 네일 살롱을 찾아간다. 끝나지 않을 것 같은 힘든 일과 속에 시간을 마련해서, 마음을 가다듬고, 색을 고르고, 앞에 놓여 있는 일들을 맞이하기 위한 힘을 다시 얻는다. 그날도 딱 이런 날이었다.

친절하게도 TV는 항상 켜져 있다. 소리는 작고, 화면에는 청각장애인용 자막이 지나간다. 저녁 뉴스가 시작할 무렵, 지역에서 열린 미인 대회에서 고등학교 장미 축제 여왕을 뽑는다는 소식에 얼핏 눈길이 갔다. 그러다 갑자기 주의를 확 집중했다. 뉴스 앵커의 입은 아무 소리 없이 움직이기만 했고, 청각장애인용 자막이 드문드문 흘러

---

* 특정 자질을 지닌 성적 파트너를 찾는 사람.

가는 가운데 화면에 "비만이라는 유행병"이라는 말이 반복해서 나타났다. 앵커는 나처럼 뚱뚱한 몸이 지닌 위험성을, 우리가 주변 세상에 퍼뜨린 전염병을 시청자들에게 이야기하고 있었다. 뚱뚱한 몸들이 끊임없이 자료 화면으로 나오는 가운데 앵커가 하는 얘기가 자막으로 떴다. 뚱뚱한 몸은 흉물, 얼굴 없는 귀신, 아무 죄 없는 날씬한 사람들을 덮치려는 끔찍하고 뚱뚱한 유령처럼 등장했다.

나는 이런 영상을 전에도 수도 없이 많이 봤다. 뚱뚱한 사람들의 얼굴을 자르고 목 아래쪽으로만 촬영해서, 우리를 몸이 이루는 굴곡으로만 축소시키고, 그 물결을 볼거리로 삼는 영상이었다. 이런 기법을 두고 학자이자 활동가인 샬럿 쿠퍼Charlotte Cooper는 "머리 없는 뚱땡이들"이라 일컫는다. "머리 없는 뚱땡이가 되면 몸은 상징적인 것으로 변한다. 우리는 거기에 있으나 목소리는 없다. 심지어 머리에 달린 입도 없고, 뇌도 없고, 생각이나 의견도 없다. 그 대신 우리는 문화적 두려움의 상징으로 축소되고 비인간화된다. 몸, 배, 엉덩이, 음식이 되는 것이다."[11] 이런 영상은 늘 공공장소에서 찍는다. 머리나 얼굴이 나오지 않게 촬영하며, 짐작건대 동의받지 않고 촬영했을 것이다. 그런 촬영에 동의할 뚱뚱한 사람은 거의 없을 테니까. 그 대신 이들의 몸은 슬그머니 비밀스럽게 촬영되고는, 몇 년 동안 전국 네트워크 뉴스 시청자들의 눈길을 받는다.

바로 그런 뉴스가 나오는 가운데, 나는 익숙한 배경 속에서 눈에 띄는 모습을 인지했다. 내가 일하는 사무실에서 불과 열 블록 떨어진 파이오니어 코트하우스 광장에 있는 헤링본 무늬 벽돌이 보였다. 내가 바람을 쐬며 한숨 돌리려고 돌아다니는 워터프론트 공원의 우아하고도 푸른 나무들이 보였다. 멀리 떨어진 곳에서 찍어 끊임없이 내보내는 자료 화면과는 달리, 그 영상은 이 지역에서 찍은 것이었다. 내가 다니는 곳들이었다. 그리고 영상 속 몸은 내 몸 같아 보였다.

호흡은 가빠졌고, 눈으로 화면을 훑으며 다 해진 검정색 첼시부츠를 찾아다녔다. 워싱을 한 어두운 청바지 속 축 처진 배를 찾아다녔다. 모터사이클 재킷을, 블랙베리색 손톱을, 꿀 같은 빛깔이 감도는 긴 금발 머리 끝자락을 찾아다녔다.

나머지 손님들이 편하게 서비스를 받는 가운데, 나는 한껏 비상이 걸렸다. 나는 내 모습을 찾고 있었다.

그 뉴스 영상은 미디어에서 뚱뚱한 사람들을 오랫동안 담아내온 계보 가운데서도 가장 최근에 찍은 영상이었으며, 이런 영상은 결코 처음이 아니었다. 내 짧은 평생 동안 나 같은 몸은 업신여김, 역겨움, 끔찍한 호기심과 함께 카메라에 비춰지곤 했다. 나 같은 몸은 웃음, 역겨움, 연민, 영감을 불러일으키는 데 쓰였다. 우리는 화면에 나오는 더 현실적이고 날씬한 사람들한테서 반응을 이끌어내는 도구이자 소품이었다. 우리는 사람이 아니었다. 우리는 그저 몸이었다. 역겨운 몸, 웃긴 몸, 딱한 몸, 두려운 몸, 때로는 우리가 결코 가질 리 없는 자신감을 지니고 도전하는 마술 같은 몸이었다. 그렇지만 온전한 한 사람이었던 적은 한 번도 없다. 우리만의 줄거리를 읊는 일은 드물었다. 대개는 시건방진 절친한 친구나 비참하고도 딱하게 짝사랑을 하는 역할로 격하되었다. 진정한 캐릭터로 발전할 기회가 생길 때면, 언제나 한탄스러울 정도로 제약이 걸렸다. 그리고 줄거리에서 가장 중요한 대목은 우리 몸 사이즈 주위만을 맴돌았다. 체중을 감량한다는 서사에서 득의양양해하거나, 끔찍하고도 불쌍한 비극을 읊었다. 그렇지만 우리가 어떤 서사를 보여주든, 이는 우리 같은 몸으로 사는 것이 어떤 의미인지 날씬한 사람들이 이해할 수 있는 그럴싸한 본보기를 제공했다.

대본이 짜여 있는 TV 프로그램이나 영화에서는 뚱뚱한 몸을 결정적인 장면에 쓰는 경우가 많다. 멀리사 매카시Melissa McCarthy와 리벨 윌슨은 강력한 코미디 연기 기량으로 자신들의 커리어를 만들었고, 요란한 수치심을 압도적일 정도로 유발하는 대본으로도 유명하다. 〈피치 퍼펙트 2Pitch Perfect 2〉의 첫 장면은 윌슨이 맡은 역할인 팻 에이미를 놀리면서 시작한다. 팻 에이미는 체조복을 입고 노래를 부르다가 의상이 찢어져서, 성기를 노출하고 만다. 〈태미Tammy〉 예고편에는 매카시가 등장해 패스트푸드점 카운터 너머로 넘어가려고 애를 쓰다 실패한다. 그러고는 손으로 총 모양을 만들어 가게에서 강도질을 하려고 시도한다. 저소득층이고 뚱뚱한 주인공 캐릭터의 어리석음을 보여주며 이야기를 만들어가는 것이다. 전 세계적으로 26억 달러(약 3조 4000억 원)가 넘는 수익을 올리며 대성공을 거둔 〈어벤저스: 엔드게임Avengers: Endgame〉에서 어벤저스 멤버들은 지구를 산산이 부술 만큼의 슬픔과 살아남은 자로서의 죄책감에 저마다 다르게 대처한다.[12] 토르의 슬픔은 알코올의존증과 체중 증가로 표현됐는데, 이는 모두 웃음을 유발하려는 장치였다.

드라마와 리얼리티 TV 프로그램은 풍풍한 몸을 측은하거나 영감을 불러일으키는 것으로 배치하곤 한다. 이는 같은 동전의 양면이다. 2000년대에 접어들 무렵, 폭스Fox와 ABC는 체중 감량과 성형수술로 한 사람을 탈바꿈하는 데 초점을 맞춘 프로그램 두 편을 선보였다. 〈더 스완〉은 (마치 2000년대 초에 나왔던 〈익스트림 메이크오버〉처럼) 급격한 다이어트, 극단적 운동, 강도 높은 성형수술을 통해서 여성들에게 꿈꿔왔던 몸을 안겨주면서 이들이 꿈꿨던 삶을 살 수 있게 해주었다.

이 프로그램의 각 에피소드는 참가자들의 우울하고 가망 없는 생활을 영상으로 자세히 보여주면서 시작했다. 마음속 깊이 자리 잡은 트라우마(유산, 이혼, 가족과의 절연)와 자신들의 몸 상태 때문에 느끼는 극심한 고충을 함께 엮어 개인사를 풀어놓는 경우가 많았다. 참가자들은 자신들이 더 날씬해지고, 귀를 뒤로 고정하고, 가슴 크기를 키우고, 허리와 허벅지의 지방을 흡입하면 삶이 어떻게 달라질지를 꿈꾸듯이 얘기했다. 이들은 가늘고, 날씬하며, 백인 중심적인 미의 표본이라 할 수밖에 없을 몸을 열망했다. 머리카락 색을 밝게 하거나 코를 오뚝하게 세우는 일도 많았다.

시카고에서 온 27살의 라틴계 여성인 실비아Sylvia는 자신이 겪은 트라우마, 괴롭힘, 절연 이야기를 들려주었다. 자신의 부끄러운 몸무게는 라틴계 공동체에서 인기 있는 음식들 때문이라고 설명했다. 카메라는 길거리에서 옥수수 요리 엘로테를 사는 그를 따라가 비추고, 그는 이 요리에 쓰이는 재료를 쭉 읊는다. 옥수수, 버터, 치즈,

마요네즈. 모두 백인인 심사위원 패널들은 이를 지켜보며 진심으로 웃음을 터뜨리고, 어느 백인 심사위원 하나는 가슴을 움켜쥔다.[13] 지켜보기 고통스러운 영상이다. 백인 전문가들과 전국 네트워크 TV 프로그램 심사위원들은 라틴계 음식과 라틴계 전통을 보자마자 지나치게 곧바로 웃음을 터뜨린다. 노동계급 유색인종 여성을 '도우려고' 노력하는 와중에 말이다. 실비아의 이야기를 몇 분 정도 짧게 지켜본 다음, 심사위원들은 그를 위해 어떤 계획을 세웠는지 설명한다. 상담사는 그가 신뢰하는 일을 어려워한다고 진단한다. 제시된 영상을 보고 판단한 것이 분명했다. 성형외과 의사는 그의 얼굴에 대해 "뼈 구조가 밋밋하다"고 묘사하며, 자신의 계획을 소개한다. 뺨 주입 수술, 턱 주입 수술, 눈썹 리프팅, 코를 곧게 만드는 수술, 귀 수술, 그리고 "지방 흡입술을 많이 해서, 그가 개인 트레이너 데비Debbie와 함께 프로그램에 나올 수 있도록 영감을 불어넣어주겠다"고 말한다. 실비아는 뉴트리시스템을 이용해 하루 섭취량을 1200칼로리로 제한할 예정이었는데, 뉴트리시스템은 담낭 질환을 유발한다는 혐의로 끊임없이 소송을 당하는 다이어트 프로그램이었다. 3개월 동안 그는 매일 2시간씩 운동하고, 상담사와 노력하는 모습을 촬영하며, 음식 섭취를 제한하고, 수많은 성형수술과 치아 수술을 집중적으로 받을 것이다. 이 기간에 실비아는 다른 참가자들과 마찬가지로 거울을 전혀 보지 못한 채 디스토피아적 SF 작품에 나오는 것처럼 자신의 '노동 윤리'를 감시받을 것이다.

실비아의 에피소드는 〈더 스완〉에 나오는 여느 에피소드와 비슷하게, 그의 바뀐 모습을 대공개하면서 끝맺었다. 그는 현관의 양쪽 문을 열고 바로크풍 저택으로 들어갔다. 거기에는 그의 데뷔 파티를 찾은 10여 명의 참석자들이 박수를 치고 있었다. 대체로 그를 치료했던 성형외과 의사들과 치과 의사들이었다. 그의 머리카락은 금발로 새롭게 바뀌었고, 굵은 컬을 넣어 화려하게 스타일링했으며, 짙게 화장한 얼굴은 번지르르했다. 몸은 늘씬하게 변해서 미인 대회용 새틴 민소매 드레스를 입고는 반짝이는 화려한 장신구를 걸쳤다. 그는 자신의 남자 친구가 프러포즈를 했고, 이를 받아들였다고 밝혔다. 〈더 스완〉의 세계에서 이는 곧 그의 새로운 몸이 이미 보상을 받고 있다는 뜻이다. 실비아가 걸어온 여정의 마지막 단계는 거울에 비친 자신의 새로운 모습을 보는 것이다. 실비아는 벨벳 커튼이 연극 무대처럼 드리워진 곳으로 다가갔다. 커튼이 걷히면 그는 몇 달 만에 처음으로 거울에 비친 자신의 모습을 마주하게 될 터였다. 카메라는 그의 얼굴과 몸을 빙 둘러가며 비추었다. 프로그램이 절정을 향해가는 가운데, 카메라는 그에게서 긴장한 기색을 찾으려 했다. 가슴이 깊이 파이고 보석으로 장식한 이브닝드레스를 입은 호리호리한 금발의 진행자는 실비아에게 준비되었냐고 묻고는 커튼을 걷었다. 앞서 나왔던 수많은 참가자들처럼 실비아는 웃음을 터뜨렸다가 이내 흐느꼈다. 자신을 변신시켜준 의사들과 트레이너들에게 숨도 제대로 못 쉬면서 고맙다고 얘기했다. 그렇지만 최선의 노력을 기울였음에도 실비아는 시즌 결승전 미인 대회에 참가하는 데 선정되지는 못했다.

〈더 스완〉에 나온 거의 모든 여성과 마찬가지로, 실비아의 외모는 시청자들에게 명확하고 단순한 사실을 보여준다. 여성의 삶이 비참해지는 까닭은 몸이 흉물스럽기 때문이라는 메시지다. 이들의 몸을 변화시키면 이들이 꿈꾸던 삶이 열릴 것이라고 말이다. 그리고 프로그램 속 세상에서는 실제로 그렇게 된다. 그렇게 새로이 매력을 얻은 '미운 오리 새끼'들은 더욱 참된 세상으로 받아들여진다. 행복한 결혼 생활, 고분고분한 아이들, 더 좋은 일자리, 더 충만한 삶이 있는 세상으로 말이다. 가족들과 함께 엘로테를 먹던 실비아는 불쌍한 사람이었다. 제약에 따르며 바뀐 실비아는 우리 모두에게 영감을 주는 존재가 되어 축하받았다.

〈더 스완〉과 〈익스트림 메이크오버〉가 만들어낸 형식은 그 뒤로도 쭉 쓰였다. 최근에는 〈클로이 카다시안과 함께하는 리벤지 보디 Revenge Body with Khloe Kardashian〉가 〈더 스완〉의 공식을 개선해서 선보였다. 이 프로그램은 날씬한 몸이 약속하는 광범위한 동화 같은 삶에 초점을 맞추기보다는, 날씬해져서 복수하는 일로 관심사를 좁혔다. 카다시안의 목소리로 설명하는 도입부는 이 프로그램의 전제를 보여준다.

나는 클로이 카다시안이다. 성장하는 동안 사람들은 내게 뚱뚱하고 웃긴 여동생이라고 말했다. 그러다 어느 날 나는 운동을 하고, 음식을 신경 써서 제대로 먹고, 나를 최우선으로 삼았다. 그리고 과연 어떻게 됐을까? 그보다 더 좋을 수 없었다. 이제 나는 다른 사람들이 변신할 수 있도록 돕는다. 내가 제일 아끼는 할리우드 트레이너들과 매력적인 전문가들을 소개해서, 인생을 뒤바꾸고 수치심을 안겼던 사람들을 떨쳐내도록 말이다. 훌륭한 몸이 최고의 복수니까.

〈리벤지 보디〉 속 세상에서 "수치심을 안겼던 사람들을 떨쳐내"는 방법은 그 사람들이 한 행동에 대한 책임을 묻거나, 인간관계에서 겪는 어려움을 해결하거나, 수치심이라는 정서적 상처를 치유하는 것이 아니라 날씬해지는 것이다. 카다시안의 프로그램 속에서 몸은 곧 화폐다. 날씬한 몸이 곧 재산이며, "잘 사는 것이 최고의 복수다"라는 오래된 격언을 고스란히 드러낸다. 뚱뚱한 몸은 "잘 사는 것"이 될 수 없다. 그것은 수치심과 실패의 신호이자 학대에 굴복했다는 신호이다. 가엾은 뚱뚱한 사람들을 복잡한 관계, 상심, 학대에서 지켜줄 수 있는 것은 날씬한 몸뿐이다.

한 에피소드는 퀴어 커플인 샘Sam과 니콜Nicole의 이야기를 따라간다. 비교적 덜 뚱뚱한 편인 샘은 더 뚱뚱한 편이자 남성적인 외양을 지닌 니콜과의 2년 반 정도 된 연애 관계를 놓고 잔뜩 성내며 이야기한다. 니콜의 모습이 처음으로 등장하는 것은 그가 앉아 있는 바에 샘이 들어오는 장면에서다. 니콜은 햄버거와 눅눅해진 감자튀김이 가득한 테이블에 푹 수그리고 앉아, 추가로 랜치 드레싱을 주문한다. 음식이 테이블을 가득 메우고 있다. 접시 위에는 바싹 튀긴 핫윙, 기름기가 번들거리는 어니언링, 얇은 햄버거 패티를 끼워 넣은 부드러운 빵이 놓여 있다. 카메라는 니콜이 기름기로 번들거리는 손가락을 핥는 모습을 바짝 다가가 찍는다. 그렇게 시청자들에게 일종의 수위 낮은 혐오 포르노를 보여준다. 샘은 테이블에 놓인 음식을 그만 먹으라고 니콜에게 애원한다. "이래서 내가…" 샘이 말문을 열고는 알맞은 말을 찾아본다. "너를 피했던 거야." 그는 풀이 죽은 채 결국 말끝을 맺는다.

고백을 담은 영상에서 샘은 파트너의 행동이 아니라 자신의 몸을 두고 한탄한다. "다른 매력적인 사람을 찾을 수도 있었을 거예요. 만약에 제가…"라고 얘기하다 소리가 잦아든다. 그는 자신과 니콜이 8달 동안 섹스를 하지 않았으며, 이는 니콜 탓이라고 말한다. "니콜에게 정말 화가 많이 나죠. 우리 관계만 아니었더라도, 제가 이런 상황에 처하지 않았을 거라는 걸 알거든요." 〈리벤지 보디〉에서 관계의 실패는 의사소통, 확신, 정서적 지지의 문제가 아니라 몸이 변한 탓이다. 그리고 샘처럼 상대적으로 날씬한 파트너는 니콜처럼 상대적으로 뚱뚱한 파트너에게 마음껏 화를 낸다. 매력적이어야 '마땅한' 몸을 선보이지 못한 탓을 하며 말이다. 정서적 지지와 건강한 관계를 영위하는 것은 상관없다. 중요한 것은 오로지 몸이다. 에피소드가 끝나갈 무렵, 서로 떨어져서 시간을 보내고 몸무게를 상당히 줄인 샘과 니콜은 그들의 관계에서 겪었던 정서적 문제를 사실상 해결하지 못했다. 샘은 니콜을 향한 분노를 줄이지 못했다. 니콜은 샘이 자신의 몸에 권한을 휘두르려 하는 데 대한 반발심을 접지 못했다. 그렇지만 두 사람 다 날씬해졌다. 텅 빈 다저스타디움에 마련된 웅장한 세트에서 찍은 마지막 장면에서, 니콜은 샘에게 프로포즈를 하고 샘은 이를 받아들인다. 이 프로그램의 어법을 따오자면, '복수하려고 관리한 몸'이 위태로워진 관계를 해결할 수 있다고 증명하면서 말이다.

앞서 방영되었던 〈더 스완〉과 마찬가지로 〈리벤지 보디〉는 뚱뚱한 몸에 관한 병인학을 보여준다. 샘과 니콜의 에피소드에서는 개인 트레이너가 두 사람을 향해 쏘아붙인다. "둘 다 어쩌다 이렇게 됐냐고요? 둘 다 엉덩이 딱 붙이고 앉아서 제대로 안 먹어서 그래요." 트레이너는 화를 낼락 말락 할 정도로 짜증을 내며 날카로운 눈초리를 보낸다. 이 말이 그 프로그램의 핵심은 아니다(〈리벤지 보디〉는 이런 주장을 내세우진 않는다). 그 프로그램은 이를 그저 단순한 사실로 받아들이며, 샘과 니콜을 향해 '엄격한 사랑'을 보여주는 것이 일종의 용기라고 주장한다. 전국에 방영되는 프로그램에서 그 프로그램이 객관적인 실패로 취급하는 몸에 대해 당사자들을 탓하며 비난하는 것이다. 〈더 스완〉이 '받아들여지지 못하는' 참가자들의 몸에 대해 동정심을 유발했다면 〈리벤지 보디〉는 분노를 부추긴다. '당신은 이 몸을 혐오해야 마땅하다는 것을 기억하라. 당신의 실패도, 단점도, 완벽하지 못한 관계도 바로 몸 때문이라는 것을 기억하라. 이 몸을 사랑하는 유일한 방법은 이 몸에서 벗어나는 것뿐이라는 점을 기억하라.'

다른 리얼리티 프로그램들은 뚱뚱한 몸을 봤을 때 관객들이 드러내는 혐오감과 두려움을 부추기는 데 대체로 방점을 찍는 듯하다. TLC 채널에서 방송하는 〈나의 600파운드 인생〉은 객관적이고 다정한 다큐멘터리인 양 군다. 아주 뚱뚱한 사람들을 구경거리 취급하고, 이들의 몸과 의료적 문제를 전시하며 시청자의 혐오감·역겨움·우월감을 부채질하면서 말이다. 시청자들은 기괴한 쇼가 지닌 권력의 역동과 서사 속으로 이끌려간다. 여기서 관객들의 몸은, 그러니까 다른 상황에서라면 한심할 정도로 부적절하다고 느껴졌을 몸은 갑자기 비교적 우월한 것으로 바뀐다. '적어도 나는 저렇게 뚱뚱하지는 않으니까'라면서 말이다. 2016년 BBC 스리BBC Three 채널의 〈비만: 사후 검시Obesity: The Post Mortem〉는 과학적 연구를 위해 신체를 기증한 여성의 부검 실험을 TV 방송으로 내보내며 '뚱뚱한 상태가 인체에 끼치는 위험'을 밝히겠다고 주장했다.[14] 이렇게 더 따질 것도 없이 잔인한 전제를 깔고, 죽은 사람을 이용해 교훈적 이야기를 만들었다. 이를 위해 벌거벗은 채 조각난 여성의 몸을 전국의 시청자들이 공개적으로 조롱하고 평가하도록 내보였다. 그 여성이 반대하거나 심지어는 동의할 수도 없는 시점인 사후에 말이다.

2005년 〈더 타이라 뱅크스 쇼The Tyra Banks Show〉에서 슈퍼모델인 뱅크스는 '비만으로 지내는 게 어떤 일인지 경험하고자' 뚱뚱하게 분장을 했다.[15] 뱅크스는 가짜 살을 붙이고, 몸에 맞지 않는 칙칙한 옷을 입고, 가발을 쓰고, 유행이 지난 안경을 끼고, 몰래 카메라를 장착하고, 뚱뚱하게 분장해서는 나와 똑같은 사이즈처럼, 대략 158킬로그램쯤 되어 보이게 꾸몄다. "저는 길을 걷기 시작했어요. 그리고 10초도 안 돼서, 세 명이 저를 보며 키득거리고, 제 눈을 똑바로 쳐다보고, 면전에서 웃음을 터뜨렸어요. (…) 이렇게나 노골적일 줄은 몰랐죠."[16] 뱅크스의 쇼에서 의도했던 메시지가 해롭진 않았으나, 이를 실행한 방식은 아쉬움이 많이 남았다. 쇼에서는 실제로 뚱뚱한 여성들을 초대해 이들의 경험을 나누기도 했다. 하루가 끝나갈 즈음 뚱뚱한 몸을 벗어던질 수 있었던 슈퍼모델의 경험이 아니라, 일상적으로 노골적인 괴롭힘에 시달리며 숨을 쉬고 살아가는 뚱뚱한 사람들의 경험 말이다. 그렇지만 무대의 중심을 차지한 것은 뱅크스의 고통스러운 하루였다. 이 모델은 눈물을 흘렸고, 그가 고작 하루 동안 의상처럼 걸쳤던 뚱뚱한 몸을 지닌 채 살아가는 여성들이 그를 위로해주었다. 논픽션 프로그램에서 뚱뚱한 사람들의 이야기를 들려줄 때조차도 스포트라이트를 받는 것은 날씬한 몸이다.

2014년 데이트 사이트 심플 픽업Simple Pickup은 뱅크스가 했던 실험을 본떠, 이번에는 온라인에서 일어나는 여러 데이트에 적용했다. 이를 소개하는 문구는 다음과 같았다. "온라인으로 데이트 상대를 찾는 여성들이 가장 두려워하는 것은 자신들이 연쇄살인범을 만날 수도 있다는 사실입니다. 남성들이 가장 두려워하는 건 무엇일까요? 바로 자신들이 만나는 여성이 뚱뚱할 수도 있다는 거죠."[17] 이는 계략을 많이 쓴 사회 실험은 아니다. 뚱뚱한 여성이 데이트하는 실제 경험을 보여주는 것이 아니라, 흥미진진한 각본에 따라 미끼를 써서 날씬한 근육질 남성들에게 장난을 치는 것이다. 카메라는 한 여성의 프로필로 비키니를 입은 날씬한 여성의 사진을 보여준다. 그리고 연이어 저속 촬영을 통해 실은 가녀린 여성이 뚱뚱한 분장을 거치는 모습을 보여준다. 여성은 인공적으로 만들어낸 배를 문지르며 카메라를 향해 키스를 날린다. 그는 쉽게 웃음을 터뜨린다. 장난을 치는 것이다. 데이트를 진행하면서 그는 남자들을 낚는다. "사진이랑 완전 똑같으시네요. 대박이에요." 어느 데이트 상대는 이렇게 대답한다. "저는 그런 말씀은 못 드리겠네요. 사진이랑 엄청 달라 보이시는데요." 여자는 교태를 부리며 답한다. "어쩌면, 제가 새로 산 립스틱을 발라서 그런가 봐요. 이 립스틱 어때요?" 여자의 행동은 내가 아는 뚱뚱한 이성애자 여성들과는 전혀 다르다. 뚱뚱한 이성애자 여성들은 대개 데이트 상대방이 내뱉는 불쾌한 말과 평가 때문에 상처투성이가 되었으며, 더는 상처받지 않기 위해 정교한 대사와 실토할 이야기를 준비해두었다. 영상에 달린 슬로건이 주장하듯이, 이 영상은 '사회 실험'이라는 인상을 준다기보다는 실생활에서 뚱뚱한 사람을 놀림거리로 삼는 행동을 확장한 쪽에 가깝다.[18] 이 영상은 널리 퍼졌고, 2019년에 3300만 회가 넘는 조회수를 기록했다. 《코스모폴리탄Cosmopolitan》은 "남아 있던 남자들에게 칭찬을!"이라고 외쳤다.[19]

몇몇 프로그램들은 훨씬 더 나아가, 뚱뚱한 사람들에게 거들먹거리거나 이들을 괴롭히는 일이 이들에게 호의를 베푸는 것이라며 장려했다. 우리 뚱뚱한 사람들에게 체중을 줄이도록 동기를 부여하는 방편이라면서 말이다. (참고로, 확인할 수 있는 모든 연구들은 뚱뚱한 몸에 대한 비하가 체중 감량이 아니라 체중 증가를 불러일으키며, 건강에 더 나쁜 결과를 가져온다고 말한다. 어떤 이유로 비하하거나 괴롭히더라도 마찬가지다.) 가장 상징적인 사례로는 〈더 비기스트 루저〉를 꼽을 수 있다. 황금 시간대에 방영된 이 리얼리티 프로그램은 뚱뚱한 사람들이 이룬 정서적 고통을 이용해가며 오랫동안 히트를 쳤다. 이 프로그램은 서로 경쟁하는 뚱뚱한 사람들이 이룬 집단을 지켜보며 누가 체중을 가장 많이 줄이는지 확인했다. 이 모든 과정이 미국 전역의 시청자들 앞에서 벌어졌다. 참가자들의 섭취 칼로리는 가혹하게 제한되었으며, 길고도 극단적인 운동 루틴은 이 프로그램의 꽃으로 자리 잡았다. 이 프로그램의 스타는 참가자들이 아니라 트레이너인 밥 하퍼Bob Harper와 질리언 마이클스였다. 이들은 휴식 시간을 달라고 요청하는 참가자들을 공개적으로 타박했으며, 그 참가자들을 헐뜯거나 개인에 대해 평가 내리는 경우가 빈번했다. 이 프로그램은 2004년부터 2016년까지 17개의 시즌이 방영되었다. 프로그램이 끝나고 몇 년 동안 참가자들을 추적하는 전국적인 조사가 진행되었으며, 이 연구 결과 가운데는 프로그램에서 취했던 전략이 참가자들의 신진대사에 영구적 결함을 끼쳤다는 내용도 있었다. 이를 두고 미국 국립보건원의 어느 의사는 "충격적이고도 놀랍다"고 이야기했다.[20]

이처럼 프로그램의 접근 방식에 문제가 있다는 사실을 보여주는 증거가 있는데도 2019년 USA 네트워크USA Network는 이듬해 〈더 비기스트 루저〉를 다시 방영하겠다고 발표했다. 방송국 대표인 크리스 매컴버Chris McCumber는 이렇게 성명을 냈다. "우리는 오늘날의 시청자들에게 맞춰 〈더 비기스트 루저〉를 새롭게 구상하고 있습니다. 웰니스를 바라보는 새롭고 총체적인 시각을 선보이는 동시에, 독점적인 경쟁 형식과 입을 떡 벌어지게 만드는 전설적인 순간들을 고스란히 갖춘 채로 말이죠." 그리고 "점점 늘어나는, 대본 없이 진행하는 프로그램 목록에다 이렇게 활력 넘치는 대규모 프로그램을 추가하게 되어 USA 네트워크는 신이 난다"[21]는 말을 덧붙였다. 자기 몸 긍정주의를 향해 점점 더 입에 발린 말을 하고, 다이어트보다는 웰니스를 이야기하는 문화에서조차 뚱뚱한 몸에 대한 비하는 결코 유행이 아닌 적이 없는 듯하다.

지난 몇 년 동안, 뚱뚱한 사람을 재현하는 새로운 방식이 다시금 인기를 얻었다. 대부분은 존 워터스John Waters가 만든 상징적인 영화이자 뮤지컬로도 만들어진 〈헤어스프레이Hairspray〉(1988)의 주인공 트레이시 턴블래드가 반향을 일으킨 것이었다. 어린 리키 레이크Ricki Lake가 맨 처음 역할을 맡아 연기했던 트레이시는 금세 수많은 젊고 뚱뚱한 여성들의, 특히 뚱뚱한 백인 여성들의 아이콘이 되었다. 왜 그랬는지는 굳이 물어볼 필요도 없다. 뚱뚱한 사람들에 관한 숱한 묘사들은 우리 몸을 교훈적인 이야깃거리로 삼고, 우리가 폭식한다고 넘겨짚거나 게으르다고 상상하며 이런 행태의 위험성을 경고한다. 우리의 몸은 끊임없이 비포 상태의 몸으로 그려진다. 애프터 상태가 되기를 영원히 열망하는 몸으로 말이다. 하지만 〈헤어스프레이〉는 그런 흐름에 맞선다. 트레이시 턴블래드라는 캐릭터를 발전시킬 때 체중 감량이라든가, '별생각 없이 되는 대로 살았던' 데 대한 후회라든가, 그의 신체 사이즈에 관한 죄책감을 써먹지 않는다. 그는 관객의 혐오감·우월감·연민·분노를 부추기는 도구가 아니다. 그는 어떤 것도 대변하지 않으며, 고삐 풀린 듯 날뛰는 자본주의나 자기혐오의 상징도 아니고, 배가 잔뜩 부른 부유함이나 게을러서 생겨난 빈곤함을 대변하지도 않는다. 트레이시는 그저 자기 자신을 나타낼 뿐이다. 그리고 최근에는 더 많은 캐릭터들이 같은 길을 걷기 시작했다. 홀루Hulu의 〈슈릴Shrill〉, 넷플릭스Netflix의 〈덤플링Dumplin'〉, AMC의 〈다이어트랜드Dietland〉는 모두 강인하고 뚱뚱한 주인공을 담은 각본을 선보였다. 이는 전부 뚱뚱한 작가들의 손에서 탄생했는데, 그들은 줄곧 지니고 살던 몸으로 그저 존재하기 위해 고통을 감내하며 가까스로 자리를 확보해왔다. TLC의 리얼리티 프로그램 시리즈인 〈마이 빅 팻 패뷸러스 라이프My Big Fat Fabulous Life〉는 휘트니 웨이 소어Whitney Way Thore의 이야기를 따라간다. 그는 최고의 인생을 살기 위해 몸무게가 줄어들 때까지 기다리지 않는 뚱뚱한 댄서다. 이런 프로그램들(뚱뚱한 인물들이 등장하고, 뚱뚱한 작가들이 만들었으며, 뚱뚱한 배우들이 연기하는)은 날씬한 사람들이 상상하는 모습이 아니라, 뚱뚱한 사람들의 삶을 있는 그대로 보여주는 보기 드문 작품들이다. 그렇지만 이런 등장인물들은 여전히 괴로울 정도로 한정적이다. 이 모든 프로그램들과 작품들은 완고한 이성애적 서사 안에서, 이성애자이고 시스젠더이며 10대이거나 성인인 백인 여성의 이야기를 중심에 놓는다. 이런 프로그램들은 뚱뚱하되 너무 뚱뚱하진 않은 주인공에게 초점을 맞춘다. 그리고 대부분은 병인학을 품고 있는 몸을 중심에 두어서, 관객들이 예상하는 날씬한 몸에서 벗어난 몸에 관해 설명한다. 그렇다. 뚱뚱한 사람들이 뚱뚱한 사람들의 이야기를 들려주는 경우는 드물다. 들려준다 하더라도, 뚱뚱하다는 점 빼고는 이미 특권적 표지를 지닌 몸의 사람들이 들려주는 이야기이거나 그런 사람들에 관한 이야기일 따름이다. 뚱뚱한 백인 여성에 관한 이야기는 드물다. 그런데 뚱뚱한 LGBTQ, 뚱뚱한 장애인, 뚱뚱한 유색인종에 관한 이야기는 비교할 수 없을 만큼 더욱 드물다. 뚱뚱한 사람들의 이야기가 만들어질 때조차, 우리가 접하는 것은 특권에서 비껴난 단 한 가지 표준적인 일탈이다.

때로는 뚱뚱한 사람을 다룬 이야기의 중심에 선 뚱뚱한 백인 여성들이 유색인종 여성들을 계속해서 배제하고 삭제하는 데 가담하기도 한다. 〈어쩌다 로맨스Isn't It Romantic?〉가 개봉했을 당시, 리벨 윌슨은 자신이 로맨스 영화의 주인공 역할을 맡았다는 사실을 자랑스럽게 알렸다. 〈엘런 디제너러스 쇼The Ellen DeGeneres Show〉에 출연한 윌슨은 "로맨틱 코미디 영화의 주인공으로 선 최초의 플러스 사이즈 여성이 되다니 자랑스러워요"라고 말했다. 하지만 그보다 몇 년 앞서 퀸 라티파Queen Latifah가 〈라스트 홀리데이The Last Holiday〉와 〈저스트 라이트Just Wright〉에 출연했다. 윌슨이 나온 영화가 개봉하기 불과 2년 전, 모니크Mo'Nique 역시 〈팻 걸즈Phat Girlz〉에 출연했다. 트위터에서 흑인 여성들이 이 사실을 정정하자 윌슨은 자신이 세운 기록을 정정하려는 사람들을 차단하기 시작했다. 나중에 그는 "다른 사람의 성취를 지우려는 의도는 전혀 없었으며, 저는 퀸 라티파 당신을 정말, 정말 존경한다"고 말했다.[22] 그렇지만 자신을 향한 비판은 여전히 차단하며 인정하지 않았다. 뚱뚱한 사람들에 관한 이야기 가운데 가장 알짜배기들은 여전히 완고하게 백인다움을 중심에 놓고 있다.

당돌하고 공감을 자아내는 뚱뚱한 캐릭터들 몇몇이 주류에 모습을 드러내긴 했으나, 자신감 넘치는 뚱뚱한 선두주자들이 지닌 다른 면도 있다. 리얼리티 프로그램이나 각본에 따라 진행되는 프로그램에서 뚱뚱한 사람들은 날씬한 사람들의 자신감을 북돋워주는 소품으로 쓰이는 경우가 많다. 상당히 찬사를 받은 그레타 거위그Greta Gerwig의 〈레이디 버드Lady Bird〉에서 주인공의 가장 친한 친구인 줄리는 고전적인 뚱뚱한 캐릭터의 전형을 보여준다. 의미 있는 스토리라인이나 자신만의 특징이랄 게 없는 친한 친구 역할 말이다. 학교 연극에서 자신이 레이디 버드의 짝사랑의 상대역으로 캐스팅되었다는 소식을 듣자, 줄리는 이 사실이 왜 자신에게 그토록 중요한지, 스스로에게만 골몰해 있는 친한 친구에게 사무치듯이 이야기한다. "내가 등장하는 장면은 딱 그것밖에 없을 거야, 안 그래?" 줄리에게 가장 뜻깊고도 개인적인 장면으로 가보면, 그는 졸업 무도회가 열리는 밤에 소파에 홀로 앉아 있다. 운동복을 입은 채 TV를 서글프게 바라본다. 더 참된 인생을 살아가는 날씬한 등장인물인 레이디 버그가 연락을 하자, 그제야 그의 밤이 시작된다.

최근 시트콤에 등장하는 뚱뚱한 등장인물들은 자신감이 넘치긴 하나, 여전히 웃음을 유발하는 역할을 맡는다. 그리고 언뜻 보기에도 부적절한 이들의 자신감은 농담의 소재가 된다. 〈30 록30 Rock〉이라는 시트콤에서 주연인 제나 마로니Jenna Maroney는 몸무게가 늘고 나서 스스로를 소재로 삼는 결정적인 대사를 내뱉는다. 그렇게 새로 만들어낸 유행어 "나 음식 먹을래!"를 이용해 성공을 거두고 새로운 수익을 창출한다. 〈팍스 앤드 레크리에이션〉에는 제리 거기치라는 인물이 등장한다. 그는 유독 친절한 뚱뚱한 남자이며, 상냥하고도 아름다운 가족이 있다. 등장인물이라기보다 반복적인 농담처럼 쓰이는 제리는 마음속 깊이 착한 사람임에도 모든 사람들에게 온갖 일로 비난받는다. 제리의 다정함, 진심 어리고 착한 마음씨, 사려 깊은 행동은 전혀 중요치 않다. 그의 몸은 여전히 웃음을 불러일으키는 수단이며, 뭐라도 잘못되면 비난을 받는 대상이다. 자신감에 차 있는 뚱뚱한 등장인물조차도 날씬한 사람들의 상상 속에선 농담거리로 뒤바뀌곤 한다. 우리의 몸은 결코 그냥 몸이었던 적이 없다. 우리의 이야기는 결코 우리 자신의 이야기였던 적이 없다.

대부분의 미디어에서 그려내는 뚱뚱한 사람들의 모습은 날씬한 시청자들에게서 좁은 범주에 갇힌 반응을 이끌어내려고 설계된 것이다. 이는 바로 연민이며, 자극으로 이어진다. 이는 바로 분노이며, 평가를 내리도록 부채질한다. 이는 바로 역겨움이며, 이것이 동기를 부여한다고들 생각한다. 실상은 반대 효과를 낸다는 증거가 차고 넘치는데도 말이다. 뚱뚱한 등장인물들이 화면에 등장할 때면 관객들에게 촉발되는 반응이 **오로지** 이런 것들인 경우가 너무 많다. 그리고 그 모습들이 유발하는 감정과 마찬가지로, 뚱뚱한 사람을 미디어에서 재현할 때 사용하는 메시지와 비유 역시도 너무나 제한적이다. 이는 뚱뚱한 등장인물들을 결정적인 대사며 샌드백으로 축소시키는 단단히 다져진 영토다.

지난 30년 동안, 뚱뚱한 사람을 재현한 대부분의 방식들은 지루하고, 진부하며, 여느 때처럼 어디에나 만연한 환원주의적 서사를 겨우 몇 개 내놓았을 뿐이다. 영화와 TV 프로그램에서 뚱뚱한 몸에 관해 가장 많이 다루는 메시지 하나는 바로 뚱뚱한 몸은 역겹고 우습다는 것이다. 대체로 뚱뚱한 분장, 즉 '인공 살'을 이용해서 이런 메시지를 전파한다. 이런 분장은 결정적인 역겨운 핵심 대사로 소비되는 뚱뚱한 등장인물을 과도하게 날씬한 배우들이 연기하도록 만들며, 실제로 뚱뚱한 사람은 전혀 관여하는 법이 없다. 이런 서사들은 뚱뚱한 사람처럼 분장한 날씬한 사람들을 압도적으로 많이 등장시키며, 이는 대개 우리 뚱뚱한 사람들과 우리의 몸을 조롱하려는 의도를 보여준다. 1990년대와 2000년대 초반에는 역겨움이 뒤섞인 웃음을 유발하고자 만들어낸 뚱뚱한 분장을 곁들인 연기가 가득했으며, 이를 크게 분류하면 다음과 같이 세 가지로 나눌 수 있다.

첫 번째 뚱뚱한 분장 서사는 뚱뚱한 10대로 살아가는 사람의 측은하고 제약 많은 삶을 보여준다. 칙칙한 '비포' 사진을 내세우며, 그 뒤에 필연적으로 따라오는 총천연색 '애프터' 상태인 날씬한 사람의 삶과 그럴싸하게 대비시킨다. 〈프렌즈Friends〉에서 모니카 겔러가 유년시절을 회상하는 장면을 보면 뚱뚱하고 서투른 그의 모습이 나온다. 〈저스트 프렌드Just Friends〉에서는 라이언 레이놀즈Ryan Reynolds가 뚱뚱한 분장을 하고 크리스 브랜더 역할을 맡았다. 브랜더는 과거에 뚱뚱했던 바람에 고등학교 시절에 '절대로 연인은 될 수 없고 어디까지나 친구 사이라며 선을 긋는 일'을 당했고, 이 때문에 체중을 상당히 감량한 다음 성인이 되어 끝없이 연애 상대를 찾아 나선다. 뚱뚱함은 날씬한 사람들에게 인간적인 면모를 부여하고, 이들이 성인이 되어 느끼는 불안이나 신경증을 설명하며, 다른 상황이었더라면 불가능할 정도로 마른 미적 표본이라고 생각했을 배우와 관객 사이의 '기울어진 운동장'을 해소한다. 이야기가 진행되는 동안, 우리는 최근에 들어서야 날씬해진 주인공들이 이제는 자신들이 날씬하다는 사실을, 그리고 자신들이 얻어낸 사랑과 수용을 누릴 가치가 있다는 사실을 받아들이는 모습을 지켜본다(연예인들도 우리와 다르지 않다!).

두 번째 서사는 뚱뚱함이 곧 나쁜 행동의 증거나 결과라고 이야기한다. 이는 남의 불행을 보며 얻는 만족스러운 쾌감이 얄팍하고 잔인한 등장인물을 향한 시적 정의라고 내세운다. 이런 등장인물이 지닌 끔찍한 마음 상태는 결국 이야기 속에서 객관적으로 끔찍하다고 취급되는 몸으로 드러난다. 〈피구의 제왕Dodgeball: A True Underdog Story〉에서 벤 스틸러Ben Stiller가 맡은 괴롭힘을 일삼는 인물은 마지막에 뚱뚱한 분장을 하고 나오는 장면에서 인과응보로 벌을 받는 모습을 보여준다. 이 장면에서 스틸러는 웃통을 벗은 채로, 뜯어놓은 과자와 팝콘 봉지에 둘러싸여 있으며, 맨살이 훤히 드러난 배 위에는 과자 부스러기가 떨어져 있다. J. K. 롤링J. K. Rowling이 쓴 '해리 포터Harry Potter' 시리즈 책과 영화 속에서 더들리 더즐리Durdley Dursley와 그의 아버지 버넌Vernon의 뚱뚱함은 곧 이들이 공감 능력이 부족하며 비겁하고 잔인하다는 증거처럼 제시된다.

세 번째 서사는 더 명백히 악질적이다. 여기서는 날씬한 배우들이 뚱뚱한 등장인물을 연기하며 조롱하는 잔인한 방식을 써서 희극적으로 분위기를 전환한다. 〈너티 프로페서 2Nutty Professor II: The Klumps〉, 〈오스틴 파워〉, 〈나이스 가이 노빗〉 모두 이런 접근법을 활용했다. 날씬한 배우들이 뚱뚱하게 분장해서 과장스럽고, 음식에 집착하며, 물리적으로 역겹고, 사회적으로 아둔하며, 고통스러울 정도로 자각이 없는 인물들을 연기해 웃음을 유발했다. 마이크 마이어스Mike Myers가 나오는 영화 〈오스틴 파워〉에서 마이어스는 뚱뚱하게 분장하고 팻 배스터드를 연기한다. 팻 배스터드는 성나 있고 허풍이 그득한 스코틀랜드 사람이며, 끊임없이 먹는 인물로 알려져 있다. 특히 인간의 아기들과 어린이들을 말이다. 〈너티 프로페서〉에서 에디 머피는 뚱뚱한 가족 전체를 연기한다. 그 가족 가운데 한 사람인 셔먼 클럼프 교수는 빼어난 과학자인데, 폭식을 하고 눈치 없이 구는 것을 보면 역겨운 모습으로 웃음을 유발하려는 것이 분명하다. 영화 예고편에서 클럼프 교수는 여성을 무도회장 바닥에 넘어뜨리고, 상사에게 뚱뚱하다는 말을 듣는가 하면, 실험 장비가 가득한 탁자를 엎어서 강의실을 한가득 메운 학생들에게 왁자지껄한 웃음을 자아낸다. 집에서 가족들과 식사하는 중에 그의 아버지는 성을 내며 몸무게를 줄이라고 그를 헐뜯는다. 그는 "건강한 게 어떤 건지는 나도 안다고"라며 톡 쏘아붙이면서 고기와 감자 위에 그레이비소스를 흠뻑 붓는다.[23] 타일러 페리Tyler Perry와 마틴 로런스Martin Lawrence는 각각 〈마디아Madea〉 시리즈와 〈빅 마마 하우스〉 시리즈에서 뚱뚱한 흑인 여성을 과장스럽게 연기했다. 이 서사에서 뚱뚱한 인물을 과장스럽게 표현한 것은 두말할 필요 없이 잔인하다. 오로지 뚱뚱한 사람들을 조롱하고 이들에게 수치심을 안기려는 의도다.

이 모든 서사들은 날씬한 사람들이 각본을 썼으며, 날씬한 사람들이 영화감독을 맡았고, 날씬한 사람들이 뚱뚱한 사람들을 연기했다. 그리고 이 모든 이야기들은 뚱뚱함을 수치스럽고, 문제적이고, 우스꽝스러운 죄악으로 묘사함으로써 날씬함을 정상적이고, 좋고, 올바른 것으로 무대 중심에 올린다. 뚱뚱한 사람에 관한 이런 서사들은 실제로 **뚱뚱한 사람이 전혀 없는 상태**에서 만들어진 것이다. 이 세 가지 유형 모두 뚱뚱한 몸이란 얼마든지 바꿀 수 있는 특징이라고 표현하는 데다 그런 변화를 참되고, 인간적이며, 원만한 삶을 살기 위한 전제조건처럼 취급한다. 뚱뚱한 캐릭터는 뚱뚱한 배우들에게 맡겨지지 않았고, 이런 이야기는 뚱뚱한 작가들에겐 쓸 만한 가치가 없다.

이보다 훨씬 더 은밀하게 확산되는 것은, 바로 뚱뚱한 분장이 소리 없이 다져놓는 기반이다. 뚱뚱한 분장을 활용한 서사들은 뚱뚱하게 살아간다는 것이 어떤 일인지를 날씬한 사람들도 뚱뚱한 사람들만큼(또는 뚱뚱한 사람들보다 잘) 알고 있으며, 뚱뚱한 몸은 일시적일 뿐이고, 계속 뚱뚱하게 지내는 사람들은 자기에게 존중을 선사할 몸을 만들어 낼 책임을 그저 회피하는 것이라는 생각을 은근하게 강요한다.

뚱뚱하게 분장한 사람들이 등장하는 서사에는 문화적 무게가 부여되며, 이 무게는 모두를 짓누른다. 이런 서사들은 날씬한 사람들이 날씬한 관객을 위해 고안해낸 것이며, 흔히 다음과 같은 주장을 당연시한다.

1. 날씬해지는 것은 평생의 목표이며, 참되고 충만한 인간적인 삶을 시작하는 유일한 방법이다.

2. 뚱뚱함이란 모두 다 수치스러운 도덕적 실패다.

3. 날씬함은 본질적으로 우월한 존재 방식이다.

4. 뚱뚱한 상태에 머물러 있는 뚱뚱한 사람들은 조롱받아 마땅하다.

뚱뚱하게 분장한 사람들이 등장하는 서사는 괴로우리만치 노골적인 권력의 역학을 만들어내며, 이 역학은 거듭거듭 강화된다. 그렇지만 이런 권력의 역학이 너무나 만연해 있는지라, 우리는 이를 수동적으로 받아들이게 되었다. 순전히 여기에 노출되는 것만으로도 반대 의견을 내세우는 우리의 의식은 침묵하게 된다. 우리의 의식이 우리가 이미 알고 있는 사실을 일깨워주는데도 말이다. 바로 세상에는 몸을 근거로 수치심을 주는 일이 지나치게 많다는 것이다.

또 다른 지배적인 스토리라인은 바로 뚱뚱한 사람의 사랑과 섹스는 (특히 자신감 넘치는 뚱뚱한 사람의 섹슈얼리티는) 웃음거리로 삼아 마땅하다는 것이다. 뚱뚱한 사람의 섹슈얼리티는 도무지 생각조차 할 수 없기에, 이를 그저 떠올리는 것만으로도 결정적인 대사가 된다. 〈피치 퍼펙트〉에서 리벨 윌슨이 맡은 역할인 팻 에이미는 "[자신의] 모든 전 남자 친구들"에게서 벗어나려고 학교 아카펠라 동아리에 가입했다고 얘기하는데, 이는 웃음을 유발하는 대사로 쓰인다. 뚱뚱한 여자아이에게 전 남자 친구가 어떻게 여러 명 있을 수 있으며, 그 전 남자 친구들이 어떻게 뚱뚱한 여자아이를 다시 만나고 싶어 할 수 있단 말인가?

〈피치 퍼펙트 2〉에서 리벨 윌슨이 맡은 팻 에이미는 케네디센터에서 열리는 주요 공연에서 유명 독주자가 된다. 에이미는 공중 곡예용 와이어에 매달려 천장에서 내려오는데, 에이미의 몸이 흔들리자 입고 있던 의상의 가랑이 부분이 찢어지며 맨 엉덩이가 훤히 드러난다. 카메라는 관객들의 과장스러운 혐오감을 비추며 이 순간을 즐기는 것만 같다. 아나운서 하나가 이렇게 소리친다. "그가 돌고 있습니다. 단단히 마음의 준비를 하세요!" 또 다른 아나운서가 외친다. "앞쪽은 안 돼요! 앞쪽은 아무도 보고 싶어 하지 않는다고요!" 그러고는 두 사람 모두 호러 영화처럼 비명을 지른다. 에이미의 뚱뚱한 몸은 전혀 욕망할 만한 것이 아니며 지켜보는 사람들에게 공포를 불러일으킬 정도라고 우스꽝스럽게 묘사된다.

2000년에 톰 그린Tom Green이 출연한 코미디 영화 〈로드 트립Road Trip〉 역시 뚱뚱한 여성은 원래 역겹다는 내용으로 계속해서 농담을 던진다. 영화 예고편에서 카일(DJ 퀄스DJ Qualls)는 관심이 가는 상대를 만난다. 론다(플러스 사이즈 모델 미아 앰버 데이비스Mia Amber Davis)는 흑인이고 뚱뚱한데, 그 역할은 창백하리만치 하얀 피부에 골격이 왜소한 카일과 대비를 이루며 무책임한 시각적 개그를 불러일으킨다. 얼마 뒤 카일은 표범 무늬의 플러스 사이즈 팬티를 만들어 친구들에게 보여준다. 한 친구가 도무지 못 믿겠다는 듯이 묻는다. "너 치타라도 죽였니?" 그런 다음 카메라는 역겨워하며 조롱하듯이 구역질하는 남성들의 모습을 하나하나 비춘다. 뚱뚱한 흑인 여성과 잔다는 사실은 그 자체만으로 농담거리가 되는 것이다. 이런 결정적인 대사를 한층 더 악화시키는 것은 바로 이성애자이며, 백인이고, 날씬한 또래들의 기대를 충족시킬 능력이 카일에게 없다는 사실이다. 카일이 날씬한 백인 여성을 탐해야 한다는 기대 말이다.[24]

2007년 〈나이스 가이 노빗〉은 뚱뚱한 사람들에 관한 성적인 혐오감을 장편영화로 담아냈다. 이 영화에서 에디 머피는 뚱뚱하게 분장하고 라스푸티아 역할을 맡는다. 라스푸티아는 남의 위에 군림하려고 드는 뚱뚱한 흑인 여성으로, 자신의 날씬한 파트너 노빗을 겁주며 그와 연애한다. 초등학생 시절 라스푸티아는 노빗을 괴롭히는 아이들을 쫓아낸 다음, 그에게 여자 친구가 있는지 묻는다. 노빗이 없다고 답하자 라스푸티아는 "지금부터는 너한테 여자 친구가 생긴 거야"라고 말하곤 영 내키지 않아 하는 자신의 남자 친구를 붙잡아 끌고 간다. 두 사람은 어른이 될 때까지 관계를 이어간다. 어른이 된 라스푸티아는 요구하는 것이 많으며 성적으로 우위를 점하려 들고 눈치가 없는, 전형적인 뚱뚱한 흑인 여성으로 자라난다. 영화 예고편에서 그는 자신의 친구에게 "노빗을 떼어놓을 수가 없다"고 말한다. 그런 다음, 예고편은 잔뜩 위축되어 달가워하지도 않는 파트너에게 덤벼들면서 계속 침대를 부숴버리는 라스푸티아의 모습을 보여준다. 〈피치 퍼펙트 2〉와 마찬가지로 라스푸티아의 몸은 그 모습을 지켜보는 모두에게 공포감을 자아낸다. 워터 파크에서는 라스푸티아가 워터 슬라이드 꼭대기에 자리를 잡자, 영화 〈조스 Jaws〉의 주제곡이 불길하게 울려 퍼진다. 구경꾼들과 아이들은 비키니를 입은 라스푸티아의 몸이 워터 슬라이드를 타고 내려가는 모습을 보며 비명을 지른다. 커다란 엉덩이와 눈에 띄게 뚱뚱한 흑인의 신체를 보여주고자 19세기 유럽의 기형 쇼에 전시되었던 남아프리카의 여성 사르키 바트만Saartjie Baartman처럼, 라스푸티아의 몸은 흔히 흉물스러운 것으로 묘사되며, 두려움과 역겨움 모두를 대표한다. 이 영화는 뚱뚱한 사람을 웃음거리로 삼는 한 편의 기나긴 농담이다. 이 영화 전체는 이 뚱뚱한 흑인 여성은 본질적으로 욕망할 만한 대상이 아니며, 이 여성은 희극적인 학대를 통해서나 파트너를 찾을 수 있었고, 뚱뚱한 흑인 여성의 욕망 대상이 되는 것은 두려워할 만한 일이라는 생각에 바탕을 둔다.[25]

어떤 영화들은 뚱뚱한 사람에 대한 이끌림을 애초에 상상도 할 수 없는 일로 여기는지라, 그런 일이 가능해지려면 머리외상이나 최면술이 필요하다고 본다. 패럴리 형제가 만든 〈내겐 너무 가벼운 그녀〉에서 잭 블랙Jack Black이 맡은 역할은 최면에 걸려야만 뚱뚱한 여성을 매력적이라고 느끼는데, 이런 설정은 뚱뚱한 사람을 소재로 한 농담을 장편영화 길이로 보여주는 발판이 된다. 〈아이 필 프리티I Feel Pretty〉에 출연한 에이미 슈머는 르네 역할을 맡았는데, 르네는 머리에 부상을 입고 살아가면서 자신이 날씬하고, 매력적이며, 도저히 거부할 수 없는 사람이라고 믿게 된다. 리벨 윌슨이 〈어쩌다 로맨스〉에서 맡은 역할도 같은 연장선상에 있다. 윌슨이 맡은 등장인물인 나탈리는 지하철에서 한 남자가 자신에게 작업을 건다고 생각하지만, 사실 그 남자는 나탈리의 지갑을 훔치려 했을 뿐인 것으로 드러난다. 나탈리는 달아나다가 강철 기둥에 부딪쳐 넘어지고 만다. 그때 나탈리는 로맨틱 코미디 속에 걸려들게 되고, 남자 주연배우인 리엄 헴스워스Liam Hemsworth는 나탈리에게 첫눈에 반한다.

뚱뚱한 여성들은 대개 욕망할 만하지 않은 존재들로 우스꽝스럽게 그려지는 한편, 뚱뚱한 남성들은 많은 경우 아둔하고, 눈치 없으며, 화를 내고, 삐뚤어진 모습으로 표현된다. 미국 시트콤들은 주로 핵가족을 중심에 놓고 진행되는데, 이런 핵가족은 뚱뚱하고 불우한 남성이 날씬하고 자애로운 여성과 결혼하는 모습을 흔히 보여준다. 호머 심슨은 애니메이션으로 표현된 뚱뚱한 아이콘이자 둔하고, 무능하며, 사람을 대할 때 눈치가 없고, 무심하기로 유명하다. 호머 심슨의 뚱뚱한 몸은 이 프로그램에서 빼놓을 수 없는 요소다. 〈심슨 가족〉 시리즈의 어느 대표적인 에피소드에서 호머는 일부러 체중을 늘려서 재택근무가 가능한 장애 관련 시설을 찾는다. 호머 심슨의 발자취를 따르는 등장인물은 〈패밀리 가이〉에 나오는 피터 그리핀이며, 그 역시도 뚱뚱하고 아둔하다. 이 프로그램에서 피터 그리핀의 신체 사이즈는 이야기 구성의 중심으로 자주 쓰인다. 어느 에피소드에서는 뚱뚱한 몸 때문에 피터 그리핀의 중력이 강력해져서, 집안에 있는 물건과 소형 가전제품들이 그의 몸 주변의 궤도를 돈다.[26] 또 다른 에피소드에서는 피터 그리핀이 앉은 자리에서 햄버거 30개를 먹고는 뇌졸중이 와서 마비가 되고, 다리를 절고, 말을 더듬게 된다. 피터 그리핀과 호머 심슨은 시트콤에 등장하는 뚱뚱한 백인 중산층 아버지의 전형이다. 이들의 신체 사이즈는 공개적으로 조롱받으며 이들은 너무나 무심하고, 과식하며, 게을러서 자신의 몸을 변화시키지 못한다.

그런데 이와 같이 시트콤에 등장하는 뚱뚱한 아버지가 노동계급일 경우, 이들은 성을 내고 엇나간다. 1950년대에 나온 고전적인 시트콤 〈더 허니무너스The Honeymooners〉에 등장한 랠프 크램든이 바로 이 원형의 현대적 시초다. 재키 글리슨Jackie Gleason이 연기한 크램든은 뚱뚱한 백인 노동계급 버스 기사로, 일확천금을 벌기 위한 궁리를 자주 한다. 그는 아내 앨리스에게 폭력을 휘두르겠다며 수시로 위협하는지라, 자기 눈앞에다 시답잖은 주먹을 치켜올리곤 이를 악문 채로 하는 말이 그의 가장 유명한 대사다. "언젠간 말야, 앨리스! 콱! 그 주둥이를 확!" 1970년대 〈올 인 더 패밀리All in the Family〉에 나온 아치 벙커는 시트콤에 등장하는 뚱뚱한 백인 노동계급 아버지의 대명사가 되었다. 그는 성미가 고약하며, 퇴행적인 정치적 견해를 자랑스럽게 내세운다.

1990년대 무렵 TV에서 가장 눈에 띄는, 분노에 찬 뚱뚱한 아버지 역할은 흑인 남성들이 맡았다. 〈패밀리 매터스Family Matters〉의 등장인물인 칼 윈즐로는 괴짜 헛똑똑이 이웃 스티브 어클 때문에 늘 짜증을 내며, 뒤틀린 분노를 10대들에게 심심찮게 표출하곤 한다. 〈더 프레시 프린스 오브 벨 에어〉에서 언뜻 보기에도 가족의 가장 역할을 하는 인물인 엉클 필은 잔잔한 짜증과 굵직한 화를 내는 사람이다. 성미가 급한 이 아버지는 부유하고, 아이비리그에서 교육을 받았으며, 변호사와 판사로서 직업적 성취를 이루었지만 시트콤에 나오는 배배 꼬인 노동계급 아버지의 전형적인 모습과 분노에 가득 찬

전형적인 흑인 남성의 특징을 여전히 전부 고스란히 지니고 있다. 뚱뚱한 백인 아버지는 멍청하고, 무심하며, 주변에서 벌어지는 일에 얼마든지 눈치 없게 굴어도 괜찮다. 뚱뚱한 흑인 아버지의 특징은 불같은 성질머리와 가족 때문에 끝없이 삐뚤어진다는 것이다.

몇몇 뚱뚱한 캐릭터들은 복수심에 휩싸이기도 한다. 이들을 심술 궂게 만드는 것은 실패작인 자기들의 몸이다. 1990년대 시트콤에서 가장 눈에 띈 악당 가운데 두 명이 뚱뚱한 사람이었다. 〈사인필드 Seinfeld〉에서는 제리Jerry의 이웃인 뚱뚱한 우편배달부 뉴먼이 제리의 입지를 약하게 만들려고 끊임없이 음모를 꾸몄다. 그렇게 뉴먼은 《TV가이드TV Guide》에서 선정한 "역사상 가장 못된 악당 60명"[27] 목록에 이름을 올렸고, 《롤링스톤Rolling Stone》에서 발표한 "역사상 가장 위대한 TV 속 악당 40명"[28] 가운데 16위에 올랐다. 뉴먼은 제리가 한 나쁜 행동을 제리 부모님에게 고자질하며, 제리가 사는 아파트에 벼룩을 퍼뜨리고, 게으름을 피우느라 배달하지 않은 편지 더미를 제리네 집 지하 창고에 숨긴다. 랠프 크램든 마찬가지로 뉴먼은 일확천금을 얻겠다는 근시안적 계획을 자주 실행에 옮긴다. 이를테면 빈 캔과 병을 차에 싣고 미시건주로 가서, 뉴욕에서 받는 5센트 대신에 10센트를 받고 교환하는 것처럼 말이다. 시트콤에 등장하는 수많은 아버지들과 마찬가지로 뉴먼은 사려 깊지도 않고 명민하지도 않으나, 끊임없이 계획을 세운다. 부를 쌓으려는 계획이든, 프로그램 속 날씬한 주인공을 끌어내리려는 계획이든 말이다.

〈드루 케리 쇼The Drew Carey Show〉는 미미 보벡을 활용해 뚱뚱한 악당의 전형을 한 발짝 더 밀고 나갔다. 미미 보벡은 이 시트콤 속 주연과 함께 일하는 개인 비서다. 미미의 옷은 마치 서커스 어릿광대처럼 주름이 가득 잡힌 하와이안 드레스와 몸매가 드러나지 않는 카프탄* 스타일 드레스다. 그리고 미미가 눈에 바른 하늘색 아이섀도는 아주 유명한 드래그 퀸 디바인Divine을 본뜬 것으로 보인다(디바인은 또 다른 뚱뚱한 악당의 아이콘인 〈인어공주〉 속 우르술라 캐릭터에 영감을 주었다). 시트콤 초반, 미미는 자신의 메이크업 때문에 드루가 자신을 고용하지 않겠다고 얘기하자 그에게 복수하려고 벼르게 된다. 그 뒤로 이어지는 에피소드에서 미미는 드루를 괴롭히는데, 그의 손을 포르노 잡지에 붙여버리는가 하면, 이후에는 의식을 잃은 드루를 동의 없이 중국으로 보내버린다. 미미는 드루의 몸무게에 대해 빈번하게 모욕을 퍼부으며, 그를 계속 "돼지"라고 부른다. 뉴먼과 마찬가지로, 미미라는 캐릭터 역시 (자신보다 덜 뚱뚱한) 시트콤의 명목상의 주연을 해치려고 계획을 세우며 집착한다.

그런데 속이 배배 꼬인 채로 복수에 목마른 뚱뚱한 악당이 시트콤만의 결실은 아니다. NBC에서 장기간 방영된 경찰 드라마 〈로 앤 오더 성범죄전담반Law & Order: Special Victims Unit〉은 자신을 괴롭히는 사람을 결국 살해하는 뚱뚱한 악당을 중심으로 흘러가는 이야기 구성을 반복적으로 보여주었다. "못돼먹은 아이Mean"라는 에피소드에 나오는 애그니스 린스키는 뚱뚱한 노동계급 고등학생이다. 애그니스는

---

* 주로 이슬람문화권 사람들이 입었던 웃옷으로 길이가 길고 소매가 넓다.

자신이 다니는 사립학교에서 못돼먹은 여자아이들 무리에게 가차 없이 괴롭힘당한다. 그 못된 여학생들은 자신들의 친구 하나를 살해한 다음, 애그니스에게 가해자라는 혐의를 씌운다. 그 무리가 체포된 뒤 애그니스는 괴롭힘이 끝나기를 바란다. 그렇지만 여자아이들 무리는 마지막으로, 학교 탈의실에서 옷을 갈아입던 애그니스의 벗은 몸을 고스란히 사진으로 찍은 다음 그 사진을 반 학생들에게 유포해 사방팔방에서 새로운 괴롭힘이 일어나도록 만든다. 마지막 장면에서 애그니스는 자기를 괴롭히던 학생 하나를 살해했다고 인정하면서, 눈물을 흘리며 형사들에게 얘기한다. "결코 멈출 기미가 없었어요."[29] "뚱뚱한 사람Fat"이라는 에피소드에서는 흑인 남성인 루디 빅스턴Rudi Bixton이 단지 뚱뚱하다는 이유로 날씬한 10대 백인 두 명에게 얻어맞는다. 루디의 뚱뚱한 동생들은 복수에 나서며 루디를 폭행한 사람들을 때려서 앙갚음한다. 그 폭행범들이 법적 책임을 전혀 지지 않고 빠져나가자, 루디는 그들에게 총을 쏴서 치명상을 입힌다. 루디가 살인 혐의로 유죄를 선고받는 순간, 그는 판결이 내려지는 자리를 지키지 못한다. 당뇨병 때문에 응급 절단 수술을 받으러 병원으로 서둘러 실려 갔기 때문이다. 한 형사가 과연 징역형이 필요하기는 하냐며 생각한 것을 그대로 소리 내어 내뱉는다. 그는 뚱뚱한 몸 탓에 생겨난 질병으로 빅스턴이 곧 죽을 것이라 예상하기 때문이다.[30] 뚱뚱한 캐릭터들이 끝없이 고통받을 때조차도, 우리 자신과 가족을 지키는 일은 여전히 우리 뚱뚱한 사람들을 악당으로 만든다.

뚱뚱한 몸은 게으름, 과식, 기능장애가 낳은 결과라고 계속해서 묘사된다. 〈마이크 앤드 몰리〉에 나오는 주인공들은 익명의 과식자들 모임에서 만난다. 이는 주인공들이 어째서 그토록 비참한 실패작인 뚱뚱한 몸이 되었는지 설명해주는 전제다. 〈디스 이즈 어스〉에서는 크리시 메츠Chrissy Metz가 케이트 피어슨 역할을 맡는다. 케이트 피어슨의 페르소나 전체는 그가 지닌 거식증을 비롯해 뚱뚱한 몸을 중심으로 돌아가는 듯하다. 케이트라는 인물은 소위 '체중을 감량하는 여정'을 하는 것으로 오랫동안 계획되어 있었다. 메츠가 케이트 역할을 맡는 데 대한 필수 조건으로 NBC가 계약서에 체중 감량 의무를 명시해두었기 때문이다.[31]

이보다 훨씬 더 악명 높은 일로는 넷플릭스의 〈채울 수 없는Insatiable〉이 주연 등장인물의 극적인 체중 감량을 전제로 내걸은 것을 꼽을 수 있다. 이 드라마의 주인공인 패티는 뚱뚱한 고등학생으로, 몸무게 때문에 혹독한 괴롭힘에 시달린다. 패티는 외모가 추레하고 정크 푸드 폭식을 멈추지 못하는 인물로 그려진다. 그렇게 멈추지 못했던 것도 패티가 턱에 철사를 감아 입을 다문 채로 여름을 보내기 전까지의 일이었다. 가을이 되자 그는 젊고 매력적인 젊은 여성이 되어 복수에 목마른 채로 돌아온다. 이제 더 날씬해진 (그리고 더 참된 모습으로 바뀐) 패티는 드라마를 이끌어가는 자리를 차지할 수가 있다. 기능장애를 겪는 측은한 몸을 떨쳐냈으니 말이다. 수많은 영화나 TV 드라마와 마찬가지로 〈채울 수 없는〉에서 뚱뚱한 몸은 줄곧 임시적인 것으로 취급되며, 불쌍한 기능장애라든가 죄악과도 같은 게으름과 폭식 증상으로 다뤄진다.

주류 TV 드라마와 영화에 등장하는 뚱뚱한 몸에 관한 논지들은 결코 온화하지도 않으며, 우연한 것도 아니다. 이런 닳고 닳은 비유들은 유달리 환원주의적이며, 아주 널리 영향을 끼친다. 이는 날씬한 사람들이 뚱뚱한 사람들을 파악하고 판단하는 사회적 표본을 만들어내며, 그와 동시에 뚱뚱한 사람들이 될 수 있는 유형을 아주 좁게 설정한다. 미디어에서 뚱뚱한 사람들을 재현하는 방식은 지나치게 단순화된 한 줌의 전형에만 꽉 얽매여 있으며, 이런 전형을 지속하고 극대화하여 우리 뚱뚱한 사람들을 평면적으로 만든다.

어떤 뚱뚱한 사람들에게는 이런 이야기가 사실일 수도 있다. 그들은 〈마이크 앤드 몰리〉 속 주인공들처럼 익명의 과식자들 모임 회원일 수도 있다. 〈로드 트립〉에 나오는 미아처럼 날씬한 연인의 친구들에게 조롱거리가 된 적이 있을지도 모른다. 그렇지만 설령 이런 이야기가 사실이라 할지라도, 뚱뚱한 사람들이 살아가는 삶은 우리의 몸을 훨씬 넘어선다. 뚱뚱한 사람들에게는 엄연히 복합적인 내면과 복잡한 애정 관계와 직업적인 성공과 개인적인 비극이 있다.

현재 상태를 놓고 보자면, 뚱뚱한 사람을 소재로 삼는 이야기 가운데 핵심들은 우리 뚱뚱한 사람들을 일탈적인 신체로 환원하는 한정적인 상상력을 지닌 날씬한 사람들이 말하는 것이다. 하지만 예외도 있다.

맨 처음에 나는 〈날 용서해줄래요?Can You Ever Forgive Me?〉를 혼자서 봤다. 이 영화에서 멀리사 매카시는 리 이스라엘 역할을 맡았다. 이스라엘은 관심도 못 받고, 독자도 나가떨어지고, 판매고도 저조한 작가다. 그는 비좁고 너저분한 아파트에서 근근이 살면서 먹고살기 위해 애를 쓴다. 영화가 흘러가는 동안, 그는 자신의 글쓰기 기술을 활용해 경제적 난관을 해결한다. 새로운 책을 쓰는 것이 아니라 노엘 코워드Noel Coward, 도로시 파커Dorothy Parker, 그 밖의 문학계 저명인사들과 주고받은 서신을 위조하는 방법으로 말이다. 매카시는 이스라엘이라는 인물을 알려진 모습대로 연기한다. 자신의 작품을 원치 않는 문학계에서 생계를 유지하려 애쓰는 성미가 불같은 레즈비언 말이다.

이 영화는 혼란을 불러일으키는 교향곡으로, 내내 불협화음을 들려준다. 애나 디비어 스미스Anna Deavere Smith가 연기한 이스라엘의 전 애인은 둘의 관계가 끝을 고한 까닭을 짐작케 해준다. 닳고 닳은 자리로 돌아가는 데 지친 모습을 보여주면서 말이다. 이스라엘이 위조한 편지를 계속 팔자, FBI는 이스라엘을 향해 포위망을 좁힌다. 그는 자신이 한 행동에 책임을 지도록 에이전트, 친구, 전 애인, 그리고 결국엔 사법제도로부터 추궁받는다. 어느 모로 보더라도 이스라엘은 평생 해왔던 나쁜 행동들이 불러일으킨 결과를 맞닥뜨려야만 한다. 그의 캐릭터는 단순하고도 내면적이다. 리 이스라엘은 자신이 바보 같은 삶을 살아왔다는 사실을 깨닫는다. 그리고 법정에서 증언하며 자신이 뿌린 씨를 거두어들인다.

매카시가 연기한 모습이나 리 이스라엘의 삶 자체를 놓고 봤을 때, 그 어떤 점에서도 리 이스라엘은 롤모델이 아니다. 그는 퀴어 영웅이나 뚱뚱한 사람들의 아이콘이 아니며, 퀴어나 뚱뚱한 사람들 공동체에서 칭송할 만한 성공을 거둔 약자도 아니다. 그렇지만 영화가 끝에 이르러가자 나는 흐느껴 울었다. 카타르시스를 느끼며 목청껏 우는 울음이었다. 바로 이것이 내가 오랫동안 염원해온 재현이었다. 세심하게 세공한 파베르제의 달걀 같은 인물도 아니고, 도저히 뚫고 들어갈 수 없는 요새 같은 여성 영웅도 아닌 인물 말이다. 아니, 매 카시가 그려낸 리 이스라엘은 이보다 훨씬 나았다. 이스라엘은 대개 날씬한 남자들의 몫이거나 무척이나 아름다운 날씬한 여성들의 몫 이던 특권을 거머쥐었다. 그는 마음이 아플 정도로 인간적이었고, 도저히 좋아할 수 없는 사람이었다.

〈날 용서해줄래요?〉는 주인공을 더 참된 날씬한 사람들과 대비해 보여주지 않는다. 구원받으려면 체중을 줄이라는 이야기 속에다 주 인공을 밀어 넣지도 않는다. 영화는 그의 구원을 좇지 않는다. 〈위즈 Weeds〉에서 메리 루이즈 파커Mary-Louise Parker가 연기한 인물처럼, 〈부통 령이 필요해Veep〉에서 줄리아 루이 드라이퍼스Julia Louis-Dreyfus가 연기한 인물처럼, 〈지랄발광 17세Edge of Seventeen〉에서 헤일리 스타인펠드Hailee Steinfeld가 연기한 인물처럼, 〈커브 유어 엔수지애즘Curb Your Enthusiasm〉의 래리 데이비드Larry David처럼, 그리고 거의 모든 영화 속 우디 앨런Woody Allen의 모습처럼 매카시가 맡은 리 이스라엘은 형편없는 사람이다. 그 역할에 견줄 만한 다른 날씬한 인물들과 마찬가지로, 이스라엘의 몸은 그의 성격 때문에 생겨난 결과가 아니다. 이스라엘의 몸에 관한 얘기는 거의 나오지 않는다. 그의 몸은 그의 몸이다. 그의 성격은 그 의 성격이다. 그리고 그라는 인물은 도무지 동정을 해줄 수가 없다.

〈날 용서해줄래요?〉가 신선했던 이유는 주인공이 얼간이여서가 아니었다. 이 영화가 신선했던 이유는 주인공이 사람이기 때문이었다.

2016년 타이카 와이티티Taika Waititi는 〈내 인생 특별한 숲속 여행Hunt for the Wilderpeople〉의 감독을 맡았다. 이 영화에서 줄리언 데니슨Julian Dennison은 리키 베이커 역할을 맡았다. 베이커는 뚱뚱한 마오리족 소년으로, 사춘기가 되어갈 무렵에 기물을 파손하고 깡패 생활을 하는 바람에 뉴질랜드 아동 보호소에서 문제아가 된다. 결국 베이커는 먼 친척 이모와 함께 지내게 되는데, 이 소년을 진심으로 사랑하고 보살펴주며, 그의 기이한 측면을 받아들이고 그를 행복하게 해주려 노력하는 사람은 이모가 처음이다. 얼마 안 가 이모는 세상을 뜨고, 리키는 거친 성품의 이모부(샘 닐Sam Neill)와 남겨진다. 두 사람은 황무지를 누비며 함께 슬픔을 헤쳐나간다. 리키 베이커는 부족한 면도 많고 어린 시절 내내 너무나 많은 트라우마를 겪었지만, 감독 와이티티는 베이커를 희극적이고 사랑스러운가 하면, 좌절감을 느끼고 연약하며, 또 다정하고 현실적인 인물로 드러낸다. 그의 몸은 그의 이야기를 결정하지 않는다. 그의 경험과 성격이 이야기를 결정한다.

"뭘 좀 보여드려도 될까요?"

어느 가족이 아이패드를 내게 건넨다. 아이패드를 건넨 여자의 얼굴은 굉장히 신나 보였다. 그 여자는 자신과 나 사이에다 아이패드를 들고는 화면을 열어 보여주면서, 내가 기뻐하거나 고마워하지 않을까 하며 내 반응을 유심히 살폈다. 자신이 발견한 것에 확신을 실어주는 무언가를 기대하면서 말이다. 그렇지만 여자가 본 것은 어두워진 내 표정이다.

화면에는 어느 성형외과의 수술 전후 사진이 있다. 위 우회술과 무릎 수술 광고다. 화면 왼쪽에는 나와 엇비슷한 사이즈의 여성이 몸에 꼭 맞는 운동복을 입은 채 몸을 훤히 드러내며 구부정하게 서 있다. 그 옆에는 똑같은 여성이 전보다 사이즈가 절반은 줄어든 채로, 활짝 웃으며 곧게 서 있는 사진이 있다.

나는 '비포'다. 나는 언제나 '비포'다.

"이 사진을 보고 당신 생각을 했거든요. 당신이 얼마나 더 건강해질 수 있을지 생각해보세요. 당신이 어떤 데이트 상대를 만나게 될지도요. 옷을 좋아하시는 것 같은데, 원하는 건 뭐든 입을 수 있게 될 거예요!"

여자는 사진을 넘기면서 분명 내가 기뻐하리라고 확신하며 내 얼굴을 지켜본다. 내가 지닌 몸에서 벗어날 수 있는 방법이 있다는 사실을 깨닫는다면 그가 상상하는 대로 내가 안도감을 드러내리라고 생각하면서 말이다. 2만 3000달러만 내면 바로 그 몸을 열어서, 내장 기관을 묶고, 알아서 몸이 줄어들기를 기다릴 수 있었다.

하지만 이 시점에 나는 이미 참담한 심정이다.

나는 '비포' 여성들의 사진 속 얼굴을 바라본다. 그 여성들은 공허하고 냉랭한 눈빛으로 앞을 바라본다. 그들은 자신들이 지닌 몸이 (자신들이 지니지 말았어야 하는 것들이) 이 사진 속에 고스란히 남으리란 사실을 알고 있다.

뚱뚱한 사람들을 그들의 몸으로, '비포와 애프터'로, 뱃살과 군살로 환원할 때면, 우리는 뚱뚱한 사람들을 인간성이 없는 신체로 여기게 된다. 뚱뚱한 몸은 역겨움을 고스란히 체현한 상징이 된다. 뉴스 보도에서처럼, 뚱뚱함에 관해서 알아가려는 바로 그 순간, 그 논의에서는 뚱뚱한 사람들의 목소리만이 아니라 얼굴까지도 쏙 빠져 있다.

이처럼 평면적이고 인간성이 느껴지지 않는 이미지들은 뚱뚱한 사람에 관해 너무나 문제적인 생각들을 강화한다. 뉴스에서 배경 화면으로 쓰이든, 광고의 비포와 애프터 사진에 나오든 우리는 사람이라기보다는 상징으로 쓰인다. 우리는 모형, 원형, 교훈적 이야기, 결정적인 대사, 위협, 유행병이 되지만 결코 그냥 사람이 되진 않는다. 우리는 꼼짝없이 붙들려 마치 나비처럼 책장 사이에 납작하게 끼워져서는, 우리의 신체 구조를 드러내도록 영원히 얼려진다. 우리는 말하지 않는다. 우리는 움직이지 않는다. 우리는 오로지, 그리고 영원히 몸으로만 남는다.

뚱뚱한 사람들이 목소리나 얼굴을 부여받는 것은 몸이 바뀌었을 때 또는 우리처럼 뚱뚱한 몸에서라면 분명 나타날 것이라고 날씬한 사람들이 상상하는 비통함, 후회, 죄책감, 수치심 등을 표현할 때다. 그 날씬한 사람들이 고려하지 않는 것은 바로 당신의 몸이 매일같이 다른 사람에게 경각심을 불러일으키는 교훈적인 이야기로 쓰일 때 생겨나는 구김살들이다. 조심하지 않으면 당신도 나처럼 흉물이 될 수 있다. 애프터가 되기를 절박하게 학수고대하는 비포 말이다. 애프터가 되어야만 당신의 목소리가 들릴 수 있기 때문이다. 애프터가 되고 나면 받아들여지거나 포용되기 위해 자신의 몸을 저버릴 필요가 없다. 경고, 옷 사이즈, 인치, 킬로그램 등에 짓눌리는 일 없이 당신의 경험, 희망, 꿈, 계획을 나눠도 괜찮다. 애프터가 되고 나면 얼굴을 지닐 수 있다. 애프터가 되고 나면 미소를 지을 수 있다. 애프터가 되고 나면 말을 내뱉을 수 있다.

내 몸은 그런 사치를 허락하지 않는다. 내 몸은 비포니까.

그렇지만 나는 이를 믿지 않는 편을 택한다.

나는 뚱뚱한 사람들이 진정으로 매력적일 수 있으며, 진심으로 사랑받고, 실제로 사랑스러우며, 누군가가 정말로 원하는 대상이라고 믿기로 한다.

나는 사랑을 하고 있는 뚱뚱한 친구들과 가족들이 온전하게 사랑받으며, 관계 속에서 만족감을 얻고, 또 이들의 파트너가 이들을 좋아한다는 이유로 어떤 식으로든 상처받지는 않을 것이라 믿기로 한다. 나는 뚱뚱한 파트너와 나누었던 나의 예전 사랑이 우리 둘 가운데 어느 누구의 해로운 질병을 나타내는 징후가 아니었으며, 참되고 가치 있는 것이었다고 믿기로 한다.

나는 뚱뚱한 사람을 향한 이끌림은 필연적으로 페티시라는 관념을 거부한다. 그것이 일탈적이고, 저속하며, 상스럽고, 위험한 일이라는 관념 말이다. 나는 내 몸이 사랑을, 다시 말해 참되고 충만한 사랑이 지닌 짜릿한 온기를 받을 가치가 있다고 믿기로 한다. 이는 여러 측면에서 보건대 그렇게 단순한 일이 아니다. 그렇지만 또 어떤 면에서는 단순하기도 하다. 나는 나 자신과 내 몸이 사랑스럽다고 믿기로 한다. 바로 오늘 나와 내 몸이 사랑스럽듯이.

나는 내 몸을 지닌 내가 사랑받아 마땅하다고 믿는다. 내 몸에도 불구하고 사랑받는 게 아니라 말이다. 내 몸은 불편함도, 수치스러운 사실도, 불운한 진실도 아니다. 내 몸을 욕망하는 일은 병적인 행동이 아니다. 그리고 나는 혼자가 아니다. 역풍이 끝없이 불어닥칠지언정, 전 세계의 뚱뚱한 사람들은 자신이 원하는 관계를 찾아가고 구축한다. 도로를 보여주는 지도가 없으니 우리가 지도 제작자가 되어 자신을 위한 새로운 땅을 기록한다. 우리는 특별한 삶을 살고, 가족과 파트너와 공동체로부터 사랑받는다. 뚱뚱한 사람들은 열렬한 사랑에 빠진다. 뚱뚱한 사람들은 결혼을 한다. 뚱뚱한 사람들은 경이로운 섹스를 한다. 뚱뚱한 사람들은 말이 안 될 정도로 행복하다. 뚱뚱한 사람들은 자신들 앞에 놓인 지레짐작에 맞서며 살아간다. 이 뚱뚱한 사람들이 살아가는 삶은 영광스럽고 아름다우며 활기차고, 다른 사람들의 훈련된 상상의 범위를 능가한다. 더 많이 상상해보자.

7

무엇보다 절대

해는 끼치지 말 것

마지막으로 의사를 찾았던 것은 26살 때였다.

귀의 염증 때문에 응급 처치실에 찾아갔다. 내 몸이 도무지 못 견디어내는 듯하던 스트레스에 대한 다소 당혹스럽고도 유치한 반응이었다. 직장에선 프로젝트로 한창 바빴고, 나는 스트레스를 좀 더 효과적으로 다루는 법을 아직 익히지 못했었다. 그래서 나는 밤이면 잠들지 못한 채 가만히 누워서, 내 몸이 반응할 때까지 쉴 새 없이 걱정했다. 바로 그날은 외이도에 염증이 너무 심해서, 귀가 거의 막힐 정도로 부어올랐다.

내게는 익숙한 루틴이 있었다. 저울 위에 올라가 간호사가 흠칫 놀라는 소리를 듣고 내 몸무게를 사과하는 일이었다. 주로 나는 진찰대 옆에 있는 의자에 앉는다. 진찰대가 내 몸무게를 견디지 못할 수도 있으니까. 어른이 되었는데도 여전히 이런 어린이 같은 상황에 놓인다는 것을 의사에게 참을성 있게 설명한다. 씹어서 먹을 수 있는 풍선껌 맛 아목시실린 항생제를 놓고 농담을 던진다. 귀에 넣는 약과 열흘 치 항생제 처방전을 받아서 병원을 나선다. 대개는 그렇게 흘러간다.

나는 일련의 기술을 발전시켰다. 나 같은 몸을 보면 으레 따라올 법한 지레짐작에 맞서 선제공격을 하며 상대방의 마음을 사로잡는 방법이다. 대개는 이 전술이 먹혀들었다. 간호사와 의사들은 마음을 놓았고, 설교는 가벼워졌으며, 심각한 평가와 명령을 내리는 일도 덜해졌다. 그렇지만 오늘은 이렇게 마음을 사로잡는 기술이 소용없었다. 오늘 만난 의사는 유머가 별로 없는 근엄한 남자였다. 내가 농담을 던져도 먹히지 않았고, 웃음을 지어도 반응이 없었다. 그 의사에게는 내가 다정하게 구는 행동이 골칫거리였다. 그래서 나는 그 의사의 태도를 그대로 반영해서 아주 사무적으로 접근하기로 전략을 바꿨다. 진료는 냉담하고도 직설적으로 이어졌으며, 별다른 일은 일어나지 않았다. 어쩌면 의료진이 흔히들 하는 관례적인 일장 연설과 거들먹거림, 혹독한 평가를 피해간 것일지도 모른다고 생각했다. 하지만 내 생각은 틀렸다.

의사가 귀에 넣는 약과 항생제에 대한 처방전을 건네주자, 나는 그다음에는 어떤 조치를 취하면 되는지 물어보았다. 의사는 한숨을 내쉬었다. 눈빛은 심각했고, 눈썹은 못마땅함으로 잔뜩 찌푸려졌다.

의사는 무미건조하게 말했다. "체중을 줄여야 합니다. 당장."

이전에도 수없이 나눴던 이야기를 접하자 어깨가 축 처졌고, 근육이 풀어졌다.

"귀가 뚱뚱해진 건 아닌데요." 나는 별로 생각해보지도 않고 곧

바로 대꾸했다. 짜증이 나서 이런 힘을 발휘하다니 깜짝 놀랐다.

"물어보셨으니까요." 의사가 대꾸했다. 그는 잠시 나를 쏘아보고는, 또 한 번 한숨을 내쉬더니 자리를 떴다. 쾅 닫히려는 문을 조용한 경첩이 소리 없이 천천히 움직여 잡았다. 우리 둘 다 절망스러웠고, 두 사람 가운데 어느 누구도 바라던 것을 얻지 못했다.

그 여파로 불어닥친 분노가 바로 그날 모습을 다 갖추지는 않았다. 그 뒤로도 오랜 시간이 걸렸다. 분명히 전혀 상관없는 문제에다 의료진이 체중 감량을 해법이라며 처방해준 일이 결코 처음은 아니었다. 내가 증상을 설명할 때마다, 내가 각종 병에 걸려 치료받으러 갈 때마다 모두 내 신체 사이즈를 탓했다. 내가 뚱뚱하지만 않았으면 패혈성 인두염에 걸리지도 않았을 것이고, 귀에 염증이 생기지도 않았을 것이며, 쥐가 나지도 않았을 것이고, 감기에 걸리지도 않았을 것이라는 말들을 들었다. 진료실에서 내게 BMI 표를 보여주고, 50이라는 내 BMI 수치를 지적하며 내가 상당한 병적 비만이라고 설명하는 의사를 만나는 일은 수도 없이 많았다. 내 몸은 곧 사형선고이며, 목숨을 구하는 유일한 방법은 내 사이즈의 3분의 1도 채 되지 않는 '건강한 몸무게'가 되는 것뿐이라고 의사들은 고집스레 주장했다.

나는 다이어트와 운동을 했으며, 최대치로 분발해서 몸무게를 줄였다(그래 봐야 나중에 고스란히 다시 늘었지만). 그렇게 해서 내가 도달한 가장 적은 몸무게는 124킬로그램 정도였다. 가차 없는 BMI 규정에 따르면, 그것은 내 인격의 실패였다. 나는 그저 자신을 구해낼 정도로 날씬해질 만한 끈기·근면함·결의가 부족한 사람이었다. 나는 내 인생이 위태롭다는 말을 들었다. 그리고 불가능한 일을 해내지 못한다면 그것은 오로지 내 탓이었다.

모든 의료진이 그런 식으로 엄격하게 일장 연설을 늘어놓진 않았지만, 뚱뚱한 몸에 대한 그들의 반대가 어떻게든 모습을 드러냈다.

캘리포니아주에 사는 가족들을 만나러 갔을 때, 갑자기 귀가 들리지 않았다. 내가 지닌 감각 하나를 그렇게 급작스럽게 잃자 혼란스럽고 두려웠다. 온 세상의 소리가 사그라들었다. 마치 온 세상이 꽉 닫힌 문 뒤로 밀어 넣어져 손 닿지 않는 먼 곳으로 가버린 듯했다. 귀와 두개골 사이 어딘가에서 날카롭게 느껴지는 통증은 내가 청각을 잃었다는 사실을 마음을 후벼 파듯이 일깨워줬다. 놀란 어머니는 딱해하며, 내 건강보험으로 갈 수 있는 가장 가까운 응급 처치실로 나를 태워 갔다.

나를 맞이한 간호사는 친절하고도 다정했다. 간호사가 내 활력징후*를 확인하는 동안 우리는 편하게 이야기를 나누었다. 내 청력에 문제가 있어 대화를 나누기가 쉽진 않았지만 말이다. 간호사는 내 혈압을 측정하고는 한쪽 얼굴을 찌푸린 채 혈압 측정기를 바라봤다. 그는 내 혈압을 다시 측정하고는, 이번에도 똑같은 표정을 지었다. 그리고 양해를 구하며 다른 측정기를 가져오겠다고 했다. 이번에는

---

* 진찰할 때 기본적으로 관찰하는 항목으로 맥박, 호흡, 체온, 혈압 등이다.

더 큰 것으로 말이다.

심장이 쿵쿵 뛰는 것이 목구멍까지 느껴졌다. '뭐가 잘못된 거면 어쩌지? 귀가 이상해진 게 다른 더 나쁘고 무서운 일의 전조 증상에 불과하면 어떡하지? 내게 찾아올 거라고 남들이 그렇게나 오랫동안 얘기하던 죽음이 바로 지금 이거면 어떡하지?'

나는 무서워서 덜덜 떨리는 목소리를 가라앉히려 애쓰며 물었다. "뭐가 문제죠?"

간호사는 측정기를 다시 고쳐 매며 말했다. "그냥 잘 읽을 수 없어서요."

"괜찮은가요?" 한층 더 두려워진 내가 물었다.

"이번에는 아주 잘 나오네요." 그녀가 말했다. 어리둥절한 목소리 톤 때문에 좋은 소식인지 헷갈렸다. "그런데 이렇게 좋을 리가 없는데요. 원래 비만 환자들은 혈압이 좋지 않거든요."

그는 뚱뚱하다는 게 곧 아픈 것이라고, 그렇게 아픈 것은 어김없이 죽음을 불러온다고 배워왔다. 그저 나를 본 것뿐인데, 그는 내 건강이 분명 안 좋으리라고 확신했다. 그리고 너무나 큰 그런 확신이 앞에 놓인 데이터를 가릴 만큼 힘을 발휘했다. 그 간호사의 시각에서 나는 필연적으로 아플 수밖에 없었으며, 그러니 내가 건강하다는 것은 도무지 이해할 수 없는 일이었다.

나는 간호사에게 내 건강을 맡겼지만, 그는 이를 제대로 볼 수 없었다.

진료실 바깥으로 나오더라도 어디서나 편견이 나를 따라다닌다.

우리 지역에 있는 카이저퍼머넌트 정신의학과 대기실에서 나는 공황장애 진료를 받으려고 기다리고 있었다. 다른 환자가 내게 몸을 수그리더니 "당신 같은 사이즈의 여성은 벨트를 하면 안 돼요"라고 말했다. 그렇게 말한 여자는 과연 무슨 일로 치료를 받으러 온 걸까 궁금했다.

의료진과 진료 약속을 잡은 중간중간에 나는 뚱뚱한 환자들의 경험과 가장 편견 어린 의료진의 지침에 관해 조사하게 되었다. 어째서인지는 몰라도 그렇게 살짝 찾아보는 일은, 다음에 의사를 보러갈 것을 떠올리며 점점 더 커져만 가던 두려움과 불안을 가라앉히는 동시에 부채질하기도 했다. 응급 처치실 의사와 말다툼을 벌이고 나서 얼마 안 지나, 나는 사우스플로리다의 《선센티넬Sun Sentinel》에 실린 이야기를 우연히 듣게 되었다. 기자가 이 지역 산부인과의 진료 실태를 조사한 결과, 산부인과 가운데 14퍼센트는 환자에게 체중 제한을 두고 있었다는 사실이 밝혀졌다. "《선센티넬》이 조사한 산부인과 105곳 가운데 15곳은 새로 찾아오는 환자들에 대해 몸무게를 90킬로그램으로 제한하거나 비만 수치에 따른 제한을 두고, 그보다 체중이 많이 나가는 여성에 대해선 진료를 거부했다."[1] 그로부터 3년 뒤, 매사추세츠주의 1차 의료기관 소속 의사인 헬렌 카터Helen Carter는 몸무게가 90킬로그램이 넘는 환자는 더 이상 받지 않겠다며 공개적으로 발표했다.[2]

내가 의료진과 벌이는 모든 상호작용은 지뢰밭이었다. 내 건강에 관해 대화를 나눌 때마다 나는 마음에 상처를 받고는 이를 추슬러야 했으며, 충분히 치유될 만큼 이 상처를 오랫동안 덮어놓을 수도 없었다. 그것은 끊임없이 반복되는 일이었으며, 똑같은 진료를 거듭해서 받을 수밖에 없었다. 대체 언제까지? 내가 다른 식으로 행동하는 법을 익힐 때까지? 내가 희망을 품지 않을 때까지? 내가 어떤 식으로든 날씬해질 때까지? 아니면 내가 의료적 도움 자체를 모두 다 포기할 때까지?

특히 눈여겨볼 점은, 내 경험이 결코 특별하지 않다는 사실이다. 그리고 내가 겪은 일은 결코 최악의 경우도 아니다. 각지의 뚱뚱한 사람들이 의학적으로 필요한 검사와 돌봄을 거부당하고, 의사들에게 으레 수치를 당하며, 자신들의 혈액검사 결과나 심박수나 혈압과는 무관하게 건강이 나쁘다는 지레짐작에 시달린다.

2016년 세라 브램렛Sarah Bramlette은 《뉴욕타임스》에 자신의 경험을 공유했다. 브램렛은 지방 부종을 지니고 있었다. 미국 국립보건원에 따르면 이 질병은 여성 가운데 11퍼센트에게 영향을 끼치는 것으로 추정된다.[3] 지방 부종은 주로 유전적 문제나 내분비적 문제 때문에 발생하나, 그 원인이 확인되지는 않았다. 그 바람에 여성들은 상당량의 지방을 다리에 그대로 쌓아두게 되었다.[4]

지방 부종을 지닌 수많은 여성들과 마찬가지로, 브램렛도 뚱뚱했다. 그리고 수많은 뚱뚱한 사람들에게 그러하듯이, 의사는 그에게 아주 칼로리가 낮은 식단을 처방했다. 하루에 1200칼로리를 섭취하는 식단으로, 이는 신체가 지방을 꼭 붙잡도록 만드는 기아 반응을 유발하지 않는 최소한의 열량이다. 브램렛은 자신의 몸무게가 얼마나 나가는지 알고 싶었다. 그렇게 해야 처방받은 다이어트법의 효과를 확인할 수 있을 테니 말이다. 하지만 진료실에 있는 저울로는 158킬로그램까지밖에 잴 수 없었다. 이는 브램렛에게 필요한 정도에 한참 못 미쳤다. 그는 어떻게 체중을 잴 수 있냐고 의사에게 물었다. "의사는 전혀 답을 해주지 않았다. 그래서 당시 오하이오주에 살던 39세의 브램렛 씨는 수치심 때문에 화끈거리는 방편을 쓸 수밖에 없었다. 그는 차를 몰고 자신의 몸무게를 잴 만한 저울이 있는 근처 고물 처리장으로 갔다."[5]

뚱뚱한 여성인 세라 브램렛의 경험은 내게 공포를 안겨준다. 악몽 같은 디스토피아적 미래여서가 아니라, 언제나 존재하는 바로 현재의 가능성이기 때문이다. 의료 환경에서 뚱뚱한 사람에게 아무렇지도 않게, 무심하게 모욕을 주는 일은 (비하, 조롱, 다그침, '엄격한 사랑'을 통해) 의도적으로 일어나기도 하고 의도치 않게 일어나기도 한다. 의도치 않은 경우란 우리 몸을 감당할 만한 진찰대·등자·들것·체중계가 없거나, 우리 팔에 맞는 혈압 측정기가 없거나[6] 우리 몸을 받아들일 수 있는 중요한 CT와 MRI 스캐너가 갖춰지지 않은 상황이다.[7] 약의 복용량 역시 날씬한 사람들에게 적정한 용량을 바탕으로 삼는다. 뚱뚱한 사람들을 대상으로 약의 효능을 시험하는 경우는 드물다. 우리 뚱뚱한 사람들에게는 대개 약효가 덜하며, 이는 항생제부터 화학 요법까지 모든 것을 과소하게 이용하도록 만든다.[8] 널리 알려진 사실로, 플랜 BPlan B(응급 피임약)는 BMI가 과체중 범주에 해당하는 사람들에게 효과가 없다. '비만'이나 '고도비만'으로 분류

되는 사람들에겐 말할 것도 없고 말이다. 즉 뚱뚱한 사람이 응급 피임약이 필요해서 플랜 B를 사용했다면, 이들은 계획에 없던 임신을 하고 말 가능성이 현저하게 높다는 뜻이다. 이와 같은 취약성이 잘 알려져 있음에도, 글을 쓰고 있는 현재를 기준으로 응급 피임약이 뚱뚱한 사람들에게 미치는 효과에 관해서는 공개적인 연구가 하나도 이뤄지지 않았다.[9]

익명을 요청한 다른 환자도 자신의 이야기를 《뉴욕타임스》에 실었다. 그는 아무런 문제 없이 매일 집안을 걸어 다녔다. 그런데 갑자기 여느 때와 같이 부엌으로 잠깐 걸어가는데 숨을 쉴 수 없어 건강이 걱정되었다.

그는 겁에 질린 채 근처 응급 처치실로 갔다. 의사는 육중한 몸무게가 그의 폐를 짓누르고 있다고 말했다. 그가 뚱뚱하다는 것이 유일한 문제라고 의사는 말했다.

신상을 보호하고자 이름을 밝히지 말아달라고 요청한 여성은 이렇게 말했다. "저는 울기 시작했어요. 이렇게 말했죠. '제 폐를 압박할 만큼 갑자기 몸무게가 늘어난 일은 없어요. 전 정말로 무서워요. 숨을 쉴 수가 없어요.'"

그는 의사가 자신에게 이렇게 이야기했다고 말했다. "그게 바로 비만의 문제입니다. 다이어트를 할 생각을 해보신 적이 있나요?"

해당 여성은 폐에 작은 혈전 여러 개가 있었던 것으로 밝혀졌다. 이는 목숨을 위협하는 질병이다.[10]

2019년 리베카 하일스Rebecca Hiles는 의료진의 무지 때문에 생겨난 이야기로 헤드라인에 올랐다. 하일스는 10대 때 발병한 비정형 폐렴을 몇 년 동안 앓았다. 그가 피를 토하기 시작하자, 의사들은 흡입기를 처방했다. 그 뒤로 진료를 받으러 갈 때면 의사들은 그에게 "그저 체중을 줄이면 된다"고 고집스럽게 주장했다. 시간이 흐르고, 증상은 기침에서 요실금과 구토로 이어졌다. "혈액검사 결과가 계속 정상으로 나오자 의사들은 이렇게 말했다. '딱히 드릴 말씀이 없네요. 그냥 몸무게 때문인 게 확실합니다.'" 6년이 지나고 나서야 어느 의사가 그에게 호흡기내과 의사를 추천했다. 그 뒤로 얼마 지나지 않아 CT 스캔을 해보니 악성종양이 발견되어, 거의 즉시 수술을 해야 했다. 하일스는 왼쪽 폐를 잃었다. "왼쪽 폐의 아래쪽 절반은 죽은 세포들이 까맣게 썩어 들어가 있었다."[11] 곧이어 그는 앞서 수없이 찾았던 진료실이나 응급실에서 일찍 진단을 내리기만 했어도 폐를 살릴 수 있었으리라는 사실을 알게 되었다. 그리고 진단이 더 늦어졌다면 목숨이 위험했을지도 모른다는 것도 깨달았다. 하일스는 자신의 블로그에 이렇게 적었다.

5년만 일찍 진단받았어도 폐를 살릴 수 있었을 것이라고 담당 의사가 이야기했을 때, 온전하고도 순전한 분노가 기억났다. 어째서 내가 항상 기침을 하고 아픈 건지 이유를 찾아 헤매느라 5년을 흘려보냈던 게 떠올랐기 때문이다. 무엇보다도, 내가 아픈 이유는 내가 뚱뚱해서라는 이야기를 끊임없이 들었던 게 떠올랐다.[12]

하일스의 경험은 어떻게 해서 수많은 의료진이 '보험 통계적 인간형'에 기대어 환자를 이해하는지를 보여준다. 보건 정책과 여성학을 연구하는 애나 커클랜드Anna Kirkland가 이야기한 보험 통계적 인간형은 인간 집단(이를테면 뚱뚱한 사람들)을 주로 그들이 지니고 있다고 여겨지는 위험을 통해서만 규정한다.[13] 커클랜드에 따르면 보험 통계적 인간형은 "환경과 가족력 등 다른 특징들을 지닌 신체적인 개인으로서의 특성이 와해하는 것이 특징이다. 그래서 그 개인을 적절하게 설명하려면 개인의 특징이나 통제를 넘어선 수많은 세부 정보들을 포함해야 한다는 사실을 포착하지 못한다."[14] 하일스의 사례에서 의사들은 그를 무엇보다, 뚱뚱한 사람으로 바라보았다. 그를 설명해주리라 추정되는 '많은 세부 정보'를 완전히 갖춘 상태라고 말이다. 여러 해가 지나고 나서야 하일스는 자신을 날씬한 사람만큼이나 복잡하거나 심각한 건강상의 요구를 지닌 사람으로 바라봐주는 의료진을 찾아냈다. 뚱뚱한 환자들은 몸 자체에 유행병이라는 라벨이 붙어 있는지라, 우리의 존재 자체가 어떤 식으로든 주변 사람들의 건강을 위협한다고 여겨진다. 수년 동안 리베카 하일스를 진료한 의사들은 그의 몸을 구실 삼아 자신들이 그에게 투사한 위험만을 보았다. 그래서 그가 겪는 증상을 암이 아니라 신체 사이즈 때문이라고 여겼다.

뚱뚱한 트랜스젠더들은 의료 환경에서 이중적 낙인을 감내한다. 성전환 수술을 받으려는 이들에게는 의사가 수술하기 전 체중을 상당히 감량하라고 요구하는 일이 빈번하다. 미국 대부분의 주에서는

호르몬 요법이나 수술과 같이 성전환과 관련된 치료를 건강보험 적용
대상에서 마음대로 배제할 수 있다. 시스젠더인 사람들에게는 같은
치료에도 건강보험이 적용되는데 말이다(호르몬 대체 요법, 유방 절제술,
난소 절제술 등). 2015년을 기준으로 직전 한 해 동안에만 트랜스젠더 4
명 가운데 1명이 호르몬 치료를 거부당했으며, 55퍼센트라는 너무나
놀라운 비율의 사람들이 수술 보험 적용을 거부당했다.[15] TLC에서 방
송하는 〈투 팻 투 트랜지션Too Fat to Transition〉에서는 의사의 지시대로 체
중을 감량하려고 노력하는 뚱뚱한 트랜스젠더들을 따라다니며 그들
의 모습을 보여준다. 그들은 괴롭힘·차별·자살·살인으로부터 자신
을 지켜줄 의료 서비스를 받기 위해서 체중 감량에 노력한다.[16]

이처럼 단지 기본적인 의료 서비스를 받기 위해 애쓰는 뚱뚱한 환
자들의 이야기가 날씬한 사람들에게는 눈이 번쩍 뜨일 만큼 심각한
일로 들릴 수도 있다. 그렇지만 뚱뚱한 사람들에게 이런 이야기는 마
음속 깊은 곳의 공포와 서글픈 익숙함을 함께 불러일으킬 것이다.
2016년 모든 사이즈의 여성을 대상으로 물어본 결과, 45퍼센트는 몸
무게를 줄일 때까지 진료를 미뤄두었다고 답했다.[17]《미국임상간호
사학회 저널Journal of the American Academy of Nurse Practitioners》에 발표된 한 연구는
이렇게 회피하는 정도는 뚱뚱한 여성들일수록 높아진다는 점을 보여
주었다. "체중과 관련해 의료 서비스를 미루거나 회피하는 이유로는
'지난번 진료 이후로 체중이 늘었다', '병원 체중계 위에서 몸무게를
재고 싶지 않다'"(또는 세라 브램릿의 사례처럼, 알맞은 체중계가 없었다),
"'몸무게를 줄여라'라는 소리를 들으리란 사실을 알고 있다를 꼽을

수 있었다."[18] 좀 더 잔인하게 이야기를 틀어보자면 〈체중 낙인의 아이러니한 효과〉라는 연구에서는 체중 관련 낙인이 사탕이나 과자처럼 칼로리가 높은 음식을 먹을 확률을 증가시킨다고 밝혔다. 자신을 (실제 몸무게와는 무관하게) 뚱뚱하다고 여기는 연구 대상자들은 자신을 뚱뚱하다고 여기지 않는 연구 대상자들에 비해 그러한 음식을 먹을 확률이 높았다.[19] 2018년 저널 《몸이미지Body Image》에 발표된 또 다른 연구는 여성이 뚱뚱할수록 뚱뚱한 몸에 대한 낙인을 내면화하고, 자신의 몸에 관해 죄책감과 수치심을 품으며, 의료 서비스를 회피할 가능성이 높다는 사실을 발견했다.[20] 2013년의 한 연구는 뚱뚱한 몸에 대한 낙인을 내면화한 뚱뚱한 사람들은 자존감이 낮아지고, 우울과 불안 수준이 높아졌으며, 전반적인 건강이 악화된다는 사실을 알아냈다.[21] 또 이 연구는 체중 관련 편견을 내면화하는 일이 당뇨병 전증과 "당뇨병, 심장 질환, 뇌졸중 위험을 강력하게 증가시키는 심혈관계 질환의 위험 요소 복합체"와 연관이 있다고 밝혔다.[22] 다시 말해, 뚱뚱해서 생겨난다고 생각하는 건강상의 위험이 사실은 차별을 겪고 낙인을 내면화해서 생겨난 건강상의 위험일지도 모른다는 것이다.

그렇지만 이렇게 내면화된 낙인이 단순히 하늘에서 뚝 떨어지는 것은 아니다. 이런 낙인은 미국 사회의 거의 모든 측면 속에 직조되어 있다. 예일대학교의 러드 식품정책 및 비만 센터와 하버드대학교에서 진행한 암묵적 편견 조사는 미국에서 뚱뚱한 몸에 대한 낙인이 증가하고 있으며, 의료진 역시 이런 경향에서 예외는 아니라는 사실을 보여준다.[23] 우리 같은 여느 사람들과 마찬가지로 의사, 간호사, 모든 종류의 의료 전문가들 모두 뚱뚱한 사람과 관련해 심각한 문제를 지닌 해로운 고정관념과 평가를 내면화했다. 하지만 다른 이들과 달리 의료진은 어마어마한 힘을 발휘할 수 있는 지위에 있다. 우리는 이들에게 의지해서 우리 신체에서 일어나는 증상이 무엇을 의미하는지 규정한다. 우리는 이들에게 의지해서 수명을 연장하고 요절을 피할 수 있는 방법을 접한다. 우리는 이들에게 의지해서 우리 몸을 명확하게 해석해달라고 한다. 바로 우리 자신의 목숨을 무조건적으로 맡기면서 말이다. 그렇지만 리베카 하일스의 이야기가 보여주듯이, 뚱뚱한 사람들에게 의료진이 내놓는 해석이 편견 때문에 혼란스러워지는 일은 충격적일 만큼 흔하디흔하다. 또 의료진이 우리 신체의 메커니즘에 관해 광범위하게 훈련받기는 하나, 이런 훈련은 날씬한 신체라는 실체를 모델로 삼고 있으며 의료진 자신이 지닌 편견에 맞서는 법을 가르쳐주는 일은 거의 없다. 어떤 경우에는 심지어 이런 훈련이 의료진의 편견을 강화하기도 한다.

뚱뚱한 몸에 반대하는 의료진의 경향이 충격적인 수준이라는 사실을 보여주는 연구는 지난 20여 년 동안 점점 증가했다. 2001년 《국제비만저널》에 실린 한 연구는 이처럼 뚱뚱한 몸에 대한 반대에 기반한 평가가 뚱뚱한 사람들이 받은 치료의 결과에 중요한 차이를 만들어냈다는 것을 밝혔다. 이 연구는 뚱뚱한 환자들이 진료실을 찾았을 때 많은 의사들이 "과체중인 환자들은 불행하고 불안할 것이라는 믿음을 드러내"는 기록을 남겼다는 사실을 알아냈다. 이를테면 "이 여성은 불행한 삶을 살고 있다", "암암리에 깔려 있는 우울감으로 고생하고 있다", "마약 중독자일 확률이 높다"와 같은 평가이다.[24] 연구에 참여한 1차 의료기관 소속 의사 122명 가운데 10퍼센트가 뚱뚱한 환자들에게 항우울제 복용을 제안했다. 뚱뚱한 환자들은 진료 시간도 더 짧았다. 편두통을 앓는 날씬한 환자들의 평균 진료 시간은 31분이었다. BMI가 '비만'으로 분류되는 환자들의 진료 시간은 22분으로 뚝 떨어졌다. "의사들이 몸무게가 많이 나가는 환자들에게 (체중과 관련이 있든 없든) 추가적인 검사를 하면, 분명 의료 서비스는 제 기능을 발휘하지 못할 것이다. 훨씬 짧은 시간 안에 더 많은 검사를 하기 때문이다. (…) 이와 같은 반응 패턴은 의사들이 뚱뚱한 환자에게 더 부정적인 감정을 느낀다는 사실을 반영한다고 생각된다."[25] 환자가 뚱뚱할수록 의사는 해당 환자의 진료가 '시간 낭비'라거나 그 환자가 '훨씬 성가셨다'고 평가할 가능성이 높다. 의사들이 뚱뚱한 환자들을 더 많이 진료할 경우, 이들은 "자신의 일을 덜 좋아하게 될 것"이라고 연구는 밝혔다.

2003년 《비만연구Obesity Research》에 발표된 연구는 "1차 의료기관 소속 의사들은 비만을 대체로 행동 장애로 바라보며, 비만인 사람들의 개인적 특질을 부정적으로 바라보는 사회의 고정관념을 공유한다"[26]는 점을 확인했다. 연구에 참여한 의사 620명 가운데 절반 이상이 뚱뚱한 환자를 "이상하고, 매력 없고, 못생겼고, 고분고분하지 않다"고 묘사했다. 이들 가운데 3분의 1 이상이 뚱뚱한 환자는 "의지력이 약하거나, 대충 살거나, 게으르다"고 말했다.[27] 비만 연구와 치료를 전문으로 삼는 의료진을 대상으로 했을 때도 연구 결과는 이와 비슷하게 암담하다. 2012년의 한 연구는 389명의 연구자·학생·임상의를 대상으로 암묵적 태도 시험을 통해 체중 관련 편견을 측정했다. 뚱뚱한 사람들에 대해 "게으르고, 멍청하고, 가치가 없다"고 생각하는 연구 참가자들이 압도적으로 많았다.[28] 연구자들은 이렇게 언급한다.

> 비만을 치료하고 연구하는 전문가들로 이뤄진 표본을 대상으로 삼았다는 사실을 고려한다면, 이런 연구 결과는 주목할 만하다. 이들은 비만이 유전적·환경적 요인 때문에 생겨나며, 단순히 개인적 행동의 기능 때문이 아니라는 사실을 이해하는 집단이다. 그러므로 비만이라는 낙인이 너무나 강력한지라 심지어는 비만에 관해 가장 많은 지식을 보유한 사람들조차 비만인 사람들은 비만이라는 문제를 불러일으키는, 비난받아 마땅한 행동적 특성(예를 들어 게으르다는 점)을 지닌다고 추론하는 것이다. 나아가 이런 편견은 지능이나 개인적 가치와 같은 핵심적인 특성까지 확장된다.[29]

뚱뚱한 사람들이 건강과 목숨을 믿고 맡기는 전문가들마저도 자신들이 연구하고 치료하는 환자들에 대해 암묵적 편견은 물론 명시적인 개인적 평가까지도 드러낸다. 한층 더 큰 문제는 젊은 참가자일수록 뚱뚱한 사람들에 대한 편견을 더 많이 드러냈다는 사실이다.

특히 가치가 없고, 전혀 선하지 않으며, 지능이 떨어진다고 바라보는 시각이 두드러졌다. 이는 뚱뚱한 몸에 대한 편견이라는 문제가 앞으로도 계속되리라고 시사하는 듯하다.

그리고 이와 같은 태도는 그저 내면에만 머물지 않고, 뚱뚱한 환자들이 받는 처우에도 상당히 영향을 끼친다. 저널 《비만》에 발표된 다른 연구는 1차 의료기관에 종사하는 의사들이 "과체중이거나 비만인 환자들과는 정서적 유대를 더 적게 보여주었다"는 사실을 발견했다.[30] 2009년 《임상간호저널Journal of Clinical Nursing》에 실린 한 연구는 뚱뚱한 몸에 반대하는 태도가 간호사들에게도 퍼져 있으며, 간호학과 학생들보다 전문 간호사들이 뚱뚱한 몸에 대한 편견을 지니고 있을 확률이 크다는 사실을 밝혀냈다. "참가자들 대다수가 보기에, 비만인 사람들은 음식을 좋아하고, 과식하며, 보기 흉하고, 느린 데다, 매력적이지 않다. 여기에 더해서, 참가자들의 절반 이상이 생각하기에, 비만인 성인은 입원해 있는 동안 다이어트를 해야 한다."[31] 한편 부검한 시체 300구 이상을 대상으로 한 또 다른 연구에 따르면 "비만인 환자들은 심각한 의학적 질병을 진단받지 못할 확률이 다른 사람들에 비해서 1.65배 높았다. (…) 이는 오진을 받았거나 의료 서비스를 적절하게 접하지 못했다는 사실을 시사한다".[32] 심지어는 식이장애 전문가들마저도 뚱뚱한 몸에 반대하는 태도를 상당한 수준으로 드러냈다.[33]

《비만》에 따르면 뚱뚱한 몸에 대한 편견을 드러내는 의대생의 비율 역시 충격적일 정도로 높다. 조사 대상 의대생 가운데 74퍼센트가 반감, 비난, 두려움을 비롯해 뚱뚱한 몸에 반대하는 태도를 몇 가지 드러냈다. 16퍼센트는 "나는 뚱뚱한 사람들을 별로 좋아하지 않는다"라는 서술에 동의했으며, 13.5퍼센트는 "뚱뚱한 사람들을 진지하게 대하기 어렵다"고 밝혔고, 36.6퍼센트(조사 대상의 3분의 1을 넘는 수치)는 "뚱뚱한 사람들은 자신의 잘못 때문에 뚱뚱해지는 경우가 많다"고 생각했다.[34] 연구 결과는 뚱뚱한 몸에 대한 편견이 전염된다는 사실을 보여주기도 한다. 의사들에서 시작해 이들이 지도하는 의대생으로 퍼져 나가는 것이다. 메이오클리닉의 연구자인 숀 펠런 Sean Phelan은 한 연구에서 의대 교수들이 뚱뚱한 환자들을 소재로 농담을 하거나, 폄하하는 발언을 하거나, 이들을 차별하는 행동을 하는 것을 목격한 적이 있는지 의대생들에게 물었다. 평균적으로 보았을 때 의대생들의 명시적 편견은 의대 과정을 밟는 동안에 증가했으며, 이는 뚱뚱한 몸에 대한 의대 교수들의 공공연한 반대 태도와 반대 행동에 대체로 영향을 받았다.[35] "우리는 이와 같은 경험이 '의대 과정을 거치며 체중 관련 편견이 악화된다'는 것을 보여주는 예측 변수라는 사실을 발견했다. 이는 숨겨진 교육과정과 연관이 있다"고 펠런은 말했다.[36]

직업상의 모든 단계에서 온갖 유형의 의료진이 뚱뚱한 환자에 대해 우려스러운 수준의 명시적 편견과 암묵적 편견을 드러낸다. 그리고 뚱뚱한 환자일수록 치르는 비용도 커진다. 이와 같이 문제를 드러내는 연구 결과는 거듭 입증되었으며, 뚱뚱한 환자들이 의료 서비스를 받을 때 천대된다는 것이 단지 기분 탓이 아니라 실제로 천대될 확률이 높다는 사실을 보여준다.

의료진이 지닌 편견에 의료계가 전혀 문제를 제기하지 않았던 것은 아니다. 뚱뚱한 몸에 대해 편견을 품는 경향이 강력하기는 하나, 몇몇 의료 종사자는 그 흐름에 맞서 뚱뚱한 사람들의 건강상의 필요를 다루기 위해 근본적으로 다른 틀을 만들어내고 활용한다.

이 가운데 가장 널리 알려진 것은 린도 베이컨Lindo Bacon 박사가 대중화한 '헬스 앳 에브리 사이즈Health at Every Size'일 테다. 헬스 앳 에브리 사이즈는 운동과 다이어트를 대부분의 사람들이 결코 도달할 수 없는 막연한 미적 기준을 향해 벌받듯 끊임없이 나아가는 일로 바라보지 않는 것을 중시한다. 그 대신 베이컨 박사의 접근법은 신체가 보내는 배고픔과 배부름이라는 신호를 존중하면서 마음을 챙기며 직관적으로 먹는 일과, 기쁘고 즐거운 장소에서 운동하는 일을 중시한다. 다시 말해 완벽한 날씬함의 비전을 선보이는 데 실패했다며 끊임없이 자신을 채찍질하고, 건강한 사람처럼 보이는 데 집중하기보다는(대체 건강이 어떻게 생겨먹었단 말인가?) 헬스 앳 에브리 사이즈는 건강 전반에 더 넓게 도움되는 행동에 나서는 것을 우선순위로 둔다. 저울 위 숫자와는 무관하게 말이다.

이런 노력을 기울이는 사람은 베이컨 박사 혼자만이 아니다. 점점 증가하는 '다이어트 반대 영양사' 역시 공인 영양사들 사이에서 벌어지는 논의를 바꿔가고 있다. 미셸 앨리슨Michelle Allison, 크리스티 해리슨Christy Harrison, 빈치 추이Vincci Tsui, 애나 스위니Anna Sweeney, 데이나 스터트뱅트Dana Sturtevant, 리베카 스크리치필드Rebecca Scritchfield를 비롯한 여러 사람들은 영양소, 다이어트, 신체에 관해 벌어지는 문화적 논의를 변화시키는 데 초점을 맞춘다. 베이컨 박사와 마찬가지로 이런 영양사 가운데 많은 이들이 몸에 대한 거부가 아니라 수용을 중시하고자 노력한다.

체중과 건강을 둘러싼 문화적 도그마에 의문을 제기하는 의사, 영양사, 간호사, 그 밖의 의료진이 점점 더 늘어나고 있다. 이들은 우리의 정신적·신체적 안녕을 가꾸는 새롭고도 더욱 너그러운 길을 찾아나간다. 그렇지만 아직은 해야 할 일이 훨씬 많다. 의료 공간에서 뚱뚱한 몸은 온갖 질병의 원인이라며 광범위하게, 또 손쉽게 비난받았으나, 체중 관련 낙인이 건강과 맺는 관계는 별로 탐구되지 않았다. 건강에 관한 사회적 결정 요인(경제적 안정성, 식품 안전, 주변 환경, 문화적으로 적절한 의료 서비스에 대한 접근성, 그리고 무엇보다도 차별)이 우선시되기는 하나 많은 의료진과 연구자들은 여전히 체중 관련 낙인이라는 주제에 대해선 이상하리만치 침묵을 지킨다. 뚱뚱한 몸에 대한 반대가 지닌 압도적이리만치 부정적인 영향에 관해 연구를 진행하더라도 이런 연구가 보건의료 공급 체계를 별로 변화시키진 않는 듯하다. 많은 의료진이 접하는 비만 반대 연구조차도 공정한 연구와는 거리가 멀다. 이런 연구들은 다이어트 회사나 체중 감량 약품을 파는 제약회사가 연구 자금을 지원하고 결과를 발표한다.[37] 의료진은 자신들의 편견이 환자들의 건강과 안녕에 끼치는 영향에 관해 접하는 정보가 부족한 데다가, 제품을 홍보하는 데 혈안이 된 금전적인 이해관계에 따라 정보를 선별적으로 제공받는다.

체중 관련 낙인이 끼치는 영향에 대해 우리가 확보한 증거들은 기껏해야 걱정을 불러일으키는 정도다. 한 연구는 연구 참가자들이 뚱뚱한 몸에 대한 반대를 겪었을 때 "식사량이 증가하고, 자기 조절력이 저하되며, 통제된 상황에 비해 코르티솔(비만을 유발하는 호르몬) 수치가 높아진다고 밝혔다. 특히 과체중이거나 자신을 과체중이라 여기는 참가자들일 경우에 말이다."[38] 또 다른 연구는 뚱뚱한 몸에 대한 반대를 겪으면 운동을 회피하는 행동으로 이어진다는 사실을 발견했다.[39] 가장 심각한 점을 시사하는 연구는 노인 1만 3692명을 대상으로 했는데, 이 연구는 "체중 때문에 차별을 겪었다고 답한 사람들은 BMI와 무관하게 사망 위험이 60퍼센트 증가했다"고 밝혔다.[40] 뚱뚱한 상태 자체가 아니라 뚱뚱한 몸에 대한 편견이 뚱뚱한 사람들에게는 건강을 가장 위협하는 요인일 수 있다.

그렇지만 뚱뚱한 환자들을 향한 의료적 편견이라는 파도를 잠재우는 문제를 놓고 본다면, 여러 전략들에서 희망을 찾을 수 있다는 사실을 보여주는 연구도 있다. 그 전략들 가운데 몇몇은 깜짝 놀랄 만큼 단순하다. 2011년 연구자들은 체중 관련 낙인과 체중 통제 능력에 대한 강의를 딱 한 번 듣는 것만으로도 심리학과 학생들에게서 뚱뚱한 몸에 대한 편견이 상당히 감소했다는 사실을 알아냈다. (특히 주목할 점은 이 강의 이후에 학생들이 뚱뚱한 사람을 매력 없다고 규정할 가능성 역시 낮아졌다는 것이다.)[41] 2013년에 실시한 이와 비슷한 연구도 불과 17분짜리 영상으로 편견에 효과적인 개입을 할 수 있다는 사실을 밝혀냈다.[42] 2012년의 한 연구는 뚱뚱한 몸에 대한 편견을 줄이려는 의도로 만든 짧은 영화를 시청한 의료 전문가들이 실제로 명시적 편견을 억제했다는 사실을 알아냈다. 이들이 지닌 암묵적 태도는 그대로 유지되었지만 말이다.[43]

체중 관련 편견에 대한 개입을 연구한 메타 분석은 이런 여러 개입이 뚱뚱한 몸에 대한 편견을 완전히 뿌리 뽑진 못했지만 "작거나 적당한" 태도 변화를 이끌어냈다는 점을 발견했다.[44] 너무나 많은 뚱뚱한 환자들이 의료진에게 직접 겪는 가혹한 낙인을 떠올려본다면, 그렇게 작은 변화일지라도 큰 영향을 끼칠 수 있다. 우리가 해야 하는 것은 오로지 시도하는 일이다.

34살이 되었을 때(마지막으로 진료를 받고 8년이 흐른 뒤였다) 나는 또 한 번 진료를 받으러 갔다. 진료받으러 가기 전날 밤, 나는 수면용 안대를 끼고도 뜬눈으로 밤을 새웠다. 억지로 깜깜하게 해두었는데도 눈은 뜬 채였다. 기억이 해일처럼 몰려와 나를 집어삼켰다. 내가 건강하다는 사실을 믿을 수 없어 얼굴을 잔뜩 찌푸리며 네 번이나 내 혈압을 쟀던 간호사. 귀의 염증을 치료하는 과정에서 체중을 감량하라고 처방했던 의사. 나를 만지지 않겠다고, 그러니 나를 치료하지도 않겠다고 거부했던 의사. "네, 저는 채소도 먹고 집에서 직접 요리를 해 먹어요"라고 말할 때면 달아오르는 내 얼굴. 거기에 뒤따라오는 익숙한 회의적 태도와 기나긴 한숨. "이보세요, 사실대로 말씀하시지 않으면 제가 도와드릴 수가 없어요." 내가 살을 빼지 않는다면 거의 모든 건강 문제와 관련한 간단한 시험이나 검사도 하지 않겠다며 거부했던 의사들. 불안과 우울에 대한 처방은 체중을 줄이는 것. 고질적이고 원인을 알 수 없는 호르몬 불균형에 대한 치료법은 체중을 줄이는 것. 끝없는 출혈에 대한 의료적 처치는 체중을 줄이는 것. 내가 날씬해지지 않는 이상 치료를 받을 가치가 없다는 말을 들었을 때의 좌절감. 기본적 의료 서비스는 당근이었고, 그렇게 진료를 받으러 가는 일은 채찍이었다. 앞선 수많은 사람들과 달리, 즉 끊임없이 처벌받으며 무너지고 길들여진 말들과는 달리 나는 내게 그토록 절실하게 필요한 것을 결코 얻을 수 없으리라고 확신했다. 굶주린 입에서 고작 몇 센티미터 앞에 대롱대롱 매달려 있는 그것을 말이다.

진료받기로 한 날 오후, 나는 잠을 자지 못해 신경이 곤두서고 기진맥진해 있었다. 병원으로 걸어 들어갔다. 어떤 일이 벌어질지 빤히 예상되어 목소리는 떨리고 다리에는 힘이 쭉 빠졌다. 유리창 너머에서 간호사가 나를 불러 병원 깊숙한 곳으로 데려갔다. 간호사는 친절하고 활달하며, 수다스럽고 호감 가는 사람이었다. 그 대화에 정신을 팔 수 있어서 고마웠다. 간호사는 내 키를 쟀다. 178센티미터 정도였다. 간호사가 내 몸무게를 쟀다. 나는 눈을 돌렸다.

검사실에서 간호사는 고맙게도 내 혈압을 딱 한 번만 쟀으며, 별다른 말없이 내 활력징후를 기록했다. 그는 걸쭉하고 검붉은 내 혈액을 두 번 뽑아냈다. 내 몸의 일부가 바깥으로 빠져나오는 것을 보니 비현실적인 어지러움이 느껴졌다. 간호사는 내가 성생활을 하는지, 그리고 내 성적 파트너의 젠더는 어떻게 되는지 물었다. 나는 성생활을 한다고 답했으며, 지난 몇 년 동안 만난 파트너들은 젠더가 여러 가지였다고 얘기했다. 간호사가 활짝 미소를 지었다.

"어머나!" 그가 환하게 웃으며 사원증을 들어 보였다. 거기에는 무지개 끈이 달려 있었다. 나는 웃음을 터뜨렸다. 내 목소리가 크고 힘차서 깜짝 놀랐다. 켜켜이 쌓인 긴장감이 조금 풀렸다. 간호사가 자리를 뜨자 가슴팍에서 심장이 조여드는 게 느껴졌다. 그렇지만 머리를 옭아매면서 갑갑하게 맥박 치던 불안감은 옅어졌다. 내 몸이라는 댐 뒤편에서는 여전히 피가 대양처럼 몰아쳤다.

의사는 진료실에 들어서자 나와 눈을 마주치며 인사했다. 따스한 미소를 보내고는 곧바로 본론으로 들어갔다.

"흡연을 하시나요?"

"아뇨."

"한 번도 하신 적이 없나요?"

"고등학생 때 한 번 피운 적이 있어요. 방과 후에 보는 만화영화 같은 거였죠. 진짜 친구로 삼았던 건 아니에요." 나는 농담을 던졌다. 의사는 친절하게 웃었다. 누군가를 연민하는 데까지는 이르지 않고, 그저 적당히 비위를 맞춰주는 정도였다.

"음주를 하시나요?"

"한두 잔이요."

"하루에요?"

"일주일에요. 저는 술을 많이 마신 적이 없어요."

"기분 전환 삼아 하는 마약은요?"

"아뇨, 해본 적 없어요."

"대마초는요?"

"아뇨."

의사는 고개를 끄덕이며 미소를 지은 채 내 차트에 기록했다. 나는 안타깝다는 듯이 말을 보탰다. "저도 알아요. 제가 좀 재미없는 사람이죠."

의사가 말했다. "이런 말로도 표현할 수 있죠. 건강하시다고요." 그 말이 내 머리를 강타했다. 그렇게 오랫동안 유기농 식품을 먹고 영양소를 챙겼지만 어느 누구도 내게 건강하다고 한 적은 없었다.

그는 몇 가지 질문을 더 하고는 내 의료 기록 확인을 마쳤다. 나는 질문에 솔직하게 대답했고, 필요하다는 생각이 드는 검사를 요청했다. 의사는 한 번도 내 의견에 반대하지도, 내 생각을 부정하지도, 어이없다는 듯이 눈을 까뒤집거나 한숨을 쉬지도 않았다. 그는 내 얘기를 들어주었다. 친절하면서도 곰곰이 생각에 잠긴 얼굴에 스쳐 지나가는 표정을 보고 있자니, 의사가 심지어 나를 믿어주고 있다는 생각마저 들었다.

"한 가지 더 얘기 나눠야 할 것이 있어요." 이렇게 말하는 내 목소리가 떨렸다. "제가 만났던 의사들에 관한 얘기예요." 차트를 보던 의사가 고개를 들었다. 여전히 차분했지만 한층 주의를 기울였다.

의사가 고개를 끄덕였다. "무슨 말씀을 하시려는지 알 것 같군요. 계속 말씀해보시죠."

나는 거의 10년 내내 응급실에만 갔으며, 그게 별로 도움이 되지는 않는다는 것을 알고 있다고 얘기했다. 의사들이 날 살펴보지 않겠다고 해서 나도 의사를 찾지 않았다고 얘기했다. 너무나 많은 의사들이 나를 건드리지 않으려 했고, 검사하지 않으려 했고, 내게 질문을 던지지 않으려 했고, 나를 전문가에게 소개하지 않으려 했고, 내게 처방전을 써주지 않으려 했다. 모든 것들은 체중을 줄이는 일로 귀결되었지만, 몇 년 동안 다이어트를 하고 식이장애를 겪어도 체중은 결코 줄지 않았다고 얘기했다.

　행동에 관해서 이야기를 나누는 것은 얼마든지 좋았다고 얘기했다. 진심이었다. 행동과 음식에 관해서라면 기꺼이 얘기할 터였고, 내가 약물 치료나 아주 극진한 대접을 바라는 것은 아니었다. 하지만 내가 건강 문제를 맞닥뜨릴 때마다 의사들은 거의 모두가 나를 검사하지도 않고, 궁금해하지도 않고, 그 어떤 것도 보지 않고, 그저 내 신체 사이즈만을 보고 대답을 내놓았다. 나는 내 몸이 길고도 넓은 그림자를 드리우고 있어서 모든 의사들이 그 실루엣에만 집중할 뿐, 그 그림자가 뻗어 나온 몸은 바라보지 않는다고 얘기했다. 내가 늘 지니고 살던 몸을 그만 떨쳐내라는 게 모든 처방전의 내용이라면, 그런 일은 절대 일어나지 않을 것이라고 나는 얘기했다. 아무튼 20년 동안 꾸준히 벌이라도 받는 사람처럼 노력을 기울였지만 내 살가죽이 지닌 형태는 바뀌지 않았으니까 말이다.

　나는 의료진이 그렇게나 손쉽게 무시했던 건강을 관리하려고 내가 했던 모든 일들을 그 의사에게 얘기했다. 나는 매일 섭취한 음식과 비타민을 다이어리에 기록했다. 영양소 기록 앱을 사용해서 비타민, 무기질, 다량 영양소, 아미노산을 계산했다. 운동 달력을 쓰며 규칙적으로 몸을 움직였다. 정신 건강을 유지하고 치과를 꾸준히 방문했다. 농산물 직거래 시장과 공동체지원농업Community Supported Agriculture 프로그램을 통해 산 지역 식재료로 집에서 식사를 준비했다. 개인 트레이너를 고용했던 일, 10년 동안 온갖 다이어트를 시도했던 이야기도 했다.

이런 이야기를 하고 있자니, 너무나 오랫동안 두텁게 자리 잡고 있던 살갗 아래에 물이 밀려들었다. 그 물은, 그 피는, 아주 오랫동안 들리지 못했고 기록되지 못했던 경험의 힘을 받아 거칠게 날뛰었다. 10대 때부터 내가 할 수 있는 것은 모두 시도해봤다는 얘기를 하는데 목소리가 갈라졌다. 그러는 동안 내 몸은 달라지지 않았다. 내가 받는 의료 서비스 역시 변함이 없었다.

"당신에게는 건강이 아주 중요한 것 같군요." 그가 이렇게 말하며 눈을 마주쳤다.

그리고 갑자기 나는 울음이 터졌다. 도저히 억누를 수 없이 울부짖으며 터져 나오는 슬픔이었다. 이렇게 단순히 인정받는 행동만으로 슬픔이 튀어나왔다. 그 오랜 시간 노력을 들이고 나서야, 모욕과 삭제를 피해 가려고 그 모든 책략을 쓰고 나서야 마침내 누군가가 알아봐준 것이었다. 그날 시간이 흐른 뒤, 내가 오랫동안 노력을 해왔는데도 어느 누구도 내게 건강을 신경 쓰고 있다는 말을 해준 적이 없다는 사실을 깨달았다. 나는 건강을 챙겼다. 지금도 챙기고 있고 말이다.

"죄송해요. 왜 우는지 모르겠네요." 내가 말했다.

그렇지만 우리 둘 다 알고 있었다. 댐이 무너진 것이었다.

그 뒤로 나는 검사 결과를 기다리면서 여느 사람들과 마찬가지로 초조했다. 그렇지만 심장박동은 한결같았다. 혈관 속을 흐르는 피도 진정되었다. 물은 자기의 리듬을 찾고 무너진 댐의 잔해를 넘어 순조롭고 빠르게 흘러갔다.

그 뒤에 어떤 일이 벌어질지는 몰랐다. 그렇지만 적어도 누군가 내 말을 들어주리라는 사실은 알았다.

8

앞으로

다가올 세상

이 세상 너머에 다른 세상이 있다.

그 세상에서는 아주 뚱뚱한 사람부터 아주 날씬한 사람까지, 다양한 사이즈와 몸매를 인간의 몸이 지닌 자연스러운 차이의 일부로 바라본다. 몸무게가 들쑥날쑥 달라지는 것도 마찬가지다. 몸무게가 1킬로그램, 5킬로그램, 10킬로그램 달라졌다고 해서 만세를 부르거나 자신에게 벌을 주지 않는다. 갑작스럽게 큰 폭으로 몸무게가 줄거나 느는 일이 걱정을 불러일으키는 것은 오로지 그 기저의 건강 상태 때문이지, 몸무게 자체에 낙인을 찍기 때문이 아니다. 이제 체중계는 상당히 전문적인 도구가 되어, 갑작스럽고 급격한 체중 변화와 관련이 있는 내분비 질환이나 심장 질환이 생겨날 때만 일시적으로, 또는 드물게 사용하는 의료 장비가 되었다. BMI 역시 과거의 유물이 되어, 잔인하고도 광범위하게 퍼져 있는 편견을 옹호하는 해로운 계산법으로 여겨지며 일종의 조악한 측정법으로 남는다. 히스테리나 골상학과 마찬가지로 그것은 역사 속 유사 과학이라는 고물 더

미 위로 내던져졌다.

그 세상에서는 우리 한 사람 한 사람이 몸이 아니라 행동에 따라 판단된다. 어떻게 생겼는지, 무얼 먹는지, 어떻게 움직이는지, 얼마나 다른 방식으로 삶을 살아가는지에 따라 다른 사람의 특성을 단정 짓지 않는다. 몸은 능력주의로 여겨지지 않으며, 날씬함이 최고의 성취로 취급받지도 않는다. 머리 색깔이나 키와 마찬가지로 우리의 신체 사이즈는 그 세계를 살아가는 우리 각자가 지닌 단순하고도 담백한 사실이 된다. 신체 사이즈란 우리가 집착하거나 골칫거리로 여기는 것이 아니며, 아주 놀라울 정도로 지루한 대화 소재라고 모두가 받아들인다. 다이어트 얘기를 나누는 것은 지나간 옛일이 되며, 식이장애가 있는 사람들과 뚱뚱한 사람들 모두에게 문제적이고 해로운 자극이라고 여겨진다. 그 대신 계절이 바뀌듯 우리 몸이 변하는 방식에 대해 근거를 갖추고 정서적으로 성찰하는 일이 자리를 차지한다. 체중 감량 산업은 사기로 치부되며, 흘러간 과거 속의 어딘가 당혹스러운 암갈색 유적으로 취급된다.

신체 사이즈, 몸매, 장애 여부와 무관하게 의료 서비스에 접근할 수 있다. 의사, 간호사, 그리고 온갖 종류의 의료진은 날씬한 환자를 대할 때와 동일하게 주의를 기울이고 관심을 품으며 뚱뚱한 환자들을 검사한다. 우리 모두가 자유롭게 건강보험을 이용할 수 있으며, 의료적으로 필요한 치료에 보험을 적용할 때 보험회사가 체중을 감량하라고 요구하는 일은 없다. 뚱뚱한 사람들과 날씬한 사람들 사이의 건강 격차가 줄어들고, 의사들은 뚱뚱한 환자들, 유색인종 환자들, 이주민 환자들, 트랜스젠더와 논바이너리 환자들, 인터섹스* 환자들을 적절하게 치료하는 법을 훈련한다. 식이장애는 공중보건의 문제이자 인종, 젠더, 경제적 평등의 문제로 받아들여진다.

뚱뚱한 아이나 성인을 괴롭히는 일은 더 이상 단순한 사실이 아니라 해결해야 하는 문제적 경향으로 다뤄진다. 학교에서는 뚱뚱한 아이들이 괴롭힘을 당하면 교사들과 부모들이 괴롭힌 아이에게 책임을 물으며 대응한다. 괴롭힘당한 아이에게 안전과 존엄성을 지키려면 몸을 바꿔야 한다고 강요하지 않고 말이다. 친밀한 파트너 관계에서 가정폭력과 성폭력에 맞서는 핵심적 방침으로 연구자들은 뚱뚱한 파트너를 향한 학대를 종식하고자 노력한다. 일터에서는 다이어트 이야기를 나누는 것을, 그리고 뚱뚱한 동료나 부하 직원을 일상적으로 괴롭히는 것을 더 이상 용인하지 않는다. 신체 사이즈에 관계없이 대부분의 사람들은 뚱뚱한 사람들을 표적으로 한 괴롭힘과 차별을 막아서는 일을 자랑으로 삼게 된다.

그 세상에서는 우리의 정체성(내면적이며 늘 눈에 보이진 않는다)과 우리 몸이 드러나는 방식(외면적이며 타인의 인식에 바탕을 둔다) 모두에 고유한 영향을 받는 우리 몸에 대한 주권을 유지하기 위해, 저마다 마주치는 압박을 이해하는 신체적 정의正義를 향한 운동이 활기차게 일어난다. 이 운동은 경찰의 폭력을 끝내는 일이 신체적 정의와 관련된 사안이라는 것을 잘 알고 있다. 특히 흑인, 라틴계, 토착민에게

---

* 신체적 특징을 여성이나 남성 가운데 어느 한쪽으로 완전히 단정지을 수 없는 사람.

는 말이다. 이런 운동은 접근성과 장애 정의가 신체적 정의의 핵심이라는 사실을 파악하고 있으며, 이 운동을 접근 가능하게 만들지 못한다면 이는 곧 **운동**을 일으키는 데 실패하는 것이라는 사실을 알고 있다. 이 운동은 만성질환과 눈에 보이지 않는 장애를 지닌 사람들의 접근성이 휠체어용 경사로라든가 수어 통역과 같이 접근성을 보장하는 좀 더 가시적인 조치만큼이나 중요하다는 사실을 잘 이해하고 있다. 이 운동은 여러 측면에서 뚱뚱한 몸에 대한 반대가 장애차별주의 논리에 기대고 있으며, 그 편견과 편협함은 활용할 수 있는 논리를 이용한다는 사실을 잘 알고 있다. 그러므로 우리 몸 가운데 그 어떤 것이라도 해방하려면 우리 몸 **모두**를 해방해야 한다는 것을 알고 있다. 이런 운동은 인터섹스로 태어난 사람들에게 강요되는 생식기 수술과 호르몬 치료를 끝내고자 노력할 것이며, 트렌스젠더들이 이와 같은 처치에 동의를 바탕으로 접근할 수 있도록 보장하고자 노력할 것이다. 이 운동은 보육, 산전 건강관리, 입양, 임신 중단의 접근성을 높이는 일 모두가 자궁을 지닌 사람들에게 중요하고도 핵심적인 신체적 평등의 문제라는 사실을 잘 파악하고 있다. 강압적인 불임수술에서 보호받는 일과 마찬가지로 말이다. 이 운동은 이주가 핵심적인 인권이고, 인공적이며 상상으로 만들어낸 경계 앞에서 우리 몸에 대한 주권이 무너져 내려서는 안 되며, 결코 그럴 수도 없다는 사실을 알고 있다. 또한 이 운동은 평등은 자기결정권을 바탕으로 삼으며, 부족적 주권 없이는 신체 주권도 없다는 사실을 잘 알고 있다.

의미가 퇴색된 이전의 자기 몸 긍정주의와는 달리, 신체적 평등을 향한 운동은 각각의 억압적 체계를 저마다 고유한 방식으로 이해해야 하며, 우리 모두에게 영향을 끼치는 상호의존적 억압의 그물 속 한 부분으로 이해해야 한다는 사실을 알고 있다. 이 운동은 지나치게 광범위한 의견과 서로 다른 경험들을 눈가림하는 방법으로는 신체 주권을 이룩하고 유지할 수 없다는 사실을 잘 알고 있다. 그 대신 이 운동은 권력과 특권을 솔직하게 다루며, 우리가 우리 몸을 통제하지 못하도록 만드는 억압의 체계를 사려 깊고도 성실하게 해체한다. 이 운동은 공동체가 주도하는 운동들의 중추이지, 그것들을 대체하는 무언가가 아니다. 그리고 주변화된 공동체를 가장 효과적이고, 바람직하며, 의미 있게 지원하고자 성실히 노력한다. 이 운동의 조직 방식은 다정하고 관계 중심적이며, 억압 때문에 생겨난 트라우마를 품을 공간을 마련한다. 더욱 해방된 세상을 향한 드넓고 담대한 비전을 구축하기 위해서, 그리고 분노와 기쁨을 품은 채 그 세상을 향해 나아가기 위해서 말이다.

이 세상에서는 개인의 존재가 보이고 들릴 수 있다는 이중 능력이 태어나면서부터 자연히 얻는 권리가 된다. 뚱뚱한 사람들이 날씬하지 못해 후회한다거나 신기루처럼 헛된 건강을 좇는 모습으로 미디어에서 재현되지 않는다. 영화와 TV 프로그램에는 장애인, 유색인종, 이주민, 트랜스젠더, 인터섹스, 그리고 물론 뚱뚱한 사람들도 으레 등장한다. 이들의 이야기는 이들의 정체성에 영향을 받지만, 이들에게 영향을 끼치는 억압의 체계 때문에 등장인물들의 인간성이 가려져 빛을 잃는 경우는 거의 없다. 동정받아 마땅한 인간의 경험이란 더 이상 단일한 신체 사이즈나 체형에만 국한되지 않는다.

옷에 대한 접근성도 바뀌었다. 제조업체들은 플러스 사이즈 브랜드들을 본받았으며, 거의 모든 소매점에서는 거의 모든 품목을 적어도 사이즈 00부터 40까지 판매한다. 온라인뿐 아니라 오프라인 상점에서 모든 사이즈를 살 수 있고, 피팅 모델들은 옷이 다양한 신체 사이즈와 체구에 어떻게 서로 다르게 맞는지를 보여주는 일에 익숙하다. 의류 소매점에서 적응형 의류adaptive clothing*를 쉽게 살 수도 있어서 장애인, 자식을 돌보는 부모, 노인, 감각 통합에 문제가 있는 사람 등 여럿의 필요를 충족해준다.

그 세상에서 당신은 나를 볼 수가 있다. 몸 때문에 내가 당신을 위해 준비된 자아 부양책이나 안심을 주는 수단이 되거나("적어도 나는 저 정도로 뚱뚱하지는 않으니까"), 당신이 거북해하면서 부정하는 대상이 되거나("얘 무슨 소리야, 너 정도면 안 뚱뚱하지!"), 당신을 위한 교훈적인 이야기가 되거나, 신체를 바탕으로 삼는 분노나 불안의 표출구가 되는 일은 없다. 내 몸은 나를 당신에게 데려다주는 그릇이자 나라는 사람을 이루는 중요한 부분이기도 하다. 내 몸은 중요한 방식으로 내 경험에 영향을 끼친다. 그리고 그 세상에서 당신은 이런 경험을 이해하고 존중한다. 내 경험이 곧 당신의 경험이라고 주장하는 것은 오로지 실제로 당신의 경험이 그러할 때, 그리고 우리가

---

* 장애인이나 거동이 불편한 사람의 편의성을 고려해 만들어진 옷.

경험을 공유하고 있을 때뿐이다. 우리는 서로를 바라보며 우리의 경험이 따로따로 자라나는 어린 새순을 부드럽게 쥐고, 우리가 쌓은 우정만큼이나 다정한 세상을 만들어내고자 노력한다.

그 세상에서 나는 당신을 볼 수 있고, 믿을 수 있다. 내가 당신을 믿도록 해달라.

우리는 예전에도 그런 세상에 이르렀던 적이 있다. 하지만 우리가 얻지 못했던 인정이, 그리고 우리가 벗어나려 했던 바로 그 산업들이 우리가 기울인 노력을 집어삼켰다.

2010년대에 명성을 얻은 자기 몸 긍정주의 운동은 우리 몸을 이해하는 새로운 방식을 만들어내려는 시도였다. 그렇지만 목청을 드높여 우리 모두를 포함하는 데까지는 이르지 못했다. 특히 아주 뚱뚱한 사람들을 말이다. 자기 몸 긍정주의가 막 대중화되던 무렵 이 운동은 광범위하고, 사람들을 환대하며, 모두를 아우르는 것처럼 느껴졌다. 그것은 우리 모두가 편히 머물 수 있는 집이 되겠다고 약속했다. 나처럼 아주 뚱뚱한 사람들은 걱정이라는 탈을 쓴 괴롭힘에 시달릴 일을 우려할 필요가 없었다. 트랜스젠더들은 자신들의 의료 서비스를 위해 모두가 진심으로 싸워줄 것이고, 자신들의 젠더 표현이 공개적으로 받아들여질 수 있을 것이며, BMI를 바탕으로 하는 제약에서 벗어나 수술을 받을 수 있을 것이라고 안심할 수 있었다. 유색인종은 자신들의 몸이 우호적으로 재현될 것이며, 가족·공동체·역사·정체성이라는 맥락 속에 사려 깊게 놓일 것이라 믿어볼 수 있었다. 장애인은 자기 몸 긍정주의를 내세우는 공간이라면 어디든 완전한 접근성을 갖추고자 노력할 것이며, 장애 여부라는 허구적 기반이라든가 건강의 잔인한 배신 위에다 신용을 쌓으려 하지 않으리라고 신뢰할 수 있었다.

초기에 인기를 얻었을 무렵, 자기 몸 긍정주의는 내게 마치 언덕 위에서 빛나는 도시 같았다. 그 도시의 위풍당당한 모습이 내 앞에 펼쳐졌고, 구획 하나하나가 신중하게 공들여 계획된 곳들이었다. 아름답고 상세한 지도 위에는 너무나 오랫동안 가로막혀 있던 사람들을 위한 준수한 집이 마련되어 있었다. 온갖 사람들에게 우리 몸을 알려주느라, 우리 혈관 속을 흐르는 피는 존중받을 가치가 있다고 설득하느라 지친 마음을 마침내 내려놓을 수 있었다. 이 운동은 우리 몸을 이해하고자 애쓰리라는 것을 알았으니 마침내 한숨을 돌릴 수 있었다. 마침내 자유로워질 수 있었다. 설령 우리 몸이 찬양받지는 않더라도, 적어도 우리 자신만의 것이 될 수는 있을 터였다.

수많은 뚱뚱한 사람들과 마찬가지로, 나는 자존감을 얻으려고 자기 몸 긍정주의 운동을 찾은 것이 아니었다. 내가 아름답다거나 사랑받는다는 기분을 느끼고 싶어서 자기 몸 긍정주의 운동을 찾은 것이 아니었다. 그런 일들은 나 같은 몸을 지닌 사람들에 관한 문화적 상상이 닿지 않는 곳에 있었다. 내가 자기 몸 긍정주의 운동을 찾은 이유는 사람답게 살고 싶어서였다. 뚱뚱한 사람인 나의 인간성은 아름다움이나 건강에 가려져 너무나 손쉽게 삭제되곤 했다. 그리고 지금도 여전히 그렇다. 내가 자기 몸 긍정주의 운동을 찾은 이유는 이 운동이 급진적인 약속을 품고 있어서였다. 이는 바로 아주 뚱뚱한 사람인 내가 있는 그대로의 모습으로 보이고, 이해될 수 있다는 가능성이었다. 내가 행복하거나 건강하거나 날씬하거나 아름다워서가 아니라, 내가 인간이기 때문에 말이다.

그렇지만 이는 자기 몸 긍정주의의 인기가 하늘을 찌르기 전의 일이었다. 배를 접었을 때 아주 조그맣게 뱃살이 한 겹 접히는 사람들이 용감하다는 소리를 듣기 전의 일이었다. 대중적 상상 속에서 뚱뚱한 몸 비하란 날씬한 여성들을 뚱뚱하다며 잘못 판단하는 일이라고 규정되기 전의 일이었다. 제시카 심프슨Jessica Simpson이나 켈리 클라크슨Kelly Clarkson 같은 팝 스타들, 또는 도널드 트럼프의 희생양이나 미스 유니버스 우승자 알리시아 마차도Alicia Machado와 같이 아름다움의 기준을 체현한 일반 사이즈 여성들을 말이다. 뚱뚱한 몸 비하가 날씬한 여성에게 뚱뚱하다는 말을 잘못 써서 기분을 상하게 하는 행동이라는 의미로 쓰이기 전의 일이었다. 비누 브랜드 도브Dove가 진정한 아름다움이란 다양한 인종과 신장을 아우르는 것이지만 거기에 트랜스젠더는 여전히 해당되지 않고, 장애인은 여전히 해당되지 않으며, 굴러갈 정도로 뚱뚱하거나 주름이 자글자글한 사람은 여전히 해당되지 않는다고 규정하기 전의 일이었다. 패션 잡지와 의류 회사들이 사진을 보정하지 않겠다고 뜻을 맞췄으나 여전히 불가능할 정도로 마른 모델들을 그대로 쓰기 전의 일이었다. 마케팅 캠페인이 나머지 사람들을 자기 몸 긍정주의에서 조용히 밀어내기 전의 일이었으며, 너무나 많은 날씬한 사람들의 몸 긍정주의에 이런 경고들이 뒤따라오기 전의 일이었다. '당신이 행복하고 건강한 한에서만. 당신이, 그러니까 비만이 아닌 한에서만. 당신이 비만을 미화하지 않는 한에서만.' 이는 자기 몸 긍정주의가 날씬하고, 피부가 하얗고, 여성스러우며, 장애가 없는 몸을 지닌 자들의 자긍심이 되기 전의 일이었다. 언덕 위에 올라앉은 빛나는 도시의 웅장한 모습이 신기루가 되기 전의 일이었다.

시간이 흐르면서 자기 몸 긍정주의의 지지층이 분명해졌다. 자기 몸 긍정주의는 다정하고도 변덕스러운 아름다움의 기준이 포용하는 범위를 너무나 미미하게 넓혔다. 이제 자기 몸 긍정주의가 애정을 뿜어내는 대상에는 사이즈 4 이하의 아름답고, 장애가 없으며, 피부가 하얀 여성만이 아니라 사이즈 12 이하의 아름답고, 장애가 없으며, 피부가 하얀 여성도 포함된다. 자기 몸 긍정주의는 물론 받아들이는 몸의 범위를 확장했으나, 여전히 수많은 이들을 바깥에 내버려두고 있다. "당신의 몸을 사랑하세요"라는 슬로건은 우리가 겪는 가장 큰 난관이란 우리의 몸에 관한 내면의 해로운 생각이라는 전제를 지닌다. 자기 몸 긍정주의는 자기 몸을 사랑하는 이들 말고, 주변 사람들에게 몸을 거부당하는 사람들에게는 맞출 수가 없다. 몸 때문에 일자리, 의료 서비스, 그 밖의 다른 삶의 영역에서 쫓겨나는 사람들에게는 말이다.

놀랍게도, 자기 몸 긍정주의의 대중화는 뚱뚱한 사람들이 어디서나 겪는 배제를 더욱 강화했다. 자기 몸 긍정주의는 "뚱뚱하다"고 말하거나 뚱뚱해지는 일을 날씬한 사람들이 덜 두려워하게끔 만들지 않는다. 자기 몸 긍정주의는 우리 모두를 지지하겠다고 약속했으나, 우리의 몸을 명명하는 일은 거부했다. 자기 몸 긍정주의는 날씬한 몸과 뚱뚱한 몸을 유의미하게 구분하지 못했으며, 각각에 뒤따르는 사회적 현실도 구분하지 못했다. 주변 사람들이 보는 방식대로 우리 몸을 바라보도록 떠밀리지 않는다면, 각각의 몸이 마주치는 서로 다른 어려움을 제대로 이야기할 수 없으며, 이런 어려움을 어떻게 해소할 것인지 이야기하는 일은 더욱 요원해진다. 우리가 몸을 있는 그대로 바라보도록 떠밀리지 않는다면, 우리는 모두 인식의 기본값 속에 남겨지게 된다. 우리가 저마다 용납할 수 없을 정도로 뚱뚱하다는 뿌리 깊고 끈질긴 생각 속에 말이다. 다이어트 문화가 기반으로 삼는 것은 날씬해지고, 더 날씬해지고, 가장 날씬해지려고 하며, 그 어떤 수를 써서라도 몸을 줄이려고 끊임없이 노력하는 우리 모두이다. 각자의 뜻대로 하게 될 때면 우리는 내면화된 편견, 우리가 주변 사람들에게 (대개는 무심코) 끼치는 피해, 다른 이들의 몸이 우리의 것과는 다른 경험을 요청하는 일의 문제보다는 자신의 마음가짐이 지닌 문제에 집중하는 쪽으로 퇴보한다. 우리는 자신의 경험을 보편화하며, 자신을 너무 뚱뚱하다고 생각하는 것이 곧 부정할 수 없을 정도로 뚱뚱한 사람들이 너무나 쉽게 괴롭힘당하며 차별받는 일과 동일하다고 간주한다.

날씬한 사람들은 특히나 "뚱뚱하다"는 말을 하기 힘들어한다. 그말은 자신들에게 너무나 깊은 상처를 준다고 가정하면서 말이다. 그렇지만 이견의 여지가 없이 뚱뚱한 사람인 내게 그 말은 상처가 되지 않는다. 상처가 될 리 없다. 나는 그 말에서 벗어날 여유조차 없기 때문이다. 다만 결코 자신을 정확하게 설명하지 못하는 이 말에 불편해하는 누군가에게 나는 신세를 지고 있다. 자기 몸 긍정주의라는 공간에 들어설 때면 아주 뚱뚱한 사람인 나조차도 자신을 뚱뚱하다고 설명해도 괜찮다는 신뢰를 얻을 수 없으며, 내 몸이 처한 현실이 내게 모욕으로 던져질 때 이에 대한 지지를 기대할 수 없다. 나는 자신의 몸을 명명하는 일에 책임을 질 수 없다. 자기 몸 긍정주의는 나와 같은 몸을 설명하던 말들을 격리시켰으며, 그 과정에서 이런 몸 자체를 막아버렸다. 우리는 "뚱뚱하다"고 말할 수 있는 용기가, 그리고 우리 모두의 몸을 정확하게 바라볼 수 있는 방편이 필요하다. 그렇지 않다면 우리는 우리 몸을 명명할 수도 없고, 너무나 중요하다고 생각했던 이 운동을 추구했던 우리 모두를 진정으로 포용하고 이해할 수도 없다.

새롭게 대중화한 자기 몸 긍정주의는 너무나 많은 이들을 떠밀어 보내면서, 사회적 배제의 문제를 자존감과 신체 이미지의 문제로 축소한다. 자기 몸 긍정주의는 실제로 뚱뚱한 사람들을 주변화하는 끈질기고도 문제적인 특권과 억압의 체계를 공격하기보다는, 날씬한 몸이 뚱뚱하다고 여겨지는 순간들을 정상화하는 데 초점을 맞춘다. 자기 몸 긍정주의는 날씬하고, 백인이며, 서양인이고, 장애가 없으며, 이성애자인 시스젠더 여성의 경험을 과도할 정도로 중심에 놓는다. 그리고 그렇게 하는 과정에서 평균에서 벗어난 일탈적 기준을 두 가지 이상 지닌 사람들을 배제한다. 유색인종이 되거나, 장애인이 되거나, 트랜스젠더가 되거나, 뚱뚱한 사람이 될 수는 있지만 감히 한 가지보다 더 많은 항목에 해당되려고 해선 안 된다.

더 많은 이들을 위한 자기 몸 긍정주의를 되찾아 올 여지는 분명히 있다. 배제되었던 나머지 사람들을 위해 더욱 강력한 재현을 분명히 창조해낼 수 있다. 누군가는 그런 공간을 만들어낼 수 있다. 그렇지만 나는 알다시피 비만이니, 이는 내 몫이 아니다. 대신에 나는 위대하고도 위험천만한 이런 세상을 만들고 싶다. 빤한 소리와 자존감이 아니라 접근성, 취약성, 정의, 솔직함, 용기로 이루어진 세상 말이다. 그리고 자기 몸 긍정주의 운동이 쌓아둔 벽을 넘어가려면, 이 모든 것과 그 이상이 필요할 것이다.

이런 세상을 만들려면 일반 사이즈인 사람들이 자신들의 경험과 내면의 문제를 정확한 용어로 사고하는 법을 익혀야 할 것이다. 더 이상은 불안이나 나쁜 몸 이미지를 오랫동안 해오던 방식대로 보편화하지 않아야 한다. 이들은 설령 자신들의 경험의 핵심이 아니더라도 억압과 차별에 관한 논의에 참여해야 할 것이다. 자신들이 내면에서 겪는 상처와 뚱뚱한 사람들이 시스템 차원에서 겪는 억압 사이에는 중요한 차이가 있다는 사실을 인정하면서 말이다. 일반 사이즈인 사람들의 노력은 용감하고, 취약하고, 불편한 행동이 되어야 할 것이다. 이들은 고통스러울 정도로 스스로에게 솔직해져야 할 것이다. 자신들이 뚱뚱한 사람들을 평가하고 주변화하도록 교육받았으며, 의도했든 그렇지 않든 뚱뚱한 몸에 대한 반대를 고착화하고 확대하는 데 적극적으로 가담한 경우가 많았다는 사실을 인정하면서 말이다. 이들은 체중 감량 전후 사진을 의기양양하게 게시했던 것부터 나 같은 몸을 보며 자신은 그렇게까지 뚱뚱하지는 않다며 안심했던 것까지, 크든 작든 자신들이 뚱뚱한 사람들을 주변화해온 모든 방식들에 의문을 던지고 이를 저버려야 할 것이다. 그리고 자기 자신의 몸이 결코 감탄이 절로 나오는 노동 윤리나 강인한 끈기가 만들어낸 성취·보상·반영이 아니라, 자기가 거의 통제할 수 없는 요소를 반영한다는 사실을 마음 깊이 이해하고 믿는 데 이르러야 할 것이다.

일반 사이즈인 사람들은 자신들이 함양한 의식이란 유의미하고, 위험을 감수하며, 지속적인 행동을 이끌어내야만 뚱뚱한 몸 해방과 신체 주권에 보탬이 된다는 사실을 인정해야 할 것이다. 일반 사이즈인 사람들을 위해 만들어진 세상에서 이들은 특권을 누리지 못하는 사람들을 위해 처음으로 자신들의 안락함을 희생해야 할 것이다. 이들은 뚱뚱한 몸에 대한 반대가 일어나는 곳에서, 또 할 수 있다면 어디서든 이 일을 가로막아야 할 것이다. 뚱뚱한 사람을 소재로 삼는 농담을 퇴출하는 일부터 뚱뚱한 사람에 대한 길거리 괴롭힘을 막는 일까지, 다이어트 산업을 보이콧하는 일부터 뚱뚱한 몸에 대해 반대하도록 스스로 습득해온 것에서 벗어날 수 있게 다른 날씬한 사람들을 이끄는 일까지 말이다. 일반 사이즈인 사람들은 정책적 변화를 지지해야 할 것이다. 항공기 좌석 사이즈를 규제하는 연방 정부 법안이 통과되도록 로비를 벌이고, 뚱뚱한 사람에 대한 차별을 금지하는 지역 정책을 지지하고, 뚱뚱한 사람들이나 식이장애를 앓는 사람들을 비롯해 수많은 동료에게 상처를 입히고 해를 끼치는 '비기스트 루저' 방식의 경쟁을 종식하면서 말이다. 일반 사이즈인 사람들은 우리 얘기를 믿어주고, 우리를 지지해줄 만큼 뚱뚱한 사람들을 신뢰해야 할 것이다.

뚱뚱한 사람들은 위험을 감수하고 이와 같은 신뢰를 존중해야 할 것이다. 우리는 용기를 발휘해야 할 것이다. 우리더러 할 수 없다고들 했던 일들을 해내고, 우리더러 입어서는 안 된다고 했던 것들을 입는 용기를 말이다. 우리 자신을 지지하는 일은 설령 위험을 짊어 져야 하더라도(늘 위험하다) 감행해야 할 것이다. 익명성이 주는 조용한 안전을 포기하고, 그 대신 용기 있는 취약함에 발을 디뎌야 할 것이다. 우리가 너무나 오랫동안 밝히지 않도록 교육받았던 고통스러운 경험에 목소리를 부여하면서 말이다. 일반 사이즈인 수많은 사람들이 이 경험들을 결코 가만히 듣는 법 없이 묵살하거나 옹호하는 것을 우리는 거듭 지켜봐왔다. 뚱뚱한 사람들을 위한 사회정의를 향한 운동을 일구려면 우리의 리더십이 필요할 것이다. 이는 곧 공개적으로 지지하는 동시에, 정체성과 경험이라는 경계를 가로질러 서로에게 유의미한 책임을 진다는 이중적 위험을 무릅쓴다는 의미다. 우리는 다정하고도 급진적이며, 배려하면서도 비전을 제시하는 운동을 만들어낸다는 고된 일을 떠맡아야 할 것이다.

그렇지만 날씬함이라는 마법 같은 생각을 놓아버리는 일이 우리 모두에게 첫걸음이 될 것이다. 날씬한 몸이 우리에게 더 나은 관계, 꿈꾸던 일, 온순한 아이들, 아름다운 가정을 선사하리라는 믿음을 버리자. 5킬로그램, 10킬로그램, 20킬로그램, 50킬로그램을 빼고 나서 좋아하는 일을 하겠다며 기다리는 일을 그만두자. 우리가 이미 알고 있는 것, 그리고 수많은 데이터가 이야기해주는 사실을 진심으로 믿자. 거의 대부분은 체중을 큰 폭으로 줄이지 못하며, 실제로 체중을 상당히 감량한 몇 안 되는 사람들도 감량한 체중을 장기적으로는 유지하지 못한다는 사실 말이다. 거의 20년 동안 다이어트를 한 결과 나는 절대로 날씬해질 수 없다는 사실이 드러났다. 또 나는 결코 일반 사이즈 옷을 입을 수 없을 것이라고 마음 깊이 믿고 있다. 그런 동시에 나는 내 삶이 살아가고, 포용하고, 사랑하고, 축하할 가치가 있다고 믿는다. 그리고 내 삶은 바로 지금 그럴 만한 가치가 있다. 지금보다 90킬로그램을 더 빼야만 가치가 있는 게 아니다.

그런 세상을 만들려면 문화적·법적 변화도 필요할 것이다. 아무튼 우리는 뚱뚱한 사람들이 채용·의료·접근성 차원에서 놀랄 만한 차별을 맞닥뜨리며, 또 그런 차별은 날씬한 몸을 쟁취하고 유지하지 못한 우리 자신의 잘못 때문이라고 고집하는 세상을 살고 있으니 말이다. 뚱뚱한 몸에 대한 반대가 심각하고 깊게 뿌리내리고 있다는 사실을 보여주는 데이터나 개인적 경험을 맞닥뜨릴 때조차 우리는 이와 같은 시스템 차원의 문제가 우리 개인이 내린 결정의 결과라는 말을 너무 많이 듣는다. 우리가 날씬하기만 했어도 이 모든 일들을 겪지 않았을 것이라고 말이다. 뚱뚱한 몸에 대한 반대라는 괴이한 논리 속에서는 우리 뚱뚱한 사람들의 몸도, 우리가 경험하는 주변화도, 심지어는 우리가 겪는 학대조차 뚱뚱한 사람들 자신의 탓이 된다.

우리 모두의 안전과 존엄성을 강력히 주장하는 세상이 우리에게는 필요하다. 우리가 아름답거나, 건강하거나, 떳떳하거나, 특별하거나, 흠 잡을 데 없어서가 아니라 우리가 인간이기 때문이다. 그리고 뚱뚱한 사람들, 특히 아주 뚱뚱한 사람들에게는 그런 세상이 한없이 멀리 있는 것처럼 느껴질 수 있다. 우리가 보내는 하루하루가 노골적인 업신여김, 완벽히 합법적인 차별, 심지어 때로는 폭력으로 분명히 얼룩져 있는 한은 말이다. 뚱뚱한 사람들이 접하는 많은 문제에 관해 법이 침묵을 지키는 것이 지금의 실정이다. 그리고 침묵을 지키지 않는 경우에는 우리를 향한 억압과 차별을 옹호하는 경우가 많다. 뚱뚱한 사람들이 마주하는 시스템 차원의 제도적 피해라는 파도를 막기 위해 우리가 할 수 있는 일이 여기 몇 가지 있다.

널리 퍼져 있는 법적인 체중 차별을 끝내자

미국의 50개 주 가운데 48개 주에서는 단지 뚱뚱하다는 이유로 누군가에게 주거, 일자리, 식당의 좌석, 호텔 방을 제공하지 않겠다고 거부하는 일이 완벽하게 합법이다.[1] 주와 연방 법원의 판사들은 고용주가 신체 사이즈를 바탕으로 차별할 수 있다며 거듭해서 그러한 권한을 옹호했다. 가장 기본적인 수준에서 본다면, 뚱뚱한 몸에 대한 차별을 금지하고 동일한 임금을 보장하는 것은 뚱뚱한 사람들이 생존하고 번영하도록 돕는 핵심적인 일이 될 것이다. 칵테일바 웨이트리스나 항공기 승무원에 대해 직장에서 체중을 측정하는 일을 금지하고, 체중을 감량하면 보너스를 지불하는 일을 끝내며, 직장에서 체중 감량 대회를 여는 일을 멈춰야 할 것이다. 유의미한

법을 확립하고 소송 과정에 영향을 끼쳐 체중에 기반한 차별을 종식하도록 노력할 수 있다.

뚱뚱한 사람들을 위한 의료 서비스라는 약속을 실현하자

뚱뚱한 사람들은 호의적이고 적절한 의료 서비스, 그리고 날씬한 사람들이 받는 것과 동일한 진단 검사와 치료에 대한 접근성을 응당 누릴 자격이 있다. 지금으로서는 진찰대에서 MRI 기계에 이르기까지, 뚱뚱한 사람들도 이용할 수 있는 장비를 갖추는 일이 병원에 필수가 아니다. 의사들은 자신이 진료하려는 환자들에게 체중 제한을 마음대로 둘 수 있으며, 어떤 의사들은 실제로 그렇게 하고 있다. 미국 식품의약국은 뚱뚱한 사람들을 대상으로 한 약물 시험을 의무로 두지 않는다. 이는 곧 응급 피임약과 같이 중요한 약물이 체중이 75킬로그램 이상인 사람에게는 효과가 현저히 떨어진다는 의미다.[2] 트랜스젠더들은 젠더 확정 수술을 비롯해 생사가 달린 의료 서비스를 가로막는, 체중을 구실로 만들어진 장벽을 맞닥뜨려 왔다. 뚱뚱한 환자들의 권리 장전을 통과시킨다면 이처럼 불필요한 규제와 장벽을 종식할 수 있다. 의료진에 대한 기존 학교교육과 지속적 교육 요건의 일부로 체중 관련 편견을 다루는 교육을 요구할 수 있으며, 건강을 결정하는 사회적 요인과 차별하고 수치심을 유발하는 행동 때문에 뚱뚱한 환자들을 비롯해 모든 주변화된 환자들이 어떤 비용을 치러야만 하는지에 관한 정보를 교육과정에 더 많이 집어넣도록 요구할 수 있다. 의료계 안에서 이뤄지는 최신 연구를 의료계가 잘 따라잡으라고 요구할 수 있으며, 뚱뚱함은 개인적 책임에 따른 실패가 아니라 환경, 유전자, 기존의 신체적 또는 정신적 질환, 그리고 우리가 경험하는 수치심과 주변화를 아우르는 복잡한 요인들이 낳은 결과라는 사실을 인정하라고 의료계에 요구할 수 있다. 우리는 우리 모두를 위한 의료 서비스를 요구할 수 있다. 건강하거나 날씬해 보이는 사람들만을 위한 것이 아니라 말이다.

공공장소 접근성을 높이자

식당에서 비행기까지, 높은 건물에서 새 집에 이르기까지 우리는 뚱뚱한 사람들과 장애인들이 공공장소에 접근할 수 있도록 보장할 수 있다. 몸을 막는 팔걸이가 없는 의자, 바닥에 고정되지 않은 식탁과 부스, 226킬로그램 이상의 무게도 감당할 수 있는 좌석을 우리가 이용하는 공간이 갖추도록 보장할 수 있다. 비행기 좌석의 최소 사이즈를 규제하고, 장애인과 뚱뚱한 사람이 안전하게 비행할 수 있도록 보장하는 연방 법안을 지지할 수 있다. 그들이 퇴행적 정책 때문에 환불이나 도움도 받지 못한 채 집과 한참 먼 곳에서 오도가도 못할까 봐 걱정하는 일 없이 존엄성을 지키며 비행할 수 있도록 말이다. 우리는 체중, 신장, 장애 여부, 연령과 관계없이 모두가 안전하고 편안하게 이용할 수 있는 항공기 좌석을 얻어낼 수 있다. 그리고 유니버설 디자인universal design*을 향해 나아가며 가족과 개인,

---

* 누구나 손쉽게 쓸 수 있는 제품과 사용 환경을 만드는 디자인

뚱뚱한 사람과 날씬한 사람, 비장애인과 장애인이 모두 이용할 수 있는 환경을 구축할 수 있다.

뚱뚱한 몸에 대한 폭력을 끝내자

뚱뚱한 몸으로 살아가다 보면 일상적 폭력을 너무나 자주 접하게 된다. 이런 폭력은 뚱뚱한 유색인종을 더욱 많이 겨냥한다. 뚱뚱한 몸에 대한 반대와 인종차별은 서로 공모하며 뚱뚱한 유색인종을 희생양으로 삼는다. 비행기 옆자리에 앉은 날씬한 백인 여성이 경찰을 부르는 사건을 겪었던 흑인 승객 앰버 필립스Amber Phillips의 사례가 보여주듯이 말이다.[3] 뚱뚱한 사람들, 특히 뚱뚱한 여성들은 팻콜링의 위험에 관해 거듭해서 말해왔다. 팻콜링은 일종의 길거리 괴롭힘으로 뚱뚱한 사람들만을 표적으로 삼으며, 대개는 신체적이고 성적인 폭력을 가하겠다는 위협을 수반한다. 날씬한 사람들과 마찬가지로 뚱뚱한 사람들은 자주 성희롱과 성폭력의 표적이 되며, 우리가 마주하는 폭력은 대개 우리 몸을 마음대로 다룰 권한이 있다는 의식과 어떤 식으로든 성적인 관심을 받으면 우리가 감사해야 한다는 생각으로 가득 차 있다. 성폭력은 뚱뚱한 사람들을 자주 표적으로 삼지만, 사람들은 날씬한 성폭력 피해자들의 말에 비해 뚱뚱한 성폭력 피해자들의 말을 잘 믿지 않거나 별로 진지하게 여기지 않는다.[4] 뚱뚱한 사람들만 성폭력을 경험하는 것은 결코 아니지만, 뚱뚱한 몸에 대한 편견 때문에 우리의 경험은 신뢰받지 못하고, 수사 대상이 되지 않으며, 기소 대상이 되지 않고, 추적 조사를 받을 가능성이 적다. 대중 교육 캠페인을 개발하고, 개입할 수 있는 지점을 만들며, 유의미한 결과를 도출해서 팻콜링과 뚱뚱한 유색인종을 대상으로 삼는 뚱뚱한 몸에 대한 인종차별적인 폭력에 맞서는 일이 뚱뚱한 사람들의 물리적 안전을 지키는 핵심이다. 성폭력 생존자들을 지원하도록 응급 의료 요원 교육을 늘리는 것 역시 지나치게 적게 다뤄지는, 뚱뚱한 사람들이 직면한 성폭력이라는 유행병에 맞서는 데 필수적일 것이다.

목숨까지 위협하는 위험한 부작용이 있는
체중 감량용 약물의 허가를 중단하자

　　다이어트 약물과 다이어트 보조제는 단순히 쓰레기 같은 과학의 산물만이 아니다. 그것들 때문에 목숨이 위태로워지기도 한다. 다이어트 약을 섭취한 사람들은 신체 사이즈를 막론하고 중대한 합병증을 앓았으며, 많은 경우 사망에 이르렀다. 다이어트 약물과 다이어트 보조제는 모든 신체 사이즈의 사람들에게 영향을 끼치기는 하나, 뚱뚱한 사람들은 상당한 수준의 체중을 당장 감량해야 한다는 고유하고 지속적이며 가차 없는 압박에 시달린다. 뚱뚱한 사람들을 지지하려면 체중 감량에 도움을 준다고 주장하는 제품에 관해 국가 차원에서 규제를 늘려야 할 것이다. 오즈 박사 같은 이들이 내놓는 선정적인 허위 주장을 검증하고,[5] 다이어트 문화가 현실적으로 끼치는 피해를 바탕으로 그와 같이 근거 없는 주장에 맞서야 할 것이다.[6] 우리는 간단한 선을 지켜야 할 것이다. 다이어트 약 제조업체들(하이드록시컷, 알리Alli, 펜펜 등)과 다이어트 식품 회사들(뉴트리시스템, 제니 크레이그Jenny Craig, 웨이트워처스 등)은 독립적인 제3자 연구자들이 반복적으로 실시한 임상 실험 결과만을 바탕으로 주장을 해야 할 것이다. 선정적인 주장을 만들어내는 데 투자한 기업들의 재정 지원을 받은 임상 실험을 바탕으로 해선 안 된다.

뚱뚱한 아이들을 지지하자

미국 내 대부분의 주에서는 신체 사이즈란 보호받는 항목이 아니다. 이는 곧 괴롭힘 방지 법률이 있는 주에서 그러한 법적 보호를 뚱뚱한 어린이와 10대들에게까지 확대해서 적용하진 않는다는 의미다. 우리는 뚱뚱한 몸에 대한 혐오가 어린 시절부터 시작되며, 그 트라우마는 평생 이어질 수 있고, 더 동정심 많은 사람들로 이뤄진 세대를 길러내려면 조기에 개입하는 일이 핵심일 것이라는 사실을 인식해야 한다. 국가 차원에서 의무로 강요하는, 충격적일 정도로 일반화된 BMI 통지표를 없애야 할 것이다. 그리고 아이들이 처한 상황을 아이들 개인의 탓으로 돌리지 않는 공중보건 캠페인을 마련해야 할 것이다.[7] 괴롭힘이란 쉽게 표적이 되는 취약하고 뚱뚱한 아이들의 책임이 아니다. 이는 괴롭히는 아이들의 책임이다.

여기서 나열한 정책적·문화적·제도적 변화는 그저 시작에 불과하다. 그렇지만 이런 변화를 이룩하려면 수십 년에 걸쳐 뜻을 모아 연구하고, 조직하고, 지지하고, 운동을 일궈야 할 것이다. 이런 노력이 가져올 다음과 같은 결과는 그리 대단해 보이지 않을지도 모른다. '날씬한 괴롭힘 피해자들이 받는 지지와 보호를 뚱뚱한 아이들에게도 제공한다. 단지 외모 때문에 해고당한 노동자가 법적인 도움을 받을 수 있는 기본적인 방편을 만들어낸다. 그리고 다른 것들을 규제하듯이 다이어트 약물을 규제한다.' 날씬한 사람들에게 이는 너무 낮은 목표치라고 여겨질 수도 있다. 그렇지만 뚱뚱한 사람들에게는 존엄성, 자기 결정권, 그리고 목숨을 지켜줄 수도 있는 일들이다.

이렇게 담대하고 새로운 세상을 만들려면 우리 각자가 크나큰 변화를 거쳐야 한다. 자기 내면의 깊이를 헤아리고 우리가 내면화한 뚱뚱한 몸에 대한 편견을 뿌리 뽑는 데서 끝나지 않으며, 이는 그저 시작점이 될 것이다. 우리의 행동을 이끌어줄 새롭고도 동정심 어린 원칙들을 이해하도록 자신을 붙들어야 할 것이다.

우리 몸은 그저 몸일 뿐이며, 우리의 성품을 나타내는 상징도, 노동 윤리가 만들어낸 휘장도 아니다. 그냥 몸이다. 우리 몸은 우리 자신의 것이며 길거리 괴롭힘의 대상도, 바뀌어야 한다는 명령을 받는 대상도, 얼마나 좋은 의도든 간에 달갑지 않은 '조언'을 들어야 하는 대상도 아니다. 건강이란 다면적이며, 정신 건강에서 장애 여부에 이르기까지, 혈압에서 T세포 수에 이르기까지 광범위한 요소들로 이뤄져 있다. 건강은 단 한 가지 수치로 환원할 수 없으며, 체중계 위에 나오는 숫자로는 더더욱 어림도 없다. 건강이란 회개한 자에게 주는 단순하거나 단일한 보상이 아니라, 대체로 기존의 특권이 만들어낸 결과물이다. 건강보험을 이용할 수 있고, 의료진에게 적절한 치료를 받고, 장애가 없는 몸을 지니고 태어난 특권 말이다. 질병과 장애는 경계를 늦추고 살아온 데 대한 처벌이 아니라, 인간 세계에 늘 있었던 다양한 모습일 뿐이다. 당뇨병과 심장병은 날씬한 사람들이 고소해할 기회가 아니라, 적절한 치료와 동정 어린 돌봄이 필요한 건강 상태다.

뚱뚱함은 실패가 아니며, 그러므로 날씬함도 성취가 아니다. 신체 사이즈는 대개 우리가 통제할 수 있는 영역을 넘어선 일이며, 드물게 우리가 통제할 수 있는 경우라 하더라도 기본적인 존중·존엄성·서비스를 누리기 위해, 또는 일자리를 얻거나 음식을 구하는 것처럼 기본적인 욕구를 충족하기 위해 날씬한 몸을 전제조건으로 내걸어서는 안 된다.

뚱뚱한 몸에 대한 반대는 예외적인 현상이 아니다. 그것은 곧 규칙이다. 뚱뚱한 몸에 대한 편견은 몇 안 되는 암적인 존재들이라든가 뚱뚱한 사람들을 해치려고 작정한 비주류 집단의 일이 아니다. 뚱뚱한 몸에 대한 편견은 가장 강력한 제도들을 형성하는 동시에 이런 제도들을 통해 표출되는 문화적 힘이다. 정부, 의료, 교육, 미디어 등의 제도 말이다. 뚱뚱한 몸에 대한 반대는 우리 각자가 품고 있는 것이 아니다. 우리는 그것이 되어간다. 그것은 우리를 집어삼키며, 우리가 자신과 주변 사람들을 바라보는 방식을 감염시키는 바이러스다. 그것은 우리 몸을 흐르는 혈액 속으로 쉽게 미끄러져 들어와 우리를 꽉 붙들고 우리가 친구들, 가족들,

길에서 만난 낯선 사람을 바라보는 방식에 스며들어간다. 그것은 우리의 시각과 관계를 뒤튼다. 뚱뚱한 몸에 대한 반대는 마치 생화학 무기처럼 이를 휘두르겠다며 적극적으로 선택해서 생겨난 결과가 아니다. 아니, 그것은 수동적인 기본값이다. 우리 모두가 그것을 실어 나른다. 우리는 매일 그 속에서 숨을 쉰다.

인간이 존엄성을 누리는 데 필요한 전제 조건은 없다. 그런 이유로 신체적 정의나 뚱뚱한 사람들을 위한 사회정의를 볼모로 삼고 경고해서도 안 된다.

이렇게 기본적인 원칙에 따라 행동하도록 우리 자신을 다잡는 일은 솔깃할 정도로 단순하지만, 어려운 일이 될 것이다. 새로운 세계를 짓는 일은 늘 그렇다.

그러니 당장 할 일을 하자.

감사의 말

직접적으로나 간접적으로나 이 책을 만들 수 있도록 해준 멋진 사람들이 정말 많다.

나의 에이전트 베스 베셀Beth Vese[1]은 이 책을 쓴다는 게 과연 가능한 일인지 내 스스로 상상해보기도 전에 내게 먼저 연락을 주었다. 그가 이끌어주고 지지해준 일은 책을 만드는 내내 무엇보다도 귀중했다.

비컨Beacon 출판사의 경이로운 담당 편집자 조애나 그린Joanna Green은 중요한 지침을 주고, 생각을 불러일으키는 질문을 던지고, 책의 모양새를 갖출 수 있도록 걸음걸음마다 도와주었다. 그녀와 함께 일할 수 있었던 것은 이루 말할 수 없는 행운이었다.

케일럽 루나Caleb Luna, 댄 린Dan Lynn, 키번 베이Kivan Bay, 앵거스 매과이어Angus Maguire, 알레한드로 후아레스Alejandro Juarez, 지나 수재나Gina

Susanna는 모두 초고를 읽고 대단히 도움이 되는 피드백을 저마다 전해주었다.

비만인 공동체는 우리 뚱뚱한 사람들이 공유하는 경험 속에서 가장 가시 돋친 면들에 관해 쓸 때 내가 현실에 발을 딛고 연결할 수 있게 해주었다. 데이비드 매컬해턴David McElhatton, 소피아 카터칸Sophia Carter-Kahn, 소피 헤이건Sophie Hagen, 제스 베이커Jes Baker, 저베이 디온JerVae Dionne, 리베카 아인스버그Rebecca Einsberg, 서맨사 피터슨Samantha Peterson, 다숀 해리슨Da'Shaun Harrison, 우시시 라만Ushshi Rahman, 니컬렛 메이슨Nicolette Mason, 제스 데인저러슬리Jess Dangerously, 샤일로 조지Shilo George, 세라 홀러웰Sarah Hollowell, 크리스틴 치리코Christine Chirico, 레이철 카센자Rachel Kacenjar, 섀넌 퍼서Shannon Purser, 리베카 알렉산더Rebecca Alexander, 메건 톤제스Meghan Tonjes 모두가 훌륭한 지지자들이었다.

초기에 훌륭하고 너그러운 분들이 지지해주지 않았더라면 내 글은 독자들에게 닿을 수 없었을지도 모른다. 록산 게이Roxane Gay 박사, 린도 베이컨Lindo Bacon 박사, 자밀라 자밀Jameela Jamil과 아이웨이iWeigh, 《페이퍼Paper》의 미키 보드먼Mickey Boardman, 맷 맥고리Matt McGorry, 《허핑턴포스트Huffington Post》의 마이클 홉스Michael Hobbes, 멀리사 파벨로Melissa Fabello, 《미디엄Medium》의 스테퍼니 조저펄러스Stephanie Georgopulos, 《셀프SELF》의 샐리 태머킨Sally Tamarkin, 글리머영화사Glimmer Films의 지니 핀레이Jeanie Finlay, 그 밖의 여러 사람들이다.

이 책을 쓰는 동안 내 친구와 가족은 많은 일들을 감내해주었다. 특히 부모님, 형제, 조카들, 그리고 꾸준히 조언해준 멋진 올케에게 감사하다. 리사Lisa, 킴Kim, 태라Tara, 로시Rossi, 힐 하트Hill Hart, 앨리슨Allison, 올리비아Olivia에게도 감사하다. 몸과 억압에 관해 더 심도 있고 동정심 어린 태도로 생각하도록 등을 떠밀어준 알레한드로Alejandro에게 감사하다. 그리고 일단 내 글을 공유해보라며 얘기해준 앵거스Angus에게 감사하다.

그리고 두말할 것도 없이, 힘차고 끈질기게 몇십 년을 이어온, 뚱뚱한 몸 해방 운동이 없었더라면 내게는 그 어떤 언어도 없었을 것이다. 매릴린 완Marilyn Wann, 소냐 러네이 테일러Sonya Renee Taylor, 레슬리 킨절Lesley Kinzel, 메리앤 커비Marianne Kirby, 레겐 샤스틴Regen Chastin, 케이트 하딩Kate Harding, 샬럿 쿠퍼Charlotte Cooper 박사, 캣 포제Cat Pausé 박사, 에벳 디온Evette Dionne, 폴 캠포스Paul Campos, 손드라 솔로베이Sondra Solovay, 슈그 맥대니얼Shoog McDaniel, 새브리나 스트링스Sabrina Strings 박사, 스테이시 바이어스Stacy Bias에게, 그리고 전미비만수용증진연합National Association to Advance Fat Acceptance, 사이즈다양성 및 건강 연합Association for Size Diversity and Health, 놀로제NOLOSE(뚱뚱한 사람들에 대한 억압을 종식하고 뚱뚱한 퀴어들의 활발한 문화를 만드는 단체), 팻언더그라운드Fat Underground, 뉴헤이븐 뚱뚱한 몸 해방전선New Haven Fat Liberation Front과 같은 단체들에, 또한 수없이 많은, 뚱뚱한 몸을 위한 활동가들, 학자들, 단체들, 공동체 지도자들에게 한없는 고마움을 보낸다.

옮긴이의 말

엉터리 울타리를 박차고 나아가는 사람

마지막으로 체중계에 올라본 적이 언제인지 기억하시나요? 저는 아마 고등학생 때였을 거예요. 어른이 된 뒤로는 체중계에 오른 적이 없습니다. 있다고 해도 기억나지 않을 만큼 존재감이 미미합니다. 여느 사람들에게나 그렇겠지만, 체중계는 제게 너무나 넌덜머리나는 물건이었거든요.

초중고교 시절에는 그 물건을 피할 수가 없었습니다. 1년에 한 번 신체검사를 해야 했으니까요. 어릴 적부터 잘해봐야 통통하고, 자칫하면 뚱뚱한 몸을 오갔던 제게는 지긋지긋한 연례행사였습니다. 분명 결과는 과체중, 비만, 또는 고도비만일 것이 뻔했거든요. 제 몸에 어떤 라벨을 붙일지 판가름하는 기준은 바로 체질량지수BMI였습니다.

저는 의무교육을 받던 시절 내내 BMI 계산 공식을 머릿속에다 판박이처럼 꼭 붙여두고 있었습니다. 잊고 살고 싶어도 떨쳐낼 수가 없었어요. BMI는 몸무게(kg)를 키(m)를 제곱한 값으로 나눈 수치입니다. 이 수치를 줄이려면 분자인 몸무게를 줄이거나, 분모에 들어가는 키를 늘려야 했습니다. 무얼 어떻게 더 줄이거나 늘려야, 단 한 번도 저를 받아들여준 적 없는 '표준체중'에 들어갈 수 있을지를 해마다 내내 수시로 골몰하며 지냈습니다. 그렇지만 아무리 해를 거듭해도 '표준체중'에 들어가보지 못한 채 의무교육은 끝이 났고, 저는 그 뒤로 체중계와도 담을 쌓고 지냈습니다.

체중계라는 물건의 존재조차 까먹다시피 한 채 어른이 되어 생활하던 어느 날, 자기 몸이 뚱뚱하다며 울적해하는 어린 여자아이에게 어른 여자 가수가 만들어준 노래를 우연히 만났습니다. 〈빅토리아스 시크릿Victoria's Secret〉이라는 노래예요. 한국에서도 꽤나 인기를 끌었으니 이미 들어본 분도 더러 있을지 모릅니다. 제목에서 한눈에 느껴지듯, '빅토리아 시크릿'이라는 속옷 브랜드를 소재로 삼은 노래입니다. 마음에 들었던 가사를 여기에 몇 줄 옮겨보지요.

나는 빅토리아의 비밀을 알아. 너는 도저히 안 믿을지도 몰라. 그 여자는 오하이오 주에 사는 늙은 남자야. 나 같은 여자애들로 돈을 벌어먹지. 몸에 관한 콤플렉스를 이용해서 현찰을 쓸어 모아. (…) 나는 빅토리아의 비밀을 알지. 그 여자는 영감쟁이가 만들어낸 거야. (…) 그 여자는 결코 나와 너를 위해서 만들어진 게 아냐.

이런 속옷을 입고 저런 향수를 뿌려야 '빅토리아' 같은 여자가 될 수 있다며 기업과 세상은 여자들을 구슬리거나 협박합니다. 그렇지만 '빅토리아'는 늙은 남자가 돈을 벌려고 꾸며낸 것일 뿐 애초에 실존하는 사람이 아닌 데다, 진정으로 여자들을 배려해서 만들어진 것조차 아니라는 얘기지요. 이런 이야기를 들은 여자아이라면 더 이상 자기 몸이나 살에 관해 주눅 들 일은 없을 것 같습니다. 그리고 한 여자아이를 위해 이런 노래를 만든 가수는 정말 좋은 어른이고, 저도 그런 어른이 되고 싶습니다. 한편으로는 저도 진즉에 이런 어른을 만났다면 참 좋았겠다는 생각을 했어요. 이를테면 사람들이 '살에 관해 말하지 않는 것들'을 알려준 오브리 고든도 그런 사람이겠지요.

고든이 알려준 덕분에, 저를 오랫동안 들들 볶았던 BMI도 '빅토리아' 만큼이나 실체 없는 허상이었다는 사실을 아주 최근에야 깨달았습니다. BMI는 애초에 의사조차 아닌 사회과학자가 개인의 건강과는 전혀 상관없이, 한술 더 떠 현실의 인간이 아닌 이상적인 인간상을 구상하는 데 사용하려고 만들어낸 틀이었다는 사실을요. 그동안 속고 살았다는 걸 깨닫자, 가장 먼저 든 감정은 억울함이나 분노 따위가 아니었습니다. 그저 허탈했습니다. 어이가 없기도 했지요. 가소롭고도 홀가분하다는 기분도 들었습니다.

BMI는 애초에 그 어떤 현실의 인간을 위해서도 만든 게 아니었습니다. 신뢰할 만한 근거를 바탕으로 만들어낸 것도 아니었습니다. 그런데도 학교에 다니는 미성년자의 신체검사에도, 국민건강보험공

단에서 실시하는 건강검진에도 버젓이 사용되고 있단 말이지요. 그러고는 이 '엉터리 울타리' 안에 들어오지 않는 사람들을 욕하고, 흉보고, 멸시하는 힘을 휘두릅니다. 제가 청소년기 내내 그 족쇄를 달고 지냈듯이요.

BMI는 아무런 근거도 없는 숱한 '허술한 울타리' 가운데 그저 한 가지 사례일 뿐일 것입니다. "건강을 생각해서라도 살을 빼야지" 같은 '염려'나 "살 빠지고 예뻐졌네" 같은 '칭찬'도 수많은 사람들을 미시적이고도 보편적으로 옥죕니다. 고든은 바로 그런 울타리들이 과학적인 근거가 전혀 없는 엉성한 거짓말이라는 점을 똑똑히 알려줍니다. 잘못된 건 '정상'이라는 틀에 들어맞지 않는 너나 나의 몸이 아니라, 왜곡된 틀을 뻔뻔하게 이용해먹는 사회라는 걸 보여줍니다. 그러니 몸에 대한 차별 문제를 "뚱뚱한 몸을 긍정하고 자존감을 높이자!"면서 개인의 심리 차원으로 축소할 일이 애초에 아니었던 것이죠. 우리를 둘러싼 사회문화적 환경이 일그러져 있는데, 제아무리 개인에게 마음가짐을 바꿔보라고 한들 달라질 것은 없으니까요.

이제야 비로소 저는 엉터리 울타리를 알아보고 코웃음을 칠 수 있게 되었습니다. 그리고 바로 얼마 전 오랜만에 체중계에 올라갈 일이 있었어요. 여행 중이었는데, 짐이 든 가방의 무게를 재려면 제가 가방을 들고 무게를 잰 뒤 제 몸무게를 빼야 했거든요. 그렇게 반강제적으로 알게 된 저의 최신 몸무게는 인생 최고치에 이르러 있었습니다. 그에 대한 제 감상은 어땠을까요? 그냥 무덤덤했습니다. 몸무게가 어떻든 간에 저는 행복하고, 건강하고, 즐겁게 여행도 하고 있었으니까요.

만족스럽게 여행을 마치고 돌아오는 길, 면세점에는 공교롭게도 빅토리아 시크릿 매장이 있었습니다. 이제 저는 저 작디작은 매장에 들어가 몸에 맞는 속옷이 없다며 한탄하거나, 매장에 걸린 모델 사진과 저의 몸을 견주며 위축될 일이 없습니다. 엉성한 울타리에 갇혀 진을 빼는 대신, 더 가치 있는 일에 힘과 시간을 쓰면 됩니다. 넓디넓은 공항 속 조그만 빅토리아 시크릿 매장 탈의실처럼 옹졸한 틀 안에 갇혀 낭비하기에는, 다른 재밌는 할 일이 인생에 많으니까요. 이를테면 전 세계 곳곳으로 향하는 비행기에 올라타 크고 작은 모험을 거침없이 떠나는 일처럼요. 그렇게 오른 비행기 옆자리에는 뚱뚱하고도 건강하고도 만족스러운 삶을 살아가는 또 다른 누군가가 타고 있을지도 모릅니다.

들어가며

1 "The Body Positive—About Us," Body Positve, https://www.thebodypositive.org/about#About−Us, accessed February 7, 2020.

2 "The Body Positive—About Us."

3 The Body Positive, "The Be Body Positive Model: Core Competencies," GoogleDrive, https://drive.google.com/file/d/0B8YMMhy3aiHmUENUUlJBMG FTSjA/view, accessed February 7, 2020.

4 Carey Goldberg, "Study: Bias Drops Dramatically for Sexual Orientation and Race—but Not Weight," *CommonHealth*, WBUR, January 11, 2019, https://www.wbur.org/commonhealth/2019/01/11/implicit−bias−gay−black−weight.

5 Leigh Weingus, "Body Neutrality Is a Movement That Doesn't Focus on Your Appearance," *Huffington Post*, August 15, 2018, https://www.huffpost.com/entry/what−is−body−neutrality_n_5b61d8f9e4b0de86f49d31b4?guccounter=1.

6 "Body Sovereignty," Simon Fraser Public Interest Research Group, https://sfpirg.ca/infohub/body−sovereignty, accessed February 7, 2020.

7 The Fat Lip Podcast, "Ash on Instagram: 'Okay, I Always Get Asked about

This…,' " Instagram, https://www.instagram.com/p/BtUApeGAvVA, accessed March 30, 2020.

8 *Macmillan Dictionary*, "fatphobia (n.)," https://www.macmillandictionary.com/us/dictionary/american/fatphobia, accessed February 7, 2020.

9 Robert Crawford, "Healthism and the Medicalization of Everyday Life," *International Journal of Health Services* 10, no. 3 (1980): 365–88, https://doi.org/10.2190/3h2h–3xjn–3kay–g9ny.

10 Fall Ferguson, "The HAES2® Files: Speculations on Healthism & Privilege," *Health at Every Size2®* (blog), *Association for Size Diversity and Health*, December 9, 2013, https://healthateverysizeblog.org/2013/11/19/the–haes–files–speculations–on–healthism–privilege.

11 Hilary George–Parkin, "68% Of American Women Wear a Size 14 or Above," *Racked*, June 5, 2018, https://www.racked.com/2018/6/5/17380662/size–numbers–average–woman–plus–market.

12 George–Parkin, "68% Of American Women."

13 Online Etymology Dictionary, "obesity (n.)," https://www.etymonline.com/word/obesity, accessed February 7, 2020.

14 Christy Harrison, "What Is Diet Culture?" *Christy Harrison* (blog), August 10, 2018, https://christyharrison.com/blog/what–is–diet–culture.

1. 가벼운 공기 속으로

1 Craig M. Hales, Margaret D. Carroll, Cheryl D. Fryar, and Cynthia L. Ogden, "Prevalence of Obesity Among Adults and Youth: United States, 2015–2016," (NHS Data Brief, October 2017), https://www.cdc.gov/nchs/data/databriefs/db288.pdf.

2 " 'Incredible Shrinking Airline Seat' : US Court Says Seat Size a Safety Issue," *Guardian*, July 29, 2017, https://www.theguardian.com/business/2017/jul/29/incredible–shrinking–airline–seat–us–court–says–seat–size–a–safety–issue.

3 "Air Passengers Get Bigger, Airline Seats Get Smaller," *USA Today*, March 8, 2018,

https://www.usatoday.com/story/opinion/2018/03/07/air −passengers −get −bigger　airline −seats −get −smaller −editorials −debates/397083002.

4 Scott McCartney, "You're Not Getting Bigger, the Airplane Bathroom Is Getting Smaller," *Wall Street Journal*, August 29, 2018, https://www.wsj.com/articles/youre −not −getting −bigger −the −airplane −bathroom −is −getting −smaller −1535553108.

5 Leslie Josephs, "House Passes Bill to Require Minimum Standards for Airplane Seat Size and Legroom," CNBC, September 27, 2018, https://www.cnbc.com/2018/09/27/airplane −seat −sizes −would −be −regulated −in −faa −law.html.

6 Robert D. Hershey, "Alfred E. Kahn Dies at 93; Prime Mover of Airline Deregulation," *New York Times*, December 28, 2010, https://www.nytimes.com/2010/12/29/business/29kahn.html.

7 Susan S. Lang, "Economist Alfred Kahn, 'Father of Airline Deregulation' and Former Presidential Adviser, Dies at 93," *Cornell Chronicle*, Cornell University, December 27, 2010, http://news.cornell.edu/stories/2010/12/alfred −kahn −father −airline −deregulation −dies −93.

8 Edward A. Smeloff, "Utility Deregulation and Global Warming: The Coming Collision," *Natural Resources and Environment* 12, no. 4 (n.d.): 280 −85, https://www.jstor.org/stable/40923749?seq=1#page_scan_tab_contents.

9 "A Brief History of the FAA," Federal Aviation Administration, US Department of Transportation, January 4, 2017, https://www.faa.gov/about/history/brief_history.

10 Erin Corbett, "Congress Is Addressing Cramped Airplane Seats This Week, an Irritating Issue on Both Sides of the Aisle," *Fortune*, September 24, 2018, https://fortune.com/2018/09/23/congress −airplane −seat −legroom −law −bill −faa.

11 Lori Aratani, "Can You Fit in This Bathroom? Passengers Are Growing but Airplane Bathrooms Are Shrinking," *Washington Post*, November 17, 2018, https://www.washingtonpost.com/graphics/2018/local/airplane −bathrooms/?noredirect=on.

[12] Kari Paul, "Court Orders FAA to Address 'The Case of the Incredible Shrinking Airline Seat' —This Is How Much They've Actually Shrunk," *MarketWatch*, Dow Jones & Company, August 1, 2017, https://www.marketwatch.com/story/american−airlines−to−shrink−legroom−for−these−coach−passengers−2017−05−03.

[13] Kari Paul, "FAA Declines to Put a Stop to the 'Incredible Shrinking Airline Seat,'" *MarketWatch*, Dow Jones & Company, July 10, 2018, https://www.marketwatch.com/story/faa−declines−to−put−a−stop−to−the−incredible−shrinking−airline−seat−2018−07−09.

[14] Corbett, "Congress Is Addressing Cramped Airplane Seats."

[15] US Congress, House, SEAT Act of 2017, HR 1467, 115th Cong., introduced in House March 19, 2017, https://www.congress.gov/bill/115th−congress/house−bill/1467/text?r=196.

[16] "Customer of Size," Southwest Airlines, https://www.southwest.com/html/customer−service/extra−seat/?clk=GFOOTER−CUSTOMER−COS, accessed October 24, 2019.

[17] "Customer of Size Seating Guidelines," Alaska Airlines, https://www.alaskaair.com/content/travel−info/policies/seating−customers−of−size, accessed October 24, 2019.

[18] "Can I purchase an extra seat for myself or something I'm transporting?," Spirit Airlines, https://customersupport.spirit.com/hc/en−us/articles/202098626−Can−I−purchase−an−extra−seat−for−myself−or−something−I−m−transporting, accessed October 24, 2019.

[19] Embry Roberts, "Plus−Size Woman Bravely Confronts in−Flight Body Shamer—See the Video," TODAY.com, July 3, 2017, https://www.today.com/style/plus−size−model−natalie−hage−confronts−body−shamer−plane−t113429.

[20] David Moye, "385−Pound Man Kicked Off United Flight for Row Mate's Comfort," *HuffPost*, April 5, 2016, https://www.huffpost.com/entry/man−kicked−off−united−flight−weight_n_57042023e4b0b90ac270750a.

21 Dareh Gregorian, "EXCLUSIVE: Airlines Settle $6M Lawsuit in Death of Bronx Woman Who Was 'Too Fat' to Fly Home to the U.S." *New York Daily News*, January 9, 2019, https://www.nydailynews.com/news/national/exclusive–airlines–settle–6m–lawsuit–death–bronx–woman–fat–fly–home–article–1.1931576.

22 "Nicole Arbour's AWKWARD Interview on *The View*," What's Trending, September 17, 2015, 2:25, video, https://www.youtube.com/watch?v=IjlVPzGXTP0.

23 "Nicole Arbour on *The View*," Ronnie, September 16, 2015, 6:43, video, https://www.youtube.com/watch?v=yMhsSb2BvnQ.

24 "Should Obese People Have to Buy Two Seats on a Plane?" The Young Turks, December 4, 2009, 5:21, video, https://www.youtube.com/watch?v=z74EqQfWMUA.

25 Goldberg, "Study: Bias Drops Dramatically for Sexual Orientation and Race—but Not Weight."

26 Hanae Armitage, "Low–Fat or Low–Carb? It's a Draw, Study Finds," *Stanford Medicine News Center*, Stanford University, accessed October 24, 2019, https://med.stanford.edu/news/all–news/2018/02/low–fat–or–low–carb–its–a–draw–study–finds.html.

27 Craig M. Hales et al., "Prevalence of Obesity Among Adults and Youth."

28 Fairygodboss, "The Grim Reality of Being a Female Jobseeker," https://res.cloudinary.com/fairygodboss/raw/upload/v1518462741/production/The_Grim_Reality_of_Being_A_Female_Job_Seeker.pdf, accessed October 23, 2019.

29 Ronald Alsop, "Fat People Earn Less and Have a Harder Time Finding Work," BBC News, December 1, 2016, https://www.bbc.com/worklife/article/20161130–fat–people–earn–less–and–have–a–harder–time–finding–work.

30 Shana Lebowitz, "Science Says People Determine Your Competence, Intelligence, and Salary Based on Your Weight," *Business Insider*, September 9, 2015. https://www.businessinsider.com/science–overweight–people–less–successful–2015–9.

31 Alsop, "Fat People Earn Less and Have a Harder Time Finding Work."

[32] Suzanne McGee, "For Women, Being 13 Pounds Overweight Means Losing $9,000 a Year in Salary," *Guardian*, October 30, 2014, https://www.theguardian.com/money/us−money−blog/2014/oct/30/women−pay−get−thin−study.

[33] Lisa Quast, "Why Being Thin Can Actually Translate into a Bigger Paycheck for Women," *Forbes*, August 21, 2012, https://www.forbes.com/sites/lisaquast/2011/06/06/can−being−thin−actually−translate−into−a−bigger−paycheck−for−women/#1a59c0267b03.

[34] Megan Orciari, "Body Weight and Gender Influence Judgment in the Courtroom," *YaleNews*, Yale University, January 8, 2013, https://news.yale.edu/2013/01/08/body−weight−and−gender−influence−judgment−courtroom.

[35] Matthew Rozsa, "Judge: Overweight Teen Victim May Have Been 'Flattered' by Sexual Assault," *Salon*, October 27, 2017, https://www.salon.com/2017/10/27/judge−overweight−teen−victim−may−have−been−flattered−by−sexual−assault.

[36] Zak Cheney−Rice, "NYPD Union Lawyers Claim Eric Garner Would've Died Anyway Because He Was Obese," *Intelligencer*, June 14, 2019, http://nymag.com/intelligencer/2019/06/eric−garner−death−inevitable−says−lawyer.html.

[37] Cheney−Rice, "NYPD Union Lawyers Claim Eric Garner Would've Died Anyway Because He Was Obese."

[38] Areva Martin, "Weight Discrimination Is Legal in 49 States," *Time*, August 16, 2017, https://time.com/4883176/weight−discrimination−workplace−laws; Sarah Kim, "Washington State Supreme Court Rules That Obesity Is a Disability," *Forbes Magazine*, July 19, 2019, https://www.forbes.com/sites/sarahkim/2019/07/18/washington−state−supreme−courts−obesity−disability/#1e5a504cd274.

[39] Josh Sanburn, "Too Big to Cocktail? Judge Upholds Weight Discrimination in the Workplace," *Time*, July 26, 2013, http://nation.time.com/2013/07/26/too−big−to−cocktail−judge−upholds−weight−discrimination−in−the−workplace.

[40] MarketResearch.com. "U.S. Weight Loss Market Worth $66 Billion," PR

Newswire, June 26, 2018, https://www.prnewswire.com/news-releases/us-weight-loss-market-worth-66-billion-300573968.html; Charlotte Markey, "5 Lies from the Diet Industry," *Psychology Today*, January 21, 2015, https://www.psychologytoday.com/us/blog/smart-people-don-t-diet/201501/5-lies-the-diet-industry.

41 "The Biggest Loser: Fall 2011-2012 Ratings," Canceled Renewed TV Shows, TV Series Finale, February 8, 2012, https://tvseriesfinale.com/tv-show/the-biggest-loser-ratings-2011-2012.

42 *Woman's World*, December 31, 2018.

43 "Poverty," Healthy People 2020, U.S. Department of Health and Human Services, https://www.healthypeople.gov/2020/topics-objectives/topic/social-determinants-health/interventions-resources/poverty, accessed October 24, 2019.

44 "Overweight & Obesity Statistics," National Institute of Diabetes and Digestive and Kidney Diseases, U.S. Department of Health and Human Services, August 1, 2017, https://www.niddk.nih.gov/health-information/health-statistics/overweight-obesity.

2. 비만이라는 유행병

1 *The Dr. Oz Show*, "Is It Child Abuse to Have a Fat Child?," aired May 24, 2011, in broadcast syndication, Sony Pictures Television.

2 Locke Hughes, "The 6 Best Weight-Loss Camps for Lasting Results," *Women's Health*, June 11, 2019, https://www.womenshealthmag.com/weight-loss/a19975513/weight-loss-camps.

3 Warren E. Leary, "Major U.S. Report on the Diet Urges Reduction in Fat Intake," *New York Times*, July 28, 1988, sec. A.

4 Leary, "Major U.S. Report on the Diet Urges Reduction in Fat Intake."

5 Paul F. Campos, *The Obesity Myth: Why America's Obsession with Weight Is Hazardous to Your Health* (New York: Gotham Books, 2004), 3.

[6] Leary, "Major U.S. Report on the Diet Urges Reduction in Fat Intake."

[7] *Agriculture Improvement Act of 2018*, Public Law 115-334, 115th Cong. (2018), https://www.congress.gov/bill/115th-congress/house-bill/2/text.

[8] "Farming's Sustainable Future," *Knowable Magazine*, https://www.knowablemagazine. org/page/farmings-sustainable-future, accessed October 22, 2019.

[9] Campos, *The Obesity Myth*, 3.

[10] "Let's Move! America's Move to Raise a Healthier Generation of Kids," National Archives and Records Administration, https://letsmove.obamawhitehouse.archives. gov/about, accessed October 22, 2019.

[11] Fed Up, RADiUS-TWC, 2014, http://fedupmovie.com.

[12] "Let's Move! America's Move to Raise a Healthier Generation of Kids."

[13] Lesley Kinzel, "How Childhood-Obesity Fight Damages Self Esteem," *Newsweek*, May 26, 2010, https://www.newsweek.com/how-childhood-obesity-fight-damages-self-esteem-70289.

[14] Kinzel, "How Childhood-Obesity Fight Damages Self Esteem."

[15] Kate Dailey, "Georgia Obesity Campaign Sparks Fierce Online Reaction," BBC News, March 6, 2012, https://www.bbc.com/news/magazine-16939718.

[16] Hannah R. Thompson and Kristine A. Madsen, "The Report Card on BMI Report Cards," *Current Obesity Reports* 6, no. 2 (November 2017): 163-67, https://doi. org/10.1007/s13679-017-0259-6.

[17] SAGE, "Most Parents Don't Believe Their Child's BMI Report Card," *Science-Daily*, February 14, 2018, https://www.sciencedaily.com/releases/2018/02/180214093647. htm.

[18] Kevin A. Gee, "School-Based Body Mass Index Screening and Parental Notification in Late Adolescence: Evidence from Arkansas's Act 1220," *Journal of Adolescent Health*, June 23, 2015, https://www.sciencedirect.com/science/article/pii/ S1054139X15002232.

[19] Kristine A. Madsen, "School-Based Body Mass Index Screening and Parent

Notification," *Archives of Pediatrics & Adolescent Medicine* 165, no. 11 (2011): 987, https://doi.org/10.1001/archpediatrics.2011.127.

[20] J. P. Ikeda, P. B. Crawford, and G. Woodward-Lopez, "BMI Screening in Schools: Helpful or Harmful," *Health Education Research* 21, no. 6 (2006): 761 – 69, https://doi.org/10.1093/her/cyl144.

[21] "Body Mass Index Report Cards: A Path to Weight Stigma," Center for Discovery, October 21, 2019, https://centerfordiscovery.com/blog/body-mass-index-report-cards.

[22] Deborah Carr and Michael A. Friedman, "Is Obesity Stigmatizing? Body Weight, Perceived Discrimination, and Psychological Well-Being in the United States," *Journal of Health and Social Behavior* 46, no. 3 (2005): 244–59, https://doi.org/10.1177/002214650504600303.

[23] Rebecca M. Puhl and Kelly D. Brownell, "Confronting and Coping with Weight Stigma: An Investigation of Overweight and Obese Adults," *Obesity* 14, no. 10(2012): 1802–15, https://doi.org/10.1038/oby.2006.208.

[24] Alexis Conason, "The Ironic Effects of Weight Stigma," *Psychology Today*, March 14, 2014, https://www.psychologytoday.com/us/blog/eating-mindfully/201403/the-ironic-effects-weight-stigma.

[25] Kathleen Lebesco, "Fat Panic and the New Morality," in *Against Health: How Health Became the New Morality*, ed. Jonathan Metzl and Anna Kirkland (New York: New York University Press, 2010), 73.

[26] Sandra Aamodt, "Why You Can't Lose Weight on a Diet," *New York Times*, May 6, 2016, https://www.nytimes.com/2016/05/08/opinion/sunday/why-you-cant-lose-weight-on-a-diet.html.

[27] "Jean Nidetch: Weight Loss Therapy," *Who Made America?*, PBS, https://www.pbs.org/wgbh/theymadeamerica/whomade/nidetch_hi.html, accessed October 22, 2019.

[28] "Jean Nidetch: Weight Loss Therapy."

[29] Sholnn Freeman, "Heinz Selling Its Weight Watchers Unit," *New York Times*, July 23, 1999, https://www.nytimes.com/1999/07/23/business/heinz—selling—its—weight—watchers—unit.html.

[30] Danielle Wiener—Bronner, "Weight Watchers Announces Free Memberships for Teens," *CNN Business*, February 7, 2018, https://money.cnn.com/2018/02/07/news/companies/weight—watchers—free—memberships/index.html.

[31] Sylvia R. Karasu, "Adolphe Quetelet and the Evolution of Body Mass Index (BMI)," *Psychology Today*, March 18, 2016, https://www.psychologytoday.com/us/blog/the—gravity—weight/201603/adolphe—quetelet—and—the—evolution—body—mass—index—bmi.

[32] Jodi O' Brien, *Encyclopedia of Gender and Society* (Los Angeles: Sage, 2009).

[33] Rachel P. Maines, *The Technology of Orgasm: Hysteria, the Vibrator, and Women's Sexual Satisfaction* (Baltimore: Johns Hopkins University Press, 2001).

[34] Michael Castleman, " 'Hysteria' and the Strange History of Vibrators," *Psychology Today*, March 1, 2013, https://www.psychologytoday.com/us/blog/all—about—sex/201303/hysteria—and—the—strange—history—vibrators.

[35] Sabrina Strings, *Fearing the Black Body: The Racial Origins of Fat Phobia* (New York: New York University Press, 2019).

[36] Strings, *Fearing the Black Body*.

[37] Strings, *Fearing the Black Body*.

[38] Jessica Firger, "There' s a Dangerous Racial Bias in the Body Mass Index," *Newsweek*, May 7, 2017, https://www.newsweek.com/2017/05/19/obesity—childhood—obesity—body—mass—index—bmi—weight—weight—gain—health—595625.html.

[39] Endocrine Society, "Widely Used Body Fat Measurements Overestimate Fatness in African—Americans, Study Finds," *ScienceDaily*, June 22, 2009, https://www.sciencedaily.com/releases/2009/06/090611142407.htm.

[40] Karasu, "Adolphe Quetelet and the Evolution of Body Mass Index (BMI)."

[41] Karasu, "Adolphe Quetelet and the Evolution of Body Mass Index (BMI)."

42 "Who's Fat? New Definition Adopted," CNN, June 17, 1998, https://www.cnn.com/HEALTH/9806/17/weight.guidelines.

43 Kelly Fitzgerald, "Obesity Is Now a Disease, American Medical Association Decides," *Medical News Today*, August 17, 2013, https://www.medicalnewstoday.com/articles/262226.php.

44 Anna North, "Weigh Less, Pay Less: Whole Foods Offers Discount Based on BMI," *Jezebel*, January 25, 2010, https://jezebel.com/weigh−less−pay−less−whole−foods−offers−discount−based−5456561.

45 Amy Stillman, "Mexican Oil Company Offers BMI Bonus for Thin Workers," *TIME*, August 2, 2019, https://time.com/5642965/pemex−health−bonus−weight−loss−waistline.

46 "2015 Employer Health Benefits Survey − Section Twelve: Health Risk Assessment, Biometrics Screening and Wellness Programs," Henry J. Kaiser Family Foundation, September 14, 2016, https://www.kff.org/report−section/ehbs−2015−section−twelve−health−risk−assessment−biometrics−screening−and−wellness−programs.

47 Howard LeWine, "Diabetes Can Strike Hard Even When Weight Is Normal," *Harvard Health* (blog), Harvard Health Publishing, August 8, 2012, https://www.health.harvard.edu/blog/diabetes−can−strike−hard−even−when−weight−is−normal−201208085121.

48 Gina Kolata, "One Weight−Loss Approach Fits All? No, Not Even Close," *New York Times*, December 12, 2016, https://www.nytimes.com/2016/12/12/health/weight−loss−obesity.html.

49 Rebecca M. Puhl and Chelsea A. Heuer, "Obesity Stigma: Important Considerations for Public Health," *American Journal of Public Health* 100, no. 6 (2010): 1019−28, https://doi.org/10.2105/ajph.2009.159491; Goldberg, "Study: Bias Drops Dramatically for Sexual Orientation and Race—but Not Weight."

50 Mayo Clinic Staff, "Stress and High Blood Pressure: What's the Connection?,"

Mayo Clinic, Mayo Foundation for Medical Education and Research, January 9, 2019, https://www.mayoclinic.org/diseases−conditions/high−blood−pressure/in−depth/stress−and−high−blood−pressure/art−20044190.

[51] Deepak Bhatt, "'Stress' Cardiomyopathy: A Different Kind of Heart Attack," *Harvard Health* (blog), Harvard Health Publishing, August 5, 2019, https://www.health.harvard.edu/blog/stress−cardiomyopathy−a−different−kind−of−heart−attack−201509038239.

[52] "Mental Health," American Diabetes Association, https://www.diabetes.org/diabetes/mental−health, accessed October 22, 2019.

[53] "Fatal Pulmonary Hypertension Associated with Short−Term Use of Fenfluramine and Phentermine," *New England Journal of Medicine* 337, no. 20 (1997): 1483−83, https://doi.org/10.1056/nejm199711133372023.

[54] Gina Kolata, "After 'The Biggest Loser,' Their Bodies Fought to Regain Weight," *New York Times*, May 2, 2016, https://www.nytimes.com/2016/05/02/health/biggest−loser−weight−loss.html.

[55] Gina Kolata, "Americans Blame Obesity on Willpower, Despite Evidence It's Genetic," *New York Times*, November 1, 2016, https://www.nytimes.com/2016/11/01/health/americans−obesity−willpower−genetics−study.html.

[56] Campos, *The Obesity Myth*, 67−68.

[57] Erin Fothergill, Juen Guo, Lilian Howard, Jennifer C. Kerns, Nicolas D. Knuth, Robert Brychta, Kong Y. Chen, et al., "Persistent Metabolic Adaptation 6 Years after 'The Biggest Loser' Competition," *Obesity* 24, no. 8 (2016): 1612−19, https://doi.org/10.1002/oby.21538.

[58] Kolata, "After 'The Biggest Loser,' Their Bodies Fought to Regain Weight.'"

[59] Harriet Brown, "Planning to Go on a Diet? One Word of Advice: Don't," *Slate*, March 24, 2015, https://slate.com/technology/2015/03/diets−do−not−work−the−thin−evidence−that−losing−weight−makes−you−healthier.html.

3. 날씬해지기 위한 비용

[1] "How You Can Get Tickets for Oprah's '2020 Vision' Tour with WW," *O, the Oprah Magazine*, January 9, 2020, https://www.oprahmag.com/life/a28899378/oprah−ww−tour. When I created this citation, the website's title autopopulated as "You Can Now Get a 3−Month WW Membership for Less, Courtesy of Oprah!"

[2] Taffy Brodesser−Akner, "Losing It in the Anti−Dieting Age," *New York Times*, August 2, 2017, https://www.nytimes.com/2017/08/02/magazine/weight−watchers−oprah−losing−it−in−the−anti−dieting−age.html.

[3] Angelica LaVito, "Oprah Winfrey's Stake in Weight Watchers Falls by $48 Million in Minutes after Shares Crater 30 Percent," CNBC, February 27, 2019, https://www.cnbc.com/2019/02/26/oprah−winfreys−stake−in−weight−watchers−falls−by−48−million−in−minutes.html.

[4] LaVito, "Oprah Winfrey's Stake in Weight Watchers Falls."

[5] Shannon Rosenberg, "Weight Watchers to Offer Free Memberships for Teens and People Are NOT Here for It," *BuzzFeed*, February 14, 2018, https://www.buzzfeed.com/shannonrosenberg/weight−watchers−free−membership−teenagers.

[6] Rosenberg, "Weight Watchers to Offer Free Memberships for Teens."

[7] Louise Foxcroft, "How We Fought Fat throughout History," BBC Timelines, BBC, December 10, 2015, https://web.archive.org/web/20190331172847/https://www.bbc.com/timelines/z9nfyrd.

[8] Foxcroft, "How We Fought Fat throughout History."

[9] Nicolas Rasmussen, "America's First Amphetamine Epidemic 1929−1971," *American Journal of Public Health* 98, no. 6 (2008): 974−85, https://doi.org/10.2105/ajph.2007.110593.

[10] "Nutri−System Diet Led to Gallbladder Disease, Suits Say," *Los Angeles Times*, March 20, 1990, https://www.latimes.com/archives/la−xpm−1990−03−20−fi−827−story.html.

[11] Luisa Yanez, "Nutri/System Settles Local Lawsuits," *Sun Sentinel* (Florida), October 5,

2018, https://www.sun-sentinel.com/news/fl-xpm-1991-11-07-9102150288-story.html.

12 Gina Kolata, *Rethinking Thin: The New Science of Weight Loss—and the Myths and Realities of Dieting* (New York: Farrar, Straus & Giroux, 2007), 23.

13 Kate Cohen, "Fen Phen Nation," PBS, November 13, 2003, https://www.pbs.org/wgbh/pages/frontline/shows/prescription/hazard/fenphen.html.

14 Cohen, "Fen Phen Nation."

15 Interview with Stuart Rich, MD, "Dangerous Prescription," *Frontline*, PBS, November 13, 2003, https://www.pbs.org/wgbh/pages/frontline/shows/prescription/interviews/rich.html.

16 Michael D. Lemonick, "The New Miracle Drug?," *Time*, September 23, 1996, http://content.time.com/time/magazine/article/0,9171,985187,00.html.

17 Cohen, "Fen Phen Nation."

18 Cohen, "Fen Phen Nation."

19 S. E. Swithers, S. B. Ogden, and T. L. Davidson, "Fat Substitutes Promote Weight Gain in Rats Consuming High-Fat Diets," *Behavioral Neuroscience* (2011).

20 Sondra Solovay, *Tipping the Scales of Justice: Fighting Weight-Based Discrimination* (Amherst, NY: Prometheus, 2000), 191.

21 Solovay, *Tipping the Scales of Justice*, 193.

22 A. J. Stunkard, "An Adoption Study of Human Obesity," *New England Journal of Medicine* 315, no. 2 (1986): 128-30, https://doi.org/10.1056/nejm198607103150211.

23 Solovay, *Tipping the Scales of Justice*, 193.

24 Kolata, "After 'The Biggest Loser,' Their Bodies Fought to Regain Weight."

25 Solovay, *Tipping the Scales of Justice*, 211.

26 Solovay, *Tipping the Scales of Justice*, 211.

27 Campos, *The Obesity Myth*, 33-34.

28 Hailey Middlebrook, "Yo-Yo Dieting Dangerous for Women's Hearts, Study

Says," CNN, November 15, 2016, https://www.cnn.com/2016/11/15/health/
yoyo-dieting-harms-hearts/index.html.

29 "Weight Cycling Is Associated with a Higher Risk of Death, Study Finds," *ScienceDaily*,
November 29, 2018, https://www.sciencedaily.com/releases/2018/11/181129153837.
htm.

30 Center for Eating Disorders at Sheppard Pratt, "What Causes an Eating Disorder?
Underlying Causes," https://web.archive.org/web/20190708154247/https://
eatingdisorder.org/eating-disorder-information/underlying-causes, accessed April
6, 2020.

31 "Eating Disorder Statistics," National Association of Anorexia Nervosa and Associated
Disorders, https://anad.org/education-and-awareness/about-eating-disorders/
eating-disorders-statistics, accessed February 15, 2020.

32 "Eating Disorder Statistics."

33 "Eating Disorder Statistics."

34 Leslie A. Sim et al., "Eating Disorders in Adolescents with a History of Obesity,"
Pediatrics 132, no. 4 (2013): e1026-e1030, https://pediatrics.aappublications.org/
content/132/4/e1026.

35 "Statistics & Facts," Global Wellness Institute, https://globalwellnessinstitute.org/
press-room/statistics-and-facts, accessed February 14, 2020.

36 "Orthorexia," National Eating Disorders Association, December 13, 2019, https://
www.nationaleatingdisorders.org/learn/by-eating-disorder/other/orthorexia.

37 "Eating Disorder Statistics."

38 "Dr. Oz Admits Products He Promotes Don't Pass 'Scientific Muster,'" *HuffPost*,
June 18, 2014, https://www.huffpost.com/entry/dr-oz-congress_n_5504209.

39 "Dr. Oz Admits Products He Promotes Don't Pass 'Scientific Muster.'"

40 Maggie Fox, "The 'Dr. Oz Effect': Senators Scold Mehmet Oz for Diet Scams,"
NBCNews.com, February 12, 2017, https://www.nbcnews.com/better/diet-
fitness/dr-oz-effect-senators-scold-mehmet-oz-diet-scams-n133226.

[41] Colin Campbell, "Watch Congress Make 'An Example Of' Dr. Oz," *Business Insider*, June 17, 2014, https://www.businessinsider.com/watch−congress−make−an−example−of−dr−oz−2014−6.

[42] James Hamblin, "Senators Told Dr. Oz to Stop Claiming That Diet Pills Are Miracles," *Atlantic*, June 18, 2014, https://www.theatlantic.com/health/archive/2014/06/magic−weight−loss−pills−may−not−exist/372958.

[43] Hamblin, "Senators Told Dr. Oz to Stop Claiming That Diet Pills Are Miracles."

[44] Jim Edwards, "How Hydroxycut Stays in Business Despite Deaths, Recalls and a Class−Action Suit," CBS News, June 3, 2011, https://www.cbsnews.com/news/how−hydroxycut−stays−in−business−despite−deaths−recalls−and−a−class−action−suit.

[45] "The $72 Billion Weight Loss & Diet Control Market in the United States, 2019−2023−Why Meal Replacements Are Still Booming, but Not OTC Diet Pills," ResearchAndMarkets.com, Business Wire, February 25, 2019, https://www.businesswire.com/news/home/20190225005455/en/72−Billion−Weight−Loss−Diet−Control−Market.

[46] "Global Weight Loss and Weight Management Market 2018 Analysis, Size, Share, Facts and Figures with Products Overview, Services and Forecast 2023," Reuters, January 16, 2018, https://web.archive.org/web/20190521150310/https://www.reuters.com/brandfeatures/venture−capital/article?id=25242.

[47] Cristin D. Runfola et al., "Body Dissatisfaction in Women across the Lifespan: Results of the UNC−SELF and Gender and Body Image (GABI) Studies," *European Eating Disorders Review* 21, no. 1 (2012): 52−59, https://doi.org/10.1002/erv.2201.

[48] "Some People Would Give Life or Limb Not to Be Fat," *YaleNews*, Yale University, September 9, 2011, https://news.yale.edu/2006/05/16/some−people−would−give−life−or−limb−not−be−fat.

4. 걱정이라는 핑계, 선택이라는 착각

1 Jillian Michaels (@JillianMichaels), "Why Are We Celebrating Her Body? Why Does It Matter? Why Aren't We Celebrating Her Music?," Twitter, January 8, 2020, https://twitter.com/AM2DM/status/1214966495912058881?ref_src=twsrc^t fw|twcamptweetembed|twterm1214966495912058881&ref_url=https://www.yahoo.com/lifestyle/jillian-michaels-criticizes-lizzo-body-diabetes-223919002.html.

2 Heidi Stevens, "Column: Jillian Michaels' Concern for Lizzo's Health Is as Phony as It Is Misguided," Chicago Tribune, January 9, 2020, https://www.chicagotribune.com/columns/heidi-stevens/ct-heidi-stevens-lizzo-jillian-michaels-fat-shaming-0109-20200109-uk5ht6qo75c7bdkpd5vfuxvcka-story.html.

3 Ally (@nametags), "Just Gonna Leave This Here for You @JillianMichaels," Twitter, January 8, 2020, https://twitter.com/nametags/status/1214982591629185025?ref_src=twsrctfw|twcamptweetembed|twterm^1214982591629185025.

4 Suzy Byrne, "Jillian Michaels Stands by Controversial Comments about Lizzo's Weight: 'I Am a Health Expert!'" Yahoo!, January 9, 2020, https://www.yahoo.com/entertainment/jillian-michaels-stands-by-controversial-comments-about-lizzo-212046368.html.

5 James Fell, "'It's a Miracle No One Has Died Yet': The Biggest Loser Returns, Despite Critics' Warnings," Guardian, January 4, 2016, https://www.theguardian.com/tv-and-radio/2016/jan/04/the-biggest-loser-returns-despite-critics-warnings.

6 Rebecca M. Puhl et al., "Internalization of Weight Bias: Implications for Binge Eating and Emotional Well-Being," Obesity 15, no. 1 (2012): 19-23, https://onlinelibrary.wiley.com/doi/full/10.1038/oby.2007.521.

7 K. A. Matthews et al., "Unfair Treatment, Discrimination, and Ambulatory Blood Pressure in Black and White Adolescents," Health Psychology 24, no. 3 (2005): 258-65, http://dx.doi.org/10.1037/0278-6133.24.3.258.

[8] Kelli E. Friedman et al., "Weight Stigmatization and Ideological Beliefs: Relation to Psychological Functioning in Obese Adults," *Obesity Research* 13, no. 5 (2005): 907–16, https://onlinelibrary.wiley.com/doi/full/10.1038/oby.2005.105.

[9] Friedman et al., "Weight Stigmatization and Ideological Beliefs," 907–16.

[10] Tracy L. Tylka et al., "The Weight–Inclusive versus Weight–Normative Approach to Health: Evaluating the Evidence for Prioritizing Well–Being over Weight Loss," *Journal of Obesity* (2014): 1–18, https://www.hindawi.com/journals/jobe/2014/983495.

[11] Rebecca Puhl, Joerg Luedicke, and Jamie Lee Peterson, "Public Reactions to Obesity–Related Health Campaigns," *American Journal of Preventive Medicine* 45, no. 1 (July 2013): 36–48, https://doi.org/10.1016/j.amepre.2013.02.010.

[12] Rebecca Puhl, Jamie Lee Peterson, and Joerg Luedicke, "Fighting Obesity or Obese Persons? Public Perceptions of Obesity–Related Health Messages," *International Journal of Obesity* 37, no. 6 (2012): 774–78, https://doi.org/10.1038/ijo.2012.156.

[13] Robert Weiss, "Guilt = Good, Shame = Bad," *Psychology Today*, January 6, 2014, https://www.psychologytoday.com/us/blog/love–and–sex–in–the–digital–age/201401/guilt–good–shame–bad.

[14] Michael G. Marmot, "Status Syndrome: A Challenge to Medicine," *JAMA* 295, no. 11 (2009): 1304–7, http://citeseerx.ist.psu.edu/viewdoc/download?doi=10.1.1.471.9269&rep=rep1&type=pdf.

[15] Guy Branum, "Actually, Everyone Is Born Fat," Twitter, June 18, 2016, https://twitter.com/guybranum/status/744210423524659201.

[16] "HIV Basics: Overview: Data & Trends: U.S. Statistics," HIV.gov., Centers for Disease Control and Prevention, September 25, 2019, https://www.hiv.gov/hiv–basics/overview/data–and–trends/statistics.

[17] Lynda Cowell, "The Women Who Want to Be Obese," *Guardian*, March 18, 2010, https://www.theguardian.com/lifeandstyle/2010/mar/18/women–obese–donna–simpson–gainers.

18 Carrie Weisman, "The Men Who Like to Make Their Women Large and Getting Larger," *Salon*, March 27, 2017, https://www.salon.com/2017/03/26/the−men− who−like−to−keep−their−women−large.

19 Stuart Wolpert, "Dieting Does Not Work, UCLA Researchers Report," UCLA Newsroom, April 3, 2007, http://newsroom.ucla.edu/releases/Dieting−Does− Not−Work−UCLA−Researchers−7832.

20 Meg Selig, "Why Diets Don't Work … and What Does," *Psychology Today*, October 21, 2010, https://www.psychologytoday.com/us/blog/changepower/201010/why− diets−dont−work−and−what−does.

21 Wolpert, "Dieting Does Not Work."

22 Ben Tinker, "Why Exercise Won't Make You Lose Weight," CNN, January 5, 2019, https://www.cnn.com/2019/01/04/health/diet−exercise−weight−loss/ index.html.

23 Julia Belluz and Christophe Haubursin, "The Science Is In: Exercise Won't Help You Lose Much Weight," *Vox*, updated January 2, 2019, https://www.vox. com/2018/1/3/16845438/exercise−weight−loss−myth−burn−calories.

24 Michael Hobbes, "Everything You Know About Obesity Is Wrong," *HuffPost*, September 19, 2018, https://highline.huffingtonpost.com/articles/en/everything− you−know−about−obesity−is−wrong.

25 Kolata, "After 'The Biggest Loser,' Their Bodies Fought to Regain Weight."

26 "Adult Obesity Facts," Centers for Disease Control and Prevention, https://www. cdc.gov/obesity/data/adult.html, accessed March 11, 2020.

27 Kolata, "One Weight−Loss Approach Fits All?"

28 Kolata, "One Weight−Loss Approach Fits All?"

29 Wendy Brown, *Regulating Aversion: Tolerance in the Age of Identity and Empire* (Princeton, NJ: Princeton University Press, 2006), 25. [웬디 브라운, 《관용: 다문 화제국의 새로운 통치전략》, 이승철 옮김, 갈무리, 2010]

30 Brown, *Regulating Aversion*.

5. 욕망의 대상이 되어야 한다는 신화

[1] Jennifer Earl, "2,000 Women Defend 'Dancing Fat Man' from Fat−Shaming Bullies," CBS News, March 6, 2015, https://www.cbsnews.com/news/internet−defends−dancing−man−from−body−shaming−bullies.

[2] Lesley Kinzel, "True Tales of Street Harassment (and My Anger Issues)," *XOJane*, August 4, 2011.

[3] Monica Potts, "Street Harassment Is Universal and Age−Old," *Vogue*, October 31, 2014, http://www.monicapotts.com/portfolio/2014/12/2/street−harassment−is−universal−and−age−old.

[4] Hollaback, "Holla 101: A Street Harassment Curriculum," https://www.ihollaback.org/app/uploads/2017/01/Holla−101−Hollaback−School−Curriculum−ilovepdf−compressed.pdf, accessed March 13, 2018.

[5] Harriet Brown, *Body of Truth: How Science, History and Culture Drive Our Obsession with Weight—and What We Can Do about It* (Cambridge, MA: Da Capo, 2016), 138.

[6] Kinzel, "True Tales of Street Harassment."

[7] Philippe Leonard Fradet, "Survey Says!: 5 Myths About Fat Men and Dating," *The Body Is Not An Apology*, September 30, 2017.

[8] Fradet, "Survey Says!"

[9] Katelyn Burns, "My Intersection with Being Trans and Fatphobia," *Medium*, January 17, 2016.

[10] James Burford and Sam Orchard, "Chubby Boys with Strap−Ons: Queering Fat Transmasculine Embodiment," in *Queering Fat Embodiment*, ed. Cat Pause, Jackie Wykes, and Samantha Murray (New York: Routledge, 2016), 61−73.

[11] Pamela C. Regan, "Sexual Outcasts: The Perceived Impact of Body Weight and Gender on Sexuality," *Journal of Applied Social Psychology* 26, no. 20 (1996): 1803−15, https://doi.org/10.1111/j.1559−1816.1996.tb00099.x.

[12] V. Jagstaidt et al., "Relationships between Sexuality and Obesity in Male Patients," *New Trends in Experimental & Clinical Psychiatry* 13, no. 2 (1997): 105−10.

[13] Lily Herman, "People Are Body−Shaming the Woman Accusing Usher of Giving Her Herpes," *Allure*, August 9, 2017.

[14] Monique Judge, "I, a Fat, Beautiful Black Woman, Get Lots of Sex. Why Does That Bother You?," *Root*, August 7, 2017, https://www.theroot.com/i−a−fat−beautiful−black−woman−get−lots−of−sex−why−d−1797621695.

[15] Rachel Howe and Niwako Yamawaki, "Weight−Based Discrimination of Rape Victims," *Journal of Undergraduate Research* (2013), http://jur.byu.edu/?p=4406.

[16] Solovay, *Tipping the Scales of Justice*, 220.

[17] Cleve Wootson, "Cornell Fraternity on Probation after a 'Pig Roast' Contest to Have Sex with Overweight Women," *Washington Post*, February 7, 2018, https://www.washingtonpost.com/news/grade−point/wp/2018/02/07/cornell−frat−on−probation−after−a−pig−roast−contest−to−have−sex−with−overweight−women.

[18] Ariane Prohaska and Jeannine Gailey, "Fat Women as 'Easy Targets,'" in *The Fat Studies Reader*, ed. Esther Rothblum and Sondra Solovay (New York: New York University Press, 2009), 158−66.

[19] Amy Erdman Farrell, *Fat Shame: Stigma and the Fat Body in American Culture* (New York: New York University Press, 2011), 82.

[20] Farrell, *Fat Shame*.

6. 얼굴은 참 예쁜데 말이야

[1] Ogi Ogas and Sai Gaddam, *A Billion Wicked Thoughts: What the Internet Tells Us about Sexual Relationships* (New York: Dutton, 2011), 252−53. [오기 오가스·사이 가담, 《포르노 보는 남자, 로맨스 읽는 여자》, 왕수민 옮김, 웅진지식하우스, 2011]

[2] Ogas and Gaddam, *A Billion Wicked Thoughts*, 33.

[3] Ogas and Gaddam, *A Billion Wicked Thoughts*, 136.

[4] Ogas and Gaddam, *A Billion Wicked Thoughts*, 33.

[5] Camille Dodero, "Guys Who Like Fat Chicks," *Village Voice*, May 4, 2011, https://

www.villagevoice.com/2011/05/04/guys –who –like –fat –chicks.

6 Dodero, "Guys Who Like Fat Chicks."

7 Virgie Tovar, "Take the Cake: Secret Relationships with Fat Women," *Ravishly*, March 2, 2017, https://ravishly.com/2017/03/02/take –cake –secret – relationships –fat –women.

8 Mark D. Griffiths, "The Fat Fetish, Explained," *Psychology Today*, June 30, 2015, https://www.psychologytoday.com/us/blog/in –excess/201506/the –fat –fetish – explained.

9 Puhl et al., "Internalization of Weight Bias," 19 –23.

10 Olga Khazan, "Abused as Children, Obese as Adults," *Atlantic*, October 8, 2016, https://www.theatlantic.com/health/archive/2015/12/sexual –abuse –victims – obesity/420186.

11 Charlotte Cooper, "Headless Fatties," Dr. Charlotte Cooper, January 2007, http:// charlottecooper.net/fat/fat –writing/headless –fatties –01 –07.

12 "Avengers: Endgame," Box Office Mojo, https://www.boxofficemojo.com/release/ rl3059975681, accessed February 12, 2020.

13 *The Swan*, in broadcast syndication, FOX, 2004.

14 *Obesity: The Postmortem*, dir. Melanie Archer, BBC Three, September 2016, https:// www.bbc.co.uk/programmes/p046n462.

15 "Tyra Banks Dons Fat Suit to Understand Obesity." TODAY.com, NBC Universal, November 2, 2005, https://www.today.com/popculture/tyra –banks –dons –fat – suit –understand –obesity –wbna9900379.

16 "Tyra Banks Dons Fat Suit to Understand Obesity."

17 "Fat Suit Tinder Date (Social Experiment)," Kong Pham, September 24, 2014, 4:34, video, https://www.youtube.com/watch?v=2alnVIj1Jf8.

18 "Fat Suit Tinder Date (Social Experiment)."

19 Emma Barker, "The Horrifying Reality of How Overweight Women Are Treated on Dates," *Cosmopolitan*, October 9, 2017, https://www.cosmopolitan.com/sex –love/

news/a31477/horrifying −reality −of −overweight −women −dating/?src=spr_
TWITTER&spr_id=1440_92529044.

[20] Kolata, "After 'The Biggest Loser,' Their Bodies Fought to Regain Weight."

[21] Lynette Rice, "USA Network Is Bringing Back *The Biggest Loser*," Explore
Entertainment, May 13, 2019, https://ew.com/tv/2019/05/13/usa −bringing −
back −the −biggest −loser.

[22] Paula Rogo, "Rebel Wilson Is Now Blocking Black Twitter after Being Called Out,"
Essence, November 5, 2018, https://www.essence.com/celebrity/rebel −wilson −
blocking −black −twitter −monique −queen −latifah.

[23] "The Nutty Professor Official Trailer #1 —Eddie Murphy Movie (1996) HD,"
Movieclips Classic Trailers, January 9, 2012, 1:47, video, https://www.youtube.
com/watch?v=o3wJ −jzZqBw.

[24] "Road Trip —Trailer," YouTube Movies, May 16, 2013, 2:19, video, https://www.
youtube.com/watch?v=RXmANh0 −2Bg.

[25] "Norbit (2007) Trailer #1," Movieclips Classic Trailers, May 9, 2018, 1:58, video,
https://www.youtube.com/watch?v= − _x0rfEce4U.

[26] *Family Guy*, season 14, episode 17, "The Fat Guy Strangler," aired November 17,
2005, in broadcast syndication, FOX, 2005.

[27] Bruce Bretts and Matt Roush, "Baddies to the Bone: The 60 Nastiest Villains of All
Time," *TV Guide*, March 25, 2013, 14 −15.

[28] Sean T. Collins, "40 Greatest TV Villains of All Time," *Rolling Stone*, September 4,
2019, https://www.rollingstone.com/tv/tv −lists/40 −greatest −tv −villains −of −
all −time −26500/kilgrave −jessica −jones −37084.

[29] *Law & Order: Special Victims Unit*, season 5, episode 17, "Mean," aired February 24,
2004, in broadcast syndication, NBC, 2004.

[30] *Law & Order: Special Victims Unit*, season 7, episode 20, "Fat," aired May 2, 2006, in
broadcast syndication, NBC, 2006.

[31] Faith Brar, "Chrissy Metz On How Self −Acceptance Helped Her Lose 100

Pounds," *Shape*, August 2, 2019, https://www.shape.com/celebrities/news/chrissy —
metz — panic — attack — weight — loss — journey.

7. 무엇보다 절대 해는 끼치지 말 것

[1] Bob LaMendola, "Some OB — GYNs in South Florida Turn Away Overweight Women," *Sun Sentinel*, October 9, 2018, https://www.sun — sentinel.com/health/ fl — xpm — 2011 — 05 — 16 — fl — hk — no — obesity — doc — 20110516 — story.html.

[2] Moira Lawler et al., "Doctor Turns Away Obese Patients," EverydayHealth.com, August 29, 2012, https://www.everydayhealth.com/weight/0829/doctor — turns — away — obese — patients.aspx.

[3] "Lipedema," Genetic and Rare Diseases Information Center, US Department of Health and Human Services, October 5, 2016, https://rarediseases.info.nih.gov/ diseases/10542/lipedema.

[4] "Lipedema."

[5] Gina Kolata, "Why Do Obese Patients Get Worse Care? Many Doctors Don't See Past the Fat," *New York Times*, September 25, 2016, https://www.nytimes. com/2016/09/26/health/obese — patients — health — care.html.

[6] Katie Zezima, "Increasing Obesity Requires New Ambulance Equipment," *New York Times*, April 8, 2008, https://www.nytimes.com/2008/04/08/health/08ambu.html.

[7] Kolata, "Why Do Obese Patients Get Worse Care?"

[8] "Fat Shaming in the Doctor's Office Can Be Mentally and Physically Harmful," American Psychological Association, August 3, 2017, https://www.apa.org/news/ press/releases/2017/08/fat — shaming.

[9] Princeton University Office of Population Research, "Emergency Contraception: EC for Obese Women," Princeton University, February 22, 2019, https://ec.princeton. edu/questions/ecobesity.html.

[10] Kolata, "Why Do Obese Patients Get Worse Care?"

[11] Maya Dusenbery, "Doctors Told Her She Was Just Fat. She Actually Had Cancer,"

Cosmopolitan, April 17, 2018, https://www.cosmopolitan.com/health −fitness/
a19608429/medical −fatshaming.

[12] Dusenbery, "Doctors Told Her She Was Just Fat."

[13] Anna Kirkland, *Fat Rights: Dilemmas of Difference and Personhood* (New York: New York University Press, 2008), 102.

[14] Kirkland, *Fat Rights*, 102.

[15] S. E. James et al., *The Report of the 2015 U.S. Transgender Survey* (Washington, DC: National Center for Transgender Equality, 2016), https://www.transequality.org/sites/default/files/docs/USTS −Full −Report −FINAL.PDF.

[16] *Too Fat to Transition*, in broadcast syndication, TLC, 2016.

[17] "Women' s Heart Health Hindered by Social Stigma About Weight," Medscape, April 3, 2016, https://www.medscape.com/viewarticle/861382.

[18] Christine Aramburu Alegria Drury and Margaret Louis, "Exploring the Association between Body Weight, Stigma of Obesity, and Healthcare Avoidance," *Journal of the American Academy of Nurse Practitioners* 14, no. 12 (2002): 554 −61, https://doi.org/10.1111/j.1745 −7599.2002.tb00089.x.

[19] Alexis Conason, "The Ironic Effects of Weight Stigma," *Psychology Today*, March 14, 2014, https://www.psychologytoday.com/us/blog/eating −mindfully/201403/the −ironic −effects −weight −stigma.

[20] Janell L. Mensinger et al., "Mechanisms Underlying Weight Status and Healthcare Avoidance in Women: A Study of Weight Stigma, Body −Related Shame and Guilt, and Healthcare Stress," *Body Image* 25 (2018): 139 −47, https://doi.org/10.1016/j.bodyim.2018.03.001.

[21] Anja Hilbert et al., "Weight Bias Internalization, Core Self −Evaluation, and Health in Overweight and Obese Persons," *Obesity* 22, no. 1 (2013): 79 −85, https://doi.org/10.1002/oby.20561.

[22] Scott Kahan and Rebecca M. Puhl, "The Damaging Effects of Weight Bias Internalization," *Obesity* 25, no. 2 (2013): 280 −81, https://doi.org/10.1002/

주

oboby.21772.

```

oby.21772.

[23] *Today Show*, "Heavy? Your Doc May Discriminate against You," TODAY.com, July 1, 2011, https://www.today.com/news/heavy-your-doc-may-discriminate-against-you-wbna43553032#.V69FcZMrLBI; Goldberg, "Study: Bias Drops Dramatically for Sexual Orientation and Race—but Not Weight."

[24] M. R. Hebl and J. Xu, "Weighing the Care: Physicians Reactions to the Size of a Patient," *International Journal of Obesity* 25, no. 8 (2001): 1246–52, https://doi.org/10.1038/sj.ijo.0801681.

[25] Hebl and Xu, "Weighing the Care."

[26] Gary D. Foster et al., "Primary Care Physicians' Attitudes about Obesity and Its Treatment," *Obesity Research* 11, no. 10 (2003): 1168–77, https://doi.org/10.1038/oby.2003.161.

[27] Foster et al., "Primary Care Physicians' Attitudes about Obesity and Its Treatment."

[28] Marlene B. Schwartz et al., "Weight Bias Among Health Professionals Specializing in Obesity," *Obesity Research* 11, no. 9 (2012): 1033–39, https://doi.org/10.1038/oby.2003.142.

[29] Schwartz et al., "Weight Bias Among Health Professionals Specializing in Obesity."

[30] Kimberly A. Gudzune et al., "Physicians Build Less Rapport with Obese Patients," *Obesity* 21, no. 10 (2013): 2146–52, https://doi.org/10.1002/oby.20384.

[31] Man-Yuk Poon and Marie Tarrant, "Obesity: Attitudes of Undergraduate Student Nurses and Registered Nurses," *Journal of Clinical Nursing* 18, no. 16 (July 6, 2009): 2355–65, https://doi.org/10.1111/j.1365-2702.2008.02709.x.

[32] "Fat Shaming in the Doctor's Office Can Be Mentally and Physically Harmful," American Psychological Association, August 3, 2017, https://www.apa.org/news/press/releases/2017/08/fat-shaming.

[33] "Study Reveals Healthcare Staff's Negative Attitudes towards Obese Patients They Treat," *Nursing Standard* 28, no. 6 (2013): 15–16, https://doi.org/10.7748/ns2013.10.28.6.15.s21.
```

[34] Sean M. Phelan et al., "Implicit and Explicit Weight Bias in a National Sample of 4,732 Medical Students: The Medical Student CHANGES Study," *Obesity* 22, no. 4 (2014): 1201–8, https://doi.org/10.1002/oby.20687.

[35] Sean M. Phelan et al., "The Mixed Impact of Medical School on Medical Students' Implicit and Explicit Weight Bias," *Medical Education* 49, no. 10 (2015): 983–92, https://doi.org/10.1111/medu.12770.

[36] "Do Doctors Dislike Overweight Patients?" Office of Research & Development, US Department of Veterans Affairs, https://www.research.va.gov/currents/0815–2.cfm, accessed January 17, 2020.

[37] Kirkland, *Fat Rights*, 111.

[38] A. Janet Tomiyama et al., "How and Why Weight Stigma Drives the Obesity 'Epidemic' and Harms Health," *BMC Medicine* 16, no. 1 (2018), https://doi.org/10.1186/s12916–018–1116–5.

[39] Tomiyama et al., "How and Why Weight Stigma Drives the Obesity 'Epidemic.'"

[40] Tomiyama et al., "How and Why Weight Stigma Drives the Obesity 'Epidemic.'"

[41] Phillippa C. Diedrichs and Fiona Kate Barlow, "How to Lose Weight Bias Fast! Evaluating a Brief Anti–Weight Bias Intervention," *British Journal of Health Psychology* 16, no. 4 (2011): 846–61, https://doi.org/10.1111/j.2044–8287.2011.02022.x.

[42] Yasmin Poustchi et al., "Brief Intervention Effective in Reducing Weight Bias in Medical Students," *Family Medicine* 45, no. 5 (2013): 345–48, https://www.ncbi.nlm.nih.gov/pmc/articles/PMC3791507/?report=classic.

[43] Judy Anne Swift et al., "Are Anti–Stigma Films a Useful Strategy for Reducing Weight Bias Among Trainee Healthcare Professionals? Results of a Pilot Randomized Control Trial," *Obesity Facts* 6, no. 1 (2013): 91–102, https://doi.org/10.1159/000348714.

[44] Morgan Lee et al., "Malleability of Weight–Biased Attitudes and Beliefs: A Meta–Analysis of Weight Bias Reduction Interventions," *Body Image* 11, no. 3 (2014):

251 −59, https://doi.org/10.1016/j.bodyim.2014.03.003.

8. 앞으로 다가올 세상

[1] Martin, "Weight Discrimination Is Legal in 49 States"; Rachel La Corte, "Washington Court: Obesity Covered by Antidiscrimination Law," *Seattle Times*, July 12, 2019, https://www.seattletimes.com/seattle −news/washington −court −obesity − covered −by −antidiscrimination −law.

[2] Erin Hendriks and Linda Prine, "Reduced Effectiveness of Emergency Contraception in Women with Increased BMI," *American Family Physician*, August 15, 2014, https://www.aafp.org/afp/2014/0815/p209.html.

[3] Chantal Da Silva, "An American Airlines Passenger Says Staff Called Police on Her for 'Flying While Fat and Black,'" *Newsweek*, April 30, 2018, https://www. newsweek.com/american −airlines −passenger −says −she −was −kicked −flight − flying −while −fat −and −905945.

[4] Niwako Yamawaki et al., "The Effects of Obesity Myths on Perceptions of Sexual Assault Victims and Perpetrators' Credibility," *Journal of Interpersonal Violence* 33, no. 4 (2015): 662 −85, https://doi.org/10.1177/0886260515613343.

[5] Amber Phillips, "That Time Congress Railed against Dr. Oz for His 'Miracle' Diet Pills," *Washington Post*, September 15, 2016, https://www.washingtonpost.com/ news/the −fix/wp/2016/09/15/that −time −congress −railed −on −dr −oz −for − his −miracle −diet −pills/?noredirect=on.

[6] Stuart Wolpert, "Dieting Does Not Work, UCLA Researchers Report," UCLA, May 10, 2019, https://newsroom.ucla.edu/releases/Dieting −Does −Not −Work − UCLA −Researchers −7832.

[7] Kathy Lohr, "Controversy Swirls around Harsh Anti −Obesity Ads," NPR, January 9, 2012, https://www.npr.org/2012/01/09/144799538/controversy −swirls − around −harsh −anti −obesity −ads.